U0947554

中国社会调查史料选编

Selected Literature and Historical Materials of Chinese Social Survey

主　编 / 水延凯
副主编 / 娄章胜

中国人民大学出版社
· 北京 ·

编著委员会名单

编著委员会 主　任：

傅晓波

编著委员会 副主任：

袁胜华　水延凯

编著委员会 委　员：（按姓氏笔划排序）

水延凯　柳祥珍　娄章胜　袁胜华

高晓胜　曹　勤　傅晓波　熊主武

编写组成员

主　编：水延凯
副主编：娄章胜

撰稿人：（按姓名在目录中出现的顺序排列）
水延凯（中共孝感市委党校）
方显峰（中共孝感市委党校）
柳祥珍（湖北省孝感市经贸委）
娄章胜（华中师范大学社会学院）
马世琪（华中师范大学社会学院）
水迎波（美国圣路易斯华盛顿大学）
李　勤（武汉大学马克思主义学院）
赵雪滢（湖北职业技术学院）

文献资料与插图提供单位：孝感市图书馆

前　言

在完成“中国社会调查史研究”（2013 年度国家社会科学基金重点项目，批准号 13ASH001；结项证书号 20160280）的过程中，我们发掘、搜集、整理和初步研究了有关中国社会调查史的大量文献。一方面，我们为浩如烟海的史料兴奋不已；另一方面，又为如何选用史料伤透脑筋。广征博引吧，著作篇幅不允许；忍痛割爱吧，太可惜，不忍心。怎么解决这一矛盾呢？

经反复思考，我们想在编撰《中国社会调查简史》的基础上，再编撰两部著作——《中国社会调查故事》和《中国社会调查史料选编》，以便把我们发掘、搜集、整理和初步研究的有关社会调查的更多史料记录下来，供有兴趣的读者做进一步研究。我们的这个想法，得到了中国人民大学出版社人文分社有关负责人的支持，并决定以“中国社会调查史系列”的形式出版这三部著作（以下简称《简史》、《故事》和《选编》）。《简史》和《故事》已分别于 2017 年 1 月和 9 月先后出版（由于中国社会调查“故事”太多，《故事》内容只能限定在“古代”，因而最终定名为《中国古代社会调查故事》）。《选编》原已于 2018 年 2 月交稿，但出版社认为，该书稿部分内容在著作权、选题、引文、插图等方面存在一些问题，因而又花了一年多时间更换、修改和补充有关内容，直到今天才最后完稿。

作为“中国社会调查史系列”，《简史》与《故事》、《选编》之间存在着密切联系。其中，《简史》是“一根藤”，它简要叙述了从公元前 2070 年夏王朝建立起到 2016 年止，共计 4 086 年中国社会调查史的基本线索。由于《简史》的篇幅不宜太长，许多有关史料只能点到为止。《故事》和《选编》则是《简史》这根“藤”上结的“两筐瓜”：“故事”筐里有 60 个“瓜”，其中在《简史》基础上扩展、丰富的 32 个，新增添的 28 个；“选编”筐里有 58 个“瓜”，其中在《简史》基础上扩展、丰富的 46 个，新增添的 12 个。《故事》和《选编》新增添的 40 个“瓜”，在很大程度上扩展、丰富了《简史》的内容。

《选编》按照【简介】【原文、注释和今译】【点评】三个板块的模式撰稿。【简介】，分别介绍作者、著作的简况。【原文、注释和今译】，根据一般读者阅读能力做了不同处理。其中，古代部分，一般都有原文、注释与今译；近代部分，注释和今译大为减少；现代部分，多无注释和今译。【点评】，主要是撰稿人从社会调查视角对引文或作者做的简要评价，供读者参考。

《选编》58 篇，共引用了 44 位作者的 53 部著作（其中，有 4 部著作为 2 位作者，有 7 部著作作者不详），共引用原文 257 段，注释 2 536 条，点评 216 条。先秦时期共计 20 篇，引用了 16 部著作，共引用原文 108 段，注释 1 112 条，点评 77 条。秦汉隋唐时期共计 15 篇，引用了 14 部著作，共引用原文 54 段，注释 683 条，点评 54 条。宋元明清时期共计 15 篇，引用了 15 部著作，共引用原文 61 段，注释 678 条，点评 60 条。清末和民国时期共计 8 篇，引用了 8 部著作，共引用原文 34 段，注释 63 条，点评 25 条。此外，全书有插图 115 幅。

对于浩如烟海的中国社会调查史料这一极其宝贵的富矿来说，《简史》、《故事》和《选编》选用的史料只是沧海一粟，难免有挂一漏万之虞。《选编》中引文的选择是否恰当、合理，注释和点评的撰写是否正确、符合实际，我们没有把握，希望得到广大读者和有关专家的坦率批评和指教！

参与《选编》编撰的是（按姓名在目录出现的顺序排列）：水延凯、方显峰、柳祥珍、娄章胜、马世琪、水迎波、李勤、赵雪滢。副主编娄章胜撰写了部分内容，审读了全部书稿，提出了许多宝贵意见；主编水延凯负责全书总体框架的设计，引文的选择、注释和点评的修订和改写，以及统稿、定稿工作。

在《选编》的编撰、出版过程中，中共孝感市委、市政府给予了大力支持，中共孝感市委党校进行了及时指导和有效管理。孝感市图书馆，特别是该馆副馆长刘艺，采编室主任杨利、网络部主任何楚龙，及工作人员张亮等为本书的编撰提供了许多宝贵的文献和插图。孝感市社会福利院，不仅为我和老伴提供了良好的生活保障，而且为课题研究提供了网络及电脑维修等方面的及时服务。此外，柳祥珍做了大量资料整理和书稿审校工作，水迎波、赵雪滢、吴浩等也做了许多服务工作。本书的出版，得到了中国人民大学出版社人文分社的宝贵支持和热情服务，特别是潘宇、盛杰、陈希、黄超等同志更付出了辛勤劳动，特在此表示诚挚谢意！

水延凯

2019 年 5 月 8 日于孝感

目 录

第一部分 先秦时期

第二部分 秦汉隋唐时期

第三部分　宋元明清时期

第四部分　清末和民国时期

第一部分
先秦时期

“上古结绳而治，后世圣人易之以书契”

【简介】

本篇原文，摘自《周易》。

《周易》即《易经》，是传统经典之一，相传系周文王姬昌所作。《周易》包括“经”和“传”两个部分。经部含六十四卦、三百八十四爻，以及卦辞和爻辞（对卦、爻的说明和对吉凶的判断），主要做占卜之用；传部含《文言》、《彖传》上下、《象传》上下、《系辞传》上下、《说卦传》、《序卦传》、《杂卦传》，共七种十篇，称为“十翼”，相传为孔子及其弟子所撰，是对《周易》经文的注解和对筮占原理、功用的论述。春秋时期，百家学兴，易学一分为三：儒家易、道家易和筮术易。《周易》内容极其丰富，是中华传统自然哲学与人文实践的理论根源，是中华民族智慧的结晶，被誉为“大道之源”“群经之首”，对中国几千年来的政治、经济、文化等各个领域都产生了极其深远的影响。

《周易》

姬昌（前1152—前1056），岐周（今陕西省岐山县）人，周太王之孙，季历之子。其父死后，姬昌继承西伯侯之位，故称西伯昌。西伯昌四十二年（前1064），姬昌称王，史称周文王，周朝奠基者，在位50年。在位期间，周文王“明德慎罚”，勤于政事，重视发展农业生产，礼贤下士，广罗人才，拜姜尚为军师，使“天下三分，其二归周”，为武王灭商奠定了基础；所创周礼（一说周礼为周公所创），为后世儒家所推崇，是中国历史上的一代明君，被孔子称为“三代之英”。西伯昌五十年（前1056），姬昌崩，葬于毕原（今陕西咸阳、西安附近，渭河南北岸）。相传，《周易》为其所著。

周文王姬昌画像

以下【原文】，均节录自《周易》，杨天才、张善文译注，北京，中华书局，2011；【注释】和【今译】，也参考了上述著作。

【原文、注释和今译】

【原文之一】周易·系辞下（之一）

古者包牺氏(1)之王天下(2)也，仰则观象于天，俯则观法于地(3)，观鸟兽之文，与地之宜(4)，近取诸身，远取诸物(5)，于是始作八卦(6)，以通神明之德，以类万物之情(7)。

【注释】

(1) 包牺氏：又作伏牺氏、伏羲氏，三皇（《尚书大传》：“燧人、伏羲、神农”）之一，中国古代传说中的部落首领，中国古籍记载中最早的王，中华民族的人文始祖。其主要成就包括：变革婚姻习俗，倡导男聘女嫁，结束原始群婚状态；教民结网渔猎和驯养野兽，提高生产能力；创造太极八卦，开启华夏文化之源；划分统治地域，分而治之，任命官员管理；等等。同时，他还是中国医药鼻祖之一。 (2) 王天下：王，动词，称王；天下，四海之内，天地之间。指治理中国。 (3) 仰则观象于天，俯则观法于地：指抬头观察天象，低头观察大地的法则或情况。 (4) 观鸟兽之文，与地之宜：文，自然界的某些现象，如天文、地文、水文；宜，适宜的事。指观察鸟兽等动物毛皮的纹理或有关现象，观察适宜于在土地上生存的各种事物。（5）近取诸身，远取诸物：指就近选取人身器官为象征，至远选取各类事物为象征。这是《周易》取某种事物为象征的两种途径或方法。（6）八卦：易经中的八个卦名：乾（☰）、坤（☷）、震（☳）、巽（☴）、坎（☵）、离（☲）、艮（☶）、兑（☱）。（7）以通神明之德，以类万物之情：德，准则、规范、品德、性质；类，依类归纳；情，实情、情况。指以八卦通晓神明的品德，以八卦类比万物多姿多彩的情形。

【今译】

古代圣人包牺氏治理天下的时候，他仰面观察天上的星象，俯身观察大地的情形，观察飞禽走兽等动物毛皮的纹理或有关现象，以及适宜在土地上生存的各种事物，采取就近选取人身器官、至远选取各类事物的方法作为象征，创立了八卦，然后运用八卦来通晓神明的规范、品德和性质，类比万物多姿多彩的情形。

【原文之二】周易·系辞下（之二）

上古结绳而治[(1)]，后世圣人易之以书契[(2)]，百官以治[(3)]，万民以察[(4)]，盖取诸夬[(5)]。

【注释】

（1）上古结绳而治：上古，远古时代。古人以书契时代以前为上古，今人多以洪荒至秦、汉以前为上古。结绳，就是在绳子上打结。上古之人结绳记事，最初是用绳结记录事物的数量，后来用以表示事物的性质与关系等。部落酋长等亦用结绳之法来记录部落大事，故曰“结绳而治”。《周易正义》引郑康成注云：“事大，大结其绳，事小，小结其绳。”（2）后世圣人易之以书契：书，指文字；契，刻，这里指刻于竹简上。《尚氏学》曰：“盖古用简，须以刀刻字，故曰‘书契’。”（3）百官以治：百官用刀刻的文字记事来治理社会。（4）万民以察：万民用刀刻的文字来考察往事。（5）取诸夬：夬，夬卦，下乾上兑，乾为金，兑为木，犹如刀刻木，所以说“取诸夬”。

【今译】

在远古时代，人们用结绳记事的方法来治理社会事务，后代圣人发明用金属刀具刻制文字，从而改变了结绳记事的方法，百官用刀刻的文字记事来治理社会，万民用刀刻的文字来考察往事，这大概是从夬卦中得到的启示。

【点评】

（1）《周易》是中华早期文明的产物。首先，它是中华民族先祖对在长期生产、生活实践中形成的对自然界和人类社会的认识和经验的总结，是中华传统自然哲学与人文实践的理论根源，因而被称为“大道之源”“群经之首”。其次，当时社会生产力水平低下，科学不发达，人们对许多自然现象、社会现象及人自身的生理现象不能做出科学解释，于是就产生了对于神的崇拜，认为在现实世界之外有一个至高无上的神存在，并支配着人世间的一切。因此，人们一遇天灾人祸，就求助于神，希望在神的帮助下渡过难关；人们为了避免天灾人祸的突然袭击，又萌发出求助于神预测灾祸及其后果的欲望，并逐渐创造出种种沟通人神、预测吉凶的方法，这些神化的预测方法也是《周易》形成的重要基础。这就是说，《周易》的内容具有两重属性：一方面，它是对华夏先祖长期生产、生活实践经验的总结，是华夏先祖智慧的结晶，是中华文明的“大道之源”“群经之首”；另一方面，它又具有浓厚的神秘色彩，是华夏先祖早期神学观念的集中表现。

（2）伏羲氏是中国古代传说中的华夏部落首领，中国古籍记载中最早的王，华夏民族以至后来的中华民族的人文始祖。据历代典籍记载，伏羲氏的主要贡献是：变革婚姻习俗，倡导男聘女嫁，结束了子女只知其母不知其父的原始群婚状态；教民做网用于渔猎，提高生产能力，同时教民驯养某些飞禽走兽，开创家养禽畜产业；对统治地域分而治之，任命官员分别管理，为后代治理社会提供借鉴；始造文字，用于记事，取代以往的结绳记事；创立蕴含“天人和谐”的具有整体性、直观性、辩证性思维方式的八卦，开启华夏民族文化之源；发明陶埙、琴瑟等乐器，创作乐曲歌谣，将音乐带入人们的生活。伏羲氏之所以能做出如此重大的贡献，皆缘于他治理天下时对天、地、人的广泛而深入的调查和研究（“仰则观象于天，俯则观法于地，观鸟兽之文，与地之宜，近取诸身，远取诸物”）。可以说，华夏民族的兴旺，华夏经济的发展，华夏社会的治理，华夏文化的繁荣，等等，皆源于伏羲氏对天、地、人的广泛而深入的调查和研究。

（3）在远古时代，人类尚未发明文字，但是，官员治理社会、百姓了解往事，都需要对某些往事进行记载，因而人们只能用结绳的方法来记录社会事务，“事大，大结其绳，事小，小结其绳，结之多少，随物众寡”。后来，圣贤之人发明用金属刀具在竹、木、兽骨等材料上刻制文字，从而改变了结绳记事的方法。从此，百官用刻制的“书契”来记录社会事务、治理社会，百姓用刻制的“书契”来考察往事、认识社会。这说明，所谓的“结绳”和“书契”，都是对当时重大社会事件的记载，其目的都是认识社会、治理社会。从这个意义上说，这些“结绳”和“书契”，实是古代社会调查的记录或结晶。《周易系辞下》记叙的“上古结绳而治，后世圣人易之以书契，百官以治，万民以察”这23个字，虽字数不多，却是对中国古代社会调查起源、方式和社会作用的最好说明，因而在中国社会调查史上具有极其重要的意义。

撰稿人：水延凯

“民惟邦本，本固邦宁”

【简介】

本篇原文，摘自《尚书》。

《尚书》原名《书》，到汉代才被称为《尚书》[①]。《尚书》的“尚”字，通“上”，有三种解释：一指上古，“尚书”即上古的书；二指尊崇，“尚书”即人们尊崇的书；三指君上（君王），“尚书”即记载君上言行的书。

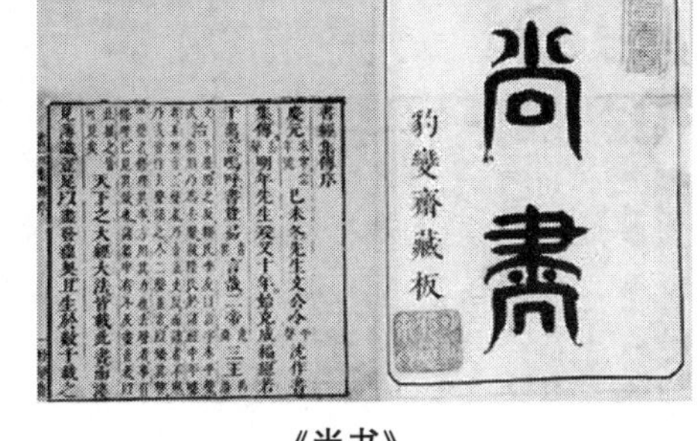

《尚书》

《尚书》原由古代史官编纂。相传，孔子晚年集中精力整理古代典籍，经认真筛选，形成百篇《尚书》，并为之作序。秦“焚书坑儒”后，原《尚书》被焚毁，现在流传的只是它的残本。汉代以来，《尚书》残本有两个版本流传至今：一是由秦博士伏生口授、用汉代通行隶书写的《尚书》，共28篇，被称为《今文尚书》。二是相传鲁恭王在拆除孔子故宅墙壁时发现的、经孔子后人孔安国整理、用先秦六国时字体书写的《尚书》，被称为《古文尚书》，共25篇（2008年，清华大学在入藏的珍贵竹简中发现多篇《尚书》，均为秦焚书前的写本。经专家认证，这批清华简中有失传已久的真正《尚书》，而现传世两千多年的《古文尚书》实为“伪书”。但由于《古文尚书》保存了原本《尚书》的许多内容，因而仍然具有研究价值）。现在通行的《十三经注疏》本《尚书》，是《今文尚书》和《古文尚书》的合编本。它形成于公元前5世纪的战国时代，作者为先秦诸子。

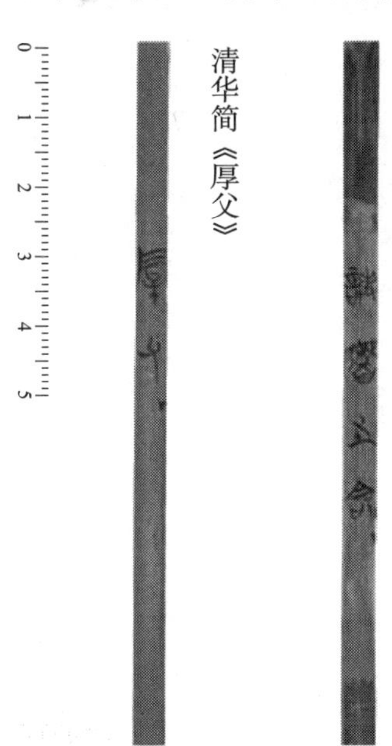

《尚书》清华简

《尚书》是中国最古老的皇室文集，是中国上古历史文献和追述古代部分史实著作的汇编。它以记言为

① 刘起釪．尚书学史．北京：中华书局，1989.

主，记述了从尧舜到夏商周两千余年的历史，保存了商周特别是西周初期的一些重要史料。《尚书》的思想内容，突出了三个要点：一是明“民”之定位。“民”是国家根本。“民惟邦本，本固邦宁”“民可近，不可下”，必须“敬天保民”。这是基本指导思想。二是明仁君治民之道，希望人主得尧、舜、禹、汤、文、武之道，使天下享尧、舜、禹、汤、文、武之治。三是明贤臣事君之道，希望人臣记古代贤臣事君之道，取古代贤臣事君之法，以安天下。《尚书》充满儒学思想，被列为儒家经典之一。

以下【原文】，均节录自《尚书》，王世舜、王翠叶译注，北京，中华书局，2012；【注释】和【今译】，也参考了上述著作。

【原文、注释和今译】

【原文之一】今文尚书·虞书(1)·皋陶(2)谟(3)

天聪明(4)，自我民聪明。天明畏(5)，自我民明威，达于上下，敬哉有土(6)。

【注释】

(1) 虞书：相传是记载夏朝之前的王朝——虞朝之书，是中国古文献中最古老的一部分，为天下第一难懂之书。有学者认为，虞书是现存人类最早的由朝廷史官记述的朝廷文件，记载了中国上古唐虞时代的历史，对研究当时的政治、思想有重要参考价值。 (2) 皋陶：相传为舜帝执掌刑狱之事的大臣。 (3) 谟：谋也，计谋，策略。(4) 聪明：耳敏为聪，目锐为明。 (5) 明畏：明的意思是表彰好人，畏的意思是惩治坏人。 (6) 有土：保持国土，这里是指保持帝王的地位。

【今译】

上天耳聪目明，都是从臣民中听取意见、观察问题而得来的。上天表彰好人、惩罚恶人，都是根据臣民的意愿而决定的，上天的意志与臣民的心愿是相通的，只有恭恭敬敬地处理政务，才能保持住帝王的地位。

【原文之二】今文尚书·周书·康诰(1)

王若曰：“孟侯(2)，朕其弟，小子封！惟乃丕显考文王(3)，克明德慎罚(4)，不敢侮鳏寡，庸庸(5)，祇祇(6)，威威(7)，显民(8)。……”

【注释】

(1) 康诰：诰，告也，帝王对臣子的告诫、劝勉之文。康诰，是周公告诫康叔（姓姬，名封，周文王第九子，周武王弟，获武王封畿内之康国，故称康叔）勤勉治理殷民的劝勉之文。 (2) 孟侯：孟，长也，兄弟姊妹中排行最大的。孟侯，诸侯之长，这里指康叔。 (3) 惟乃丕显考文王：惟，只有；乃，你；丕，大也，伟大；显考，子女对亡父的敬称；文王，周文王。 (4) 克明德慎罚：克，能够；明德，崇尚德教；

慎罚，慎用刑罚。 (5) 庸庸：前一个“庸”是动词，任用的意思；后一个“庸”是指应受任用的人。 (6) 祇：敬。 (7) 威：罚。“祇祇”“威威”的句法与上文的“庸庸”相同。 (8) 显民：显，显示，即显示于民，让庶民了解。

【今译】

王这样说：“诸侯之长，我的弟弟，年轻的封啊！希望你像逝去的伟大父亲文王那样，能够崇尚德教，慎用刑罚，不敢欺侮那些无依无靠的人，任用那些应当受到任用的人，尊敬那些应当受到尊敬的人，惩罚那些应当受到惩罚的人，并让庶民了解这些治国之道。……”

【原文之三】今文尚书·周书·酒诰[(1)]

王曰：“封！……古人有言曰：‘人，无于水监[(2)]，当于民监。’今惟殷坠厥命[(3)]，我其可不大监，抚[(4)]于时。……”

【注释】

(1) 酒诰：是周公命令康叔在其封地卫国戒酒的诰词。 (2) 监：“监”就是一个人弯着腰，睁大眼睛，从器皿盛的水中看自己面容的倒影。监的本义，即察看、督促、监督、指导、劝告。 (3) 今惟殷坠厥命：今，现在；惟，思；殷坠，殷商覆亡；厥，其；命，命运、命途（生活的道路、经历）。 (4) 抚：抚摩，鉴抚，省察。

【今译】

君王说：“封啊！……古人有句名言说：‘人，不要以水为镜子，要以民为镜子。’现在，殷商已经灭亡，其教训就在眼前，我们难道可以不借鉴这个教训吗?”

【原文之四】今文尚书·周书·无逸[(1)]

周公[(2)]曰：“呜呼！君子所其无逸[(3)]。先知稼穑[(4)]之艰难，乃逸则知小人之依[(5)]。……”

周公曰：“呜呼！我闻曰：昔在殷王中宗[(6)]，严恭寅畏[(7)]，天命自度，治民祇惧[(8)]，不敢荒宁[(9)]，肆[(10)]中宗之享国七十有五年。其在高宗[(11)]，时旧劳于外[(12)]，爰暨小人[(13)]。作其即位[(14)]，……不敢荒宁，嘉靖[(15)]殷邦。至于小大[(16)]，无时或怨[(17)]。肆高宗之享国五十有九年。其在祖甲，不义惟王[(18)]，旧[(19)]为小人。作其即位，爰知小人之依，能保惠[(20)]于庶民，不敢侮鳏寡。肆祖甲之享国三十有三年。自时厥后[(21)]立王，生则逸！生则逸！不知稼穑之艰难，不闻小人之劳，惟耽乐[(22)]之从。自时厥后，亦罔或克[(23)]寿，或十年，或七八年，或五六年，或四三年。”

…………

周公曰：“呜呼！自殷王中宗及高宗及祖甲，及我周文王，兹四人迪哲[(24)]。厥[(25)]或告之曰：‘小人怨汝詈[(26)]汝！’则皇自[(27)]敬德。厥愆[(28)]，曰：‘朕之愆。’允[(29)]若时，不啻[(30)]不敢含怒[(31)]。此厥不听，人乃或诪张[(32)]为幻。曰：‘小人怨汝詈汝！’则信之。则若时[(33)]，不永念厥辟[(34)]，不宽绰[(35)]厥心，乱罚无罪，杀无辜，怨有同，是丛[(36)]于厥身。”

周公曰：“呜呼！嗣王[37]其监于兹[38]！”

【注释】

(1) 无逸：无，毋，不要；逸，逸乐，指沉溺于声色犬马。《无逸》是周公还政于周成王后，担心成王贪图享乐，荒废政事，而向成王发出的诰词。 (2) 周公（？—前1105)：姓姬名旦，周文王姬昌第四子，周武王姬发的弟弟，曾两次辅佐周武王东伐纣王，平定三监之乱，灭五十国，奠定东南，归而制礼作乐，天下大治。因其采邑在周，爵为上公，故称周公。 (3) 君子所其无逸：君子，做官的人；所，处在；其，官位。指做官的人在其官位不可贪图安逸享乐。 (4) 稼穑：播种与收谷。泛指庄稼或农事。 (5) 乃逸则知小人之依：乃，指示代词，这样；小人，指小民；依，同“衣”，隐也，指隐痛、疾苦。 (6) 中宗：即太戊，商汤的玄孙、太庚的儿子。 (7) 严恭寅畏：严，严肃；恭、寅，恭敬，“恭”指外貌，“寅”指内心。 (8) 祗惧：谨慎小心。(9) 荒宁：怠惰，荒废。 (10) 肆：因此。 (11) 高宗：即武丁，小乙之子，商朝第二十三任君主。 (12) 时旧劳于外：时，通“是”，指高宗。相传高宗为太子时，其父小乙曾命令他出外行役。 (13) 爰暨小人：爰，于是；暨，及、和。指与小民一起劳作。 (14) 作其即位：作，及，等到。指等到即位做了君王。 (15) 嘉靖：嘉，善；靖，治，安。 (16) 小大：小，指小民；大，指大臣。 (17) 无时或怨：时，通“是”。指民与臣都无怨言。 (18) 其在祖甲，不义惟王：祖甲，武丁的儿子。马融说：“祖甲有兄祖庚而祖甲贤，武丁欲立之，祖甲以王废长立少，不义，逃亡民间，故曰‘不义惟王’。” (19) 旧：久。 (20) 保惠：保，保佑；惠，好处，利益。(21) 厥后：从此以后。 (22) 耽乐：沉溺在享乐之中。 (23) 罔或克：罔，没有；克，能够。 (24) 迪哲：迪，道，行，继承；哲，智也，贤明的人，有智慧的人。指通达明智。 (25) 厥：其。这里指上文四人。 (26) 詈：骂，责骂。 (27) 皇自：更加。 (28) 愆：过错，过失。 (29) 允：信。 (30) 不啻：不但。 (31) 含怒：心怀愤怒。 (32) 诪张：欺诈，诳骗。 (33) 则若时：则，就；若，像；时，通“是”，这。 (34) 辟：法度。 (35) 宽绰：宽宏大度。 (36) 丛：积聚。 (37) 嗣王：嗣，继承、子孙；王，君主。指继承的君主。 (38) 监于兹：监，通“鉴”，鉴戒；兹，此，这个。指以此为鉴戒。

【今译】

周公说：“哎呀！君子从政当官，不应该贪图安逸，而应该先了解种田的艰难。这样，即使处在安逸的环境中，也会知道种田人的疾苦了。……”

周公说：“哎呀！我听说：过去殷王中宗，严肃谨慎，小心翼翼，以天命为标准来检查衡量自己，怀着严谨而慎重的心情治理百姓，不敢怠惰，不敢贪图安乐，所以中宗在位七十五年。到了高宗，他年幼时，长期在外行役，常和小人一起劳作。等到他做了国君，……不敢荒废政事贪图安逸，因此殷国被治理得非常好，从小民到大臣，没有人怨恨他。因此，高宗执政达五十九年之久。到了祖甲，他认为取代兄长做国君不合法度、不合情理，年轻时便逃往民间，当了很长时间的平民百姓。等到他做了国君后，便能了解百姓的疾苦而施惠于小民，甚至对那些鳏寡孤独无依无靠的人也不敢轻慢。因此，祖甲执政达三十三年之久。但从此以后的国君，生来就贪图安逸！生来就贪图安逸！他们不了解种庄稼的艰难，不了解种田人的劳苦，只陶醉在安乐之中，以饮酒取乐。从此以后，国君也没有长寿的了，他们执政的时间，有的十年，有的七八年，有的五六年，有的三四年。”

…………

周公说：“哎呀！从殷王中宗，到高宗，到祖甲，到我们的周文王，四人是圣明的君主。有人告诉他们说：‘小人在怨你骂你！’他们便更加敬德，按照规矩办事。他们有了过错，便毫不掩饰地说：‘这是我的过错。’听到这样的话时，他们不但不敢含怒，而且很愿意听这样的话，以便察知自己的得失。假若不听臣民的意见，人们就会互相欺瞒，互相诈骗。如果有人告诉你：‘小人在怨你骂你！’那你就会相信这些话。这样下去，你就会不把法度放在心里，不开阔自己的胸怀，乱罚那些无罪的人，妄杀那些无辜的人，这样必然导致臣民同怨，人们便会把愤怒的情绪聚集在你的身上。”

周公最后说：“哎呀！作为继承的君主，你可要以此为鉴戒啊！”

【原文之五】古文尚书·夏书·五子之歌(1)

太康尸位(2)，以逸豫灭厥德(3)，黎民咸贰(4)。……厥弟五人御(5)其母以从，徯(6)于洛之汭(7)。五子咸怨，述大禹之戒以作歌。

其一曰：“皇祖有训(8)，民可近，不可下(9)。民惟邦本(10)，本固邦宁(11)。……予临(12)兆民，懔(13)乎若朽索之驭六马，为人上者，奈何不敬？”

【注释】

(1) 五子之歌：夏帝太康（禹之孙、启之子，前2060—前1975）沉湎于游乐，荒废政事，有穷国国君羿率领民众在黄河北岸阻止出猎的太康返回京城，使之失去帝位。太康出猎时，他的五个弟弟在洛水之北等候了一百余天，终不见他返回，于是各作诗歌一首，表示对他的责难。 (2) 尸位：尸，主持。指占着其位而不谋其政。 (3) 逸豫灭厥德：逸豫，贪图安逸享乐；灭，丧失；厥，他的；德，品德。 (4) 贰：背叛。(5) 御：侍奉。 (6) 徯：等候。 (7) 汭：河的转弯处。 (8) 皇祖有训：皇，伟大；祖，先祖，指大禹；训，训导、训诫。 (9) 下：轻贱、疏远。 (10) 邦本：邦，邦国；本，根本、基石。 (11) 本固邦宁：固，稳固；宁，安宁。指根本稳固，邦国安宁。 (12) 临：治理。 (13) 懔：恐惧。

【今译】

太康虽居天子之位却不理天子之事，贪图安逸和享乐，因而丧失了天子应有的品德，老百姓都背叛了他。……他的五个弟弟侍奉他们的母亲，在洛水转弯处等待着太康。五个弟弟埋怨太康，述说大禹的训诫而作歌。

其中第一首诗歌写道：“我们伟大的先祖大禹帝曾训示我们：民众可以亲近，不可以疏远。民众是国家的根本，根本稳固了国家才能安宁。……我治理亿万臣民，应心怀畏惧，像用腐朽的绳索驾驭六匹马那样小心，做百姓的君主，怎么可以不对百姓恭敬呢？”

【原文之六】古文尚书·周书·泰誓上

天佑下民[1]，作[2]之君，作之师，惟其克相上帝，宠绥[3]四方。……天矜[4]于民，民之所欲，天必从之。

【注释】

(1) 天佑下民：佑，帮助，保佑；下民，民众。 (2) 作：设立、创制。 (3) 宠绥：宠，宠爱，爱护；绥，安定。 (4) 矜：怜悯，怜惜。

【今译】

上天保佑民众，为民众设立君主，设立师长，就是希望他们辅佐天帝，爱护和安定四方民众。……上天怜悯民众，凡是民众所希望办的事情，上天必定会依从的。

【点评】

(1) 中华民族先祖已有“天”的意识，商代更推崇“天命”，所谓“先王有服，恪谨天命”，这是一种有神论思想。然而，《尚书》中所说的“天聪明，自我民聪明”“天明畏，自我民明威”“民之所欲，天必从之”等，把“天”与“民”联系起来，用“民”聪明、“民”明威解释“天”聪明、“天”明畏等等，用“民”欲解释“天”从，说明当时的政治家、思想家已认识到“民”的伟大，从而开启了重“民”思想的先河。

(2)“民可近，不可下”“民惟邦本，本固邦宁”“敬天保民”“明德慎罚”“人无于水监，当于民监”等思想，是对夏、商、周统治者治国理政经验教训的总结。这些论述，是民本思想的集中体现，蕴含了“水能载舟，亦能覆舟”“得民心者得天下，失民心者失天下”这一颠扑不破的真理，对一切执政者都具有广泛而普遍的指导意义。

(3) 周公运用殷王中宗、高宗、祖甲和周文王四位圣明君主的事迹告诫成王：君子从政当官，不应该贪图安逸，而应该先了解种田的艰难，要“知稼墙之艰难”，“知小民之依”；即使“小人怨汝詈汝”，也要“皇自敬德”；皇帝有了过失，更应坦率承认“朕之愆”。这说明，周公强调统治者治国理政，必须体察民情，了解民意，听取民怨；有了过失，必须承认失误，修正失误。这就是周公对成王的忠告。

总之，重“民”思想和“民本”观念，是夏、商、周统治者，特别是周统治者对治国理政经验教训的总结。它们是周统治者关注“民欲”“民情”的根本原因，是重视社会调查的思想基础和前提。

撰稿人：水延凯

“禹敷土，随山刊木，奠高山大川”

【简介】

本篇原文，摘自《禹贡》。

《禹贡》是《尚书》中的一篇，其作者和成文年代均不可考。由于其内容以大禹治水为主，且列于《今文尚书・夏书》中，因而古代有人认为是大禹的作品。然而，迄今尚未发现任何夏代文字。经史学家多方论证，现一般认为这是春秋战国时代的作品。对于《禹贡》的著作性质，历代学者有不同看法。有的从篇名看，认为它是贡赋之法。有的从内容看，认为它是中国最古老、最系统的地理文献。有的更认为，它是“世界上最早的区域人文地理学著作”，“是中国第一个奴隶制国家的国土综合整治开发建设总体规划”①。尽管人们对于《禹贡》的作者、成书年代和著作性质有不同看法，但是，有两点却是肯定的：第一，它的成书年代，即使不是夏朝，也不会离夏朝太远。第二，它是中华民族先祖实地调查的产物，是一部以山水、国土、贡赋等为主要内容的调查专著。

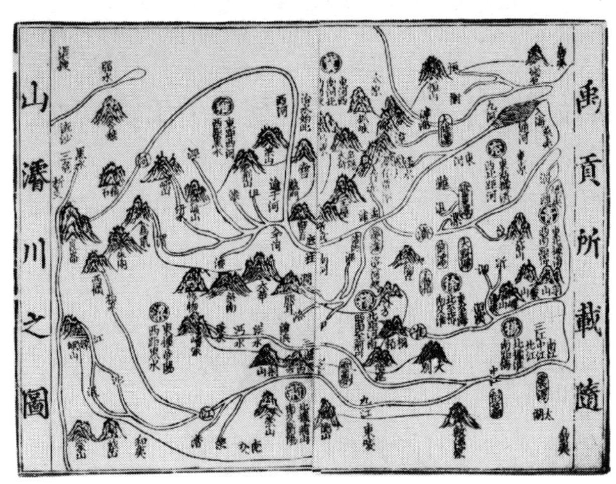

禹贡所载随山浚川之图

《禹贡》全文 30 段，1 194 字，可分为四个部分。第一部分，序言，1 段，12 字，为【原文之一】。第二部分，主体，23 段，1 066 字，包括：（1）九州，9 段，679 字，

① 刘胜佳．“禹贡”：世界上最早的区域人文地理学著作．地理学报，1990，45（4）：12.

为【原文之二】；（2）导山，4段，87字，为【原文之三】；（3）导水，9段，245字，为【原文之四】；（4）小结，1段，55字，为【原文之五】。第三部分，五服制度，5段，90字，为【原文之六】。第四部分，总结，1段，26字，为【原文之七】。另附《史记·夏本纪》中有关大禹治水的记载，为【原文之八】。

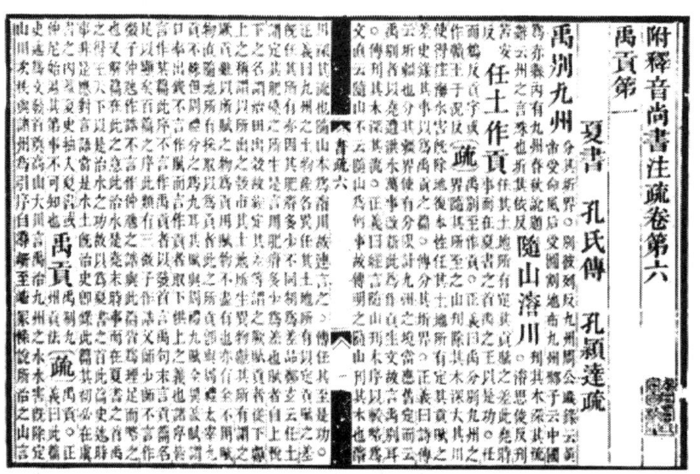

附釋音尚書注疏卷第六

禹貢第一　夏書　孔氏傳　孔穎達疏

禹別九州

隨山濬川

任土作貢

《尚书注疏》卷第六

以下【原文】，分别节录自《尚书》，王世舜、王翠叶译注，北京，中华书局，2012；《史记》，韩兆琦译注，北京，中华书局，2010。【注释】和【今译】，也参考了上述著作。

【原文、注释和今译】

【原文之一】今文尚书·夏书·禹贡（之一）

禹敷[1]土，随山刊[2]木，奠[3]高山大川。

【注释】

（1）敷：分，布置；铺展，铺开。指区分疆土。（2）刊：砍，指砍削木槎，随山插在路上做标记。（3）奠：稳固地安置；定，规定，确定。

【今译】

禹区分疆土，随山脉走向砍削木槎插在路边作为标记，为高山大河划定界域。

【原文之二】今文尚书·夏书·禹贡（之二）

冀州[1]：既载壶口[2]，治梁及岐[3]。既修[4]太原，至于岳阳[5]；覃怀厎绩[6]，至于衡漳[7]。厥土惟白壤[8]，厥赋惟上上错[9]，厥田惟中中[10]。恒、卫既从[11]，大陆既作[12]。岛夷皮服[13]，夹右碣石入于河[14]。

济、河[15]惟兖州。……
海、岱[16]惟青州。……
海、岱及淮[17]惟徐州。……
淮、海[18]惟扬州。……
荆及衡阳[19]惟荆州。……
荆、河[20]惟豫州。……
华阳、黑水[21]惟梁州。……
黑水、西河[22]惟雍州。……

【注释】

(1) 冀州：今河北、山西一带。 (2) 既载壶口：既，已经；载，事，指水利工程；壶口，山名。 (3) 梁及岐：梁、岐，均为山名。 (4) 既修：已经修好。 (5) 岳阳：岳，指太岳山，在今山西霍州；阳，山的南面。 (6) 覃怀底绩：覃怀，地名，今河南武陟西。底，获得；底绩，获得功绩。 (7) 衡漳：衡，通“横”；漳，漳水。指漳水横流。 (8) 厥土惟白壤：厥，这；惟，是；白壤，盐渍土。 (9) 赋惟上上错：赋，税赋；上上，第一等；错，杂。指杂出第二等税。 (10) 中中：田地的高下肥瘠分九等，中中为第五等。 (11) 恒、卫既从：恒、卫，均为水名；既从，指由黄河入海。 (12) 大陆既作：大陆，泽名，在今河北巨鹿西北；既作，已经开工。 (13) 岛夷皮服：岛，海中之山；夷，古代对东部各民族的统称；皮服，这个地区的贡品。(14) 夹右碣石入于河：夹，挟；右，右顾；碣石，山名；入于河，入黄河。指贡道路线。 (15) 济、河：济，济水；河，黄河。 (16) 海、岱：海，渤海；岱，泰山。(17) 淮：淮河。 (18) 淮、海：淮河、大海。 (19) 荆及衡阳：荆，荆山，今湖北南漳西；衡阳，衡山之南。 (20) 荆、河：荆，荆山；河，黄河。 (21) 华阳、黑水：华阳，华山南面；黑水，水名。 (22) 西河：河名。

【今译】

冀州：壶口工程结束了，就开始治理梁山和岐山。太原河道修理好了，一直修理到太岳山的南面；覃怀一带水利工程获得成效，一直到横流的漳水，一些河道也得到了治理。这里的土是白壤，这里的赋税属第一等，夹杂着第二等，这里的田地属第五等。恒水、卫水已经疏通，可沿黄河流入大海，大陆泽已开始动工。沿海一带诸侯进贡皮服，可从碣石入黄河而来。

济水与黄河一带是兖州。……
横跨渤海向东至泰山是青州。……
东起大海，北到泰山，南至淮河是徐州。……
北至淮河，南至大海是扬州。……
从荆山到衡山南面是荆州。……
从荆山到黄河是豫州。……
从华山南面西至黑水是梁州。……
从黑水到西河是雍州。……

【原文之三】今文尚书·夏书·禹贡（之三）

导岍及岐[(1)]，至于荆山[(2)]，逾于河[(3)]，壶口、雷首至于太岳，底柱、析城至于王屋[(4)]，太行、恒山至于碣石[(5)]，入于海。

西倾、朱圉、鸟鼠至于太华，熊耳、外方、桐柏至于陪尾[(6)]。

导嶓冢至于荆山，内方至于大别[(7)]。

岷山之阳[(8)]至于衡山[(9)]，过九江[(10)]，至于敷浅原[(11)]。

【注释】

（1）导岍及岐：导，疏导；岍、岐，为今陕西境内山名。（2）荆山：山名。此山非荆州之荆山，而是位于今陕西富平西南的山。（3）逾于河：逾，舍舟登陆。指山断绝了河水。（4）壶口、雷首至于太岳，底柱、析城至于王屋：壶口、雷首、太岳、底柱、析城、王屋，为今山西境内山名。（5）太行、恒山至于碣石：太行，为今豫晋冀交界处山名；恒山，为今山西浑源县山名；碣石，山名，其地待考。（6）西倾、朱圉、鸟鼠至于太华，熊耳、外方、桐柏至于陪尾：西倾、朱圉、鸟鼠、太华、熊耳、外方、桐柏为今青甘陕豫境内山名；陪尾，山名，其地可能在鄂。（7）导嶓冢至于荆山，内方至于大别：嶓冢、荆山、内方、大别，为今陕豫鄂皖境内山名。（8）岷山之阳：岷山，四川境内山名；阳，山南。（9）衡山：旧注指南岳衡山。然而衡山距长江甚远，旧注必误。究竟指何处？待考。（10）九江：古来注家，说法不一。有人认为，是指洞庭湖；有人认为，不是实数，而是虚数，指数之极也。（11）敷浅原：庐山。

【今译】

疏通了岍山和岐山，一直到荆山，穿过黄河，从壶口山、雷首山一直到太岳山，从底柱山、析城山到王屋山，再从太行山、恒山一直到碣石山，都得到了治理，黄河得以畅流入海。

由西倾山、朱圉山、鸟鼠山到太华山，再由熊耳山、外方山、桐柏山直到陪尾山，都得到了治理。

从嶓冢山到荆山，从内方山到大别山也得到了疏通和开凿。

从岷山南面到衡山，越过洞庭湖，直到庐山一带，也得到了治理。

【原文之四】今文尚书·夏书·禹贡（之四）

导弱水，至于合黎，余波入于流沙[(1)]。

导黑水，至于三危[(2)]，入于南海。

导河积石，至于龙门；南至于华阴，东至于底柱；又东至于孟津，东过洛汭，至于大伾；北过降水，至于大陆[(3)]；又北播为九河，同为逆河[(4)]，入于海。

嶓冢导漾，……东为北江[(5)]，入于海。

岷山导江，东别为沱，又东至于澧；过九江，至于东陵，东迤北会于汇；东为中江[6]，入于海。

导沇水，东流为济，入于河[7]，……又北东入于海。

导淮自桐柏[8]，……东入于海。

导渭自鸟鼠同穴，……又东过漆、沮[9]，入于河。

导洛自熊耳[10]，……又东北入于河。

【注释】

(1) 导弱水，至于合黎，余波入于流沙：弱水，在今甘肃北；合黎，张掖附近地名、山名或水名；余波，指河的下游，经内蒙古沙漠流入我国第二大内陆河黑河的尾闾湖——居延海，故云入于流沙。 (2) 导黑水，至于三危：黑水，可能指怒江；三危，山名。 (3) 导河积石，至于龙门；南至于华阴，东至于底柱；又东至于孟津，东过洛汭，至于大伾；北过降水，至于大陆：积石、龙门，为山名；华阴，指华山北面；底柱，山名；孟津，今河南孟津县；洛，指东洛水；汭，河流的弯曲处；大伾，山名；降水，可能指浊漳；大陆，即大陆泽。 (4) 又北播为九河，同为逆河：播，分；九河，言其多；逆，迎而承受。 (5) 嶓冢导漾，……东为北江：嶓冢为山名，漾为水名，均在陕西境内；北江，指汉水。 (6) 岷山导江，东别为沱，又东至于澧；过九江，至于东陵，东迤北会于汇；东为中江：岷山，在四川；江，岷江；沱，长江支流；澧，澧水；东陵，地名；迤，斜行；北会于汇，可能是指北会于淮；中江，即长江。 (7) 导沇水，东流为济，入于河：沇水，水名；济，济水；河，指黄河。 (8) 导淮自桐柏：淮，淮河；自，介词；桐柏，山名。 (9) 导渭自鸟鼠同穴，……又东过漆、沮：渭，渭水；鸟鼠同穴，相传鸟鼠于此山雌雄同穴，故称鸟鼠山；漆、沮，水名。 (10) 导洛自熊耳：洛，洛水；熊耳，山名。

【今译】

把弱水疏通到合黎，下游流入沙漠地带。

把黑水疏通到三危，下游流入南海。

疏导黄河，先从积石山施工，一直疏通到龙门山；向南到达华山北面，向东经过底柱山；又向东经过孟津、洛水的弯曲处到大伾山；然后折转向北经过降水，到大陆泽；再向北分成九条支流，共同承受黄河大水，把它顺利导入大海。

从嶓冢山开始疏导漾水，……向东为汉水，然后由长江进入大海。

从岷江开始疏导长江，向东分出一条支流称沱水，再向东到澧水；经过洞庭湖到达东陵，然后蜿蜒斜行而东，与淮水相会；向东则为长江，再流入大海。

疏导沇水，东流则称为济水，流入黄河，……又自北向东流入大海。

从桐柏山开始疏导淮河，……向东流入大海。

从鸟鼠山开始疏导渭水，……然后经过漆水、沮水，流入黄河。

从熊耳山开始疏导洛水，……又向东北，流入黄河。

【原文之五】今文尚书·夏书·禹贡（之五）

九州攸同[1]，四隩既宅[2]。九山刊旅，九川涤源，九泽既陂[3]。四海会同，六府孔修[4]。庶土交正，厎慎财赋，咸则三壤成赋[5]。中邦锡土姓[6]。祗台德先[7]，不距朕行[8]。

【注释】

(1) 九州攸同：攸，文言语助词，所。九州攸同，是总叙，下面分述九州所同的事项。 (2) 四隩既宅：隩，同“墺”，可定居的地方。指四方土地都可以居住。 (3) 九山刊旅，九川涤源，九泽既陂：刊，削；旅，王引之说，“治也”；涤，洗涤、疏通；陂，堤防。指九州的山已治理，九州的川已疏通，九州的泽已修筑堤防。 (4) 四海会同，六府孔修：四海会同，指合通四海；府，贮藏财物之处；六府，指贮藏水火金木土谷之所；孔，甚，程度副词；修，治。 (5) 庶土交正，厎慎财赋，咸则三壤成赋：庶，众多；土，土地；交，俱；正，正确；厎，获得；慎，谨；咸，皆；则，法；成赋，缴纳赋税。 (6) 中邦锡土姓：中，九州；邦，城邦；锡，赏赐；土，土地；姓，姓氏。 (7) 祗台德先：祗，敬；台，第一人称代词，我；德，德行。倒装句，应作“先祗台德”，意为把敬重我的德行放在首位。 (8) 不距朕行：距，抗拒；朕，我；行，推行。

【今译】

九州由此统一了，四方的土地都可以居住了。九州的大山已经开凿治理，九州的河流已经疏通，九州的大泽已修筑堤防。四海之内进贡的道路都已畅通无阻，六府的政务都已治理得很好。九州的土地都得到了正确考察，并根据各地区土地质量，谨慎规定了不同的赋税，各地百姓都根据土地优劣的上中下三种规定缴纳赋税。九州之内的诸侯都被分封土地，并赐以姓氏。诸侯们应把尊重我的德行放在首位，不准违抗我所推行的德教。

【原文之六】今文尚书·夏书·禹贡（之六）

五百里甸服[1]。百里赋纳总，二百里纳铚，三百里纳秸服[2]，四百里粟，五百里米。

五百里侯服[3]。百里采，二百里男邦[4]，三百里诸侯。

五百里绥服[5]。三百里揆文教，二百里奋武卫[6]。

五百里要服[7]。三百里夷，二百里蔡[8]。

五百里荒服[9]。三百里蛮，二百里流[10]。

【注释】

(1) 甸服：甸，王田；服，服役。指天子的领地。 (2) 百里赋纳总，二百里纳铚，三百里纳秸服：赋纳总，指用连秆的禾缴纳税赋；纳铚，指用短镰割下的穗头缴纳税赋；纳秸服，指用除去芒尖的农作物缴纳税赋。 (3) 侯服：侯，作“候”，即斥候。 (4) 百里采，二百里男邦：采，事，指为天子服差役。男，古音男、任相近，常通用；任，负担。 (5) 绥服：绥，安，指安服天子的政教。 (6) 三百里揆文教，二百里奋武卫：揆，掌管；文教，指管理文教事务的官员；奋武卫，熟习武事，保卫天子。 (7) 要服：要结好信而服从之。 (8) 三百里夷，二百里蔡：夷，平，平安，指守平常之教，事王者。蔡，古音蔡、杀相近，常通用；指杀，减。（9）荒服：荒，政教荒忽，俗而治之。（10）三百里蛮，二百里流：蛮，慢，怠慢；流，流动无定居。

【今译】

国都以外五百里属于甸服。距国都一百里的，缴纳连秆的禾；二百里的，缴纳禾穗；三百里的，缴纳脱去芒尖的谷；四百里的，缴纳粗米；五百里的，缴纳精米。

甸服以外五百里为侯服。距甸服一百里的，替天子服差役；二百里的，担任国家的差役；三百里的，主要担任戍守之责。

侯服以外五百里为绥服。距侯服三百里的，要设立掌管文教的官吏来推行天子的政教；二百里的，要熟习武事，以保卫天子。

绥服以外五百里为要服。距绥服三百里的，要遵守与其他地方大体相同的政令；二百里的，可依次减轻其赋税。

要服以外五百里为荒服。距要服三百里的，对百姓的要求可以从简；二百里的百姓，可以流动迁徙。

【原文之七】今文尚书·夏书·禹贡（之七）

东渐于海，西被于流沙[(1)]，朔南暨声教，讫于四海[(2)]。禹锡玄圭[(3)]，告厥成功。

【注释】

（1）东渐于海，西被于流沙：渐，入；被，及。（2）朔南暨声教，讫于四海：朔，北；暨，及，到达；声教，指王者的德教；讫，到，至。（3）禹锡玄圭：禹，夏禹；锡，同“赐”；玄，黑色；圭，美玉。

【今译】

东至大海，西到沙漠，从北方到南方，四海之内都领受了天子的德教。于是，舜帝赐给禹黑色的美玉，用以表彰禹所完成的伟大功业。

附：【原文之八】史记·夏本纪

禹乃遂与益[(1)]、后稷[(2)]奉帝命，命诸侯百姓兴人徒以傅土[(3)]，行山表木[(4)]，定[(5)]高山大川。禹伤[(6)]先人父鲧功之不成受诛，乃劳身焦思[(7)]，居外十三年，过家门不敢入。薄[(8)]衣食，致[(9)]孝于鬼神。卑[(10)]宫室，致费于沟淢[(11)]。陆行乘车，水行乘船，泥行乘橇[(12)]，山行乘檋[(13)]。左准绳[(14)]，右规矩[(15)]，载四时[(16)]，以开九州[(17)]，通九道[(18)]，陂九泽[(19)]，度九山[(20)]。令益予众庶[(21)]稻，可种卑湿[(22)]。命后稷予众庶难得之食。食少，调有余相给，以均[(23)]诸侯。禹乃行相地宜所有以贡[(24)]，及山川之便利[(25)]。

【注释】

（1）益：伯益，皋陶之子，东夷族首领少昊之后，能领悟飞禽语言，被称为“百虫将军”。在他带领下，中国早期先民学会了建筑房屋，凿挖水井。（2）后稷：本名姬弃，帝喾的长子、周王的先祖、农耕业的始祖。（3）百姓兴人徒以傅土：百姓，即百官，因为战国前只有贵族才有姓，所以百姓是对贵族的通称；兴，发动；人徒，指被罚服劳役的人；傅，《尚书》作“敷”，分的意思，指分治九州土地，另有说法认为傅即“付”，指付出功役。（4）表木：表，表记。指立木作为表记。（5）定：测定。（6）伤：为……而悲伤。（7）劳身焦思：劳身，劳累；焦，着急，焦躁，苦苦思索。（8）薄：少，节俭的意思。（9）致：表达。（10）卑：低矮，这里有简陋之意。（11）沟淢（xù）：田间沟渠。这里泛指河道。（12）橇：古代用于在泥路上行走的一种交通工具。（13）檋（jū）：一说上山穿的钉鞋，一说上山坐的乘具。（14）准绳：准，取平的工具；绳，取直的工具。（15）规矩：规，画圆的工具；矩，画方的工具。这里指测量高低远近的工具。（16）四时：可能是指测四时定方向的仪器。（17）开九州：开发九州土地。九州，即冀、兖、青、徐、豫、荆、扬、雍、梁。《大戴礼记·五帝德》此句作“巡九州”，王聘珍《大戴礼记解诂》以为“州”为“川”字之误。（18）通九道：疏通九条河道。九道，即弱、黑、河、漾、江、沇（Yǎn）、淮、渭、洛九条河流的河道。张守节《史记正义》以为“九道”为九州的道路。（19）陂（bēi）九泽：修治九个大湖。陂，水边，水岸。这里是筑堤岸的意思；九泽，指雷夏、大野、彭蠡、震泽、云梦、荥泽、菏泽、孟潴、大陆九个湖泊。（20）度九山：测量九座大山。度，测量，勘测；九山，指岍、壶口、底柱、太行、西倾、熊耳、嶓冢、内方、岷（Mín）九座大山。（21）众庶：庶民，平民。（22）卑湿：低湿之地。（23）均：使均衡。（24）相地宜所有以贡：相地，察看、考察各地；宜所，适宜种植的物产；有以贡，用来向天子进贡。指应考察各地所具有的物产来确定应向天子缴纳的贡赋。（25）便利：指交通是否方便。

【今译】

禹接受了舜帝的命令，与伯益、后稷一起到任，命令诸侯百官发动那些被罚服劳役的罪人分治九州土地。他一路翻山越岭，立木桩作为标志，测定高山大川的状况。禹为父亲鲧治水无功而受罚感到难过，就不顾劳累，苦苦思索，在外面生活了十三年，几次路过家门都没敢进去。他节衣缩食，尽力孝敬鬼神。居室简陋，把资财用于治理河川。他在陆地行进乘车，在水中行进乘船，在泥沼中行进乘木橇，在山地行进穿钉鞋。他左手拿准和绳，右手拿规和矩，还装载着测四时定方向的仪器，开发九州土地，疏导九条河道，修治九个大湖，测量九座大山。他命令伯益给民众分发稻种，可以种植在低洼潮湿的土地上。命令后稷赈济吃粮艰难的民众。粮食匮乏时，就让一些地区把余粮调剂给缺粮地区，以便使各诸侯国都能有粮食吃。禹一边行进，一边考察各地物产情况，根据各地物产情况规定向天子缴纳的贡赋，并考察各地山川地形，以便弄清各诸侯国朝贡时交通是否方便。

【点评】

一、《禹贡》的内容

1. 序言

介绍全文主要内容。

2. 主体

（1）九州：依据河流、山脉和大海等自然分界，把全国分为九州，并对各州山川、湖泽、土壤、植被、特产、田赋和运输路线等做了具体描述。

（2）导山：按照从北向南、由西向东的山系把全国山脉分为三条、四列、九段，形成了中国古人对山地认识的"三条、四列、九山"学说。

（3）导水：按照先北后南、先上游后下游、先主流后支流的顺序，对九条贡赋水道的水源、流向、流经地、支流和入海（河）口等做了描述，首开中国水文地理之先河。

（4）小结：九州、九山、九江已治理，可以定居了。

3. 五服

以国都为中心向外扩展，突破诸侯割据局限，反映华夏大一统的思想。

4. 总结

禹治水成功，舜赐美玉表彰。

二、《禹贡》的贡献

从地理学看，《禹贡》是中国最古老、最系统的地理文献之一，对中国后世地理学发展有深远影响。从贡赋法看，《禹贡》按土质优劣把田赋分为三等九级、实行不同税赋的做法，对中国后世贡赋法改革具有指导作用。从统计学看，《禹贡》先按"等"分上、中、下三等；再按"级"细分上、中、下三级，这种复合分组方法在世界统计史上占有领先地位。18 世纪中叶，法国传教士格毕（Gaubil，1689—1759）将《禹贡》译成法文[①]。1770 年，法文版《禹贡》在巴黎发表，引起欧洲统计学者很大震动。他们认为，《禹贡》是东方最早的统计[②]，统计学的萌芽应追溯到东方文明古国——中国。从社会调查学看，《禹贡》是中华民族先祖长期实地调查的结果。在上古极端落后的社会历史条件下，进行如此全面、宏观、深入的实地调查，这一壮举在世界社会调查史上很可能是绝无仅有的。

三、《史记》中关于大禹治水的记载

《史记·夏本纪》中有关大禹治水的记载，说明了禹在受命治水之后，开展了长达十三年、遍及中华大地的大规模山水调查、物产调查和交通调查，刻画了禹在调查和治水过程中的高尚精神和艰苦作风，描述了禹在实地调查时所使用的交通工具和测量工具，归纳了禹通过大规模实地调查和顽强奋斗取得的多方面成果：开发了九州土地，疏导了九条河道，修治了九个大湖，测量了九座大山，发展了农耕事业，协调了诸侯关系，规定了向天子缴纳的贡赋和交通路线。《史记·夏本纪》中的这些记载，实际上是对中华民族先祖古老、成功的社会调查和实践所做的非常可靠、翔实、宝贵的记录。

撰稿人：方显峰、水延凯

① 此书书名为：Le Chouking Ouvrage recueilli par Confucius，Quignes 主编，Gaubil 译为法文。

② 刘叔鹤．中国统计史略．武汉：湖北人民出版社，1990：20.

“貌、言、视、听、思”

【简介】

本篇原文，摘自《尚书》。关于《尚书》，本书第 7 页已有简介，这里不再重复。

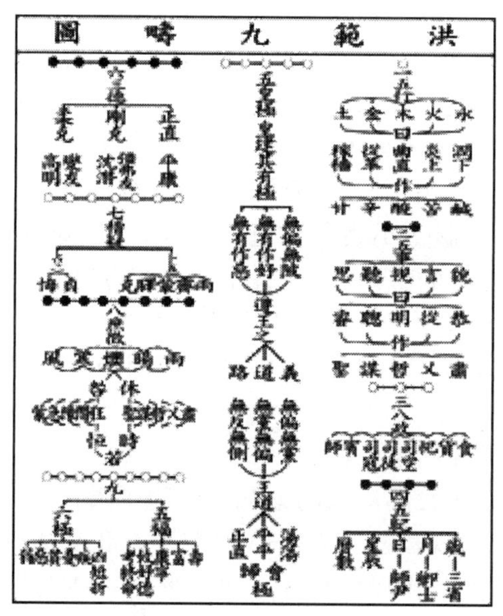

洪范九畴图

以下【原文】，均节录自《尚书》，王世舜、王翠叶译注，北京，中华书局，2012；【注释】和【今译】，也参考了上述著作。

【原文、注释和今译】

【原文之一】今文尚书·周书·洪范[1]（之一）

惟十有三祀[2]，王访于箕子。王乃言曰：“呜呼！箕子，惟天阴骘下民[3]，相协厥居[4]，我不知其彝伦攸叙[5]。”

箕子乃言曰：“我闻在昔鲧堙洪水[6]，汩陈其五行[7]。帝乃震怒，不畀洪范九畴[8]，彝伦攸斁[9]。鲧则殛[10]死，禹乃嗣兴[11]。天乃锡禹洪范九畴，彝伦攸叙。……”

【注释】

(1) 洪范：周灭商后，周武王向箕子请教治国方略，箕子便向武王阐述了“洪范九畴”，即九种大法。《洪范》篇，就是箕子向武王阐述洪范九畴的谈话记录。 (2) 惟十有三祀：惟，发语词；有，通“又”；祀，年。指西周建国后的第十三年。 (3) 阴骘（zhì）下民：骘，雄马；阴骘，即阴阳。意指天生下民。 (4) 相协厥居：相，助；协，和；厥，其，他们，指臣民；居，居住。指臣民彼此和谐地居住在一起。 (5) 彝伦攸叙：彝伦，常道，伦常，常理；攸，所；叙，叙说。指所叙说的常理。 (6) 鲧堙（yīn）洪水：鲧，相传是禹的父亲；堙，堵塞。指禹的父亲用堵塞的方法治理洪水。(7) 汩（gǔ）陈其五行：汩，扰乱；陈，陈列；其，代词，联系后文，当指天帝；五行，此处指五行的规律。指扰乱了天帝创造的五行规律。 (8) 不畀（bì）洪范九畴：畀，给；洪，大；范，法；畴，种类。指不给九种大法。 (9) 彝伦攸斁（dù）：斁，败坏。指破坏了常理。 (10) 殛：诛，惩罚。此处指流放。 (11) 嗣兴：嗣，继承；兴，兴起。指继承其父治理洪水。

【今译】

西周建国后十三年，周武王访问箕子。武王说：“唉！箕子，上天繁衍天下臣民，要他们和睦相处，而我却不知道天帝使下界臣民各安所居的常理究竟有哪些。”

箕子回答说：“据我所知，从前鲧用堵塞的办法治理洪水，胡乱处置水、火、木、金、土，扰乱了天帝创造的五行规律。天帝大怒，决定不把九种大法传授给鲧，致使治国安民的常理遭受了破坏。后来，鲧在流放中死去，禹继承其父治理洪水。天帝把那九种大法赐予了禹，从此禹就掌握了治国安民的常理……”。

商箕子像

箕子画像

【原文之二】今文尚书·周书·洪范（之二）

初一曰五行[1]，次二曰敬用[2]五事，次三曰农[3]用八政，次四曰协用五纪[4]，次五曰建用皇极[5]，次六曰乂[6]用三德，次七曰明用稽疑[7]，次八曰念用庶征[8]，次九曰向[9]用五福，威[10]用六极。

【注释】

（1）五行：行，用。指下文所说的水、火、木、金、土五种能利用的物质。（2）敬用：敬，恭敬；用，行动，采用，做。（3）农：农，通“努”，努力，勉力。（4）协用五纪：协，协调、协和；五纪，岁、月、日、星辰、历数。此处指使五种记时方法与天时相合。（5）建用皇极：建，建立；皇，大；极，至高无上。这里的“皇极”，指最高准则。（6）乂（yì）：又作“刈”，本义指割草或收割谷类植物。本文中指治理。（7）稽疑：稽，考；疑，疑问。（8）念用庶征：念，考虑；庶，多；征，征兆。（9）向：劝导。（10）威：通“畏”，畏惧，威慑。

【今译】

第一，五行；第二，做好五方面事情；第三，办好八方面政务；第四，正确使用五种记时方法；第五，建立君王规则；第六，分别治理有三种品德的人；第七，以卜筮解决疑难问题；第八，考察各种征兆；第九，用五种幸福劝人为善，用六种惩罚戒人作恶。

【原文之三】今文尚书·周书·洪范（之三）

一、五行：一曰水，二曰火，三曰木，四曰金，五曰土。……

二、五事：一曰貌，二曰言，三曰视，四曰听，五曰思。……

三、八政[1]：一曰食[2]，二曰货[3]，三曰祀[4]，四曰司空[5]，五曰司徒[6]，六曰司寇[7]，七曰宾[8]，八曰师[9]。

四、五纪：一曰岁[10]，二曰月，三曰日，四曰星辰[11]，五曰历数[12]。

五、皇极[13]：皇建其有极。敛[14]时五福，用敷锡[15]厥庶民。惟时厥庶民于汝极[16]。……曰天子作民父母，以为天下王[17]。

六、三德：一曰正直，二曰刚克[18]，三曰柔[19]克。平康[20]正直；强弗友[21]刚克；燮[22]友柔克。……

七、稽疑[23]：择建立卜筮[24]人，乃命[25]卜筮。……立时人作卜筮[26]，三人占，则从二人之言[27]。汝则有大疑[28]，谋及乃心[29]，谋及卿士，谋及庶人，谋及卜筮。……

八、庶征[30]：曰雨，曰旸[31]，曰燠[32]，曰寒，曰风。曰时五者来备[33]，各以其叙[34]，庶草蕃庑[35]。一极备[36]，凶[37]；一极无[38]，凶。

…………

九、五福：一曰寿[39]，二曰富，三曰康宁，四曰攸[40]好德，五曰考终命[41]。六极[42]：一曰凶、短、折[43]，二曰疾，三曰忧，四曰贫，五曰恶，六曰弱[44]。

【注释】

(1) 八政：八种政务。 (2) 食：民食。 (3) 货：财货。 (4) 祀：祭祀活动。 (5) 司空：管理居民。 (6) 司徒：管理教育。 (7) 司寇：管理司法。 (8) 宾：接待宾客。 (9) 师：管理军务。 (10) 岁：年。 (11) 星辰：星，指二十八宿；辰，指十二辰。 (12) 历数：天道、天运，指星象运行的轨道及周期。古人以此观察盛衰兴亡的气数。 (13) 皇极：君王的准则、最高的规则。 (14) 敛：收集，聚集。 (15) 敷锡：敷，铺开，普遍；锡，通"赐"，给予，赐给。 (16) 于汝极：于，重视；汝极，你的规则。 (17) 天子作民父母，以为天下王：天子要先成为臣民的父母，才能成为天下的君王。 (18) 刚克：刚，坚强；克，能也，胜也。 (19) 柔：柔弱。 (20) 平康：平安，中正平和。 (21) 弗友：弗，不；友，亲近。不可亲近。 (22) 燮 (xiè)：协和，调和。 (23) 稽疑：本指用卜筮来考正有疑问的事情，后泛指稽考疑问。 (24) 卜筮：古代两种占卜术，以龟甲推断吉凶者，叫卜；以蓍草推断吉凶者，叫筮。泛指占卜。 (25) 命：使，指派。 (26) 立时人作卜筮：立，设立；时人，这些人；作卜筮，进行占卜。指设立专职占卜的官员。 (27) 三人占，则从二人之言：指如果有三个人占卜，就信从两个人的说法。 (28) 大疑：重大疑难。 (29) 谋及乃心：谋，思虑；乃，你的。指自己思虑。 (30) 庶征：庶，众多、各种；征，征兆，这里指天气。 (31) 旸：晴天。 (32) 燠 (yù)：温暖。 (33) 五者来备：五者，指上文的五种天气；备，齐备。 (34) 叙：次序。 (35) 蕃庑：蕃，茂盛；庑，通"芜"，杂乱。 (36) 极备：过多。 (37) 凶：不吉利，荒年。 (38) 极无：过少。 (39) 寿：长寿。 (40) 攸：通"由"，遵行。 (41) 考终命：考，老；终命，善终。 (42) 极：通"殛"，惩罚。 (43) 凶、短、折：都是指早死。未到换齿年龄而死者，叫凶；未满二十岁而死者，叫短；未婚而死者，叫折。 (44) 弱：懦弱。

【今译】

一、五行：一是水，二是火，三是木，四是金，五是土。……

二、五事：一是态度，二是语言，三是观察，四是听闻，五是思考。……

三、八种政务：一是管理民食，二是管理财货，三是管理祭祀，四是管理居民，五是管理教育，六是管理司法，七是接待宾客，八是管理军事。

四、五种记时方法：一是年，二是月，三是日，四是星辰的出现情况，五是日月星辰运行的轨道及周期。

五、君王规则：君王建立君权要有规则。要建立五福制度，普遍赏赐给臣民，这样，臣民就会尊重你的规则。……天子要先做臣民的父母，才能成为天下的君王。

六、三种品德：一是正直，二是刚强，三是柔和。中正平直者，无须克制；刚强不可亲者，必须以柔克之；柔弱而至于顺从者，必须以刚克之。……

七、用卜决疑：选择善于卜筮的人，使他们掌握卜筮方法。……设立专职官员，让他们进行卜筮。如果是三个人占卜，就信从两个人的说法。你若有重大疑难问题，首先自己要思考，然后再与卿士商量，与庶民商量，与卜筮官员商量。……

八、各种天气：一是雨，一是晴，一是暖，一是寒，一是风。假若一年中这五种天气齐备，各按正常时序发生，那么百草就会茂盛。假若其中一种天气过多，就会是荒年；其中一种天气过少，也会是荒年。

…………

九、五种幸福：一是长寿，二是富贵，三是健康安宁，四是遵行美德，五是高寿善终。六种惩罚：一是早死，二是疾病，三是忧愁，四是贫穷，五是邪恶，六是懦弱。

【原文之四】今文尚书·周书·洪范（之四）

二、五事：一曰貌，二曰言，三曰视，四曰听，五曰思。貌曰恭[(1)]，言曰从[(2)]，视曰明，听曰聪，思曰睿[(3)]。恭作肃[(4)]，从作乂，明作哲[(5)]，聪作谋[(6)]，睿作圣[(7)]。

【注释】

（1）貌曰恭：态度要恭敬，谦逊有礼貌。（2）言曰从：语言要顺从，正当合理。（3）思曰睿：思考要通达、明智、睿敏。（4）肃：庄重，严肃。（5）哲：聪明，智慧。（6）谋：考虑，谋划。（7）圣：通也，通达事理。

【今译】

二、五事：一是态度，二是语言，三是观察，四是听闻，五是思考。态度要恭敬，语言要合理，观察要明白，听闻要广远，思考要通达。态度恭敬就能严肃，语言合理就能服人，观察明白就能有智慧，听闻广远就能善谋，思考通达就能圣明。

【点评】

一、武王求教

周武王灭商建周后，面临百废待兴、治理国家的繁重任务，他求贤若渴，向纣王的叔父、太师（曾被纣王囚禁）箕子求教，怎样才能顺应天命、和谐臣民、治理国家。箕子有感于武王一片真诚，就讲了天帝赐洪范九畴给禹，禹按洪范九畴治水、治国取得成功的传说。这个故事说明，周武王不仅是一位“顺乎天应乎人”的英明军事统帅，而且是一位善于调查研究的杰出开国明君。

二、洪范九畴

第一条，说明构成宇宙万物的五类物质及其特性。第二条，通过貌、言、视、听、思了解客观情况。第三条，列举治理国家的八种政务。第四条，顺应天时，按照日月星辰运行规律办事。第五条，建立君主专制制度和臣民行为准则。第六至九条，阐述如何用人、如何解决疑难、如何预测、如何奖惩等治国理政的统治方法。这说明，洪范九畴实际上是对夏、商两朝千余年统治阶级治国理政经验的总结。

三、敬用五事

一曰貌，恭敬对待调查和被调查者，态度恭敬，对方就会认真回答问题。二曰言，语言要合乎道理，语言合乎道理才能得到真实回答。三曰视，观察要清楚明白，观察清楚明白才能获得知识和智慧。四曰听，听闻要聪敏、明辨是非，听闻聪敏、能明辨是非，才能善于谋划。五曰思，思考要通达、明智和深邃，思考通达、明智和深邃，才能精益求精。显然，“敬用五事”，实际上是对社会调查主要内容、主要过程、主要方法的论述和概括。

四、非凡智慧

从社会调查视角看，洪范九畴有两个方面的非凡智慧：第一，“貌、言、视、听、思”是对社会调查最古老、最全面、最简明的概括——是迄今所发现的关于社会调查最古老的论述，是对社会调查态度、方法、过程和要求最全面的论述，是对社会调查最简明（仅五个字）的论述。第二，“貌、言、视、听、思”在洪范九畴中被列为第二条，地位十分突出，这既表明了中华民族先祖的高度智慧，又说明了社会调查的极端重要。

撰稿人：水延凯

“掌登万民之数，自生齿以上皆书于版”

【简介】

本篇原文，摘自《周礼》。

《周礼》又称《周官》，世传为周公旦所著，但历代学者对其作者及成书年代存在着争论，大致有西周说、春秋说、战国说、秦汉之际说、汉初说、王莽伪作说等六种说法。今多数学者认为，《周礼》是战国时期由众多学者归纳创作而成的。

《周礼》是一部通过官制、礼制来表述治国方案的著作。《周礼》将官职分为六类，其分工大致为：天官冢宰，负责宫廷事务；地官司徒，负责民政事务；春官宗伯，负责宗族事务；夏官司马，负责军事事务；秋官司寇，负责刑罚事务；冬官百工，负责营造事务。《周礼》所载官、礼体系最为系统，许多制度仅见于此书，因此该书尤其宝贵，是古代华夏民族礼乐文化的理论形态，对历代礼制影响深远。《周礼》与《仪礼》《礼记》合称“三礼”，是儒家经典，属十三经。

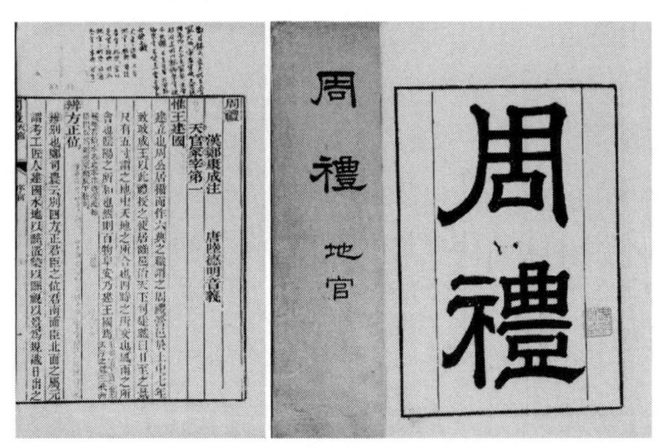

《周礼》

以下【原文】，节录自《周礼》，徐正英、常佩雨译注，北京，中华书局，2014；【注释】和【今译】，也参考了上述著作。

【原文、注释和今译】

【原文之一】周礼·地官司徒第二·大司徒

1. 大司徒之职，掌建邦之土地之图与其人民之数，以佐王安扰邦国。

2. 以天下土地之图，周知九州之地域广轮之数(1)，辨其山、林、川、泽、丘、陵、坟、衍、原、隰之名物(2)，而辨其邦国都鄙之数(3)，制其畿疆而沟封(4)之，设其社稷之壝而树之田主(5)，各以其野之所宜木，遂以名其社与其野(6)。

…………

15. 令五家为比，使之相保(7)。五比为闾，使之相受(8)。四闾为族，使之相葬。五族为党，使之相救。五党为州，使之相赒(9)。五州为乡，使之相宾(10)。

16. 颁(11)职事十有二于邦国都鄙，使以登万民(12)：一曰稼穑(13)，二曰树蓺(14)，三曰作材(15)，四曰阜蕃(16)，五曰饬材(17)，六曰通财(18)，七曰化材(19)，八曰敛材(20)，九曰生材(21)，十曰学艺(22)，十有一曰世事(23)，十有二曰服事(24)。

【注释】

(1) 九州之地域广轮之数：九州，指扬州、荆州、豫州、青州、兖州、雍州、幽州、冀州、并州；广轮，东西为广，南北为轮，指土地面积之数。 (2) 山、林、川、泽、丘、陵、坟、衍、原、隰之名物：山，积石曰山；林，有竹木曰林；川，河流；泽，水积聚的地方；丘，小土山；陵，大土山；坟，水边高地；衍，低而平坦之地；原，宽广平坦的地方；隰，低湿的地方；名物，名称与出产之物。 (3) 都鄙之数：都鄙，京师与边城。指都城附近分给臣下或部将的领地数。 (4) 沟封：封，疆界。指挖沟起土以为界。 (5) 设其社稷之壝（wěi）而树之田主：壝，古代祭坛四周的矮墙。指在祭坛四周筑矮墙，并以树木作为田主。 (6) 遂以名其社与其野：遂，于是。指以田主树木的名称作为社、野的名称。例如，以松树为田主，其社就叫松社，其野就叫松社之野。 (7) 相保：互相担保。 (8) 相受：互相寄托。 (9) 相赒（zhōu）：互相救济。 (10) 相宾：彼此相待如宾。 (11) 颁：分发。 (12) 登万民：登，登记。指登记众多的百姓。 (13) 稼穑：农事。指农业。 (14) 树蓺：蓺，种植。指林业。 (15) 作材：郑玄曰："谓'虞衡作山泽之材'。"虞衡，古代掌山林川泽之官。这里指开发山林川泽的资源。 (16) 阜蕃：繁殖茂盛。指牧六畜而阜蕃其物，即畜牧业。 (17) 饬材：饬，修整、整治。指手工业。 (18) 通财：互通钱财。指商业。 (19) 化材：嫔妇化治丝枲（麻类植物纤维）。指纺织业。 (20) 敛材：敛，收，聚集。指采集业。 (21) 生材：郑玄曰："谓'闲民无常职，转移执事'。"指到处做雇工。 (22) 学艺：学习道艺。指做学士。 (23) 世事：蒋载康曰："累世专业相传，凡巫医卜筮诸艺事。"即从事用咒语、符咒、卜占、草药和术法以治病、驱邪的人。 (24) 服事：指在官府从事公职的人。

【今译】

1. 大司徒的职责，是掌管天下各国土地的地图与登记的人民数（户籍），以辅佐国君安定各个邦国。

2. 根据天下土地的地图，遍知九州地域面积之数，辨别各地山、林、川、泽、丘、陵、坟、衍、原、隰的名称与出产之物，辨明各诸侯国及王畿内的封地之数，划定各国疆域面积并挖沟起土为界，在各国社稷祭坛四周设立矮墙并以各国宜于生长的树作为田主，然后用这种树作为社和田野的名称。

…………

15. 令五家组成一比，使他们互相担保。五比组成一闾，使他们互相托付。四闾组成一族，使他们互相帮助办理丧葬事务。五族组成一党，使他们互相救助。五党组成一州，使他们互相救济。五州组成一乡，使他们彼此相待如宾。

16. 在各诸侯国及王畿颁布十二种职业，用以登记百姓：一是农业，二是林业，三是山川资源的开发，四是畜牧业，五是手工业，六是商业，七是纺织业，八是采集业，九是雇工，十是学士，十一是巫医卜筮等人员，十二是公职人员。

【原文之二】周礼·地官司徒第二·小司徒

1. 小司徒之职，掌建邦之教法[(1)]，以稽[(2)]国中用四郊都鄙之夫家九比[(3)]之数，以辨其贵贱、老幼、废疾，凡征役之施舍[(4)]，与其祭祀、饮食、丧纪之禁令。

2. 乃颁比法[(5)]于六乡之大夫，使各登其乡之众寡[(6)]、六畜、车辇[(7)]，辨其物，以岁时入其数，以施政教，行征令[(8)]。及三年则大比[(9)]。大比则受邦国之比要[(10)]。

【注释】

(1) 教法：教官之法。 (2) 稽：考核、考察。 (3) 夫家九比：夫，丁男无妻；家，有妻室者。夫家指男女。九比，可能是“人民”之误。 (4) 凡征役之施舍：征，指征税；役，指徭役；施，可能是“弛”字之误。指放松对老幼、废疾的税赋、徭役的征派。 (5) 比法：校比之法。即校比户口财物之法。 (6) 登其乡之众寡：登记本乡人数的多少。 (7) 车辇：原指天子的座车。这里泛指车子。 (8) 行征令：颁布征税、征役的法令。 (9) 大比：三年考察一次，称为大比。 (10) 比要：三年大比的结果。

【今译】

1. 小司徒之职责，是掌管建立邦国教官的为官法则，考察王都、四郊及周围地区的男女人数，分辨他们中的贵贱、老幼、废疾，并掌管有关他们税赋、徭役的免除，以及祭祀、饮食、丧纪方面的禁令。

2. 向六乡大夫颁布校比法，让他们各自登记本乡人数的多少、六畜和车辇的数目，弄清各家财物，每年按时呈报数字，以便施行政教，执行征派赋役的法令。每三年举行大比，在大比之年要接受各诸侯国呈报大比结果的簿册。

【原文之三】周礼·夏官司马第四·叙官

52. 职方氏[1]，中大夫四人，下大夫八人，中士十有六人，府四人，史十有六人，胥十有六人，徒百有六十人。

【注释】

（1）职方氏：郑玄《周礼注》（以下简称郑《注》）曰："职，主也，主四方之职贡者。职方氏，主四方官之长。"

【今译】

52. 职方氏，由中大夫四人担任，下大夫八人为副手，还配有中士十六人，府四人，史十六人，胥十六人，徒一百六十人。

【原文之四】周礼·夏官司马第四·职方氏

1. 职方氏掌天下之图，以掌天下之地，辨其邦国、都鄙、四夷、八蛮、七闽、九貉、五戎、六狄[1]之人民，与其财用[2]、九谷、六畜之数要，周知其利害[3]。

2. 乃辨九州之国，使同贯利[4]。东南曰扬州……

3. 正南曰荆州……

4. 河南曰豫州……

5. 正东曰青州……

6. 河东曰兖州……

7. 正西曰雍州……

8. 东北曰幽州……

9. 河内曰冀州……

10. 正北曰并州……

【注释】

（1）四夷、八蛮、七闽、九貉、五戎、六狄：古代对少数民族的称谓，东方民族称夷，南方民族称蛮，西方民族称戎，北方民族称貉、狄；闽，东南越，蛮的别支。（2）财用：钱财、货物。　（3）周知其利害：利害，利益和损害。指遍知其有利与不利的条件。　（4）贯利：贯，郑《注》曰："事也。"利，利益。

【今译】

1. 职方氏掌管天下的地图，以掌握天下的土地，辨别各诸侯国、王畿内的采邑、四夷、八蛮、七闽、九貉、五戎、六狄的人民数，以及他们的钱财、货物、九谷、六畜的数目，遍知他们有利与不利的条件。

2. 辨别九州内的国家，使各国都有他们共同的事业和利益。东南是扬州……

3. 正南是荆州……

4. 河南是豫州……

5. 正东是青州……
6. 河东是兖州……
7. 正西是雍州……
8. 东北是幽州……
9. 河内是冀州……
10. 正北是并州……

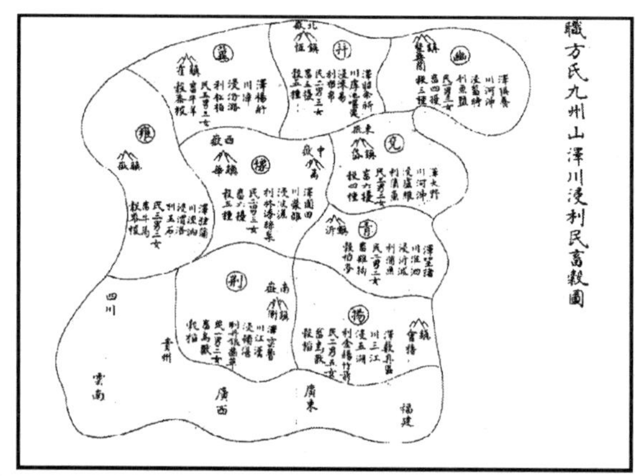

职方氏九州山泽浸利民畜谷图

职方九州谱

州名	州境	山镇	泽薮	川	浸	利	民	畜	谷
扬州	东南	会稽	具区	三江	五湖	金、锡、竹、箭	二男五女	鸟兽	稻
荆州	正南	衡山	云梦	江、汉	颍、湛	丹、银、齿、革	一男二女	鸟兽	稻
豫州	河南	华山	圃田	荧、雒	波、溠	林、漆、丝、枲	二男三女	六扰	五种
青州	正东	沂山	望诸	淮、泗	沂、沭	蒲、鱼	二男二女	鸡、狗	稻、麦
兖州	河东	岱山	大野	河、泲	卢、维	蒲、鱼	二男三女	六扰	四种
雍州	正西	岳山	弦蒲	泾、汭	渭、洛	玉石	三男二女	牛、马	黍、稷
幽州	东北	医无闾	貕养	河、泲	菑、时	鱼、盐	一男三女	四扰	三种
冀州	河内	霍山	杨纡	漳	汾、潞	松、柏	五男三女	牛、羊	黍、稷
并州	正北	恒山	昭余祁	虖池、呕夷	涞、易	布、帛	二男三女	五扰	五种

注："州境"，指州的境界或方位。"山镇"，指当地最有名的山。"泽薮"，指较大的湖泊。"川"，指河流。"浸"，指可灌溉者。"利"，指物产，其中箭指筱，齿指象牙，枲指麻。"民"，指男女人口比。"畜"，指动物，其中四扰指马、牛、羊、豕，五扰指马、牛、羊、豕、犬，六扰指马、牛、羊、豕、犬、鸡。"谷"，指农作物，其中三种指黍、稷、稻，四种指黍、稷、稻、麦，五种指黍、稷、稻、麦、菽。

资料来源：南宋唐仲友在其所著《帝王经世图谱》一书中，根据《周礼·夏官司马·职方氏》所列资料，编制了"职方九州谱"。引者根据徐正英、常佩雨译注《周礼》，进行了校对和修正。

【原文之五】周礼·秋官司寇第五·司民

1. 司民[(1)]掌登万民之数，自生齿以上皆书于版[(2)]，辨其国中与其都鄙及其郊野[(3)]，异其男女，岁登下其死生。

2. 及三年大比[(4)]，以万民之数诏[(5)]司寇[(6)]。司寇及孟冬祀司民之日[(7)]，献其数于王，王拜受之，登于天府[(8)]。内史、司会、冢宰贰之[(9)]，以赞王治[(10)]。

【注释】

（1）司民：周朝官名，属秋官司寇管辖，设中士六人及府、史、胥、徒等人员。（2）版：版牍，名册，户籍。（3）辨其国中与其都鄙及其郊野：国中，京城；都鄙，古代王侯子弟公卿大夫的采邑；郊野，郊外旷野，乡村。指辨明他们居住在京城、采邑还是乡村。（4）三年大比：比，比较，考查。指三年一次的比较、考查。（5）诏：告也，告诉、报告。（6）司寇：古代官名，朝廷六卿之一，掌管司法和纠察的长官。（7）孟冬祀司民之日：孟冬，冬季第一个月，即农历十月；祀，祭也，国之大事。指农历十月祭祀司民之日。（8）登于天府：登，进献。指收藏于天府。（9）贰：副也，益也。（10）赞：帮助，辅佐。

【今译】

1. 司民负责登记民数，自长牙的婴儿以上的人都要载入户籍，辨明他们居住在都城、采邑还是郊野，区分男女性别，每年登记死亡、出生人数。

2. 每三年做一次比较，把民数报告给司寇。司寇到农历十月祭祀司民之日，献民数给国君，国君行拜礼后接受，收藏于天府。内史、司会、冢宰保存副本，以协助国君施政。

【点评】

（1）《周礼》的内容极为丰富。它既是对夏、商、周治国经验教训的系统总结，又是对国家官制、礼制、治国方案的理想设计。此外，它还记载有大量周朝经济、政治、文化、社会等各个方面的实际情况。从一定意义上说，《周礼》实际上是一部关于周朝的调查研究专著。

（2）大司徒是地官之长，负责民政事务。调查、掌握各邦国的土地和人口数是地官司徒的主要职责。有关大司徒的论述说明，地官职能关乎国计民生，是朝廷的重要部门。周朝基层组织已相当严密，从五家为比到五州为乡，层级分明、规范；基层组织的社会职能已相当完善，从互相担保到彼此相待如宾，涉及社会生活各个方面。社会职业分化已相当明显，特别是出现了雇工和三类脑力劳动者——学士、巫医卜筮等人员和公职人员，说明当时的阶级分化已相当深刻。

（3）小司徒是大司徒的副手。小司徒的职责说明，当时的人口调查既要分辨男女（性别），又要分辨贵贱（社会地位）、老幼（年龄）、废疾（健康状况），项目相当复杂。校比法登记的内容，不仅包括人数、六畜和车辇数目，而且包括各家财物；登记的时间为每年一次，三年则进行一次“大比”，要求相当严格。

(4) 职方氏，主四方官之长，在夏官 69 个职官中具有重要地位。职方氏由中大夫 4 人、下大夫 8 人，共 12 人担任，还配有中士、府、史、胥、徒等 212 人为助手，合计 224 人，规模相当可观，职责相当重要。职方氏的职责是，掌地图，辨其邦国、都鄙、九州人民及其物产财用，知其利害得失，因而十分重要。《职方九州谱》概括出的内容说明，职方氏实是中国古代国情调查、国势统计的先驱。《周礼》中记录的九州人口性别比例，很可能是世界上最早按照最小公约数原理记载的人口性别比例。如果不考虑各州人口权重，九州男女性别的比例为 10：13，这很可能是当时男性死亡率较高所导致的。

(5) 秋官司寇管辖的司民，负责登记民数，自长牙的婴儿以上的人都要载入户籍。这很可能是世界上最古老的人口调查标准。当时，人口调查是朝廷大事，每三年做一次比较，通过调查获得的民数不仅要报告给司寇，而且要通过隆重的仪式敬献给国君，国君行拜礼后接受，然后收藏于天府。内史、司会、冢宰则保存副本，以协助国君治国理政。

《周礼》的上述记载说明，周朝的人口调查制度已相当完善，山川调查、动植物资源调查、财产调查、社会职业调查、性别比例调查等也已广泛开展，并取得了许多重要成果。

撰稿人：水延凯

“采诗听歌导人言”，“下流上通上下泰”

【简介】

本篇原文，摘自《诗经》。

周朝设有专门采集诗歌的官员，他们巡游各地，采集民间歌谣，以体察社情民意、政治得失。《汉书·艺文志》曰：“故哀乐之心感，而歌咏之声发，诵其言谓之诗，咏其声谓之歌。故古有采诗之官，王者所以观风俗，知得失，自考正也。”采诗官为古代诗篇的采集和流传，做出了杰出贡献。

《诗经》中大部分诗歌来源于采诗官的采集。它汇集了公元前11世纪至前6世纪的诗歌，由孔子删定为305首，作品涉及陕、甘、晋、鲁、冀、皖、鄂等以黄河流域为中心直至长江北岸的广阔地域，反映了从西周初期到春秋中叶约500多年间华夏的社会面貌。它是中国最早的一部诗歌总集，可以说是中国古代诗歌的开端。

《诗经》内容丰富，有的反映统治者横征暴敛，百姓生活艰辛；有的表现繁重兵役，迫使百姓四处奔波；有的揭露当权者昏聩荒唐，国家危机四伏；有的颂扬先祖功德，祈求降福子孙；有的歌颂劳动与爱情，记述民间风俗，甚至天象、地貌、动物、植物等。《诗经》的内容，是当时社会生活的一面镜子。

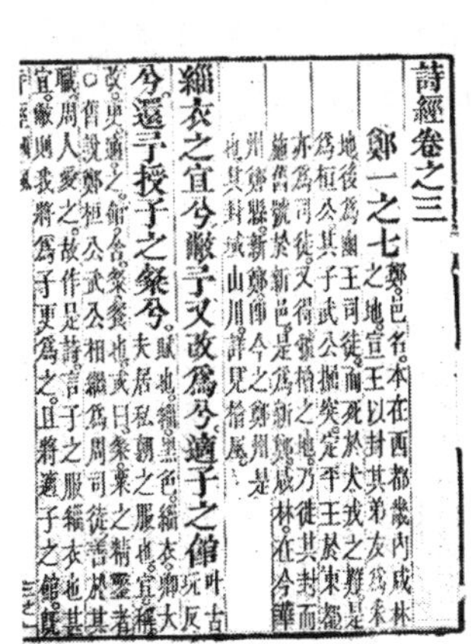
詩經卷之三
鄭一之七
緇衣之宜兮敝予又改爲兮適子之館兮還予授子之粲兮

《诗经》

以下【原文】，引自周振甫《诗经译注》，北京，中华书局，2002；【注释】和【今译】，也参考了上述著作。

【原文、注释和今译】

【原文之一】国风·魏风·伐檀

坎坎伐檀[1]兮，置之河之干[2]兮，河水清且涟猗[3]。不稼不穑[4]，胡[5]取禾三百廛[6]兮？不狩不猎[7]，胡瞻[8]尔庭有县貆[9]兮？彼君子[10]兮，不素餐[11]兮！

坎坎伐辐[12]兮，置之河之侧兮，河水清且直猗[13]。不稼不穑，胡取禾三百亿[14]兮？不狩不猎，胡瞻尔庭有县特[15]兮？彼君子兮，不素食兮！

坎坎伐轮兮，置之河之漘[16]兮，河水清且沦猗[17]。不稼不穑，胡取禾三百囷[18]兮？不狩不猎，胡瞻尔庭有县鹑[19]兮？彼君子兮，不素飧[20]兮！

【注释】

(1) 檀：檀树，木质坚硬。 (2) 干：岸。 (3) 涟猗：水面的波纹。 (4) 不稼不穑 (sè)：稼，播种；穑，收获。 (5) 胡：何，为什么。 (6) 三百廛 (chán)：三百，意为多，非实数；廛，束。 (7) 不狩不猎：狩，冬猎；猎，夜猎。狩、猎，泛指打猎。 (8) 瞻 (zhān)：向前或向上看。 (9) 县 (xuán) 貆 (huán)：县，通"悬"，悬挂；貆，猪獾，或幼貉。 (10) 君子：指剥削者。 (11) 素餐：白吃饭，不劳而获。 (12) 辐：车轮上的辐条。 (13) 直猗：水流的直波。 (14) 亿：古代指十万，泛指极大的数目。 (15) 特：三四岁的大兽。 (16) 漘 (chún)：水边。(17) 沦猗：小波纹。 (18) 囷 (qūn)：束，一说为圆形谷仓。 (19) 鹑：鹌鹑。(20) 飧：熟食，泛指吃饭。

【今译】

坎坎声响伐檀木，堆放木材在两岸，河水清清起波澜。不播种来不收割，为何取禾三百捆？不冬狩来不夜猎，为何猪獾悬你院？那些老爷君子们，岂非白白吃闲饭！

坎坎伐檀做车辐，堆放檀木在河边，河水清清起波纹。不播种来不收割，为何取禾三百亿？不冬狩来不夜猎，为何大兽挂你院？那些大人老爷们，岂非白白吃闲饭！

坎坎伐檀做车轮，堆放檀木在河岸，河水清清起微波。不播种来不收割，为何取禾三百束？不冬狩来不夜猎，为何鹌鹑挂你院？那些君子大人们，岂非白白吃闲饭！

【原文之二】国风·唐风·鸨羽

肃肃鸨羽[1]，集于苞栩[2]。王事靡盬[3]，不能艺稷黍[4]。父母何怙[5]？悠悠[6]苍天，曷其有所[7]？

肃肃鸨翼，集于苞棘[8]。王事靡盬，不能艺黍稷。父母何食？悠悠苍天，曷其有极[9]？

肃肃鸨行[10]，集于苞桑。王事靡盬，不能艺稻粱。父母何尝[11]？悠悠苍天，曷其有常[12]？

鸨

【注释】

（1）肃肃鸨（bǎo）羽：肃肃，鸟翅扇动的响声；鸨，鸟名，俗名野雁，脚上没有后趾，不善栖木，群居于水草地区。（2）集于苞栩：集，栖息；苞，草木丛生；栩，栎树，一名柞树。（3）王事靡盬（gǔ）：王事，王室差役；靡，没有；盬，休止。（4）艺稷黍：艺，种植；稷，高粱；黍，黍子。（5）怙：依靠。（6）悠悠：形容忧伤、高远。（7）曷其有所：曷，何；所，住所。（8）棘：酸枣树，落叶灌木。（9）极：终了，尽头。（10）行：行列。（11）尝：吃。（12）常：正常。

【今译】

大雁沙沙拍翅膀，成群落在栎树上。王室差事做不完，不能在家种粱粟。爹娘生活靠谁养？抬头遥问老天爷，何时才能回家乡？

大雁沙沙展翅飞，成群落在枣树上。王室差事做不完，不能在家种粟粱。爹娘吃饭哪来粮？抬头遥问老天爷，何时劳役才能完？

大雁沙沙飞成行，成群落在桑树上。王室差事做不完，不能在家种稻粱。爹娘能有什么尝？抬头遥问老天爷，何时生活能正常？

【原文之三】小雅·节南山

节彼南山[(1)]，维石岩岩[(2)]。赫赫师尹[(3)]，民具尔瞻[(4)]。忧心如惔[(5)]，不敢戏谈。国既卒斩[(6)]，何用不监[(7)]！

节彼南山，有实其猗[(8)]。赫赫师尹，不平谓何[(9)]？天方荐瘥[(10)]，丧乱弘多[(11)]。民言无嘉[(12)]，憯莫惩嗟[(13)]！

尹氏大师[(14)]，维周之氐[(15)]，秉国之均[(16)]，四方是维[(17)]，天子是毗[(18)]，俾[(19)]民不迷。不吊昊天[(20)]，不宜空我师[(21)]。

弗躬弗亲[(22)]，庶民弗信。弗问弗仕[(23)]，勿罔[(24)]君子。式夷式已[(25)]，无小人殆[(26)]。琐琐姻亚[(27)]，则无朊仕[(28)]。

昊天不佣[(29)]，降此鞠讻[(30)]。昊天不惠[(31)]，降此大戾[(32)]。君子如届[(33)]，俾民心阕[(34)]。君子如夷，恶怒是违[(35)]。

不吊昊天，乱靡有定[(36)]。式月斯生[(37)]，俾民不宁。忧心如酲[(38)]，谁秉国成[(39)]。不自为政，卒[(40)]劳百姓。

驾彼四牡，四牡项领[(41)]。我瞻四方，蹙蹙靡所骋[(42)]！

方茂尔恶[(43)]，相尔矛矣[(44)]！既夷既怿[(45)]，如相酬矣[(46)]。
昊天不平，我王不宁。不惩其心[(47)]，复怨其正[(48)]。
家父作诵[(49)]，以究王讻[(50)]。式讹尔心[(51)]，以畜万邦[(52)]。

《节南山》

【注释】

(1) 节彼南山：节，高峻的样子；南山，终南山。 (2) 岩岩：山石堆积的样子。(3) 赫赫师尹：赫赫，显贵盛大的样子；师，太师的简称；尹，尹氏，周王室的贵族。(4) 民具尔瞻：民，百姓；具，通“俱”；尔，你；瞻，瞧着。 (5) 惔（tán）：火烧。 (6) 卒斩：卒，尽、完全；斩，断绝。 (7) 何用不监：何用，何以；监，察。 (8) 有实其猗：有实，即实实，广大的样子；猗，山坡。 (9) 谓何：为何。(10) 荐瘥：荐，进、加的意思；瘥（cuó），疾病瘟疫。 (11) 弘多：很多。 (12) 嘉：善。 (13) 憯（cǎn）莫惩嗟：憯，犹曾、乃；惩，惩戒；嗟，语尾助词。 (14) 尹氏大师：大，通“太”。指周太师尹氏。 (15) 氐：通“柢”，根本。 (16) 秉国之均：秉，掌握；均，同“钧”，喻国政。指掌握国政大权。 (17) 维：维持。 (18) 毗：辅佐。 (19) 俾：使。 (20) 不吊昊天：不吊，不善、不幸；昊天，苍天。 (21) 空我师：空，空虚、穷困；我师，民众、百姓。 (22) 弗躬弗亲：躬，身也；亲，亲自，亲身。指处事不诚心，不亲自办理。 (23) 弗问弗仕：弗问，不体恤、不安抚；弗仕，不使用。 (24) 罔：欺骗。 (25) 式夷式已：式，语助词；夷，平，铲除；已，罢了，废止。 (26) 殆：危险。 (27) 琐琐姻亚：琐琐，渺小、浅薄；姻，姻亲；亚，连襟。 (28) 膴仕：高官厚禄。 (29) 佣：均、平。 (30) 鞠讻：鞠，大、穷极；讻，祸乱。 (31) 惠：仁惠。 (32) 大戾：大恶。 (33) 届：止。 (34) 阕：平息。 (35) 违：不见面，离别。 (36) 乱靡有定：祸乱不停。 (37) 式月斯生：式，语助词；月，岁月；斯，指祸乱；生，发生。 (38) 酲：酒醉不醒。 (39) 国成：国政的成规。 (40) 卒：通“悴”，终于、结果；劳苦。 (41) 项领：项，肥大；领，脖颈。 (42) 蹙蹙靡所骋：蹙蹙，局促不安的样子；靡所骋，指四方动乱，无处可去。 (43) 方茂尔恶：方，正在，正当；茂，茂盛，丰盛；尔，指尹氏；恶，罪恶。 (44) 相尔矛矣：相，视。相尔矛，指要动武。 (45) 既夷既怿：既，尽，已经；夷，消灭，指铲除小人；怿，喜悦。 (46) 如相酬矣：指相互敬酒。 (47) 不惩其心：惩，惩戒。不惩其心，指不在心中惩戒自己。 (48) 复怨其正：复，反而；怨，抱怨；其，别人；正，劝谏，纠正。 (49) 家父作诵：家父，周朝大夫，幽王时人。这里是诗人自称其名；诵，通“讽”，讽谏。 (50) 以究王讻：究，追究；讻，借为凶，恶人。（51）式讹尔心：式，样式；讹，感化、变化；尔，指尹氏。（52）以畜万邦：畜，养，引申为抚定；邦，邦国。

【今译】

终南山，峻峭峭，崖石层叠高又高。赫赫有名尹太师，人人侧目把他瞧。满心忧忿像火烧。不敢谈论发牢骚。国运已经快断绝，为何还不觉察到！

终南山，峻峭峭，一片山坡多宽广。赫赫有名尹太师，为何办事太荒唐！上天正在降瘟疫，国家动乱多死亡。民怨沸腾无好话，为何还不自惩戒！

尹太师啊尹太师，你是周室的根基。朝廷大权手中握，天下靠你来维系。天子靠你来辅佐，百姓靠你解迷惑。老天爷呀太不幸，百姓不该受穷困。

从不亲自理朝政，百姓对你不相信。不抚贤才不任用，岂不欺罔了君子。赶快铲除害人虫，不让小人来危害；浅薄姻亲无才能，乌纱帽儿摘下来！

老天爷呀太不公，降此大乱祸百姓。老天爷呀太不仁，降此大难害我民。如果君子能执政，会使民众心安定。君子执政能公平，百姓怨怒自平息。

老天爷呀太不幸，祸乱相继不曾停。岁岁月月都发生，百姓生活不安宁。忧国之心如醉酒，究竟让谁掌国政？君王如不亲施政，最终苦了老百姓。

驾上四马把车登，四匹肥马粗脖颈。待我举目望四方，天地狭窄难驰骋！

你的罪恶已滔滔，见你如见杀人矛。铲除奸臣人欢喜，举杯敬酒贺如潮。

老天爷呀太不公，我王不能得安宁。不在心中自反省，反恨别人来劝谏。

家父作诗来讽诵，要为君主追元凶。快改你心归正道，安抚万邦谋复兴！

【点评】

（1）西周统治者认为，诗歌能真实反映各地政治社会情况和生活风尚，为了体察社情民意、朝政得失，便设置了“采诗官”。这些采诗官，每年春天摇着木铎（一种古乐器）深入民间收集民间歌谣，把能够反映百姓欢乐疾苦的作品整理后交给乐师谱曲，然后演唱给周天子听，作为施政参考。汉代的“乐府”与“采诗”一脉相承，对汉朝政治产生过重要影响。唐朝的采诗活动更为发达，是唐代成为中国古典诗歌全盛时期的一大推手。唐代诗人白居易的《采诗官》云：“采诗听歌导人言。言者无罪闻者诫，下流上通上下泰。……君耳唯闻堂上言，君眼不见门前事。贪吏害民无所忌，奸臣蔽君无所畏。……君兮君兮愿听此，欲开壅蔽达人情，先向歌诗求讽刺。”采诗官通常由文化水平较高的人担任，他们实际上是社情民意调查员；采诗制度实是朝廷的一种社情民意调查制度。

（2）周朝采诗官的设立和实施说明了以下几个问题：一是，“敬德保民”思想的确立。它是周公旦对夏、商统治经验教训的概括，是周王朝政治路线的集中体现，是中国统治思想由敬鬼神到重人事的一大转变。没有“敬德保民”思想，就不会有体察社情民意的需求。二是，诗歌是社情民意的一种载体。《诗大序》曰：“诗者，志之所之也。在心为志，发言为诗。”“古有采诗之官，王者所以观风俗，知得失，自考正也。”这说明，古代统治者已把诗歌作为了解社情民意的一种载体。从这个角度看，《诗经》

实是最早的中国古代社情民意调查成果。

(3)《诗经》中的作品主要有两种:一是采诗官采集的诗歌。他们专门负责深入民间收集民间歌谣,作为朝廷了解社情民意、考察朝政得失的参考。二是贵族文人的作品。例如,《大雅·文王》是周公旦为歌颂文王而写的诗,《小雅·节南山》是周朝大臣为斥责执政者而写的诗。

(4)本篇引用的三首诗歌,是《诗经》中颇具代表性的三部作品,它们从不同角度反映了西周末年和春秋战国时期的社会面貌。《魏风·伐檀》,是一首嘲骂剥削者不劳而食的诗,是《诗经》中反剥削反压迫的代表诗篇之一。《唐风·鸨羽》,是一首反对统治者没完没了的徭役剥削和压迫的诗作,是对春秋战国时期,广大农民对各国纷争不断、战乱频仍极为不满的现实反映。《小雅·节南山》,是西周末年一位诗人指责权臣太师尹氏的诗。此诗虽然表面上讽刺的是太师尹氏,但实际上是在旁敲侧击地谴责周幽王,既体现了诗人忧国忧时、为民请命的博大胸怀,又表现出诗人大胆讽刺、直言敢谏的无畏精神。

撰稿人:柳祥珍、水延凯

“目贵明，耳贵聪，心贵智”

【简介】

本篇原文，摘自《六韬》。

《六韬》，又称《太公六韬》《太公兵法》，是中国古代黄老道家典籍《太公》的兵法部分，中国古典军事文化遗产的代表作，在宋代被列为“武经七书”之一。据历代学者考证，《六韬》是战国晚期兵家托姜子牙之名撰写的，其内容博大精深，思想深邃丰富，是中国古代军事思想精华的集中体现，其中有关战争的社会调查思想和方法，是全书最精彩的部分之一。《六韬》之“韬”与“弢”字相通，原意为弓套，含有深藏不露之意，引申为谋略。六韬就是有关战争的六种韬略。全书以太公与周文王、武王问答的形式写成，分六卷，六十一篇，约两万字：第一、二卷《文韬》和《武韬》，主要论述战略问题；第三卷《龙韬》，主要论述将帅等武装力量建设问题；第四至六卷《虎韬》《豹韬》《犬韬》，主要论述各种条件下的具体战法问题。

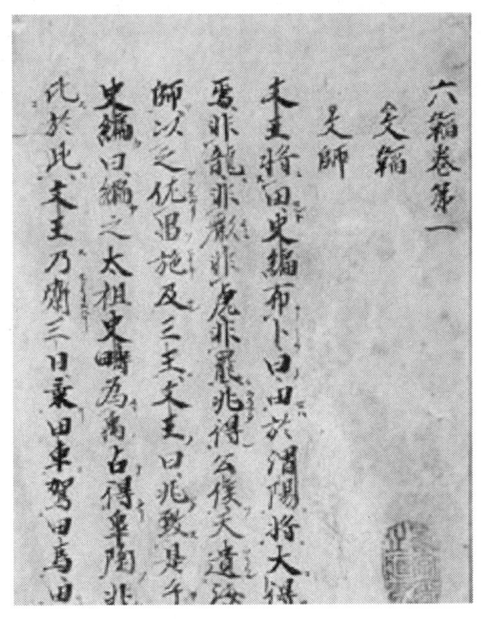
六韜卷第一
文韜
文師
文王將田史編布卜曰田於渭陽將大得
焉非龍非彲非虎非羆兆得公侯天遺汝
師以之佐昌施及三王文王曰兆致是乎
史編曰編之太祖史疇為禹占得皐陶兆
比於此文王乃齋三日乘田車駕田馬田

《六韬》

姜子牙（约前1156—前1017），亦作姜尚，东海或牧野人，其先祖辅佐夏禹治水有功，被封吕地（今河南省南阳市西），故又称吕尚。姜子牙出身贫寒，年轻时做过屠夫、开过酒店，但始终勤奋学习天文地理、军事谋略，研究治国安邦之道，可直到70岁仍闲居在家。相传，姜子牙72岁时在渭水边垂钓，遇到求贤若渴的周文王，被封为“太师”（武官名），尊称太公。后来，他辅佐武王伐纣建立了周朝，因功勋卓著被封于齐地营丘（今山东省淄博市临淄区），建立了齐国，成为齐国缔造者、齐文化创始人。姜子牙是中国古代杰出的韬略家、军事家与政治家，儒、法、兵、纵横等诸子百家皆追认他为本家人物，因而被尊称为“百家宗师”。

姜子牙画像

以下【原文】节录自《六韬》，陈曦译注，北京，中华书局，2016；【注释】和【今译】，参考了上述著作。

【原文、注释和今译】

【原文之一】文韬·大礼第四

文王曰：“主明如何?”

太公曰：“目贵明，耳贵聪，心贵智。以天下之目视，则无不见也；以天下之耳听，则无不闻也；以天下之心虑，则无不知也。辐凑(1)并进，则明不蔽矣。”

【注释】

(1) 辐凑：车轮辐条会聚于毂（音gǔ，车轮中心，有洞可以插轴的部分），意指臣民的意见像车轮辐条集中于车毂那样，汇聚到君主那里，君主就会英明而不受蒙蔽。

【今译】

文王问："君主怎样才能做到洞察一切呢?"

太公答道："眼睛贵在明察事物，耳朵贵在听取意见，头脑贵在深思熟虑。用天下人的眼睛去观察，就能无所不见；用天下人的耳朵去倾听，就能无所不闻；用天下人的头脑去思考，就能无所不知。聚集四面八方的情况，君主就能洞察一切而不受蒙蔽了。"

【原文之二】文韬·六守第六

文王曰："慎择六守(1)者何?"

太公曰："富之而观其无犯(2)，贵之而观其无骄，付之而观其无转(3)，使之而观其无隐，危之而观其无恐，事之而观其无穷(4)。富之而不犯者仁也，贵之而不骄者义也，付之而不转者忠也，使之而不隐者信也，危之而不恐者勇也，事之而不穷者谋也。……"

【注释】

(1) 六守：指选择人才的六条标准。 (2) 无犯：不违背礼法。 (3) 无转：不动私念，坚定不移。 (4) 穷：穷蹙，局促不安的样子。

【今译】

文王问："如何审慎地选拔符合六守标准的人才呢?"

太公说："使他富裕，考验他是否逾越礼法；使他尊贵，考验他是否骄横；托付重任，考验他是否坚定不转向；派他做事，考验他是否隐瞒欺骗；让他身临险境，考验他是否临危不惧；让他处理突发事件，考验他是否应付裕如。富裕而不逾礼法，是仁爱；尊贵而不骄横，是正义；身负重任而能坚定不移，是忠诚；处理事情而不隐瞒欺骗，是信用；身处险境而无所畏惧，是勇敢；面对突发事变而应付自如，是有智谋。……"

【原文之三】武韬·发启第十三

文王在酆(1)召太公曰："呜呼！商王虐极，罪杀不辜，公(2)尚助予忧民，如何?"

太公曰："王其修德以下贤(3)，惠民以观天道(4)。天道无殃，不可先倡；人道无灾(5)，不可先谋。必见天殃，又见人灾，乃可以谋。必见其阳，又见其阴，乃知其心(6)；必见其外，又见其内，乃知其意(7)；必见其疏，又见其亲，乃知其情(8)。行其道，道可致也(9)；从其门，门可入也(10)；立其礼，礼可成也(11)；争其强，强可胜也(12)。全胜不斗，大兵无创，与鬼神通(13)。微哉！微哉！

"…………

"……今彼殷商，众口相惑，纷纷渺渺(14)，好色无极(15)，此亡国之征也。吾观其野，草菅(16)胜谷；吾观其众，邪曲胜直；吾观其吏，暴虐残贼，败法乱刑。上下不觉，此亡国之时也。……"

【注释】

(1) 酆：都邑名，文王曾都于此，在今西安市西南。 (2) 公：指太公。 (3) 修德以下贤：修养德行，礼贤下士。 (4) 观天道：观察天象吉凶。 (5) 人道无灾：人间的迹象没有预示灾祸。 (6) 必见其阳，又见其阴，乃知其心：阳，公开场合；阴，私密场合；知其心，知其所思。 (7) 必见其外，又见其内，乃知其意：外，对外治国安民的表现；内，朝廷内部百官的情况；知其意，知其所欲。 (8) 必见其疏，又见其亲，乃知其情：疏，疏远哪些人；亲，亲近哪些人；知其情，知其所发。 (9) 行其道，道可致也：指遵行吊民伐罪（征讨有罪的人以抚慰百姓）之道，就能获得道的真谛。 (10) 从其门，门可入也：从，跟随，追求。指追求称王天下的理想，就能实现这种理想。 (11) 立其礼，礼可成也：指制定合理的军国制度，这种制度就能成功。 (12) 争其强，强可胜也：指敢于与强敌竞争，就可战胜强敌。 (13) 全胜不斗，大兵无创，与鬼神通：指不经过战斗而取得全胜，大军临敌而没有伤亡，其中的道理十分神秘，似与鬼神相通。 (14) 纷纷渺渺：纷杂混乱，无穷无尽。 (15) 无极：没有止境。 (16) 草菅：野草。

【今译】

周文王在酆邑召见太公，对他说："唉！商纣王暴虐到了极点，随意定罪，滥杀无辜，请太公辅助我拯救天下民众，您看该怎么办？"

太公答道："君主应修养德行，礼贤下士，施惠于民众，观察天象吉凶。天象没有预示灾祸，不可先倡导征讨。人间没有灾祸征兆，不可先谋划兴师。必须既看到天灾，又看到人祸，才可以谋划兴师征伐。必须既看到商王在公开场合的言行，又看到他在私下的表现，才能知晓他的内心；必须既看到商王对外治国安民的表现，又看到他朝廷内部百官的情况，才能知晓他的意图；必须既看到商王疏远哪些人，又看到他亲近哪些人，才能知晓他的实情。遵行吊民伐罪之道，就能获得道的真谛；追求称王天下的理想，就能实现这种理想；制定合理的军国制度，这种制度就能成功；敢于与强敌竞争，就可战胜强敌。不经过战斗而获得全胜，大军临敌而没有伤亡，真可谓用兵如神。微妙啊！微妙啊！

"…………

"……现今的商朝，谣言四起，动乱不止，纣王仍然荒淫无度，这是亡国的征兆。我观察商的田地，野草盖过禾苗；我观察商的民众，奸邪之徒多过忠直之士；我观察商的官吏，暴虐残酷，违法乱纪。面对这种局面，朝廷上下仍执迷不悟，这是到了亡国的时候了。……"

【原文之四】武韬·文伐第十五

文王问太公曰："文伐[(1)]之法奈何？"

太公曰："凡文伐有十二节[(2)]：

"…………

"十二节备，乃成武事。所谓上察天，下察地，征已见，乃伐之[(3)]。"

【注释】

(1) 文伐：指用非军事手段打击敌人。　(2) 十二节：节，项、种。十二节，指投其所好，以顺其志；拉拢近臣，分化瓦解；贿赂左右，得其深情；助其淫乐，放纵欲望；离间君臣，乃可谋国；收买内臣，离间外臣；令其轻业，空其国库；重贿敌君，同谋别国；尊崇其名，苟且其政；屈从取信，以获内情；闭塞视听，收纳谋士；扶植奸臣，迷乱君主。　(3) 上察天，下察地，征已见，乃伐之：指上察天时，下察地利，各种征兆都已显现，就可以讨伐敌人了。

【今译】

文王问太公说："文伐的方法该怎样?"

太公答道："文伐的方法有十二种：

"…………

"正确运用以上十二种方法之后，就可以采取军事行动了。这就是所谓上察天时，下观地利，等到各种有利征兆都已显现时，就可以兴兵讨伐了。"

【原文之五】龙韬·选将第二十

武王问太公曰："王者举兵，欲简练[(1)]英雄，知士之高下，为之奈何?"

太公曰："夫士外貌不与中情[(2)]相应者十五：……。天下所贱，圣人所贵，凡人莫知，非有大明，不见其际，此士之外貌不与中情相应者也。"

武王曰："何以知之?"

太公曰："知之有八征[(3)]：一曰问之以言，以观其辞；二曰穷之以辞，以观其变；三曰与之间谋，以观其诚；四曰明白显问，以观其德；五曰使之以财，以观其廉；六曰试之以色，以观其贞；七曰告之以难，以观其勇；八曰醉之以酒，以观其态。八征皆备，则贤不肖别矣。"

【注释】

(1) 简练：挑选，训练。　(2) 中情：内情，内心。　(3) 征：方法，法则。

【今译】

武王问太公说："君王起兵兴师，要选拔智勇双全、德才兼备的人才担任将帅，想知道士的德才高低，应该怎么办?"

太公答道："士的外表和他的内情不相符合的情况有十五种：……。一般人瞧不起的，往往为圣人所器重。一般人不能了解，没有高明见识，是不能看清其中奥秘的。这就是士的外表和他的内情不相一致的种种情况。"

武王问："怎样才能真正了解他们呢?"

太公说："了解他们有八种方法：一是提出问题，观察他的言辞；二是详细盘问，观察他的应变能力；三是通过是否谋取私利，观察他的忠诚度；四是明知故问，观察他的品德；五是让他管理财物，观察他是否廉洁；六是用女色试探，观察他的贞操；七是让他处理危难，观察他是否勇敢；八是使他醉酒，观察他的状态。运用这八种方法，贤良和不肖就可区别开来了。"

【原文之六】龙韬·五音第二十八

武王问太公曰："律音[(1)]之声，可以知三军之消息，胜负之决乎?"

太公曰："深哉！王之问也。夫律管十二[(2)]，其要有五音[(3)]：宫、商、角、徵、羽。此其正声也，万代不易。五行之神，道之常也，可以知敌。……

"…………"

武王曰："善哉!"

太公曰："微妙之音，皆有外候[(4)]。"

武王曰："何以知之?"

太公曰："敌人惊动则听之。闻枹鼓[(5)]之音者，角也；见火光者，徵也；闻金铁矛戟之音者，商也；闻人啸呼之音者，羽也；寂寞无闻者，宫也。此五者，声色之符也[(6)]。"

【注释】

(1) 律音：指十二律、五音。 (2) 律管十二：古代乐器，用竹、玉或铜制成，由十二支音阶由低到高的管子组成。 (3) 五音：指古代与五行（土、金、木、火、水）相配的五个音阶，即宫、商、角、徵、羽。 (4) 外候：候，征候，征兆。指外在的征兆。 (5) 枹鼓：鼓槌和鼓，指报警之鼓。 (6) 此五者，声色之符也：这五种情形，说明五音之声与五行之色是相符的。

【今译】

武王问太公说："从律管发出的声乐中，可以判断军队力量的消长，预知战争的胜负吗?"

太公回答道："君王您问的这个问题真是深奥啊！律管有十二个音阶，其中主要的有五个，即宫、商、角、徵、羽。这五音是纯正的声音，世世代代都不会改变。五行思想极为神妙，体现的是宇宙间的普遍规律，由此可以知敌情的变化。……

"…………"

武王说："太妙了!"

太公说："微妙的音律，都有外在的征候。"

武王问："怎么才能知道呢?"

太公说："当敌人被惊动时就仔细倾听。听到击鼓的声音，是角声的反应；见到火光，是徵声的反应；听到金铁矛戟等兵器撞击的声音，是商声的反应；听到敌人呼叫的声音，是羽声的反应；寂静无声，是宫声的反应。这五种音律，与外界动静各有对应，是互相符合的。"

【原文之七】龙韬·兵征第二十九

武王问太公曰："吾欲未战先知敌人之强弱，豫见胜负之征，为之奈何?"

太公曰："胜负之征，精神先见。明将察之，其败在人。谨候[(1)]敌人出入进退，察其动静，言语妖祥[(2)]，士卒所告。凡三军悦怿[(3)]，士卒畏法，敬其将命，相喜以破敌，相陈以勇猛，相贤以威武，此强征也；三军数惊，士卒不齐，相恐以敌强，相语以不利，耳目相属，妖言不止，众口相惑，不畏法令，不重其将，此弱征也。三军齐整，阵势已固，深沟高垒，又有大风甚雨之利，三军无故[(4)]，旌旗前指，金铎之声扬以清，鼙鼓之声宛以鸣，此得神明之助，大胜之征也；行陈不固，旌旗乱而相绕，逆大风甚雨之利，士卒恐惧，气绝而不属[(5)]，戎马惊奔，兵车折轴，金铎之声下以浊，鼙鼓之声湿以沐，此大败之征也。……"

【注释】（1）谨候：慎重、周密地观测。（2）妖祥：妖异与祯祥的征兆，即凶吉预兆。（3）悦怿：指喜爱，喜悦。（4）无故：没有缘故。此处指不等待命令而行动。（5）不属：不相连接，引申为涣散。

【今译】

武王问太公说："我想战前就预知敌人的强弱，预见胜负的征兆，应该怎么办？"

太公答道："胜败征兆，首先表现在精神上。精明的将帅可以察觉，失败的征兆是由人体现出来的。应该周密侦察敌人出入进退，观察其动静，了解言谈中所预示的吉凶，分析士卒之间相互议论的事情。凡是全军上下心情愉快，士卒敬畏法令，尊重将帅命令，相互以破敌为喜，相互以勇猛为荣，相互以威武为誉，这是军队强大的征兆；全军容易被惊动，士卒军容不整，相互恐惧敌人的强悍，相互传播不利的消息，私下传播小道消息，谣言不止，互相蛊惑，不敬畏法令，不尊重将帅，这是军队虚弱的征兆。全军军容整齐，阵势坚固，沟深垒高，又有在大风大雨中处于顺风的有利地势，三军不待命令而旌旗前指，金铎之声高扬清晰，鼙鼓之声婉转嘹亮，这是得到神明帮助，取得大胜的征兆；行列不整齐，阵势不稳固，旌旗纷乱而互相缠绕，在大风大雨中处于逆风的不利地势，士卒震骇恐惧，士气衰竭而涣散，战马受惊乱奔，战车轴木折断，金铎之声低沉混浊，鼙鼓之声沉闷压抑，这是大败的征兆。……"

【原文之八】虎韬·垒虚第四十二

武王问太公曰："何以知敌垒之虚实，自来自去[(1)]？"

太公曰："将必上知天道，下知地理，中知人事。登高下望，以观敌之变动。望其垒，即知其虚实；望其士卒，则知其去来。"

武王曰："何以知之？"

太公曰："听其鼓无音，铎[(2)]无声，望其垒上多飞鸟而不惊，上无氛气[(3)]，必知敌诈而为偶人[(4)]也。敌人卒去不远，未定而复返者，彼用其士卒太疾[(5)]也。太疾则前后不相次[(6)]，不相次则行陈必乱。如此者，急出兵击之，以少击众，则必胜矣。"

【注释】

（1）自来自去：指敌军或进攻或撤退的兵力调动情况。（2）铎：大铃，形如铙、钲而有舌。铙，铃也；钲，形似钟而狭长，有长柄可执，口向上以物击之而鸣，在行军时敲打，亦为古代乐器。（3）氛气：雾气、尘埃。（4）偶人：指用木或稻草制成的假人。（5）疾：同“急”。（6）相次：次序，连接。

【今译】

武王问太公说：“怎样知道敌人营垒的虚实和敌军的调动情况呢？”

太公答道：“将帅必须上知天时，下知地理，中知人事。登高向下望，以观察敌情变化。远眺其营垒，就可知道其虚实；观察其士兵动态，就可知道其调动情况。”

武王问：“怎么才能知道呢？”

太公答道：“听不到敌营鼓声，也听不到敌营铃声，看到其营垒上多飞鸟而不惊恐，空中没有扬尘，就可知道敌人是用一些假人欺骗我们。敌人仓促撤退不远，还没有停下来又急忙返回，这是敌人调动忙乱的表现。调动忙乱，前后就没有秩序。没有秩序，行列阵势必然混乱。在这种情况下，急速出兵攻击它，即使以少击多，也必然会取得胜利。”

【点评】

（1）君主如何洞察一切？太公的回答是：既要眼睛明察、耳朵敏听地进行调查，又要头脑深思地认真研究，而且要“以天下之目视”“以天下之耳听”“以天下之心虑”，这样才能无所不知。只要能聚集四面八方的情况，君主就能洞察一切而不受蒙蔽了。这是说，广泛的调查研究，乃是洞察一切的根本方法。

（2）怎样选拔人才？太公说了六种方法，即通过富裕、尊贵、委以重任、做事、身临险境、处理突发事件，来分别考验其仁爱、正义、忠诚、信用、勇敢和智谋六种品质。如何识别将帅？太公说了八种方法，即通过提出问题、详细盘问、看其是否谋取私利、明知故问、让其管理财物、用女色试探、让其处理危难和醉酒，来分别观察其言辞、应变能力、忠诚度、品德、廉洁程度、贞操、勇敢程度和醉酒状态八种品质。一句话，就是通过实践来考验、选拔人才，来观察、识别将帅。

（3）如何把握兴师征伐的时机？太公说：天道没有灾害，不可倡导征讨；人道没出现祸乱，不可谋划兴师；必要时，可采取十二种文伐方法去创造条件。这就是说，既要上察天时，又要下观地利，只有看到天灾、人祸及各种有利于征伐的征兆都已显现时，才可以谋划兴师征伐。太公观察到纣王荒淫无度，官吏暴虐残酷，商的田地野草盖过禾苗，奸邪之徒多过忠直之士，谣言四起，动乱不止，亡国征兆已经出现，因而辅佐周王兴师征伐，一举灭商。

（4）如何判断敌情？太公说：敌人强弱和胜负的征兆，首先表现在精神状态上，精明的将帅应该认真了解其士卒的喜悦和畏惧、议论和言谈，周密侦察敌营将帅与士卒的关系以及奖惩和赏罚的状况。其次，要仔细倾听敌营的各种声音，包括鼓声、铃声、兵器声、呼叫声乃至寂静无声，它们与外界的动静是各有对应、互相符合的。再次，要严密观察敌营的各种动态，包括其阵势的布局、旌旗的动态、士卒的行列、全军的步调，以及战马和战车的状态等。太公认为，将帅必须上知天道，下知地理，中知人事。只要如此，就能正确判断敌情。

总之，洞察形势、选拔人才、识别将帅、把握时机、判断敌情，都离不开调查研究。可以说，有关战争中调查研究的思想和方法，是《六韬》中最精彩的一个部分，是华夏先祖对长期争战经验的总结，具有重要参考价值。

撰稿人：水延凯

“洪水滔天……帝乃命禹卒布土以定九州”

【简介】

《绘图山海经》

本篇原文，摘自《山海经》。

关于《山海经》的作者和成书年代，古代有人认为，其原作者是禹、伯益、夷坚，经西汉刘向、刘歆编校，才成为传世之作。现代多数学者认为，该书非一时之作，亦非一人之作。《山海经》的内容涉及地理、历史、哲学、宗教、天文等诸多领域，是一部关于中国古代地理、植物、动物、矿物、历史、宗教、医药、民俗、民族、神话等内容的著作。从内容等方面推论，该书可能成书于战国初年至汉代初年，具体作者和成书的具体年代已无法考证。

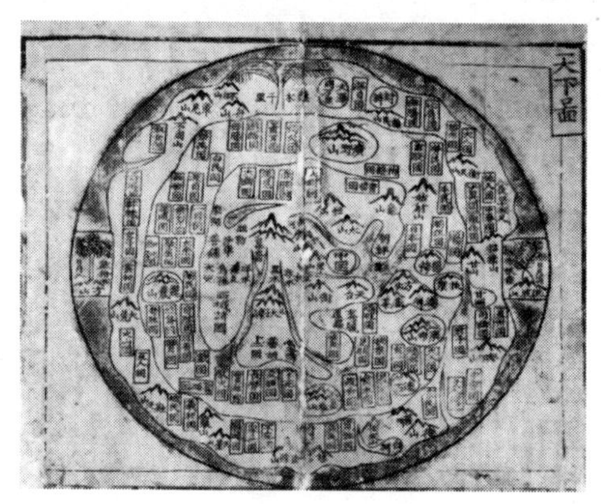

《山海经》天下图

关于《山海经》的版本，《史记》曾提及它的书名，《汉书·艺文志》最早将它收录入书目。现在存世最早版本为东晋郭璞的《山海经传》。“《汉书·艺文志》所载《山海经》只十三篇，今传本却多出五篇，当是刘韵校书时所增。”① 今传本 18 篇，包括《山经》5 篇、《海经》13 篇（其中《海外经》4 篇、《海内经》4 篇、《大荒经》5 篇），30 919 字。② 记载了约 40 个邦国、550 座山、300 条水道、100 多位历史人物、400 多种神怪异兽，其内容涉及各邦国、地区的山川、道里、民族、动物、植物、矿物、药材、祭祀、巫医，以及船、车、弓、箭、牛耕田、琴、瑟、乐曲、音律、歌曲和舞蹈的发明、创作等地理人文知识。其中，第 18 篇《海内经》是《山海经》中对地理状况

---

① 袁珂．山海经校注．上海：上海古籍出版社，1980：1.

② 同①480.

的总结，说明了华夏地理形势分野、山系、水系、农作物生产、九州区域的划定等，反映了古代中国的基本格局。

以下【原文】节录自《山海经校注》，袁珂校注，上海，上海古籍出版社，1980；【注释】和【今译】也参考了上述著作。

【原文、注释和今译】

【原文之一】山海经第十八·海内经（之一）

东海之内，北海之隅，有国名曰朝鲜(1)、天毒(2)，其人水居，偎(3)人爱之。

西海之内，流沙之中，有国名曰壑市。

西海之内，流沙之西，有国名曰氾叶。

流沙之西，有鸟山者，三水出焉。爰有黄金、璿瑰、丹货(4)、银铁，皆流(5)于此中。又有淮山，好水出焉。

流沙之东，黑水之西，有朝云之国、司彘之国。黄帝妻雷祖(6)，生昌意，昌意降处若水，生韩流。韩流擢(7)首、谨(8)耳、人面、豕喙、麟身、渠股(9)、豚止，取(10)淖子曰阿女，生帝颛顼(11)。

流沙之东，黑水之间，有山名不死之山。

华山青水之东，有山名曰肇山，有人名曰柏高，柏高上下于此，至于天。

西南黑水之间，有都广之野，后稷葬焉。爰有膏(12)菽(13)、膏稻、膏黍、膏稷(14)，百谷自生，冬夏播琴(15)。鸾鸟自歌，凤鸟自儛，灵寿(16)实华，草木所聚。爰有百兽，相群爰处。此草也，冬夏不死。

【注释】

(1) 朝鲜：指今朝鲜半岛上的朝鲜和韩国。 (2) 天毒：指天竺国，即今印度。但印度在南，朝鲜在北，相距很远，记在一处，不合情理，文字上似有讹误或脱遗。 (3) 偎：紧挨着，亲密地靠着。 (4) 丹货：丹砂之属。 (5) 流：淌出。这里是出产、生产的意思。 (6) 雷祖：即嫘祖，相传是养蚕始祖。 (7) 擢：引拔，耸起。这里指物体因吊拉变成竖长形。 (8) 谨：慎重小心。这里是细小的意思。 (9) 渠股：即罗圈腿。 (10) 取：通“娶”。 (11) 颛顼（Zhuān Xū）：传说中的上古帝王，黄帝之孙，在位七十八年（前2513—前2435）。 (12) 膏：这里指味道美好、光滑如膏的意思。 (13) 菽：豆类植物的总称。 (14) 稷：谷子。 (15) 播琴：即播种，为古时楚人方言。 (16) 灵寿：生长在昆仑山地区的一种特殊树木，相传人吃了它的果实就会长生不老，所以叫灵寿树。

【今译】

在东海以内，北海的一个角落，有个国家名叫朝鲜，还有一个国家叫天毒，天毒国的人傍水而居，怜悯慈人。

在西海以内，流沙的中央，有个国家名叫壑市国。

在西海以内，流沙的西边，有个国家名叫泛叶国。

流沙西面，有座山叫鸟山，三条河流共同发源于这座山。这里所有的黄金、璿玉瑰石、丹货、银铁，全都产于水中。又有座大山叫淮山，好水就是从这座山发源的。

在流沙的东面，黑水的西岸，有朝云国、司彘（Zhì）国。黄帝的妻子雷祖生下昌意。昌意自天上降到若水居住，生下韩流。韩流长着长长的脑袋、小小的耳、人的面孔、猪的长嘴、麒麟的身子、罗圈腿、小猪的蹄子，娶淖子族人阿女为妻，生下帝颛顼。

在流沙的东面，黑水流经的地方，有座山名叫不死山。

在华山青水的东面，有座山名叫肇山，有个仙人名叫柏子高，柏子高由这里上去下来，直至到达天上。

在西南方黑水流经的地方，有一处叫都广野，后稷就埋葬在这里。这里出产味道美好的菽、稻、黍、稷，各种谷物自然成长，冬夏都能播种。鸾鸟自由自在地歌唱，凤鸟自由自在地舞蹈，灵寿树开花结果，丛草树林茂盛。这里还有各种禽鸟野兽，群居相处。在这个地方生长的草，无论寒冬炎夏都不会枯死。

【原文之二】山海经第十八·海内经（之二）

南海之外，黑水青水之间，有木名曰若木，若水出焉。

有禺中之国。有列襄之国。有灵山，有赤蛇在木上，名曰蝡蛇，木食。

有盐长之国。有人焉鸟首，名曰鸟氏。

有九丘，以水络之，名曰陶唐之丘、有叔得之丘、孟盈之丘、昆吾之丘、黑白之丘、赤望之丘、参卫之丘、武夫之丘、神民之丘。有木，青叶紫茎，玄华黄实，名曰建木，百仞(1)无枝，有九欘(2)，下有九枸(3)，其实如麻，其叶如芒，大皞(4)爰过，黄帝所为。

有窫窳(5)，龙首，是食人。有青兽，人面，名曰猩猩。

西南有巴国。大皞生咸鸟，咸鸟生乘厘，乘厘生后照，后照是始为巴人。

有国名曰流黄辛氏，其域中方三百里，其出是尘土(6)。有巴遂山，渑水出焉。

又有朱卷之国。有黑蛇，青首，食象。

南方有赣巨人，人面长臂，黑身有毛，反踵，见人笑亦笑，唇蔽其面，因即逃也。

又有黑人，虎首鸟足，两手持蛇，方啖之。

…………

有人曰苗民。有神焉，人首蛇身，长如辕，左右有首，衣紫衣(7)，冠旃冠(8)，名曰延维(9)，人主(10)得而飨(11)食之，伯(12)天下。

有鸾鸟自歌，凤鸟自舞。凤鸟首文曰德，翼文曰顺，膺文曰仁，背文曰义，见则天下和。

又有青兽如菟(13)，名曰菌狗。有翠鸟(14)。有孔鸟(15)。

南海之内有衡山。有菌山。有桂山。有山名三天子之都。

南方苍梧之丘，苍梧之渊，其中有九嶷山，舜之所葬，在长沙零陵界中。

北海之内，有蛇山者，蛇水出焉，东入于海。有五采之鸟，飞蔽一乡，名曰翳鸟[16]。又有不距之山，巧倕[17]葬其西。

北海之内，有反缚盗械[18]、带戈常倍[19]之佐[20]，名曰相顾之尸[21]。

【注释】

(1) 仞：古时以八尺为一仞。 (2) 欘：树枝弯曲。 (3) 枸：树根盘错。 (4) 大皞 (Hào)：即伏羲氏，风姓，燧人氏之子，传说中的上古帝王，人文始祖，教人捕鱼放牧。 (5) 窫窳 (Yà Yǔ)：传说中一种吃人的怪兽。 (6) 尘土：为古"鹿"字的误析。 (7) 衣紫衣：前一个"衣"是动词，穿的意思；后一个"衣"是名词，即衣服。 (8) 冠旃冠：前一个"冠"是动词，戴的意思；后一个"冠"名词，即帽子。旃，红色曲柄旗，这里是红色的意思。 (9) 延维：传说中的神名，"人首蛇身，长如辕，左右有首"，即双头蛇。 (10) 人主：君主，一国之主。 (11) 飨：祭献。 (12) 伯：通"霸"。 (13) 莵：通"兔"。 (14) 翠鸟：即翡翠鸟，形状像燕子。古人说雄性叫翡，羽毛红色；雌性叫翠，羽毛青色。实际上，翡翠鸟羽毛有多种颜色，不止红、青二色，其羽自古常被作为装饰品用。 (15) 孔鸟：即孔雀。 (16) 翳鸟：传说是凤凰之类的鸟。 (17) 巧倕：相传尧时巧匠名倕，故称巧倕。 (18) 盗械：因犯罪而被戴上刑具，就称盗械。 (19) 倍：通"背"。背弃。 (20) 佐：辅助帝王的人。 (21) 相顾之尸：指图谋叛逆的臣子。

【今译】

在南海之外，黑水青水流经的地方，有一种树木名叫若木，而若水就发源于若木生长的地底下。

有个禺中国。又有个列襄国。有一座灵山，山中的树上有一种红颜色的蛇，叫作蠕 (rú) 蛇，以树木为食物。

有个盐长国。这里的人长着鸟一样的脑袋，被称作鸟民。

有九座山丘，都被水环绕着，它们的名称是陶唐丘、叔得丘、孟盈丘、昆吾丘、黑白丘、赤望丘、参卫丘、武夫丘、神民丘。有一种树木，青色的叶子紫色的茎干，黑色的花朵黄色的果实，叫作建木，高达一百仞的树干上不生长枝条，而树顶上有九根蜿蜒曲折的丫枝，树底下有九条盘旋交错的根节，它的果实像麻子，叶子像芒树叶。大皞凭借建木登上天，黄帝栽培了建木。

有一种窫窳兽，长着龙一样的脑袋，能吃人。还有一种野兽，长着人一样的面孔，名叫猩猩。

西南方有个巴国。大皞生了咸鸟，咸鸟生了乘厘，乘厘生了后照，而后照就是巴国人的始祖。

有个国家名叫流黄辛氏国，它的疆域方圆三百里，这里出产一种大鹿。还有一座巴遂山，渑水从这座山发源。

又有个朱卷国。这里有一种黑色的大蛇，长着青色脑袋，能吞食大象。

南方有一种赣巨人，长着人的面孔，但嘴唇长长的，黑黑的身上长满了毛，脚尖朝后而脚跟朝前反长着，看见人就发笑，一发笑嘴唇便会遮住他的脸面，人就趁此立即逃走。

还有一种黑人，长着老虎一样的脑袋、禽鸟一样的爪子，两只手握着蛇，正在吞食它。

…………

有一种人称作苗民。这地方有一个神，长着人的脑袋、蛇的身子，身躯长长的像车辕，左边右边各长着一个脑袋，穿着紫色衣服，戴着红色帽子，名叫延维，人主得到它后加以奉飨祭祀，便可以称霸天下。

有鸾鸟自由自在地歌唱，有凤鸟自由自在地舞蹈。凤鸟头上的花纹是“德”字，翅膀上的花纹是“顺”字，胸脯上的花纹是“仁”字，脊背上的花纹是“义”字，它一出现就会使天下和谐。

又有一种像兔子的青色野兽，名叫菌狗。又有翡翠鸟。还有孔雀。

在南海以内，有座衡山，又有座菌山，还有座桂山。还有座山叫作三天子都山。

南方有一片山丘叫苍梧丘，还有一个深渊叫苍梧渊，在苍梧丘和苍梧渊之间有座九嶷山，舜帝就埋葬在这里。九嶷山位于长沙零陵境内。

在北海以内，有座山叫蛇山，蛇水从蛇山发源，向东流入大海。有一种长着五彩羽毛的鸟，成群地飞起而遮蔽一乡的上空，名叫翳鸟。还有座不距山，巧倕便葬在不距山的西面。

在北海以内，有一个反戴刑具、带着戈而图谋叛逆的臣子，名叫相顾尸。

【原文之三】山海经第十八·海内经（之三）

伯夷父[1]生西岳，西岳生先龙，先龙是始生氐羌，氐羌乞姓。

北海之内，有山，名曰幽都之山，黑水出焉。其上有玄鸟、玄蛇、玄豹、玄虎、玄狐蓬尾。有大玄之山。有玄丘之民。有大幽之国。有赤胫之民。

有钉灵之国，其民从膝已下有毛，马蹏[2]善走[3]。

炎帝[4]之孙伯陵，伯陵同[5]吴权之妻阿女缘妇，缘妇孕三年，是生鼓、延、殳。始为侯[6]，鼓、延是始为钟[7]，为乐风。

黄帝生骆明，骆明生白马，白马是为鲧[8]。

帝俊[9]生禺号，禺号生淫梁[10]，淫梁生番禺，是始为舟。番禺生奚仲，奚仲生吉光，吉光是始以木为车。

少皞[11]生般，般是始为弓矢。

帝俊赐羿彤[12]弓素矰[13]，以扶下国，羿是始去恤[14]下地之百艰。

帝俊[15]生晏龙，晏龙是为琴瑟。

帝俊有子八人，是始为歌舞。

帝俊生三身，三身生义均[16]，义均是始为巧倕，是始作下民百巧。后稷是播百谷。稷之孙曰叔均[17]，是始作牛耕。大比赤阴[18]，是始为国。禹鲧是始布土[19]，均[20]定九州[21]。

炎帝之妻，赤水之子听訞生炎居，炎居生节并，节并生戏器，戏器生祝融。祝融降处于江水，生共工，共工生术器，术器首方颠[22]，是复土穰，以处江水。共工生后土，后土生噎鸣，噎鸣生岁十有二。

【注释】

(1) 伯夷父：相传是帝颛顼的师傅。 (2) 蹏：同“蹄”。 (3) 走：跑。 (4) 炎帝：即神农氏，传说中的上古帝王。 (5) 同：通“通”。通奸。吴权：传说中的人物。(6) 侯：练习或比赛射箭时用的箭靶。 (7) 钟：古代一种打击乐器。 (8) 鲧：相传是大禹的父亲。 (9) 帝俊：这里指黄帝。 (10) 淫梁：即禺京，传说中的海神、风神和瘟神。 (11) 少皞：即少昊，黄帝长子，号称金天氏，传说中的五方上帝之一。(12) 彤：朱红色。 (13) 矰：一种用白色羽毛装饰并系着丝绳的箭。 (14) 恤：体恤，周济。 (15) 帝俊：这里指帝舜。 (16) 义均：即叔均，舜的儿子，这里却说是舜的孙子，属于不同的神话传说。 (17) 叔均：上文曾说叔均是后稷之弟台玺的儿子，这里又说是后稷的孙子，而且与前面说的义均也分成了二人，神话传说往往有所不同。 (18) 大比赤阴：意义不明，“推寻文义，当是地名”；也有学者认为是指后稷生母姜嫄。 (19) 布土：传说鲧与大禹父子二人相继治理洪水，鲧使用堵塞的方法，大禹使用疏通的方法，都需要挖掘泥土。布即施予，施行；土即土工，治河时填土、挖土的工程。 (20) 均：平均，均匀，引申为度量、衡量。 (21) 九州：相传大禹治水后，把中原划分为九个行政区域，就是九州。 (22) 颠：头顶。

【今译】

伯夷父生了西岳，西岳生了先龙，先龙的后代子孙便是氐羌，氐羌人姓乞。

北海以内，有一座山，名叫幽都山，黑水从这座山发源。山上有黑色鸟、黑色蛇、黑色豹子、黑色老虎，有尾巴毛蓬蓬的黑色狐狸。有座大玄山。有一种玄丘民。有个大幽国。有一种赤胫民。

有个钉灵国，这里的人的腿部从膝盖以下都有毛，长着马的蹄子而善于快跑。

炎帝的孙子叫伯陵，伯陵与吴权的妻子阿女缘妇私通，阿女缘妇怀孕三年，这才生下鼓、延、殳三个儿子。殳最初发明了箭靶，鼓、延二人发明了钟，创造了乐曲和音律。

黄帝生了骆明，骆明生了白马，这白马就是鲧。

帝俊生了禺号，禺号生了淫梁，淫梁生了番禺，这位番禺最初发明了船。番禺生了奚仲，奚仲生了吉光，这位吉光最初用木头制造出车子。

少皞生了般，这位般最初发明了弓和箭。

帝俊赏赐给后羿红色弓和白色矰箭，用他的射箭技艺去扶助下界各国，后羿便开始去救济世间人们的各种艰苦。

帝俊生了晏龙，这位晏龙最初发明了琴和瑟两种乐器。

帝俊有八个儿子，他们开始创作出歌曲和舞蹈。

帝俊生了三身，三身生了义均，这位义均便是所谓的巧倕，最初发明了世间的各种工艺技巧。后稷开始播种各种农作物。后稷的孙子叫叔均，这位叔均最初发明了使用牛耕田。大比赤阴，开始受封而建国。大禹和鲧开始挖掘泥土治理洪水，度量划定九州。

炎帝的妻子，即赤水氏的女儿听訞生下炎居，炎居生了节并，节并生了戏器，戏器生了祝融。祝融降临到江水居住，便生了共工。共工生了术器。术器的头是平顶方形，他恢复了祖父祝融的土地，从而又住在江水。共工生了后土，后土生了噎鸣，噎鸣生了一年中的十二个月。

【原文之四】山海经第十八·海内经（之四）

洪水滔[(1)]天。鲧窃帝之息壤[(2)]以堙洪水，不待帝命。帝令祝融杀鲧于羽郊[(3)]。鲧复生[(4)]禹。帝乃命禹卒布土以定九州。

【注释】

（1）滔：漫。（2）息壤：神话传说中一种能够自生自长、永不损耗的土壤。（3）羽郊：羽山的郊野。（4）复生：相传鲧死三年而尸体不腐烂，用刀剖开肚腹就生了禹。“复”即“腹”的同声假借字。

【今译】

洪荒时代到处是漫天大水。鲧偷拿天帝的息壤用来堵塞洪水，而未等待天帝下令。天帝派遣祝融把鲧杀死在羽山的郊野。禹从鲧的遗体肚腹中出生。天帝就命令禹最后再施行土工制住了洪水，从而划定了九州区域。

【点评】

（1）《山海经》对世界的看法是原始的，许多记载不科学，有关神怪的描述更为荒诞。但是，它对中国古代地理、历史、科技、文学、神话等方面的记载有重要研究价值。从地理学看，它记述了许多邦国、山系、水系的自然地理特征和人文地理状况；从历史学看，它记载的黄帝谱系，与《大戴礼记·帝系篇》、《史记·五帝本纪》、皇甫谧《帝王世纪》基本相同；从科技史看，它记载了数千年农耕文化的许多科技成果，如巧倕的工艺，后稷播种农作物，叔均用牛耕田，以及船、车、弓、箭的发明和创造；从文学看，《搜神记》《唐传奇》《西游记》《封神演义》《镜花缘》《聊斋志异》等都有它的影子；从神话学看，它记叙了夸父逐日、女娲补天、精卫填海、大禹治水等神话或传说。此外，它还记载有许多民俗学、宗教学方面的内容。可以说，《山海经》是一部以地理知识为主的古代中国的百科全书。

（2）《山海经》中的地理知识，是中华民族远祖长期实地调查的结晶；它的科技知识，是对中华民族远祖长期农耕实践的总结；它的历史、宗教、民俗、文学等知识和神话传说，是中华民族远祖多少代人口口相传的产物。总之，《山海经》不是天上掉下来的，也不是人们头脑中自生的，而是对中华民族远祖长期调查、实践的概括。从这个视角看，《山海经》很可能是华夏远祖调查研究成果集大成的一部著作。

撰稿人：水延凯

"以此八者，观人主之国，而人主毋所匿其情矣"

【简介】

本篇原文，摘自《管子》。

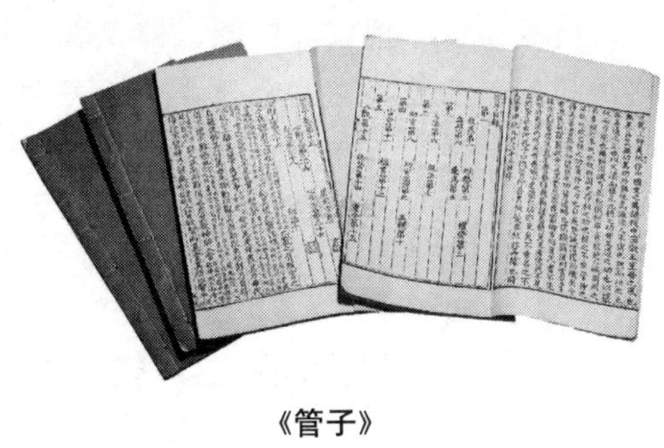
《管子》

《管子》约成书于战国至秦、汉时期，是对当时各学派观点的汇编，以管仲学派为主，内容涉及经济、政治、军事、哲学、自然科学等许多领域，是研究古代的珍贵史料。但《管子》简篇错乱，文字夺误，词义古奥，素称难读之书。西汉经学家刘向编定《管子》，名为 86 篇，实存 76 篇（其余 10 篇仅存目录），分为 8 类：《经言》9 篇，《外言》8 篇，《内言》7 篇，《短语》17 篇，《区言》5 篇，《杂篇》10 篇，《管子解》4 篇，《管子轻重》16 篇。《八观》，是《外言》中的一篇，总第十三篇。

管仲画像

管仲（前 725—前 645），姓姬，名夷吾，字仲，汉族，颍上（今安徽省颍上县）人，春秋时期齐国政治家、思想家、军事家。他少时丧父，生活贫苦，为维持生计，与鲍叔牙合伙经商，后从军，到齐国，经鲍叔牙力荐，齐桓公任为上卿。他治齐 40 年，改革内政，知人善任，发展经济，增强国防力量；对外礼法并用，扩大齐国影响。在他的辅佐下，齐国最先强盛起来，使齐桓公成为春秋第一霸主。他则被齐桓公尊称为"仲父"，史有"春秋第一相"之誉。

以下【原文】，节录自《管子全译（修订版）》，谢浩范、朱迎平译注，贵阳，贵州人民出版社，2009；【注释】和【今译】，也参考了上述著作。

【原文、注释和今译】

【原文之一】管子·外言·八观第十三（之一）

行其田野，视其耕芸，计其农事，而饥饱之国可以知也。其耕之不深，芸之不谨，地宜不任[(1)]，草田多秽，耕者不必肥，荒者不必硗[(2)]，以人猥计[(3)]其野，草田[(4)]多而辟田[(5)]少者，虽不水旱，饥国之野也。……故曰：有地君国而不务耕芸，寄生之君也。

【注释】

(1) 不任：任，利用；不任，不加利用。 (2) 硗：土地坚硬、瘠薄。 (3) 猥计：总计，合起来计算。 (4) 草田：未垦种的田地。 (5) 辟田：已垦种的田地。

【今译】

行走于一个国家的田野，巡视其耕耘，计算其收获，就可知道这个国家的饥饱了。它的田野，耕地不深，锄草不勤，宜种的土地没有耕种，未垦的土地荒芜，已耕的土地不见得肥沃，荒芜的土地不见得贫瘠，按人口数量总计的土地，荒地多而熟地少，即使没有水旱天灾，也是一个饥国的田野。……所以说，拥有土地而不注重农业生产，便是寄生的国君。

【原文之二】管子·外言·八观第十三（之二）

行其山泽，观其桑麻，计其六畜之产，而贫富之国可知也。夫山泽广大，则草木易多也；壤地肥饶，则桑麻易植也；荐草多衍[(1)]，则六畜易繁也。山泽虽广，草木毋禁；壤地虽肥，桑麻毋数[(2)]；荐草虽多，六畜有征[(3)]：闭货之门[(4)]也。故曰：时货不遂[(5)]，金玉虽多，谓之贫国也。

【注释】

(1) 荐草多衍：荐草，牧草；衍，繁茂。 (2) 数：技艺，技术。 (3) 征：赋税。 (4) 闭货之门：堵塞了财货的门路。 (5) 时货不遂：时货，按时节出产的货物；不遂，不通达、不充裕。

【今译】

行走于其山林湖泽，观看其桑麻种植，计算其畜牧产量，就可知道这个国家的贫富了。山林湖泽广阔，草木就容易繁殖；土地肥沃，桑麻就容易生长；牧草繁茂，六畜就容易兴旺。如果山泽虽广，草木滥伐却没有禁令；土地虽肥，桑麻种植却不得其法；牧草虽多，饲养六畜却征收赋税：这就堵塞了财货的门路。所以说，时令货物不通达、不充裕，即使金玉很多，也只能称之为贫国了。

【原文之三】管子·外言·八观第十三（之三）

入国邑[(1)]，视宫室，观车马衣服，而侈俭之国可知也。夫国城大而田野浅狭者，其野不足以养其民；城域大而百姓寡者，其民不足以守其城；宫营大而室屋寡者，其室不足以实其宫；室屋众而人徒寡者，其人不足以处其室；囷仓[(2)]寡而台榭繁者，其藏不足以共[(3)]其费。故曰，主上无积而宫室美，氓家[(4)]无积而衣服修，乘车者饰观望，步行者杂文采，本资[(5)]少而末用[(6)]多者，侈国之俗也。

【注释】

（1）国邑：国都。（2）囷仓：粮仓。（3）共：通“供”。（4）氓家：民家、百姓。（5）本资：生活必需品。（6）末用：奢侈品。

【今译】

进入一个国家的都城，巡视其宫殿房屋，观看其车马衣服，就可知道这个国家的奢侈或节俭了。一个国家城市大而农田狭小，农田就不足以养活百姓；城区大而居民少，居民就不足以防守城市；宫院大而房屋少，房屋就不足以充实宫院；房屋多而居民少，居民就不足以住满房屋；粮仓少而亭台楼阁多，贮藏的粮食就不足以供应消费。所以说，君主没有积蓄而宫室华丽，百姓没有积蓄而衣着讲究，乘车者讲究装饰派头，步行者讲究衣着艳丽，生活必需品少而奢侈品多，这是奢侈国家的习俗。

【原文之四】管子·外言·八观第十三（之四）

课凶饥[(1)]，计师役[(2)]，观台榭[(3)]，量国费[(4)]，而实虚之国可知也。……其稼亡三之一者，命曰小凶[(5)]。小凶三年而大凶[(6)]，大凶则众有大遗苞[(7)]矣。什一之师，什三毋事，则稼亡三之一[(8)]。稼亡三之一，而非有故盖积也，则道有损瘠矣。什一之师，三年不解[(9)]，非有余食也，则民有鬻子[(10)]矣。……故曰：山林虽广，草木虽美，禁发必有时；国虽充盈，金玉虽多，宫室必有度；江海虽广，池泽虽博，鱼鳖虽多，罔罟必有正[(11)]，船网不可一财而成[(12)]也。……台榭相望者，其上下相怨也。民毋余积者，其禁不必止；众有遗苞者，其战不必胜；道有损瘠者，其守不必固。故令不必行，禁不必止，战不必胜，守不必固，则危亡随其后矣。

【注释】

（1）课凶饥：课，考核、核验；凶饥，凶荒、灾荒。（2）计师役：计，计算；师役，兵役。（3）台榭：亭台楼榭。（4）国费：国家财政收支。（5）稼亡三之一者，命曰小凶：稼，庄稼；亡，逃，丢失。指庄稼歉收三分之一，叫作小灾。（6）小凶三年而大凶：小灾三年，就成为大灾。（7）遗苞：苞，通“殍”。指被遗弃的饿殍。（8）什一之师，什三毋事，则稼亡三之一：十分之一的人服兵役，十分之三的人就不能从事农业生产，庄稼歉收三分之一。（9）不解：解，通“懈”。指不松懈、不解除。（10）鬻（yù）子：鬻，卖，出售。指卖儿女。（11）罔罟（gǔ）必有正：罔，古同“网”；罟，网的总称，引申为法网；正，正中，标准。（12）不可一财而成：不能靠单一的打鱼发财。

【今译】

考核灾年饥荒情况，计算当兵服役人数，观看亭台楼阁的修建，衡量国家收支，就可知道这个国家的虚实了。……庄稼歉收三分之一，称作小灾；小灾三年为大灾，大灾则百姓有可能成为被遗弃的饿殍。十分之一的人当兵，十分之三的人就会脱离农业生产，庄稼就要歉收三分之一。庄稼歉收三分之一，而没有往年积粮，路上就会有饥饿而死的人。十分之一的人当兵，三年不解除兵役，如果没有余粮，百姓就会卖儿卖女。……所以说，即使山林很广，草木很好，封禁开发也必须有定时；即使国家富裕，金玉很多，兴建宫室也必须有限度；即使江海广阔，湖泽博大，鱼鳖繁多，渔网的眼孔也一定要符合标准，打鱼人不能单靠打鱼发财。……楼台亭阁修建过多，必然导致君民之间相恨。百姓没有积蓄，禁令就不能生效；百姓有饿死的，战争就不能取胜；路上有被遗弃的饿殍，防守就不能坚固。这样，令不必行，禁不必止，战不必胜，守不必固，危亡就跟随在后面了。

【原文之五】管子·外言·八观第十三（之五）

入州里[1]，观习俗，听民之所以化其上[2]，而治乱之国可知也。州里不鬲[3]，闾闬[4]不设，出入毋时，早晏不禁，则攘夺窃盗、攻击残贼之民[5]，毋自胜矣[6]。食谷水，巷凿井，场圃接[7]，树木茂，宫墙毁坏，门户不闭，外内交通，则男女之别毋自正矣[8]。乡毋长游[9]，里毋士舍[10]，时无会同[11]，丧蒸[12]不聚，禁罚不严，则齿长辑睦[13]，毋自生矣。故昏礼不谨[14]，则民不修廉；论贤不乡举，则士不及行[15]；货财行于国，则法令毁于官；请谒[16]得于上，则党与[17]成于下；乡官毋法制，百姓群徒不从[18]。此亡国弑君之所自生也。

【注释】

（1）州里：州里为地方编制。指百姓居住的地方。（2）听民之所以化其上：化，教化。指了解百姓如何对待上面的教化。（3）鬲：通“隔”，阻隔。（4）闾闬：街坊、里巷。（5）攘夺窃盗、攻击残贼之民：攘夺，掠夺、夺取；窃盗，偷窃；攻击残贼之民，凶残暴虐的人。（6）毋自胜矣：自，从；胜，制服。指无法管制。（7）食谷水，巷凿井，场圃接：指同喝一条山谷的水，同在一个巷子里打井，禾场菜圃相接。（8）毋自正矣：正，正规，符合规矩。指无法自己符合规矩。（9）长游：长，什长；游，游宗。指乡村基层官吏。（10）士舍：乡村学堂。（11）会同：聚会。（12）丧蒸：丧，丧事；蒸，冬天的祭祀。（13）齿长辑睦：齿，年龄；齿长，指按年龄长幼定人伦之礼；辑睦，合作、和睦之意。（14）昏礼不谨：昏，通“婚”。指婚礼不严肃。（15）及行：及，急；不及，不急于其事、不注重其事。（16）请谒：请求谒见，对人有所求。（17）党与：朋党，结党营私。（18）不从：不服从。

【今译】

进入一个国家的州里，观看其风俗习惯，了解百姓怎样对待上面的教化，就可知道这个国家的治乱了。州里之间没有隔墙，街坊不设大门，出入没有定时，早晚不加管理，那么对于抢夺、盗窃、殴打、凶残暴虐的人，就无法管制了。吃同一条山谷里的水，在同一个巷子里打井，禾场菜圃相接，树木茂密，院墙破损，门户不闭，内外随便交往，那么男女应有的区别，就无法规正了。乡无基层官吏，里无学堂，没有定期集会，丧葬祭祀不聚集，禁令刑罚不严格，那么长幼礼序、和睦风尚，就不会自然形成。所以，婚礼不严谨，百姓就不注重修养廉耻；选贤不经乡民举荐，士人就不重视其事；贿赂风行于国，法令就败毁于官；私情拜托能在上面得手，结党营私就会盛行于下；乡官不实行法制，百姓就不服从命令。这就是亡国弑君之所以发生的原因。

【原文之六】管子·外言·八观第十三（之六）

入朝廷，观左右[(1)]，本求朝之臣[(2)]，论上下之所贵贱者[(3)]，而强弱之国可知也。功多为上，禄赏为下，则积劳之臣[(4)]不务尽力；治行为上，爵列为下，则豪桀材臣不务竭能[(5)]；便辟左右[(6)]，不论功能而有爵禄，则百姓疾怨非上，贱爵轻禄；金玉货财商贾之人，不论志行而有爵禄也，则上令轻，法制毁；权重之人，不论才能而得尊位，则民倍本行而求外势[(7)]。彼积劳之人不务尽力，则兵士不战矣；豪桀材人不务竭能，则内治不别[(8)]矣；百姓疾怨非上，贱爵轻禄，则上毋以劝众矣；上令轻，法制毁，则君毋以使臣，臣毋以事君矣；民倍本行而求外势，则国之情伪[(9)]竭在敌国矣。

【注释】

（1）观左右：观，观察；左右，君主左右的侍臣。（2）本求朝之臣：求，乞也，谋求。（3）论上下之所贵贱者：论，议论、看待；上下，上下官吏。指上下官吏如何看待贵贱。（4）积劳之臣：多功之臣。（5）竭能：竭，穷尽；能，才能。（6）便辟左右：便辟，善于迎合他人。指善于迎合君主而受宠幸的近臣。（7）民倍本行而求外势：倍，同“背”；本行，本国军队；外势，外国势力。（8）不别：别，条理；不别，没有条理。（9）情伪：真假、虚实。

【今译】

进入一个国家的朝廷，观察君主左右侍臣和朝廷大臣，考察上下官吏如何看待贵贱，就可知道这个国家的强弱了。功劳在上，禄赏反而在下，多功之臣就会不尽心竭力；政绩在上，官爵反而在下，豪杰能臣就会不竭尽所能；君主左右侍从和宠臣，不论功劳能力而享有爵禄，百姓就会怨恨、非议君主而轻贱爵禄；经营金玉财货的商人，不论志向德行而享有爵禄，君令就会不受重视，法制就会被毁坏；握有大权的人，不论才能而窃居高位，民众就会背弃本国军队而投靠外国势力。那些多功之臣不尽心竭力，士兵就会不肯作战；豪杰能臣不竭尽所能，内政就不会有条理；百姓怨恨、非议君主而轻贱爵禄，君主就无法劝勉民众；君令不受重视，法制无法执行，君主就无法驾驭臣子，臣子就不可能效忠君主；民众背弃本国军队而投靠外国势力，国家的虚实就全部被敌国掌握了。

【原文之七】管子·外言·八观第十三（之七）

置法出令，临众用民，计其威严宽惠[(1)]行于其民与不行于其民，而兴灭之国可知也[(2)]。法虚立而害疏远[(3)]，令一布而不听者存[(4)]，贱爵禄而毋功者富[(5)]，然则众必轻令而上位危。故曰：良田不在战士[(6)]，三年而兵弱；赏罚不信，五年而破；上卖官爵，十[(7)]年而亡；倍人伦而禽兽行[(8)]，十年而灭。

【注释】

(1) 威严宽惠：威严，刑罚；宽惠，奖赏。 (2) 而兴灭之国可知也：原文无“而兴灭之国”，据《管子校注》补。 (3) 法虚立而害疏远：法律虚设，只损害疏远的人。 (4) 不听者存：不听法令者能安全存在。 (5) 毋功者富：没有功劳而能获得富贵。 (6) 良田不在战士：良田不用来奖励战士。 (7) 十：原文为七，据《管子集校》改。 (8) 倍人伦而禽兽行：违背人伦道德，而做出禽兽一样的行为。

【今译】

根据一个国家制定法律、公布法令，以及治理百姓的情况，考察其刑罚、奖赏政策能否在民众中得到贯彻执行，就可知道这个国家的兴灭了。法律形同虚设，只加害于疏远的人；即使命令已公布，不听从者仍安然无恙；随便封爵赐禄，让无功者致富：那么，人们必然轻视法令，君主地位就危险了。所以说，良田不赏给战士，三年兵力就会衰弱；赏罚不信实，五年国家就会破败；君主卖官鬻爵，十年国家就会危亡；悖逆人伦常理，放纵禽兽行为，十年国家就会覆灭。

【原文之八】管子·外言·八观第十三（之八）

计敌与[(1)]，量上意，察国本，观民产之所有余不足，而存亡之国可知也。敌国强而与国弱，谏臣死而谀臣[(2)]尊，私情行而公法毁，然则与国不恃其亲[(3)]，而敌国不畏其强；豪杰不安其位，而积劳之人不怀其禄。悦商贩而不务本货[(4)]，则民偷处[(5)]而不事积聚。豪杰不安其位，则良臣出；积劳之人不怀其禄，则兵士不用；民偷处而不事积聚，则囷仓空虚。如是而君不为变[(6)]，然则攘夺窃盗残贼进取之人[(7)]起矣。内者廷无良臣，兵士不用，囷仓空虚，而外有强敌之忧，则国居而自毁[(8)]矣。

【注释】

(1) 敌与：敌，敌国；与，交往，友好。指敌国和与敌国交好的国家。 (2) 谀臣：谄谀之臣。 (3) 不恃其亲：恃，依赖，仗着。指盟国将不依仗结盟关系。 (4) 本货：指粮食。 (5) 偷处：处，处置、对待。指苟且偷安。 (6) 君不为变：变，变革。指国君不进行变革。 (7) 进取之人：谋取政权的人。 (8) 国居而自毁：居，居住、停留。指国家坐以待毙。

【今译】

计算敌国及其盟国力量，估量君主的意图，考察农业状况，观察百姓财产是有余还是不足，就可知道这个国家的存亡了。敌国强而盟国弱，谏臣被杀而谀臣得宠，私情盛行而公法被毁，那么，盟国将不依仗其结盟，敌国将不畏惧其强大，豪杰将不安于其职位，多功之臣将不留恋其爵禄。君主喜欢商贩而不注重农业，民众就会苟且偷安而不致力于积蓄。豪杰不安于其职位，良臣就会出走；多功之臣不留恋其爵禄，兵士就不会效力；民众苟且偷安而不致力于积蓄，粮仓就会空虚。如果这样，君主仍不肯变革，那么，抢夺、盗窃、凶残暴虐、谋取政权的人就会起来。在国内，朝廷无良臣，士兵不效力，粮仓空虚，再加上外有强敌之忧，这样国家就只能坐以待毙了。

【原文之九】管子·外言·八观第十三（之九）

故以此八者，观人主之国[(1)]，而人主毋所匿其情[(2)]矣。

【注释】

(1) 人主之国：君主治理的国家。　(2) 毋所匿其情：无法隐瞒其真相。

【今译】

因此，从这八个方面观察一个君主治理的国家，这个君主就无法隐瞒其真相了。

【点评】

(1)“八观”的内容，涉及一个国家的经济、政治、军事、文化、社会，朝廷、州里与闾闬，君主、臣子与百姓，都邑、田野与山泽，置法、出令与行止，习俗、教化与管理，以及国内和国外、敌国与盟国等各个方面。在 2 600 多年前，为了知晓、判断、认识一个国家的基本国情而提出如此全面、系统、深入的调研纲要，这在世界上很可能是绝无仅有的。

(2)“八观”的方法，包括行（考察）、视（探视）、计（算）、观（观看）、入（参入）、课（考核）、量（度）、听（听取）、求（探求）、察（察核）等；先采用这些方法了解情况，然后在调查基础上，对一个国家的基本国情做出判断，完全符合从感性到理性的认识规律。这些方法，原始、简单、直观、可靠，具有很强的可操作性。在当时的历史条件下，是完全符合实际的。

(3)“八观”既是调查、了解、判断一个国家饥饱、贫富、侈俭、虚实、治乱、强弱、兴灭、存亡，即基本国情的纲领，实际上又是对此前各个朝代、各个诸侯国治国理政经验教训的基本总结和概括，同时还是对君主治国、理政、富民、强军提出的八项基本要求。如果将“八观”的基本纲要和思想更换为现代相应的内容，那么对现今的调查研究和治国理政仍具有借鉴意义。

撰稿人：水延凯

“凡立朝廷，问有本纪”

【简介】

《管子》

本篇原文，摘自《管子》。关于管仲和《管子》，本书第57页已有简介，这里不再重复。

以下【原文】，节录自《管子全译（修订版）》，谢浩范、朱迎平译注，贵阳，贵州人民出版社，2009；【注释】和【今译】，也参考了上述著作。

【原文、注释和今译】

【原文之一】管子·内言·问[1]第二十四（之一）

凡立[2]朝廷，问有本纪[3]。爵授有德[4]，则大臣兴义[5]；禄[6]予有功，则士轻死节[7]；上帅士以人之所戴[8]，则上下和；授事以能，则人上[9]功；审刑当罪，则人不易[10]讼；无乱社稷[11]宗庙[12]，则人有所宗；毋遗老忘亲，则大臣不怨；举[13]知人急，则众不乱。行此道也，国有常经[14]，人知终始，此霸王之术也。

【注释】

（1）问：询问、调查。本篇是站在执政者立场，为建立国法、推行霸王之术而提出的包含六十多个问题的调查问卷。（2）立：通“莅”，治理，统治，管理，主持。（3）本纪：根本的纲纪、纲要、提纲。（4）爵授有德：爵，爵位；授，授予；有德，具有良好品德的人。（5）兴义：兴，起也，兴盛、流行、倡导；义，正义、道义。（6）禄：给予俸禄，赏赐物。（7）轻死节：轻，轻易，不吝惜；死节，为保全节操而死。（8）上帅士以人之所戴：上，君上；戴，拥戴。指君主任用受人爱戴的将领统率士兵。（9）上：同“尚”。（10）易：轻易。（11）社稷：土神和谷神，古时君主祭祀社稷，后来就用社稷代表国家。（12）宗庙：天子或诸侯祭祀祖先的专用宫室；奉祀祖先的房屋。（13）举：全，皆，都。（14）常经：基本的法规。

【今译】

凡主持朝廷政事，调查要遵循一些基本原则。爵位授给有德的人，大臣就会盛行道义；禄赏赐予有功的人，战士就会不怕牺牲；君主任用受人爱戴的将领统率军队，军队上下就会团结和睦；按照才能安排工作，人们就会讲求功效；判处刑罚恰当其罪，人们就不轻易诉讼；社稷宗庙不被渎乱，人们就有信奉的中心；不遗忘老臣和宗亲，大臣就不会抱怨；充分了解百姓的疾苦，民众就不会作乱。能够执行这些准则，国家便有常规常法，人们就知道行事的始终，这是实现霸王之业的道路和方法。

【原文之二】管子·内言·问第二十四（之二）

然后问事，事先大功，政自小始[(1)]。问死事之孤[(2)]，其未有田宅者有乎？问少壮而未胜甲兵[(3)]者几何人？问死事之寡，其饩廪何如[(4)]？问国之有功大者，何官之吏也？问州之大夫也，何里之士也？今吏，亦何以明之矣？问刑论有常以行[(5)]，不可改也，今其事之久留[(6)]也何若？问五官有度制，官都[(7)]其有常断，今事之稽也何待？问独夫、寡妇、孤寡、疾病者几何人也？问国之弃人[(8)]何族之子弟也？问乡之良家，其所牧养者几何人矣？问邑之贫人债而食者[(9)]几何家？问理园圃而食者几何家？人之开田而耕者几何家？士之身耕者[(10)]几何家？问乡[(11)]之贫人，何族之别也[(12)]？问宗子之收昆弟者[(13)]，以贫从昆弟者[(14)]几何家？余子仕而有田邑[(15)]，今入[(16)]者几何人？子弟以孝闻于乡里者几何人？余子父母存[(17)]，不养而出离者[(18)]几何人？士之有田而不使者[(19)]几何人？吏恶何事[(20)]？士之有田而不耕者几何人？身何事？君臣有位而未有田者几何人？外人之来从而未有田宅者几何家？国子弟之游于外者几何人？贫士之受责于大夫者几何人？官贱行书，身士以家臣自代者几何人[(21)]？官承吏之无田饩而徒理事者几何人？群臣有位事官大夫者几何人？外人来游，在大夫之家者几何人？乡子弟力田为人率者[(22)]几何人？国子弟之无上事，衣食不节，率子弟不田弋猎者几何人？男女不整齐，乱乡子弟者有乎？问人之贷[(23)]粟米有别券[(24)]者几何家？

【注释】

（1）事先大功，政自小始：调查政事应从大事开始，处理政务应自小事着手。（2）死事之孤：死事，死于王事；孤，遗孤。（3）未胜甲兵：胜，胜任、承担；甲兵，铠甲和兵器，泛指兵器，武装的士兵，亦泛指军队。这里指未服过兵役的人。（4）死事之寡，其饩（xì）廪（lǐn）何如：寡，死者的妻子；饩，赠送的粮食或饲料；廪，米仓，亦指储藏的米。指死于王事的寡妻，获得的口粮有多少？（5）刑论有常以行：刑论，已论定的刑罚；有常以行，正常执行。（6）久留：拖延而不执行。（7）官都：指总摄诸司者。（8）弃人：指被遗弃的人，因罪被流放的人。（9）债而食者：靠借债过日子的人。（10）身耕者：亲自耕田的。（11）乡：乡中、乡间。（12）何族之别也：别，别支，分支，引申为后裔、后代。指什么家族的后代。（13）宗子之收昆弟者：宗子，泛指嫡长子；昆，兄长；昆弟，兄弟。（14）以贫从昆弟者：以，因为；贫，贫困；从，寄食。指因贫困而寄食于兄弟者。（15）余子仕而有田邑：余子，指宗子以外的子弟；仕，做官；田邑，这里指田产。（16）入：指缴纳赋税。（17）存：存在，健在。（18）出离者：无力赡养父母而出赘者。（19）不使者：不任事为官者。（20）吏恶何事：官吏厌恶哪些事情。（21）官贱行书，身士以家臣自代者几何人：尹知章注："其人居官，乃贱自行文书，身任士职，辄以家臣自代，亦须知其数也。"（22）为人率者：为人表率的。（23）贷：借出去。（24）别券：指契据。尹知章注："谓分契也。"

【今译】

然后就进行调查。调查政事应先从大事开始，处理政务则要从小事着手。询问为国牺牲者的遗孤，有没有尚未得到田宅的。询问青壮年，尚未服兵役的有多少人。询问死于王事的寡妇，应得到口粮的情况如何。询问对国家建有大功的人，都是哪些部门的官吏。询问各州的大夫，都是什么地方的人，现为官吏，是凭什么条件提拔的。询问已论定的刑罚应该正常执行，不能改变，现在却拖延不执行，这是为什么。询问五官各有制度，"官都"经常断事，现在却停留不办，还等待什么。询问鳏夫、寡妇、孤寡、病人各有多少人。询问国中因犯罪而被流放的人，都是哪个家族的子弟。询问乡中富户，他们收养了多少人。询问邑内穷人靠借债度日的有多少家。询问经营园圃为生的有多少家，开荒种田的有多少家，士人亲自耕田的有多少家。询问乡中的穷人，是何族的后裔。询问嫡长子收养兄弟者，或因贫寄食于兄弟家者，有多少家。非嫡长子做官有封地，现今仍在缴税的，有多少人？以孝行闻名于乡里的子弟，有多少人？非嫡长子父母健在，但无力赡养父母而出赘者，有多少人？士人有田而不任事为官者有多少人？他们厌恶什么工作？士人有田而不耕作者有多少人？他们在做什么事？君王的臣子中有爵位而没有禄田的有多少人？外国人前来投奔而尚无田宅的有多少家？本国子弟出游外国的有多少人？贫士向大夫借债的有多少人？做官而轻贱自行文书，由家臣代理自己职责的有多少人？官吏之中没有田禄而白白干事的有多少人？群臣中在官大夫家兼职的有多少人？外国人来本国游玩，住在官大夫家里的有多少人？乡中子弟力田耕作，可以为人表率的有多少人？城市子弟中身无常业，衣食奢侈，带着青年弃农打猎取乐的有多少人？男女不守规矩，影响乡中子弟胡作非为的有没有？询问贷出粮食，握有借券的有多少家。

【原文之三】管子·内言·问第二十四（之三）

问国之伏利[(1)]，其可应人之急者几何所也？人之所害于乡里者[(2)]何物也？问士之有田宅身在陈列者[(3)]几何人？余子之胜甲兵有行伍者[(4)]几何人？问男女有巧伎，能利备用者[(5)]几何人？处女操工事者[(6)]几何人？冗国所开口而食者几何人[(7)]？问一民有几年之食[(8)]也？问兵车之计几何乘也？牵家马、轭家车者几何乘[(9)]？处士修行，足以教人，可使帅众莅百姓者[(10)]几何人？士之急难可使者几何人？工之巧[(11)]，出足以利军伍，处可以修城郭、补守备者几何人？城粟军粮，其可以行几何年也？吏之急难可使者几何人？大夫疏器[(12)]：甲兵、兵车、旌旗、鼓铙、帷幕、帅车之载几何乘？疏藏器：弓弩之张、衣夹铗、钩弦之造、戈戟之紧，其厉[(13)]何若？其宜修而不修者，故何视？而造修之官，出器处器之具，宜起而未起者何待？乡师[(14)]车辎造修之具，其缮何若？

工尹[15]伐材用，毋于三时[16]，群材乃植而造器定，冬，完良备用必足。人有余兵[17]，诡陈[18]之行，以慎国常[19]。时简稽[20]帅马牛之肥膌，其老而死者，皆举之。其就山薮林泽食荐[21]者几何？出入死生之会[22]几何？若夫城郭之厚薄，沟壑之浅深，门闾之尊卑，宜修而不修者，上必几[23]之守备之伍。器物不失其具[24]，淫雨[25]而各有处藏。问兵官之吏[26]，国之豪士[27]，其急难足以先后者[28]几何人？夫兵事[29]者，危物也，不时[30]而胜，不义[31]而得，未为福也。失谋[32]而败，国之危也，慎谋乃保国[33]。问所以教选人者何事？问执官都者，其位事几何年矣？所辟草莱，有益于家邑者几何矣？所封表以益人之生利者何物也？所筑城郭，修墙闭，绝通道，厄阙，深防沟，以益人之地守者何所也？所捕盗贼，除人害者几何矣？

【注释】

(1) 伏利：潜在的财力，尚未开发的资源。 (2) 害于乡里者：危害乡里的。(3) 身在陈列者：陈列，依次排列，军队。指身在军中服役者。 (4) 余子之胜甲兵有行伍者：余子，非嫡长子；胜甲兵，满足当兵的条件；有行伍者，有军籍者。 (5) 能利备用者：能够制造器械设备为国为民所用者。 (6) 处女操工事者：处女，未结婚生儿育女的少女；操工事者，从事手工劳动者。 (7) 冗国所开口而食者几何人：冗，乃“问”字之误。即问全国上下饭来张口、不劳而食者有多少人。 (8) 问一民有几年之食：问一个农民能提供几个人的口粮。 (9) 牵家马、轭（è）家车者几何乘：轭，驾车时搁在牛马颈上的曲木。指用自家马配自家车的有几乘。 (10) 处士修行，足以教人，可使帅众莅百姓者：处士，有才学而隐居不做官的人；修行，修养德行；莅，治理，统治，管理。指有才学而隐居、道德高尚、足以教人、可率众治理百姓而未做官的人。 (11) 工之巧：能工巧匠。 (12) 疏器：疏，记；器，兵器。 (13) 厉：磨也，磨损。 (14) 乡师：乡，家乡，地方；师，师傅，擅长某种技术的人。 (15) 工尹：工官之长。 (16) 三时：春夏秋。 (17) 余兵：多余的兵器。 (18) 诡陈：诡，责成；陈，陈列。 (19) 慎国常：慎，严肃；国常，国家的法规。 (20) 简稽：视察。(21) 荐：荐草，茂盛的牧草。 (22) 会：合计。 (23) 几：近也，察也。 (24) 具：用具，器械，方法。 (25) 淫雨：久雨，连续不停的过量的雨。 (26) 兵官之吏：疑为“兵之官吏”，指大小军官。 (27) 国之豪士：国中的豪杰之士。 (28) 急难足以先后者：急难，国家遭受危急灾难时；足以，完全可以；先后者，前后相继。 (29) 兵事：兵戎之事，战争。 (30) 不时：不定时，偶然、侥幸。 (31) 不义：不合道义。(32) 失谋：谋略失误。 (33) 慎谋乃保国：谨慎地谋划才能保全国家。

【今译】

询问国内尚未开发的资源，其中可以解决人之急需的，有哪几处。人们认为有害于乡里的是哪些东西。询问拥有田宅而在军中服役的士有多少人，非嫡长子中满足当兵条件而有军籍的有多少人。询问有技术男女中能为国家制造兵器的有多少人，能从事手工劳动的少女有多少人。询问全国不劳而食者有多少人。询问一个农民可以提供几个人的口粮。询问兵车总数有多少，其中用自家马配自家车的有多少。有才学而隐居、道德高尚、足以教人、可率众治理百姓而未做官的有多少人？国家急难时可供使用的士人有多少人？能工巧匠中，战时可以协助军旅，平时可以维修城郭、补充守备的有多少人？城市的积粟与军粮可以维持多少年？国家急难时可供调遣的官吏有多少人？大夫呈报的军器——甲胄、兵器、兵车、旌旗、鼓号、帐篷以及帅车的车盖有多少？所呈报的各项藏器——弓弩的套袋、剑矛的外鞘、钩弦的收藏器、戈栽的套衣，其磨损程度如何？其中应修而未修的，应该怎样查看？制造、修理的馆舍，发放、储藏的处所，应建而未建的，还等待什么？地方那些师傅修造战车和辎重车的设备，其修缮情况如何？工尹砍伐木材，不可在春、夏、秋三季。各种林木，长大了才能确定可用于制造什么兵器。冬天，必须造足完整良好的兵器。人们所有的多余兵器，都要陈放在兵营，以严法纪。要经常视察率领马牛的肥瘦，其中衰老、死亡的都要有记录。放牧于山林湖泽、吃茂盛牧草的牛马有多少？卖出、购入、死亡、繁殖的总数各有多少？至于城郭建筑的厚薄，护城河的浅深，门楼的高低，宜修而未修的，朝廷必须向守备的军队进行稽查。要使器物不缺少收藏的设备，淫雨时有地方收藏。询问带兵的官吏和豪杰之士，他们在国家危急时刻能跟随君王赴难的有多少人。战争是危险的事情，侥幸取胜，不义而得，未必是好事。谋虑不当而失败，国家就危险了。只有慎重谋虑，才能保全国家。询问教练和选拔人才都采用哪些标准。询问各个担任官都职务的，都任职多少年了。他们任内所开垦的荒地，使人们受益的有多大面积？他们所提的奏议，可以增加人们财利的是些什么内容？他们建筑的城郭，修筑的墙垣，设置的路障，安设的门楼，以及加深的护城河，有益于守卫国土的有哪些？捕获盗贼，并消除危害百姓的事情有多少？

【点评】

（1）文中论述了8条霸王之术：一曰，爵授有德（授爵给有德的人）；二曰，禄予有功（赏禄给有功的人）；三曰，上帅士以人之所戴（任用受人爱戴的将领）；四曰，授事以能（安排工作要按照才能）；五曰，审刑当罪（判处刑罚要恰当其罪）；六曰，无乱社稷宗庙（社稷宗庙不被渎乱）；七曰，毋遗老忘亲（不遗忘老臣和宗亲）；八曰，举知人急（充分了解百姓疾苦）。这八条可归纳为四个方面，即：公正授爵赏禄，正确用人任事，严格执法祭祀，举知宗亲臣民。其落脚点是充分了解百姓疾苦，从而与“凡立朝廷，问有本纪”相对应。

（2）文中提出了65个调查的问题，其内容包括吏治、民政、军事、生产、运输、人口、贫富、救济、刑狱、建筑等各个方面，概括地说，大体可分为4类：有关政治方面的问题，共18个；有关经济方面的问题，共16个；有关军事方面的问题，共15个；有关社会方面的问题，共16个。这些问题，不是管仲冥思苦想出来的，而是对此前各朝代、各邦国治国理政经验教训的概括和总结。郭沫若说：“以文章言，此篇可与《楚辞·天问》并美，确是奇文。”可以毫不夸张地说，它实是世所罕见的既古老、又全面的国情调查提纲。

撰稿人：水延凯

“三人行，必有我师焉”

【简介】

本篇原文，摘自《论语》。

《论语》是孔子弟子及再传弟子为追记孔子言行而编著的，约成书于战国初期。古代《论语》有 3 个版本，即《古论语》《鲁论语》《齐论语》。《古论语》汉魏时期已失传，现行的《论语》由《鲁论语》《齐论语》整理形成，全书共 20 篇，492 章，其中，记孔子与弟子及时人之语 444 章，记孔门弟子相互谈论之语 48 章。《论语》是儒家学派经典著作之一，与《大学》《中庸》《孟子》并称“四书”，再与《易经》《尚书》《诗经》《礼记》《春秋》“五经”并称“四书五经”。

《论语》内容广博，涉及政治、伦理、教育、礼仪、经济、文学、天道观、认识论等诸多方面，集中反映了孔子的基本思想，其核心是“仁”，及实施“仁”的手段和途径“礼”。《论语》以语录体为主、叙事体为辅，言简意赅，点到即止，启发论辩，侃侃而谈，循循善诱，诲人不倦，语言生动，引人入胜，寓意深远，耐人寻味。《论语》对后世影响至深，从东汉起被尊为经，受到历代统治者的推崇，成为言行是非的标准，甚至有“半部《论语》治天下”之说。

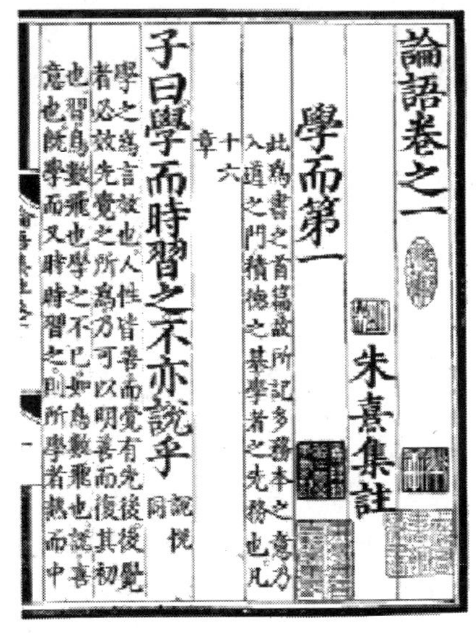
論語卷之一
朱熹集註
學而第一
此為書之首篇故所記多務本之意乃入道之門積德之基學者之先務也凡十六章
子曰學而時習之不亦說乎 說悅同
學之為言效也人性皆善而覺有先後後覺者必效先覺之所為乃可以明善而復其初也習鳥數飛也學之不已如鳥數飛也說喜意也既學而又時時習之則所學者熟而中喜

《论语》

孔子（前551—前479），子姓，孔氏，名丘，字仲尼，春秋末鲁国陬邑人（今山东省曲阜市），祖籍宋国栗邑（今河南省夏邑县）。孔子先祖是宋国贵族，其父叔梁纥为避战乱逃到鲁国。3岁父病逝，随母过着清贫的生活。15岁立志做学问。17岁母去世。20岁入仕任委吏，管理仓库。21岁任乘田，管理畜牧。27岁开“私学”之先河。34岁赴周问礼于老聃，问乐于苌弘。35岁鲁内乱时赴齐，受齐景公赏识，但不为大夫所容。37岁回鲁继续办学。48岁出仕，后任小司空，掌管工程。53岁升大司寇，掌管司法，摄相事，七日诛少正卯，鲁国大治。54岁为鲁国权贵三桓（季孙氏、叔孙氏、孟孙氏）不容，被迫去国外寻找出路。55岁开始周游列国，先后游历卫、陈、曹、宋、郑、蔡、叶、楚等国，直到68岁季康子迎归，历时14年。回鲁后，孔子仍有心从政，但被敬而不用，只能继续教育及研究工作。73岁患病而卒，葬于鲁城北泗水岸边。

孔子画像

孔子曾受业于老子，身处乱世而主张仁政，治鲁三个月即被取代，后各国统治者皆敬而不用。孔子打破教育官办传统，开创私学风气之先，相传弟子三千，其中贤人七十二。晚年，修订《诗》《书》《礼》《乐》《易》《春秋》六经，倡导仁、义、礼、智、信，是儒家学派的创始人。孔子的儒学思想对中国和世界产生了广泛而深远的影响，被后世统治者尊称为孔圣人、至圣先师、万世师表，并被列为“世界十大文化名人”之首。

以下【原文】，均节录自《论语·大学·中庸》，陈晓芬、徐儒宗译注，北京，中华书局，2011；【注释】和【今译】，也参考了上述著作。

【原文、注释和今译】

【原文之一】论语·学而第一

子禽[(1)]问于子贡[(2)]曰：“夫子[(3)]至于是邦[(4)]也，必闻其政。求之与？抑[(5)]与之与？”子贡曰：“夫子温、良、恭、俭、让[(6)]以得之。夫子之求之也，其诸[(7)]异乎人之求之与？”

【注释】

(1) 子禽：姓陈名亢，字子禽。一说是孔子的学生，一说非孔子的学生。 (2) 子贡：姓端木名赐，字子贡，卫国人，比孔子小31岁，是孔子的学生，善辩。据《史记》记载，子贡是有名的商人，家财千金。 (3) 夫子：是古代的一种敬称，是孔子学生对他的称呼。 (4) 邦：指当时割据的诸侯国家。 (5) 抑：文言的连词，有“还是”的意思。 (6) 温、良、恭、俭、让：字面意思是温顺、善良、恭敬、俭朴、谦让。是孔子弟子对他的赞誉。 (7) 其诸：语气词，有“大概”“或者”的意思。

【今译】

子禽问子贡道："他老人家每到一个国家，都能闻知那个国家的政事，是他求取的呢，还是人家君主主动告诉他的呢？"子贡说："他老人家是靠温顺、善良、恭敬、俭朴、谦让获得的。他老人家的求取方法，或许与别人的求取方法不同吧？"

【原文之二】论语·为政第二（之一）

子曰："视其所以[(1)]，观其所由[(2)]，察其所安[(3)]。人焉廋[(4)]哉？人焉廋哉？"

【注释】

(1) 所以：原因，缘故。 (2) 所由：经过，经历。指走过的道路。 (3) 所安：安心，安排，安于，满足于。 (4) 廋（sōu）：隐藏，藏匿。

【今译】

孔子说："（要认识一个人，）就应考察他的行为动机，探究他的做事经历，了解他的行动安排。这样，这个人还怎样隐藏得了呢？这个人还怎样隐藏得了呢？"

【原文之三】论语·为政第二（之二）

子曰："由[(1)]！诲女[(2)]知之乎！知之为知之，不知为不知，是知也。"

【注释】

(1) 由：姓仲名由，字子路，孔子的学生，长期追随孔子。 (2) 女：同"汝"，你。

【今译】

孔子说："由，我教你怎样对待'知'吧！知道就是知道，不知道就是不知道，这就是'知'啊！"

【原文之四】论语·八佾第三

子入大庙[(1)]，每事问。或曰："孰谓鄹人之子[(2)]知礼乎？入大庙，每事问。"子闻之，曰："是礼也。"

【注释】

(1) 大庙：大，通"太"。太庙，开国君主的祖庙，这里指周公庙。 (2) 鄹（Zōu）人之子：鄹，鲁国地名，在今山东曲阜东南。"鄹人之子"，指孔子。

【今译】

孔子进入周公庙，对每件事都要发问。有人说："谁说这个鄹人的儿子懂得礼呀？他进了太庙，每件事都要问。"孔子听到此话，说："这就是礼呀！"

【原文之五】论语·述而第七

子曰："我非生而知之者，好古，敏[1]以求之者也。"

子不语怪、力、乱、神[2]。

子曰："三人行，必有我师焉。择其善者而从之，其不善者而改之。"

【注释】

(1) 敏：敏捷，奋勉。 (2) 怪、力、乱、神：怪异、暴力、叛乱、鬼神。

【今译】

孔子说："我不是生来就有知识的人，而是爱好古代文化，敏捷勤奋求取知识的人。"

孔子不谈论怪异、暴力、叛乱、鬼神。

孔子说："三个人一起走路，其中必定有人可做我的老师。我选择他们好的方面学习，他们不好的方面改正。"

【原文之六】论语·颜渊第十二

子贡问政。子曰："足食，足兵[1]，民信之矣。"

子贡曰："必不得已而去，于斯[2]三者何先?"曰："去兵。"

子贡曰："必不得已而去，于斯二者何先?"曰："去食。自古皆有死，民无信不立。"

【注释】

(1) 兵：兵器，指军备。 (2) 斯：这，这个。

【今译】

子贡问怎样治理政事。孔子说："充足的粮食，充足的军备，老百姓的信任。"

子贡说："如果迫不得已要去掉一项，这三项中先去掉哪一项呢?"孔子说："去掉军备。"

子贡说："如果迫不得已还要去掉一项，在余下的两项中先去掉哪一项呢?"孔子说："去掉粮食。自古以来人都有一死，如果老百姓不信任朝廷，那么朝廷就站立不住了。"

【原文之七】论语·子路第十三

子贡问曰："乡人皆好之，何如[1]?"子曰："未可也"。

"乡人皆恶之，何如?"子曰："未可也。不如乡人之善者好之，其不善者恶之。"

【注释】

(1) 何如：如何，怎么样。

【今译】

子贡问道："全乡人都喜欢他，这个人怎么样？"孔子说："不能肯定他好。"

子贡又问："全乡人都厌恶他，这个人怎么样？"孔子说："不能肯定他坏。最好的是乡里的好人都喜欢他，乡里的坏人都厌恶他。"

【原文之八】论语·卫灵公第十五

子曰："众恶之，必察焉；众好之，必察焉。"

【今译】

孔子说："大家都厌恶的，一定要审察；大家都喜欢的，也一定要审察。"

【原文之九】论语·季氏篇第十六

孔子曰："君子有九思：视思明，听思聪，色思温，貌思恭，言思忠，事思敬，疑思问，忿思难，见得思义。"

【今译】

孔子说："君子要有九种思考：看的时候，要思考是否看明白了；听的时候，要思考是否听清楚了；观察脸色、神态，要思考是否温和；看待容貌、态度，要思考是否谦恭；听取言论、话语，要思考是否忠实；办理事务，要思考是否恭敬、谨慎；遇到疑难，要思考如何向人请教；愤恨发怒，要思考会有什么后患；获得名利，要思考是否合乎道义。"

【点评】

(1)"民无信不立。"孔子指出，治理国家，一要有充足的粮食，二要有充足的军备，三要有老百姓的信任。他认为，在这三者中，老百姓的信任最重要，因为"自古皆有死，民无信不立"。这说明，他忠实继承了夏、商、周以来"民惟邦本，本固邦宁"的优良传统。这是他重视社会调查的理论基础。

(2)"三人行，必有我师焉。"孔子说："三人行，必有我师焉。""我非生而知之者，好古，敏以求之者也。""入大庙，每事问。"这说明，孔子非常谦虚，而不以"圣人"自居。他既"好古，敏以求之"，又重今，每事问，到处拜师。这是他重视社会调查的思想前提。

(3)不管众人好恶，"必察焉"。孔子说："众恶之，必察焉；众好之，必察焉。"如何"察"？他说："视其所以，观其所由，察其所安。"这说明，孔子决不盲从，他不管众人好恶，都要亲力亲为地"察"，不仅要察"其所以"，而且要察"其所由"和"其所安"。这种"必察"精神，是难能可贵的。

（4）“温、良、恭、俭、让以得之。”孔子每到一个国家，都能闻知那个国家的政事，这是求来的，还是别人主动告诉的呢？子贡曰：这是他老人家“温、良、恭、俭、让以得之”。这说明，温、良、恭、俭、让，既是从事社会调查时应该具有的根本态度，又是有效的社会调查方法。

（5）“知之为知之，不知为不知，是知也。”孔子教导子路：“知道就是知道，不知道就是不知道，这就是‘知’啊！”这里，孔子讲了一个深刻的道理：对于“知识”，应该刻苦学习，多方把握，但任何人都不可能掌握全部知识，只有采取“知之为知之，不知为不知”的实事求是态度，才能学到更多知识。

（6）“君子有九思。”其中，视、听、色、貌、言，主要涉及对调查研究——认识过程的反思；事、疑、忿、得，主要涉及对行动及其后果——实践过程的反思。他要求自己和学生在“知”——认识、“行”——实践两方面都认真思考和反省，这是孔子认识实践学说和道德修养学说的基本特点之一。

撰稿人：柳祥珍、水延凯

“知彼知己者，百战不殆”

【简介】

本篇原文，摘自《孙子兵法》。

《孙子兵法》又称《孙武兵法》《吴孙子兵法》等。据《汉书·艺文志》记载：“吴孙子兵法八十二篇。”至唐代，流传的孙子兵法共三卷，其中上卷十三篇，还有中、下二卷。注家杜牧认为，曹操将八十二篇《孙子兵法》删节为十三篇；但其他注家认为十三篇本就出自孙子本人。《孙子兵法》十三篇，共 6 075 字，可分为四个部分：一是战略运筹，包括第一至第三篇（计篇、作战篇、谋攻篇）；二是战场指挥，包括第四至第九篇（形篇、势篇、虚实篇、军争篇、九变篇、行军篇）；三是地理环境，包括第十至第十一篇（地形篇、九地篇）；四是特殊战法，包括第十二至第十三篇（火攻篇、用间篇）。《孙子兵法》是中国第一部系统完整的军事理论著作，闻名于世，被誉为“兵学圣典”。

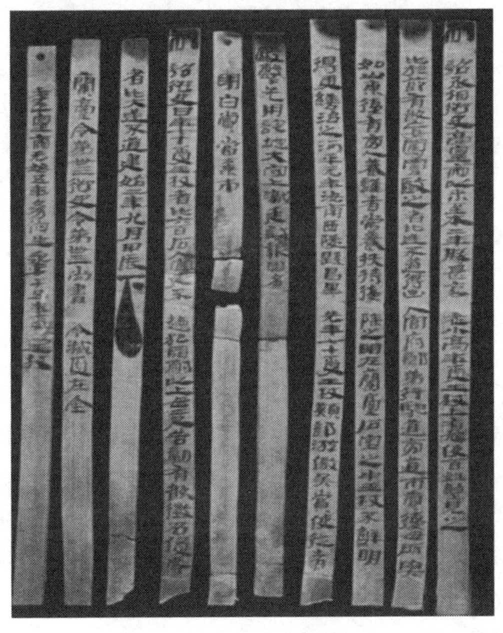

《孙子兵法》竹简

孙武画像

孙武（前 545—前 470），字长卿，山东乐安（今山东省东营市广饶县）人，春秋末著名军事家、政治家。孙武活动于公元前 6 世纪末至前 5 世纪初，由齐至吴，经吴国重臣伍子胥举荐，向吴王阖闾进呈兵法十三篇，受到重用，曾率领吴军大败楚军，几使楚国覆亡，被尊称为“兵圣”“东方兵学鼻祖”。孙武非常重视战争调查，其调查思想虽主要涉及军事领域，却具有普遍意义。

以下【原文】，均节录自《孙子兵法》，陈曦译注，北京，中华书局，2011；【注释】和【今译】，也参考了上述著作。

【原文、注释和今译】

【原文之一】孙子兵法·计篇

孙子曰：兵[1]者，国之大事，死生之地[2]，存亡之道，不可不察[3]也。

故经[4]之以五事[5]，校之以计[6]，而索其情[7]：一曰道，二曰天，三曰地，四曰将，五曰法。道者，令民与上同意[8]也，故可以与之死，可以与之生，而不畏危[9]；天者，阴阳[10]、寒暑、时制[11]也；地者，远近、险易、广狭、死生[12]也；将者，智、信、仁、勇、严[13]也；法者，曲制[14]、官道[15]、主用[16]也。凡此五者，将莫不闻，知之者胜，不知者不胜。故校之以计，而索其情，曰：主孰有道？将孰有能？天地孰得？法令孰行？兵众[17]孰强？士卒[18]孰练？赏罚孰明？吾以此知胜负矣。将听吾计，用之必胜，留之；将不听吾计，用之必败，去之。

…………

夫未战而庙算[19]胜者，得算多也；未战而庙算不胜者，得算少也。多算胜，少算不胜，而况于无算乎！吾以此观之，胜负见矣。

【注释】

（1）兵：武器，战士，军队。这里指战争。（2）地：场所，地点。（3）察：考察，研究。（4）经：织机上的纵线，引申为纲领。（5）五事：五个方面。（6）校之以计：校，比较；计，计算。（7）索其情：索，求索；情，情形。（8）令民与上同意：上，国君；同意，思想一致。指命令老百姓与国君的思想保持一致。（9）不畏危：有学者认为，“畏”为后人妄加，应为“不危”。危，怀疑，疑虑。指不怀疑，无二心。（10）阴阳：阴晴、夜昼。（11）时制：时节，即四季节令的变化。（12）死生：死地和生地。死地，指毫无退路之地；生地，指利于攻守进退之地。（13）智、信、仁、勇、严：指将帅的“五德”，即将帅必须具备的五种素养。

(14) 曲制：指军队编制的制度。 (15) 官道：军官的职责范围、规定。 (16) 主用：军需物资的供应管理制度。 (17) 兵众：兵力，指军队整体。 (18) 士卒：士兵，指单个士兵。 (19) 庙算：自夏朝开始，国家凡遇战事，都要告于祖庙，议于庙堂，这成为一种固定仪式。帝王在庙堂占卜吉凶，祈求神灵护佑，以巫术假托神的旨意，迫使人们进行战争。这里实际上是指国家高层战役之前的调查、研究与战略谋划。

【今译】

孙子说：战争是国家大事，生死搏斗的场所，国家存亡的途径，不可不认真考察研究。

因此，应该以五个方面为纲，通过比较或计算，探索胜负的实情：一是“道”，二是“天”，三是“地”，四是“将”，五是“法”。所谓“道”，就是在政治上使民众与君主思想一致，这样民众就可与君主同生死共患难，而毫无二心。所谓“天”，就是掌握气候阴晴、寒暑、四季变化的规律。所谓“地”，就是了解路程远近，地势险易，战场广狭，是否利于攻守、有无退路。所谓“将”，就是知晓将领在智、信、仁、勇、严五个方面的素质。所谓“法”，就是察看军队的编制、军官的职责、军需物资的供应与管理等。所有这五个方面情况，将领们不能不深入调查了解，能掌握真实情况者就能取胜，不能掌握真实情况者就不能取胜。因此，必须通过比较或计算来探索影响战争胜负的七种情况：哪一方君主更能做到使民众与其同生死、共患难？哪一方将领更有才能？哪一方占有更多的天时、地利？哪一方军法更能有效执行？哪一方兵力更为强大？哪一方士兵训练更为有素？哪一方赏罚更加严明？只要掌握了这些方面的实情，我们就能预知战争的胜负了。

…………

开战之前，在战略谋划阶段便预测出取胜者，是因为它取胜的条件较多；开战之前，在战略谋划阶段便预测出不胜者，是因为它取胜的条件较少。战略谋划周密就可能取胜，战略谋划不周密就不可能取胜，更何况战前没有战略谋划呢？我只要观察这些情况，就知道谁将胜、谁将负了。

【原文之二】孙子兵法·谋攻篇

故曰：知彼知己者，百战不殆(1)；不知彼而知己，一胜一负(2)；不知彼不知己，每战必败。

【注释】

(1) 殆：危险。 (2) 一胜一负：胜负各半。

【今译】

所以说，知晓对方也知晓自己者，百战不败；不知晓对方而知晓自己者，胜负各半；不知晓对方也不知晓自己者，每战必败。

【原文之三】孙子兵法·军争篇

故不知诸侯之谋[1]者，不能豫交[2]；不知山林、险阻、沮泽[3]之形者，不能行军；不用乡导[4]者，不能得地利。

【注释】

(1) 谋：计策，图谋。 (2) 豫交：豫，古同“与”，参与；交，结交，交往。(3) 沮泽：水草丛生的地方。 (4) 乡导：乡，通“向”。指向导。

【今译】

所以，不了解一个诸侯国的战略谋划，就不能与之结交；不了解山林、险阻、沼泽等地形，就不能率军行进；不使用向导带路，就不能利用好地形。

【原文之四】孙子兵法·九变篇

是故智者之虑[1]，必杂于利害[2]。杂于利，而务[3]可信也；杂于害，而患可解[4]也。

【注释】

(1) 虑：思虑，担忧。 (2) 必杂于利害：杂，交错，夹杂；利害，好的方面与坏的方面。 (3) 务：事情。 (4) 患可解：患，祸患；解，解除。

【今译】

所以，有智慧谋略的将领思考问题，必然兼顾有利和不利两个方面。在不利情况下看到有利方面，事情就可顺利进行；在有利情况下看到不利方面，祸患就可解除。

【原文之五】孙子兵法·行军篇

敌近而静者，恃其险也[1]；远而挑战者，欲人之进也[2]；其所居易者，利也[3]；众树动者，来也[4]；众草多障者，疑[5]也；鸟起者，伏[6]也；兽骇者，覆也[7]；尘高而锐者，车来也；卑而广者，徒来也[8]；散而条达者，樵采也[9]；少而往来者，营军也[10]；辞卑而益备者，进也；辞强而进驱者，退也；轻车先出，居其侧者，陈也[11]；无约而请和者，谋也[12]；奔走而陈兵车者，期也[13]；半进半退者，诱也[14]；杖而立者[15]，饥也；汲而先饮者，渴也[16]；见利而不进者，劳也[17]；鸟集者，虚也[18]；夜呼者，恐也[19]；军扰者，将不重也[20]；旌旗动者，乱也；吏怒者，倦也[21]；粟马肉食，军无悬缶[22]，不返其舍者，穷寇也；谆谆翕翕[23]，徐与人言者，失众也；数赏者，窘也[24]；数罚者，困也[25]；先暴而后畏其众者，不精之至也[26]；来委谢者，欲休息也[27]；兵怒而相迎，久而不合，又不相去[28]，必谨察之。

【注释】

(1) 恃其险也：依恃某种险要条件。 (2) 欲人之进也：欲诱人前进。 (3) 其所居易者，利也：敌人选择平易之地驻军，一定有其有利条件。（4）众树动者，来也：树林摇动，那是敌人来了。（5）疑：使我疑惑。（6）伏：有伏兵。（7）兽骇者，覆也：骇，惊起；覆，遮盖。野兽惊骇逃窜，那是大军暗中掩袭。（8）卑而广者，徒来也：扬起的尘埃低而面积广，那是敌人步卒来了。（9）散而条达者，樵采也：尘埃零散而呈条缕状，那是有敌人在打柴。（10）少而往来者，营军也：尘土少而往来不定，那是敌人察看地形准备扎营。（11）轻车先出，居其侧者，陈也：战车先出其营之侧面，是列阵欲战。（12）无约而请和者，谋也：约，束缚、约束、贫困、困顿。指没有陷入困境而请和，必有奸谋。（13）奔走而陈兵车者，期也：敌人来回奔跑而展开兵车，是在紧急布阵企图约期决战。（14）诱也：引诱。（15）杖而立者：倚靠兵器而站立。（16）渴也：缺水。（17）劳也：疲劳。（18）鸟集者，虚也：群鸟集于其上，说明其下营垒已空。（19）夜呼者，恐也：军士夜呼，是恐惧的表现。（20）军扰者，将不重也：军士多惊扰，说明将领不持重。（21）吏怒者，倦也：军吏愤怒，表明军士倦烦。（22）粟马肉食，军无悬缻（fǒu）：缻，汲水用的瓦器。以粮食喂马，杀牲口吃，军中没有悬着的汲水器。（23）谆谆翕（xī）翕：谆谆，絮絮叨叨，低声下气，有气无力；翕翕，次序颠倒的样子，众口附和的样子。（24）数赏者，窘也：再三悬赏，说明已陷于无法摆脱的窘境。（25）数罚者，困也：再三处罚，说明已陷于无法摆脱的困境。（26）先暴而后畏其众者，不精之至也：先暴虐部下，后害怕众叛，是极不精明的。（27）来委谢者，欲休息也：委谢，委质来谢，即带贵重礼物来言好，是想休兵息战的表现。（28）兵怒而相迎，久而不合，又不相去：怒而相迎，怒目相对；久而不合，久不交战；不相去，不撤退。

【今译】

敌人离我很近却很镇静，是依恃其占有某种险要条件；敌人离我很远却来挑战，是企图引诱我前往；敌人选择平易之地扎营，一定有它的好处；众多树木摇动，那是敌人来偷袭；草丛中设置许多障碍，那是企图迷惑我；鸟儿受惊起飞，下面必有伏兵；野兽惊骇逃窜，那是大军暗中来袭；尘埃飞起而高扬，那是敌人战车到来；尘埃飞扬而低广，那是敌人步卒到来；尘埃零散呈条缕状，那是敌人在打柴；尘埃飞扬少而往来不定，那是敌人在察看地形准备扎营；敌使者言辞谦卑而敌军加紧备战，那是企图向我进攻；敌使者言辞强硬而敌军进逼，那是准备撤退；敌军战车先出，占据军营侧翼，那是在排兵布阵；没有陷入困境却来请和，那是另有奸谋；敌兵往来奔跑而展开兵车，那是紧急布阵企图约期决战；敌人进进退退，那是企图引诱我前往；敌兵倚兵器而立，那是饥饿的表现；打水的敌兵汲水而先自饮，那是敌军干渴的表现；敌兵见利益而不前往争夺，那是过于疲劳的表现；敌营上方群鸟集聚，说明敌营已经空虚；敌营夜里呼叫，说明敌兵内心恐慌；敌军纷乱无序，说明敌将没有权威；敌军旌旗乱动，说明敌营混乱；敌军官吏愤怒，说明敌军倦烦；敌军以粮喂马，杀牲口吃，军中没有悬着的汲水器，士兵不返回营舍，那是穷途末路的表现；敌将与士卒交谈，絮絮叨叨，低声下气，次序颠倒的样子，那是将领失去人心的表现；再三悬赏，那是处境窘迫，害怕众叛亲离；再三处罚，那是陷入困境，企图以罚立威；敌将对军士先暴虐、后惧叛离，那是愚蠢的表现；敌使者带礼品来谈判，是想休兵息战的表现；敌人盛怒而来，却久不交战，又不撤退，必须谨慎观察，摸清其真实意图。

【原文之六】孙子兵法·用间篇

……故明君贤将，所以动而胜人，成功出于众者，先知也。先知者，不可取于鬼神，不可象于事[1]，不可验于度[2]，必取于人，知敌之情者也。

【注释】

(1) 不可象于事：象，摹拟，类比。指不可与其他事类比。 (2) 不可验于度：验，验证；度，度数（星相家迷信说法，以七曜与二十八宿度数相配，推测人事吉凶），气数（命运），运数（运气）。指不可以阴阳星相等迷信方法来验证。

【今译】

……所以，英明君主、贤能将帅，之所以动辄战胜敌人，成功率高于一般的人，就在于他们事先了解敌情。要事先了解敌情，不可求于鬼神，不可与其他事类比，更不可用星相等迷信方法去验证，而必须求取于人，求取于知敌情的人。

【点评】

(1)“知彼知己者，百战不殆”，是孙武总结古代战争经验教训，从而揭示出来的最重要的战争规律，是博大精深的《孙子兵法》的精髓。实践证明，这一用无数血与火铸造出来的至理名言，不仅是一条重要的战争规律，而且是一条适用于政治、经济、文化等一切社会活动的具有普遍意义的基本规律。

(2)“知彼知己”，必须以“察”——调查研究——为基础，并贯穿于“知彼”与“知己”的始终。就军事斗争而言，“五事”（“一曰道，二曰天，三曰地，四曰将，五曰法”）、“七情”（“主孰有道？将孰有能？天地孰得？法令孰行？兵众孰强？士卒孰练？赏罚孰明？”），是战争调查的基本纲目。

(3)“知彼”，就是掌握敌情。《孙子兵法·行军篇》列举了 32 种相敌之术，即通过观察敌营的安排和动静，敌方树木、草丛、鸟兽、尘埃的动向和状态，敌营使者的言行和态度，敌军的排兵布阵、状态、秩序和赏罚，敌将的神态，敌兵的行为，以及敌方官兵关系来判断敌情。这 32 种相敌之术，是对冷兵器时代长期战争经验的总结，其中部分经验至今仍有参考价值。

(4)“知彼知己”，必须采用多种方法。既包括视（目视、眼见）、闻（耳闻、鼻嗅）、问（询问、审问）、取（索取、选取）等感知方法，又包括称（称量、衡量）、计（计算、计量）、量（估量、审度）、度（丈量、推测）、数（计数、列举）等计数方法，还包括校（校对、比较）、验（检查、检验）、象（想象、摹拟）、索（思索、探求）、虑（考虑、深思）等思维方法。

(5)“知彼知己”，不仅要勤于观察，而且要善于研究。在研究过程中，必须“杂于利害”，“杂于利，而务可信也；杂于害，而患可解也”。《孙子兵法》中充满着朴素辩证思维方法，如奇正、虚实、迂直、强弱、胜败、贵贱、敌我、众寡、劳逸、饥饱、动静、进退、治乱、远近、得失、安危、勇怯等。只有坚持辩证思维方法，才能在研究中做出正确的结论。

（6）“知彼知己”，必须努力做到“先知”，重点是做到先“知彼”。怎样才能先“知彼”呢？早在 2 500 年前，在迷信盛行的时代，孙武就强调对“彼”要做到“先知”，“不可取于鬼神，不可象于事，不可验于度”，而“必取于人”，特别是取于“知敌之情者”，这是极其难能可贵的。

撰稿人：水延凯

“初税亩”与“书土田，度山林”

【简介】

本篇原文，摘自《孟子》和《春秋左传》。

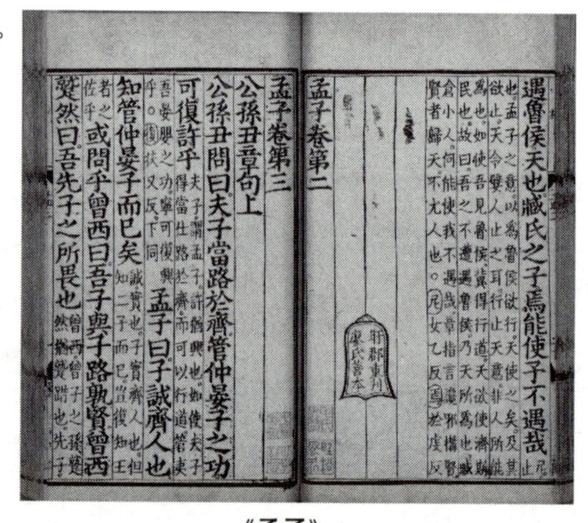
遇魯侯天也臧氏之子焉能使予不遇哉
孟子卷第二
孟子卷第三
公孫丑章句上
公孫丑問曰夫子當路於齊管仲晏子之功可復許乎孟子曰子誠齊人也知管仲晏子而已矣或問乎曾西曰吾子與子路孰賢曾西蹵然曰吾先子之所畏也

《孟子》

《孟子》，是孟子及其弟子万章、公孙丑等的著作，它记录了孟子与其他各派思想家的争辩、对弟子的言传身教、对各诸侯国的游说等内容，约成书于战国中期。《孟子》以性善论为学说出发点，集中论述了孟子的治国思想、政治策略（民本、仁政、德治、王霸之辨、格君心之非）和政治行动，是儒家的经典著作。《汉书·艺文志》著录《孟子》11 篇，现存 7 篇、14 卷、260 章，约 35 000 字。南宋时朱熹将《孟子》与《论语》《大学》《中庸》合在一起称“四书”。从此以后直到清末，“四书”一直被当作家传户诵的教科书，科举的必考内容。

孟子（约前 372—前 289），姬姓，孟氏，名轲，战国时期邹国（今山东省邹城市）人。他是鲁国贵族孟孙氏的后裔，“夙丧其父，幼被慈母三迁之教”，曾“受业子思（孔子儿子孔鲤之子）之门人”。孟子继承了孔子的仁政学说，像孔子一样长期过着私人讲学生活，中年时期怀着政治抱负，带着学生周游齐、宋、滕、魏、鲁等国 20 多年，推行其政治主张，但却不被接受。晚年，孟子回到故乡从事教育和著述，写成《孟子》一书。他与孔子都是伟大的思想家、教育家，儒家学派的代表人物，地位仅次于孔子，与孔子并称“孔孟”。他宣扬“仁政”，最早提出“民贵君轻”的思想。元朝追封孟子为“亚圣公”，尊称为“亚圣”。

孟子画像

《春秋左传》，又名《春秋左氏传》《左氏春秋》《春秋左氏》《春秋内传》《左传》。《春秋左传》，相传是春秋末年鲁国左丘明为《春秋》做注解的一部史书，也是中国第一部叙事详细的编年体史书。它记载了公元前 722 年（鲁隐公元年）至公元前 468 年（鲁哀公二十七年），即东周前期 254 年间各诸侯国政治、经济、军事、外交和文化方面的重要事件和重要人物，是研究先秦历史的重要文献。全书 35 卷，是儒家经典之一。它与《公羊传》《穀梁传》一起，合称“春秋三传”。

左丘明（前 502—前 422），姓丘，名明，都君庄（今山东省肥城市石横镇东衡鱼村）人，因其父任左史官，故称左丘明（一说复姓左丘，名明；一说单姓左，名丘明）。后来，他继承父亲职位，任鲁国太史官。左丘明与孔子同为春秋末期人，二人关系密切，左丘明曾鼎力支持孔子从政，后与孔子一同前往周室查阅档案。回鲁后，孔子撰写了文字简明的《春秋》。左丘明晚年眼睛出了毛病，不得不辞官回乡。还乡后，编纂《春秋左传》和中国最早的国别史《国语》（纂修《国语》时已失明）。《春秋左传》与《国语》被誉为珠联璧合的历史巨著，左丘明则被誉为中国传统史学的开山鼻祖。

《春秋左传》

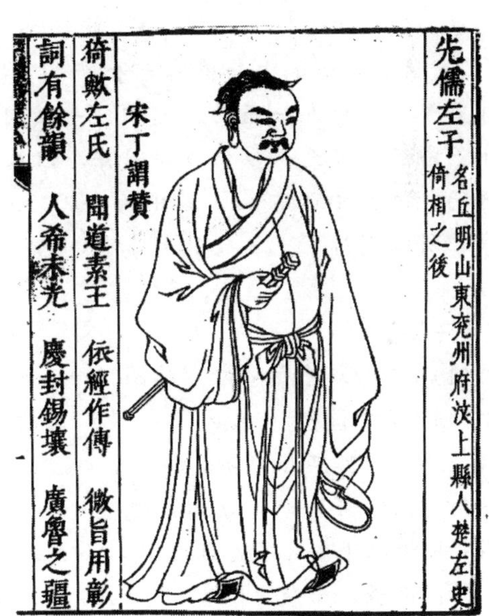

左丘明画像

以下【原文】，节录自《四书五经》，北京，线装书局，2006；【注释】和【今译】，也参考了上述著作。

【原文、注释和今译】

【原文之一】孟子·滕文公[1]上

滕文公问为国。

孟子曰：“民事不可缓也。《诗》云[2]：‘昼尔于茅[3]，宵尔索绹[4]；亟其乘屋[5]，其始播百谷[6]。’民之为道[7]也，有恒产者有恒心，无恒产者无恒心。苟无恒心，放辟邪侈[8]，无不为已。及陷乎罪，然后从而刑之，是罔[9]民也。焉有仁人在位，罔民而可为也？是故贤君必恭俭礼下，取于民有制。阳虎[10]曰：'为富不仁矣，为仁不富矣。'

"夏后氏五十而贡[11]，殷人七十而助[12]，周人百亩而彻[13]，其实皆什一也。彻者，彻也；助者，借[14]也。龙子[15]曰：'治地莫善于助，莫不善于贡。'贡者，校[16]数岁之中以为常。乐岁，粒米狼戾[17]，多取之而不为虐，则寡取之；凶年粪其田而不足，则必取盈焉。为民父母，使民盻盻然[18]，将终岁勤动，不得以养其父母，又称贷而益之，使老稚转乎沟壑[19]，恶在其为民父母也？夫世禄[20]，滕固行之矣。《诗》云[21]：'雨我公田，遂及我私。'惟助为有公田。由此观之，虽周亦助也。"

…………

使毕战[22]问井地。

孟子曰："子之君将行仁政，选择而使子，子必勉之！夫仁政，必自经界[23]始。经界不正，井地不均，谷禄不平，是故暴君污吏必漫其经界。经界既正，分田制禄可坐而定也。

"夫滕，壤地褊小，将为君子[24]焉，将为野人[25]焉。无君子，莫治野人；无野人，莫养君子。请野九一而助，国中什一使自赋。卿以下必有圭田[26]，圭田五十亩；余夫二十五亩。死徙无出乡，乡田同井，出入相友，守望相助，疾病相扶持，则百姓亲睦。方里而井，井九百亩[27]，其中为公田。八家皆私百亩，同养公田；公事毕，然后敢治私事，所以别野人也。此其大略也，若夫润泽[28]之，则在君与子矣。"

【注释】

(1) 滕文公：战国中期滕国（今山东省枣庄市境内）的国君。 (2)《诗》云：此处引《诗经·国风·豳风·七月》里的诗句。 (3) 茅：茅草。 (4) 绹（táo）：绳索。 (5) 亟其乘屋：亟，急也，快速；乘，登，升。指抓紧修缮房屋。 (6) 百谷：各种谷物。 (7) 道：方向，途径，法则，规律，办法，技术。 (8) 放辟邪侈：放，放纵；辟邪，偏邪不正，不正派，不正当；侈，过分，过度，夸大，吹牛。指肆意作恶。(9) 罔：欺骗，蒙蔽，陷害。 (10) 阳虎：又称阳货，季氏的家臣。 (11) 贡：进贡，把物品进献给朝廷。 (12) 助：帮助协同，殷代的租赋制度。 (13) 彻：通"也"，本义为撤除，撤去；引申为垦治（如"彻田"）。这里指周朝田税制度，有抽取之意。(14) 借：凭借。 (15) 龙子：古代贤人。 (16) 校：比较，估量。 (17) 狼戾：暴戾贪狠如狼。 (18) 盻（xì）盻然：勤苦不休息的样子。 (19) 沟壑：溪谷，山涧。(20) 世禄：世袭的俸禄。 (21)《诗》云：此处引《诗经·小雅·大田》里的诗句。(22) 毕战：人名，滕国的臣子。 (23) 经界：经纬，田地的分界。 (24) 君子：古代指地位高的人，后来指人格高尚的人。 (25) 野人：田野之民，农人、百姓。(26) 圭（guī）田：圭，本义为古代容量单位。圭田，指供祭祀用的田土。 (27) 方里而井，井九百亩：方圆一里为一个井田，一个井田为九百亩。 (28) 润泽：雨露滋润，不干枯。这里有修改、补充、健全、完善之意。

【今译】

滕文公询问治理国家的问题。

孟子说："民众的事情是刻不容缓的。《诗经》上说：'白天割茅草，晚上搓绳索；

抓紧修房屋，春播种五谷。’民众生活的规律是，有稳定的产业才有稳定的道德观念和行为准则，没有稳定的产业就没有稳定的道德观念和行为准则。如果没有稳定的道德观念和行为准则，民众就会肆意作恶，胡作非为，什么事都干得出来。等他们犯了罪，然后施以刑罚，这等于是陷害民众。哪有仁爱的国君执政，却干出陷害民众的事呢？所以贤明君主应该谦恭俭朴，礼贤下士，向百姓征税要有节制。季氏家臣阳虎曾说过：‘要发财致富就不能讲仁爱，讲仁爱就不能发财致富。’

“夏朝的税赋制度是每家授田五十亩、实行贡法，商朝的税赋制度是每家授田七十亩、实行助法，周朝的税赋制度是每家授田一百亩、实行彻法，实际上征税都是取十分之一。所谓彻法，是抽取之意；所谓助法，是帮助协同、凭借之意。古代贤人龙子说：‘管理土地税赋最好的方法是助法，最不好的是贡法。’所谓贡法，就是比较几年收成，从中取一个中间值为常数，无论丰年灾年都按这个常数征收税额。丰收之年到处是谷物，多征收一些也不算苛暴，但却不多收；灾年收成不够第二年肥田费用，却一定要征足定额。作为百姓父母的国君，让百姓一年到头辛勤劳动，却不足以赡养自己的父母，还要靠借贷来凑足税赋，致使老弱幼小在山沟荒野奄奄一息，这哪里还称得上是百姓的父母呢？官员世代承袭俸禄的制度，滕国早已实行了（为什么百姓不能有一定的田地收入呢?)。《诗经》上说：‘雨水先浇灌我的公田，然后再滋润我的私田。’只有实行助法，才会有公田。从此诗来看，就是在周朝，也是实行助法的。”

…………

滕文公派臣子毕战来询问井田制的问题。

孟子说：“你的国君将要实行仁政，特意选派你来问我，你一定要努力去做啊！所谓仁政，必须从划分田地经纬界线着手。经纬界线不正，井田就不会平均，俸禄就不会公平，所以残暴国君和贪官污吏一定要打乱田地经纬的界线。如果田地经纬界线正确划分了，怎样分配百姓的田地，怎样制定官吏的俸禄，就可以毫不费力地确定了。

“滕国土地狭小，但也得有官吏有百姓。没有官吏，就没有人管理百姓；没有百姓，就没有人养活官吏。建议你们在郊野实行九分抽一的助法，在都城实行十分抽一的税法。国卿以下的官吏一定要有祭祀用的圭田，每家五十亩；其余的人给田二十五亩。无论死葬还是搬迁都不离开本乡范围，乡里的田地都要实行井田制，人们出入相互友爱，守望互相帮助，疾病互相照顾，这样百姓就会亲爱和睦。方圆一里为一个井田，一个井田为九百亩，中间一百亩为公田，八家各一百亩为私田，共同耕种公田；公田的事做完了，才能做私田的事，这就是区别官吏与百姓的办法。这只是一个大概的设想，至于怎样修改、补充、健全、完善，就得靠你的国君和你本人了。”

【原文之二】春秋左传·宣公十五年[(1)]

初税亩[(2)]，非礼[(3)]也。谷出不过籍[(4)]，以丰财[(5)]也。

【注释】

(1) 宣公十五年：宣公，鲁文公之子，姬姓，名俀，鲁国第二十任君主，公元前608—前591年在位；宣公十五年，为公元前594年。　(2) 初税亩：初，开始；税亩，按土地亩数征税。（3）非礼：非，不符合；礼，这里指周礼。（4）谷出不过籍：谷出，谷物生产；籍，凭借，即助法。指凭借百姓劳力耕种公田以生产谷物。（5）丰财：丰，丰富；财，财富。指增加财富。

【今译】

开始按土地亩数征收田亩税，这是不符合周礼的。过去井田制是凭借百姓之力耕田，这才是增加财富的方法。

【原文之三】春秋左传·襄公二十五年(1)

楚蒍掩(2)为司马，子木(3)使庀赋(4)，数甲兵(5)。甲午(6)，蒍掩书土田(7)，度山林(8)，鸠薮泽(9)，辨京陵(10)，表淳卤(11)，数疆潦(12)，规偃猪(13)，町原防(14)，牧隰皋(15)，井衍沃(16)，量入修赋(17)。赋车籍马(18)，赋车兵、徒兵、甲楯之数(19)。既成，以授子木，礼也。

【注释】

（1）襄公二十五年：襄公，即鲁襄公（前575—前542），姬姓，名午，鲁成公之子，鲁国第二十二任君主，公元前572—前542年在位；襄公二十五年，为公元前548年。（2）蒍掩：一作远掩，春秋时楚国大夫，公元前548年任司马。（3）子木：屈氏，名建，字子木（？—前545），春秋时楚国令尹。（4）庀（pǐ）赋：庀，治理，办理；赋，税赋。（5）数甲兵：数，检查，计算；甲兵，铠甲和兵器，这里指兵士或军队。（6）甲午：十月初八。（7）书土田：书，书写，记录，记载；土田，田地。（8）度山林：度，量度，测量；山林，山和树木。（9）鸠薮泽：鸠，聚也；薮泽，水流汇聚的地方。这里指聚集河湖渊泽的水产品。（10）辨京陵：辨，区别；京，大也，人工筑起的高土堆；陵，大土山。指区别山陵和高地。（11）表淳卤：表，显示，标志；淳，味咸的；卤，盐碱地。（12）数疆潦：数，计算；疆潦，土质坚硬容易引起涝害的土地，水淹地。（13）规偃猪：规，规划；偃，同“堰”；猪，亦作潴。指规划蓄水池。（14）町原防：町，本义为田界，田间小路，古代地积单位的名称；原，同“塬”；防，堤坝。指把耕地划分为小块。（15）牧隰皋：牧，放牧；隰皋，靠近水边的低湿地方。（16）井衍沃：井，划分为井田；衍沃，平广肥美的土地。（17）量入修赋：量入，计算收入；修赋，修改赋税数量。（18）赋车籍马：征收战车和马匹。（19）赋车兵、徒兵、甲楯之数：征收车兵、步兵、铠甲、楯（同“盾”）牌等武器的数量。

【今译】

楚国大夫蒍掩担任司马，楚国令尹屈建让他管理税赋，清点士兵和武器数量。十月初八，蒍掩统计土田的数量，调查山林和木材，聚集河湖渊泽的水产品，区别山陵和高地，标出盐碱地，计算水淹地，规划蓄水防灾，把土地划分为小块，在低洼草地发展牧业，在肥沃土地上划分井田，根据收入多少确定赋税数量，征收战车和马匹，征收车兵、步兵及所使用武器、盔甲、盾牌的数量。完成以后，把它交给屈建，这是合于礼的。

【点评】

(1) 孟子主张仁政，认为“民之为道也，有恒产者有恒心，无恒产者无恒心。”要做到让百姓有“恒产”，向百姓征税就要有节制。在税赋制度上，孟子主张实行助法。他考察了夏、商、周的税赋制度，先借用龙子的说法，认为助法最好，贡法最不好；后借用《诗经·小雅·大田》诗句，说周实行的就是助法。在土地制度方面，孟子主张井田制。他建议，方圆一里为一个井田，一个井田为九百亩，中间一百亩为公田，八家各一百亩为私田，公田由八家共同耕种；做完了公田的事，才能做私田的事。他认为，实行井田制，有利于人们出入相互友爱，守望互相帮助，疾病互相照顾，这样百姓就会亲爱和睦，国家就能平稳安宁。

(2) 孟子认为，在井田制度下实行仁政，必须从划分田地经纬界线着手。因为田地经纬界线不正，划分井田就不会平均，确定俸禄就不会公平；正确划分了田地经纬界线，分配百姓田地就会平均，确定官吏俸禄就会公正。而要正确划分田地经纬界线，就必须对田地进行实地调查和测量。从这个意义上说，正确划分田地经纬界线的客观需要，很可能是田地调查的真正起源。但是，应该指出，在周朝井田制度之下，“溥天之下，莫非王土”，百姓对田地并无所有权，因而这种“划分田地经纬界线”的田地调查，仅仅只是某种特定时间、范围内的官方行为而已。

(3) 春秋（前 770—前 475）后期，随着人口增加，牛耕和铁农具普及，生产力水平提高，“井田”外的荒地得到开垦；奴隶主贵族通过巧取豪夺、相互劫掠等途径把大量土地转为私有，致使“私田”数量急剧扩张。此外，当时战乱频仍，各诸侯国军费大增，财政十分紧张。为了适应土地私有制的历史潮流，同时开辟新财源，鲁宣公十五年实行“初税亩”，即无论私田公田，一律按田地亩数征税。这样就以法律形式承认了土地私有，朝廷不再凭借土地所有者身份收取地租，而是凭借国家统治者身份按土地数量征税。鲁国实行“初税亩”取得了预期效果，财政收入大幅增加，诸侯列国纷纷仿效。事实证明，“初税亩”的出现，标志着土地私有的合法化和中国古代税收制度的形成。而土地私有合法化和“履亩而税”的税收制度，正是古代田亩调查的真正起源。

《周礼》记载的人口调查（“掌登万民之数，自生齿以上皆书于版”），是西周（前 1046—前 771）初年的事，随着“初税亩”实施而必然产生的田亩调查，是鲁宣公十五年的事，前后相距约 400 年。这在一定程度上说明，中国人口调查在前，田亩调查在后，两者相距约 400 年。

(4)《春秋左传》中关于楚令尹屈建让芀掩管理税赋的文字，大体可分为两部分：第一部分，是对田土、山林、水产等方面实际情况的调查（统计田土的数量，调查山林和木材，聚集河湖渊泽的水产品，区别山陵和高地，标出盐碱地，计算水淹地，等等）。第二部分，是在调查基础上的研究、规划和计算（规划蓄水防灾，把土地划分为小块，在低洼草地发展牧业，在肥沃土地上划分井田，根据收入多少确定赋税数量，征收战车和马匹，征收车兵、步兵及所使用武器、盔甲、盾牌的数量）。这一调查发生在公元前 548 年，即实行“初税亩”46 年后。它很可能是中国历史上关于田亩等调查最早的文字记录。

撰稿人：水延凯、柳祥珍

“凡入国，必择务而从事焉”

【简介】

本篇原文，摘自《墨子》。

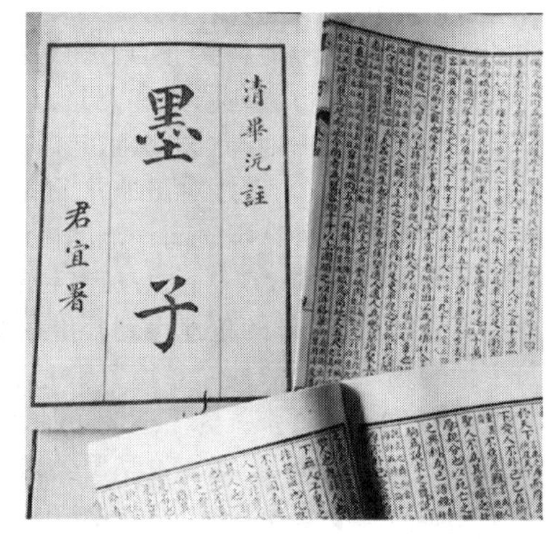

《墨子》

《墨子》是墨家的经典，涉及政治、经济、军事、社会、哲学、逻辑学、工程学、力学、几何学、光学等领域，提倡尚贤、尚同、兼爱、非攻、节用、节葬、天志、明鬼、非乐、非命、非儒等理念，先秦许多科学技术成就大都依赖《墨子》得以传承。据《汉书·艺文志》记载，《墨子》原有 71 篇，至清代编《四库全书》时仅存 53 篇，佚失 18 篇（其中 8 篇有篇目无原文）。《墨子》一书，由墨子自撰和弟子记述墨子言论两部分组成，至于哪些篇目为墨子自撰，哪些篇目出自墨家弟子或后学之手，以及哪些篇目是伪讹之作等，各家说法不一。

墨子画像

墨子（前 476 或前 480—前 390 或前 420），名翟（Dí），出生于春秋末的宋国，其故里在今山东省滕州市，战国时期的思想家、教育家、科学家、军事家，墨家学派创始人。墨子是宋襄公哥哥目夷的后代，目夷后代因故降为平民，简略为墨姓。墨子出生在一个平民家庭，少年时期做过牧童，学过木工，精于制作器械，有相当的文化知识，人称“布衣之士”。青年时代的墨子不满足于现状，决心拜访天下名师，学习治国之道，恢复先祖荣光。他穿着草鞋，步行天下，游学各地，曾师从儒者，学习儒家典籍。但墨子认为，儒家讲了许多废话，于是在批判儒学和各诸侯国暴政的基础上，逐渐构建起了代表劳动阶层的墨家学派，成为先秦时期儒家的主要反对派，在当时百家争鸣中与儒学并列为“显学”。

墨子除创立墨家学派外，还从事两方面活动：一是广收弟子门徒，逐渐形成了一个具有某些宗教色彩和侠客精神、组织纪律严密的团体。墨家成员均称为“墨者”，穿短衣草鞋，参加劳动，以吃苦为高尚，对于违背了原则的人，轻则开除，重则处死，是当时行动力、战斗力很强的一个组织。二是不遗余力地反对兼并战争。墨子曾周游列国，阻止鲁阳文君攻打郑国，说服鲁班止楚攻宋等。晚年，墨子来到齐国，劝止齐国讨伐鲁国，但没有成功。墨子死后，墨家分裂为相里氏之墨、相夫氏之墨、邓陵氏之墨三个学派。秦汉之际，墨家开始衰落。西汉董仲舒“罢黜百家，独尊儒术”后，墨学一蹶不振，以至逐渐湮没。直到清朝中叶，在近代思潮启迪下，墨学在中绝约 2 000 年后，才开始逐渐复苏。

以下【原文】，均节录自《墨子》，方勇译注，北京，中华书局，2011；【注释】和【今译】，也参考了上述著作。

【原文、注释和今译】

【原文之一】墨子·非命上

故言必有三表[1]。何谓三表？子墨子言曰：有本[2]之者，有原[3]之者，有用[4]之者。于何本之？上本之于古者圣王之事。于何原之？下原察百姓耳目之实。于何用之？废[5]以为刑政，观其中国家百姓人民之利。此所谓言有三表也。

【注释】

(1) 表：通“标”，表率，榜样。这里指标准、原则。 (2) 本：本源，根源。(3) 原：起源，推究，缘由。 (4) 用：应用，运用，行动，可施行的。 (5) 废：通“发”，举，发生。这里指应用。

【今译】

所以，言论必须符合三条标准或原则。哪三条标准或原则呢？墨子说：有考察本源的，有推究缘由的，有实践应用的。到哪里去考察本源呢？向上去探求古代圣王的事迹。到哪里去推究缘由呢？向下去考察百姓耳闻目见的事实。到哪里去实践应用呢？把言论变为刑事、政务，观察它是否符合国家百姓人民的利益。这就是所谓的言论必须符合的三条标准或原则。

【原文之二】墨子·经说上（之一）

知，材：知也者[1]，所以知也，而必知[2]，若明[3]。虑[4]：虑也者，以其知有求也，而不必得之，若睨[5]。知：知也者，以其知过物[6]而能貌[7]之，若见[8]。恕[9]：恕也者，以其知论物[10]，而其知之也著[11]，若明。

【注释】

(1) 知，材：知也者：此处二“知”，皆通“智”。下文“知：知也者”亦然。

(2) 知：认识事物，知晓事理。（3）若明：若，如同，像；明，目精，即瞳孔。（4）虑：谋思，思考，考虑。（5）睨：斜视。（6）过物：接触、感知事物。（7）貌：肖也，即描画。（8）见：亲见一物。（9）恕：上“知”，下“心”，可能是古“智”字。（10）论物：分析、判断事物的道理，比度、推论事物。（11）著：明也，明了，显著。

【今译】

智是一种才能：智这种才能，是认识事物、知晓事理，有智者必然能知晓事物和事理，如同人的瞳孔张开就能看见事物一样。虑：是人们在认知基础上的探求和思谋，但未必能够得到它，如同斜视外物未必能看得清楚一样。知：是指人们用认识事物的才能感知外界事物并把它描绘出来，如同亲眼看见外物并把它描画出来一样。恕：所谓智慧，是指人们运用已有知识去分析、判断、比度、推论，从而使认识更明了、显著、高明，如同明察秋毫、通达睿智一样。

【原文之三】墨子·经说上（之二）

知：传受[1]之，闻也；方[2]不障，说也；身观[3]焉，亲也。所以谓，名也；所谓，实也；名实耦[4]，合[5]也；志行，为[6]也。闻：或告之，传[7]也；身观焉，亲[8]也。见：时[9]者，体也；二者，尽也。

【注释】

（1）受：同“授”。（2）方：方域。（3）身观：亲自实践与观察。（4）耦：并列，搭配。墨子把这种主词与宾词协调一致的结合称为“耦”。例如，人（“名”）是手脚分工、能制造工具并使用工具进行劳动的高等动物（“实”）。（5）合：“名”和“实”相结合构成判断。（6）为：施也，做，作，干，搞，是人的志向和行动的结合。伍非百云：“谓其蕴诸内者曰志，谓其著于外者曰行。”（7）传：传闻。（8）亲：亲闻。（9）时：孙诒让云：“‘时’，疑当为‘特’。特者，奇也。二者，耦也。特者止见其一体，二者尽见其众体。特、二文正相对。”

【今译】

知：由传授而得的知识，叫闻知；不受方域障碍，由推论而得的知识，叫说知；由亲身观察体验而得的知识，叫亲知。用来言说的，是事物的“名”；被言说的对象，是事物的“实”；名与实搭配正确，就是“合”；志向与行为相结合，就是“作为”。闻：有人告知的，叫传闻；亲身观察、听到的，叫亲闻。见：见到事物的一面，叫“体见”；见到事物的两面，叫“尽见”。

【原文之四】墨子·鲁问

子墨子游，魏越[1]曰：“既得见四方之君，子则将先语[2]？”子墨子曰：“凡入国，必择务[3]而从事焉。国家昏乱，则语之尚贤、尚同；国家贫，则语之节用、节葬；国家憙音湛湎[4]，则语之非乐、非命；国家淫僻无礼，则语之尊天、事鬼；国家务夺侵凌，即语之兼爱、非攻。故曰择务而从事焉。”

【注释】

(1) 魏越：墨子弟子。 (2) 先语：先说什么。 (3) 择务：择，选择；务，要务。 (4) 憙音湛湎：憙，同“喜”；喜音，爱好声乐；湛，通“沉”，指沉迷。

【今译】

墨子出游，弟子魏越问：“如果能够见到各国的国君，你将先说什么呢?”墨子说：“凡到一个国家，必先选择重要的事去劝导。如果这个国家昏乱，就应劝导国君尚贤、尚同；如果这个国家贫穷，就应劝导国君节用、节葬；如果这个国家喜好声乐沉迷酒色，就应劝导国君非乐、非命；如果这个国家淫僻无礼，就应劝导国君尊天、事鬼；如果这个国家好侵夺欺凌，就应劝导国君兼爱、非攻。所以说，要选择一个国家最重要的事去做劝导。”

【点评】

(1) 墨子的“三表”思想，把“古者圣王之事”中的“事”——古代圣王的间接经验，“百姓耳目之实”中的“实”——百姓的直接经验，“国家百姓人民之利”中的“利”——对国家百姓人民的实际效果，作为检验认识真伪的三条标准。这说明，在真理标准问题上，墨子坚持朴素唯物主义经验论观点，从而为古代社会调查奠定了求“事”、求“实”、求“利”的理论基础，这是极其可贵的。

(2) 墨子把“知”即人的认识过程，分为“虑”“过物”“论物”三个步骤：第一，“虑”，谋思也，是人的求知状态，即心生动念，有所求索。但是，仅仅谋思未必能得到知识，如同睨视外物未必能认识外物真相一样。第二，“过物”，就是接触，即用眼、耳、鼻、舌、身等感觉器官去接触外部事物。然而，“过物”只能获得“貌”，即获得感性认识，还不能算真正认识了事物。第三，“论物”，就是用已认识的事物去分析、判断、比度和推论，以获得高明的理性认识，从而达到“明”的境界。从社会调查视角看，“知”的过程就是调查研究的过程。其中，“虑”是谋划过程，“过物”是感性认识过程，“论物”是理性认识过程。

(3) 墨子把人的知识来源分为三个方面，即“闻知”“说知”“亲知”。墨子所说的闻知，是指由传闻或传授而获得的知识。他又把闻知分为被“告之”的“传”闻和“身观”的“亲”闻二种。墨子所说的说知，包含比度、推论的意思，是指由已知推论未知而获得的知识。除闻知和说知外，墨子非常重视亲知。墨子所说的亲知，是指通过自身亲历所获得的知识。从社会调查视角看，闻知是从访问调查、文献调查中获得的知识；亲知是从实地观察、访问中获得的知识；说知则是在闻知和亲知的基础上通过逻辑推理等研究过程而获得的知识。概而言之，知识的三个来源，都离不开社会调查与研究。

(4) 墨子关于真知三个标准、认知三个步骤和知识三个来源的思想，充满着朴素唯物主义认识论的精神。这种朴素唯物主义认识论的精神和观点，正是古代社会调查赖以存在和发展的思想前提或理论基础。从这个意义上说，墨子是全面论述古代社会调查思想前提或理论基础的第一人。墨子的哲学建树，以认识论和逻辑学最为突出，其贡献是先秦其他诸子所无法比拟的。

（5）墨子传播自己的学说，强调“凡入国，必择务而从事焉”。他指出：对于昏乱的国家，应告诉国君尚贤、尚同的道理；对于贫穷的国家，应告诉国君节用、节葬的办法；对于喜好声乐、沉迷于酒的国家，应告诉国君非乐、非命的好处；对于荒淫怪僻、不讲究礼节的国家，应告诉国君尊天、事鬼的缘由；对于欺侮、掠夺、侵略、凌辱别国的国家，应告诉国君兼爱、非攻的益处。这说明，墨子非常重视从实际情况出发，根据不同国家的不同情况，选择最重要的事情进行劝导。从社会调查视角看，“从事”必须“择务”，“择务”必须调查研究；没有社会调查，就不可能真正做到“择务而从事”。

撰稿人：水延凯

“观俗立法则治，察国事本则宜”

【简介】

本篇原文，摘自《商君书》。

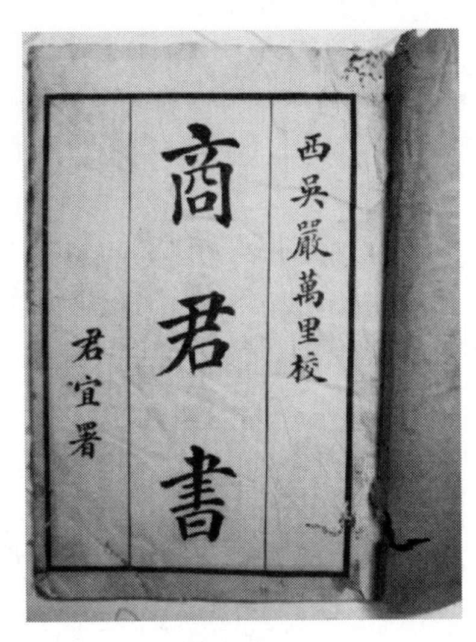

《商君书》

《商君书》又称《商君》《商子》，战国时期法家学派代表作之一。《商君书》中《更法》《错法》《徕民》等篇涉及商鞅死后之事，显非出自商鞅之手。《四库全书总目提要》云：“殆法家流，掇鞅余论，以成是编。”因而，该书应是商鞅及其后学的著作汇编。现存26篇，其中第16篇、第21篇有目无文，实存24篇。该书阐明了在当时条件下实行变法的理论基础，提出了变法的几大原则，既有宏观理论阐述，又有具体的法令军规，许多内容至今仍有借鉴意义。

商鞅（约前390—前338），姓公孙，名鞅，卫国国君后裔，故又称卫鞅，战国时期的政治家、社会改革家。商鞅年轻时好刑名法术和杂家学说，曾在魏国国相公叔痤手下任中庶子。公叔痤赏识商鞅才华横溢，曾向魏惠王建议，或任为国相，或杀掉他，决不要让他投奔别国，惠王皆未采纳。后来，商鞅应秦孝公求贤令入秦，说服秦公两次变法。第一次变法，主要是改革户籍制度，实行连坐，奖励军功，废除世卿世禄，严惩私斗，重农抑商，制定秦律，推行小家庭制，等等；第二次变法，主要是开阡陌，废井田，允许土地私有及买卖，推行县制，初为赋，统一度量衡，燔诗书而明法令，禁游宦之民，执行分户令，等等。两次变法使秦国富强，为统一六国奠定了基础。秦孝公死后，商鞅被贵族诬害，死后被车裂示众。

商鞅画像

以下【原文】，均节录自《商君书》，石磊译注，北京，中华书局，2011；【注释】和【今译】，也参考了上述著作。

【原文、注释和今译】

【原文之一】商君书·去强第四（之一）

举民众口数，生者著[(1)]，死者削[(2)]。民不逃粟[(3)]，野无荒草，则国富，国富者强。

【注释】

（1）著：注册登记。（2）削：从名册上注销。（3）粟：这里指税租。

【今译】

要登记民众人数，出生者注册，死亡者注销。这样，民众就不能逃避税租，田野就没有荒草，国家就能富足，富足了就会强大。

【原文之二】商君书·去强第四（之二）

强国知十三数：竟内仓府[(1)]之数，壮男壮女之数，老弱之数，官士之数，以言说取食者[(2)]之数，利民[(3)]之数，马、牛、刍藁[(4)]之数。欲强国，不知国十三数，地虽利，民虽众，国愈弱至削[(5)]。

【注释】

（1）仓府：粮仓、金库。（2）以言说取食者：说客。（3）利民：农民。（4）刍藁：刍为饲草，藁为禾秆。（5）削：被分割。

【今译】

国家要想强大，必须掌握十三种事物的数目：境内粮仓、金库的数目，壮年男子、壮年女子的数目，老人、小孩的数目，官吏、士大夫的数目，说客的数目，农民的数目，马、牛、饲草禾秆的数目。想要使国家强大，不知道国家这十三种事物的数目，即使土地肥沃、人口众多，国家也难免衰弱，甚至被分割。

【原文之三】商君书·算地第六（之一）

凡世主之患[(1)]：用兵者不量力，治草莱者[(2)]不度地[(3)]。故有地狭而民众者，民胜其地；地广而民少者，地胜其民。民胜其地，务开[(4)]；地胜其民者，事徕[(5)]。

【注释】

（1）世主之患：主，君主。世主之患，指一般君主的毛病。（2）治草莱者：草莱，荒地杂草。治草莱者，指垦荒者。（3）不度地：不度量土地。（4）务开：务必开拓土地。（5）事徕：从事招揽人口和劳力。

【今译】

一般君主的毛病是，用兵作战不衡量自己的兵力，开垦荒地不计算好土地。因此，有的国家土地狭小而人口众多，致使人口超过土地承载能力；有的国家土地广阔而人口稀少，致使土地开垦缺乏必要民力。人口超过土地承载能力的，务必致力于开拓土地；土地开垦缺乏民力的，应该招徕人口和劳力。……

【原文之四】商君书·算地第六（之二）

故为国任地[(1)]者：山林居什一，薮泽[(2)]居什一，溪谷流水[(3)]居什一，都市蹊道[(4)]居什一，恶田居什二，良田居什四，此先王之正律[(5)]也。故为国分田数：小亩[(6)]五百，足待[(7)]一役，此地不任[(8)]也。方土百里，出战卒万人者，数小[(9)]也。此其垦田足以食其民，都邑遂路足以处其民，山林、薮泽、溪谷足以供其利，薮泽堤防足以畜。故兵出，粮给而财有余；兵休，民作而畜长足。此所谓任地待役之律[(10)]也。

【注释】

(1) 任地：利用土地。　(2) 薮泽：水草茂密的沼泽湖泊。　(3) 溪谷流水：山谷河流。　(4) 都市蹊道：都邑的道路。　(5) 正律：正式规定。　(6) 小亩：周制之亩，一百方步。秦制之亩，二百四十方步。　(7) 待：供养。　(8) 不任：不足以胜任。　(9) 数小：数量太少。　(10) 任地待役之律：利用土地备战的规定或规则。

【今译】

所以，君主统治国家使用土地的比例应该是：山林占十分之一，沼泽湖泊占十分之一，山谷河流占十分之一，城镇道路占十分之一，薄地占十分之二，良田占十分之四。这是前代帝王的正式规定。所以，治理国家要考虑田亩的数量：五百小亩土地的税收，要想充足供养一场战役的士兵，这片土地是不够的；方圆百里的土地，要派出一万名兵士，这个数量太少了。所以，要让可耕种土地足以养活那里的民众，城市乡村道路足以让民众交往，山林、湖泊、沼泽、山谷足以供应民众的各种生活资料，湖泊、沼泽足以蓄积水源。因此，军队出征作战，要粮食供应充足而财力有余；战事结束后，民众都应从事农耕以积存富足。这就是所谓的以地养战规则。

【原文之五】商君书·算地第六（之三）

故圣人之为国[(1)]也，观俗立法[(2)]则治；察国事本[(3)]则宜。不观时俗，不察国本，则其法立而民乱，事剧[(4)]而功寡。此臣之所谓过[(5)]也。

【注释】

(1) 为国：治理国家。　(2) 观俗立法：观俗，观察风俗；立法，制定法规。(3) 察国事本：察国，调查研究国情；事本，从事根本之业，指从事耕战。　(4) 事剧：剧，繁忙。指政务繁忙、紧张。　(5) 过：过失。

【今译】

所以圣明君主治理国家，观察风俗，制定法规，就能使国家得到治理；慎察国情，从事耕战，就能使国家得到安宜。不观察当时风俗，不慎察国家根本，那么国家制定的法规就会造成民众的混乱，朝廷政务繁忙而功绩很少。这就是我所说的过失啊。

【原文之六】商君书·壹言第八

故圣人之为国也，不法古[1]不修今[2]，因世[3]而为之治，度俗[4]而为之法。故法不察民之情而立之，则不成；治宜于时而行之，则不干[5]。故圣王之治也，慎法、察务，归心于壹[6]而已矣。

【注释】

(1) 不法古：法，效法。指不效法古代。 (2) 不修今：修，遵循。指不遵循现状。 (3) 因世：因，凭借，顺应；世，世代，时代。 (4) 度俗：度，量度；俗，风俗，习俗。 (5) 干：干扰。 (6) 归心于壹：专心于农耕和作战。

【今译】

圣明君主治理国家，不效法古代，不拘守现状，顺应时代变化而治理，考察习俗而立法。所以，不考察民情而立法，就不会成功；政策顺应时代而推行，就不会发生干扰。所以英明君主治理国家，总是谨慎立法，考察时务，集中精力于农耕和作战。

【原文之七】商君书·战法第十

兵起而程[1]敌。政不若者，勿与战；食不若者，勿与久；敌众勿为客[2]；敌尽不如，击之勿疑。故曰：兵大律[3]在谨，论敌察众，则胜负可先知也。

【注释】

(1) 程：衡量，考核。 (2) 客：进攻。何休注："伐人者为客。" (3) 大律：重要规律、法则。

【今译】

战事开启，要先衡量敌国。政治不如敌国好，就不要与它作战；粮食不如敌国多，就不要与它相持；敌军比我军数量多，就不要进攻；敌国各方面都不如我们，就进攻而不要犹豫。所以说：战争的重要法则在于谨慎，研究敌情、考察兵力，胜负就可预先知道了。

【原文之八】商君书·境内第十九

四境之内，丈夫女子皆有名于上[1]，生者著[2]，死者削[3]。

【注释】

(1) 上：官府。 (2) 著：注册。 (3) 削：注销。

【今译】

国境之内，男女都要把名字登记在官府的名册上，新生者注册，死亡者注销。

【点评】

(1) 重视人口调查。在中国历史上，西周有“司民”之官，规定“自生齿以上，登于天府”，但尚未对成年男女进行经常性的登记。商鞅强调，要登记民众人数，不仅全国男女都要登记，而且要进行动态登记（“生者著，死者削”）。这说明，他很可能是中国历史上主张在全国进行经常性人口调查的第一人。

(2) 重视数量调查。商鞅认为，强国必须“知十三数”。这十三数，既包括性别、年龄、职业等人口、社会状况方面的数据，又包括粮仓、金库、马、牛、刍藁等经济、财产方面的数据。这种综合性的调查、登记，在当时条件下是相当困难的，也是极其重要的，它直接关系到国家的强弱和存亡。

(3) 重视人、地、税、兵之间的数量关系。商鞅指出，必须重视研究人口与土地的关系，特别是要研究过去君主治理国家时使用土地的比例和利用土地备战的规则。他强调，人多地少时应致力于开拓土地，地多人少时应招徕人口和劳力；开启战事前，应先衡量敌国，只有掌握了敌我力量对比，慎重决策，才能预知胜负。

(4) 重视观俗立法，察国事本。商鞅指出，观民俗立法规，国家就能得到治理；察国事本，国家就能得到安宜。他强调，治理国家，既不能效法古代，又不应拘守现状，只有认真考察国情和习俗，顺应时代变化而立法，并且谨慎实施，专心致力于农耕和作战，国家才能得到治理。

总之，商鞅非常重视社会调查，特别是数量调查，把观俗立法、察国事本看作治国理政、革新变化的基础和依据，这是非常正确且难能可贵的。

撰稿人：柳祥珍、水延凯

“不闻不若闻之，闻之不若见之，见之不若知之，知之不若行之”

【简介】

本篇原文，摘自《荀子》。

《荀子》现存20卷、32篇，是荀子及其弟子记录整理的文字，其中除少数篇章外，多为荀子所撰。该书内容广泛，对哲学、伦理、政治、经济、军事、教育，乃至语言、文学等领域均有涉猎，实为先秦一大思想宝库。总体而言，荀学出于孔学，而深广于孔学，虽然其中心思想仍以礼义为治，但其思域博大，实集各家思想之大成，绝非孔学所可包容。更重要的是，《荀子》为“嫉浊世之政”而作，故多洞察社会政治、道破人情世故、指示立身行事之精论。因而深读该书，既可知古人之学术思想，又有益于立身处世。

讀書雜志八
荀子弟一
高郵王念孫
勸學
取之於藍
青取之於藍而青於藍盧氏抱經曰青取之於藍從宋本困學紀聞所引同元刻作青出之藍無於字念孫案困學紀聞云青出之藍作青取之於藍監本未必是建本未必非自注云今監本乃唐與政台州所栞熙甯舊本亦未爲善又云蒲占之五泰注云五泰五帝也監本改爲五帝而刪注文是王以作出者爲是也元刻作出之藍卽本於建本監本作取之於藍者用大戴記改之也荀

《荀子》

荀子（约前313—前236），名况，战国后期赵国人，世人尊称其为“荀卿”。西汉时，因避汉宣帝刘询讳，古音“荀”与“孙”二字相通，故又称孙卿。50岁，开始游学于齐国，齐襄王（前283—前265年在位）时，曾在齐国首都临淄（今山东省淄博市）稷下学宫任祭酒。后遭谗，谪于楚，春申君以为兰陵（今山东省兰陵县兰陵镇）令。公元前238年，因春申君死而被废，遂家于兰陵。此后，曾入秦，称秦“治之至也”；赴赵，在赵孝成王前与临武君议兵。晚年，嫉浊世之政，发愤著书数万言，李斯、韩非、浮丘伯皆曾受业为弟子。公元前236年卒，葬于兰陵。

荀子画像

以下【原文】，节录自《荀子译注》，张觉撰，上海，上海古籍出版社，2012；【注释】和【今译】，也参考了上述著作。

【原文、注释和今译】

【原文之一】荀子·劝学第一

1.2　故不登高山，不知天之高也；不临深溪，不知地之厚也；不闻先王之遗言，不知学问之大也。……

1.13　……故未可与言而言谓之傲(1)，可与言而不言谓之隐(2)，不观气色而言谓之瞽(3)。故君子不傲、不隐、不瞽，谨顺其身。……

【注释】

(1) 傲：骄傲，急躁。　(2) 隐：藏匿，隐瞒。　(3) 瞽：盲目。

【今译】

1.2　不登上高峰，就不知道天空高远；不俯视深溪，就不知道大地深厚；不听闻古代圣王遗言，就不知道学问的渊博。……

1.13　……所以，不可对别人说却说了，叫急躁；可对别人说却不说，叫隐瞒；不观察对方脸色就说话，叫盲目。所以，君子说话应不急躁、不隐瞒、不盲目，谨慎地根据对方的情况说话。……

【原文之二】荀子·修身第二

2.3　……是是、非非谓之知，非是、是非谓之愚。……是谓是、非谓非曰直。……

【今译】

2.3　……以是为是、以非为非，叫作明智；以是为非、以非为是，叫作愚蠢。……对的就说对、错的就说错，叫作正直。……

【原文之三】荀子·不苟第三

3.13　欲恶(1)取舍(2)之权(3)：见其可欲也，则必前后虑其可恶也者；见其可利也，则必前后虑其可害也者；而兼权乏(4)，孰计之(5)，然后定其欲恶取舍。如是则常不失陷矣。凡人之患，偏伤(6)之也……

【注释】

(1) 欲恶：欲，欲求；恶，厌恶。 (2) 取舍：取，采取；舍，舍弃。 (3) 权：权衡。 (4) 兼权乏：乏，反正为乏。指两方面权衡一下。 (5) 孰计之：孰，通“熟”。指仔细、周详地计算一下。 (6) 偏伤：偏，偏斜；伤，伤害。

【今译】

3.13　追求与厌恶、摄取与舍弃的权衡标准是：看见可追求的东西，必须前后考虑它令人厌恶的一面；看到有利的东西，必须前后考虑它可能造成的危害；两方面权衡一下，周密计算一下，然后决定是追求还是厌恶、是摄取还是舍弃。像这样就往往不会失误了。大凡人们的祸患，往往是片面性造成的伤害……

【原文之四】荀子·非相第五

5.3　故相形不如论心(1)，论心不如择术(2)。形不胜心，心不胜术(3)。术正(4)而心顺之，则形相虽恶而心术善，无害为君子也；形相虽善而心术恶，无害为小人也。君子之谓吉，小人之谓凶。故长短、小大、善恶形相，非吉凶也。……

5.10　……欲观千岁，则数今日；欲知亿万，则审一二；欲知上世，则审周道(5)；欲知周道，则审其人所贵君子。故曰：“以近知远，以一知万，以微知明。”此之谓也。

5.12　圣人何以不可欺？曰：圣人者，以己度(6)者也。……故乡(7)乎邪曲而不迷，观乎杂物而不惑……

5.16　谈说之术：矜庄以莅之(8)，端诚以处之，坚强以持之，譬称以喻之，分别以明之，欣欢、芬芗(9)以送之，宝之，珍之，贵之，神之。如是，则说(10)常无不受，虽不说(11)人，人莫不贵。……

【注释】

(1) 心：心脏。古人用心来指思想的器官和思想情况。 (2) 择术：择，选择，区别，引申为鉴别；术，技艺，方法。 (3) 心不胜术：荀子认为人性恶，必须用礼义之道（“术”）来改造思想（“心”）。 (4) 正：正确，指合乎礼义。 (5) 周道：周朝的治国之道。 (6) 度：度量，计算，引申为推测。 (7) 乡：通“向”，面对着。(8) 矜庄以莅之：矜庄，端庄稳重；莅，来，到。 (9) 芬芗：芗，同“香”。引申为和气。 (10) 说：谈话，说服，劝说。 (11) 说：古同“悦”。

【今译】

5.3　观察相貌不如考察思想，考察思想不如鉴别立身处世的方法。相貌不如思想重要，思想不如立身处世的方法重要。立身处世的方法正确而思想又顺从了它，那么形体相貌即使丑陋而思想和立身处世方法正确，也不会妨碍他成为君子；形体相貌即使好看而思想与立身处世方法丑恶，也不能掩盖他小人的本质。君子可以说是吉，小人可以说是凶。所以高矮、大小、美丑等形体相貌上的特点，并不是吉凶的标志。……

5.10　……要观察千年往事，就应审视现实；要知道亿万事物，就应弄清楚一两件事物；要知道前世情况，就应审视周朝治国之道；要了解周朝治国之道，就要审视他们尊重的君子。所以说：“根据近代来了解古代，根据一个事物来了解万千事物，根据隐微的东西来了解明显的东西。”说的就是这个道理。

5.12　圣人为什么不会被欺骗呢？这是因为：圣人，是根据自己切身体验来推断事物的人。……所以，圣人面对邪说歪理不会被迷惑，观察复杂的事物也不会被迷惑……

5.16　谈话劝说的方法是：以严肃庄重的态度去对待他，以端正真诚的心地去面对他，以坚定刚强的意志去扶持他，用比喻称引的方法使他晓喻，用条分缕析的方法使他明晰，用热情、和气向他灌输，使谈话显得宝贵、珍惜、重要、神妙。像这样，劝说就往往不会不被接受，即使不去讨好别人，别人也没有不尊重的。……

【原文之五】荀子·儒效第八

8.4　……道[(1)]者，非天之道，非地之道，人之所以道[(2)]也，君子之所道也。

8.19　不闻不若闻之，闻之不若见之，见之不若知之，知之不若行之。学至于行之而止矣。行之，明也，明之为圣人。圣人也者，本仁义，当是非，齐言行，不失毫厘[(3)]，无它道焉，已[(4)]乎行之矣。……

【注释】

(1) 道：方向，道路，法则，规律。 (2) 道：这里的“道”用作动词，意为经过、遵循。 (3) 毫厘：比喻微小的数量。 (4) 已：止。

【今译】

8.4　……所谓规律，不是指上天的变化规律，也不是指大地的运动规律，而是指人类社会所要遵循的规律，这是君子所要遵循的规律。

8.19　没有听到不如听到，听到不如见到，见到不如理解，理解不如实行。学习到了实行也就到头了。实行，才能明白事理，明白事理就是圣人。圣人这种人，以仁义为根本，能正确地判断是非，能做到言行一致，不差丝毫，这并没有其他窍门，在于他能把学到的东西付诸行动罢了。……

【原文之六】荀子·富国第十

10.3　……量地而立国，计利而畜[1]民，度人力而授事，使民必胜事，事必出利，利足以生民，皆使衣食百用出入相掩[2]，必时臧余[3]，谓之称数。故自天子通于庶人，事无大小多少，由是推之。……

10.18　观国之治乱臧否，至于疆易[4]而端已见矣。其候徼支缭[5]，其竟关之政尽察[6]：是乱国已。入其境，其田畴秽，都邑露[7]：是贪主已。观其朝廷，则其贵者不贤；观其官职，则其治者不能；观其便嬖[8]，则其信者不悫：是暗主已。凡主相臣下百吏之俗[9]，其于货财取与计数也，须孰[10]尽察；其礼义节奏[11]也，芒轫僈楛[12]：是辱国已。其耕者乐田，其战士安难[13]，其百吏好法，其朝廷隆礼，其卿相调议：是治国已。观其朝廷，则其贵者贤；观其官职，则其治者能；观其便嬖，则其信者悫：是明主已。凡主相臣下百吏之属，其于货财取与计数也，宽饶[14]简易；其于礼义节奏也，陵[15]谨尽察：是荣国已。贤齐，则其亲者先贵；能齐，则其故者先官；其臣下百吏，污者皆化而修，悍者皆化而愿[16]，躁[17]者皆化而悫[18]：是明主之功已。

10.19　观国之强弱贫富有征：上不隆礼，则兵弱，上不爱民，则兵弱；已[19]诺不信，则兵弱；庆赏不渐[20]，则兵弱；将率不能，则兵弱。上好功，则国贫；上好利，则国贫；士大夫众，则国贫；工商众，则国贫；无制数度量[21]，则国贫。下贫，则上贫；下富，则上富。故田野县鄙[22]者，财之本也；垣窌[23]仓廪者，财之末也。百姓时和[24]、事业得叙者，货[25]之源也；等赋府库者，货之流也。故明主必谨养其和，节其流，开其源，而时斟酌[26]焉，潢然[27]使天下必有余，而上不忧不足。如是，则上下俱富，交无所藏之，是知国计之极也。……

【注释】

（1）畜：畜养，指安排工作，役使。（2）出入相掩：掩，同，合。指收支平衡。（3）必时臧余：必，一定；时，时候；臧，收藏；余，剩余。（4）易：通“埸”，边界。（5）候徼支缭：候，斥候，哨兵；徼，巡逻，巡察；缭，缭绕，回环旋转。（6）竟关之政尽察：竟，通“境”；尽察，极其苛刻。指在边境管理上使用极其苛刻的措施。（7）露：破败，指没有城墙。（8）便嬖：君主左右的宠信小臣。（9）俗：当作“属”，声近而误。（10）须孰：须，当为“顺”字之误。顺，通“慎”，小心；孰，同“熟”，仔细，周详。（11）节奏：礼节礼仪等方面的法度。（12）芒轫僈楛：芒，通“茫”，混沌暗昧，模糊不清；轫，同“韧”，柔软而坚固，引申为怠惰、疲沓；僈，同“慢”，怠慢，不在乎；楛，用心粗疏草率。（13）安难：安，乐，爱好；难，祸难，指战争。（14）宽饶：宽恕，谦让。（15）陵：峻峭，严格。（16）愿：老实谨慎。（17）躁：通“剿”，狡猾。（18）悫：诚实，谨慎。（19）已：止，禁止，不准许。（20）渐：加重。（21）制数度量：布帛幅面叫“制”，一二三四叫“数”，尺寸等长度单位叫“度”，斗石等容量单位叫“量”。这里是指法度。(22) 田野县鄙：县鄙，古代行政区划单位。泛指郊外乡村。 (23) 垣窌：垣，矮墙，引申为粮囤；窌，同“窖”。 (24) 和：百姓和谐安定。 (25) 货：粮食布帛等叫“财”，钱币叫“货”。这里泛指财物。 (26) 而时斟酌：斟酌，指筛酒，筛少叫斟，筛多叫酌，意为调节。指随年成好坏增减、调节收支。 (27) 潢然：大水到来的样子。

【今译】

10.3　……通过丈量土地多少来建立诸侯国，通过计算收益多少来役使民众，通过估计人的能力大小来授予工作，使民众一定能胜任自己的工作，工作一定能产生利益，这种利益足够养活民众，使民众穿的、吃的及各种支出与收入相抵，并及时把多余的粮食和财物储藏起来，这就叫作合乎法度。从天子到百姓，事情无论大小多少，都应以此类推。……

10.18　观察一个国家的治乱好坏，到其边界就能看出苗头了。哨兵分散来回巡逻，边关管理措施极其苛严：这是个混乱的国家。进入其国境，它的田地荒芜，城镇破败：这有个贪婪的君主。观察其朝廷，地位高贵的人并不贤明；观察其官员，处理政事的人并无才能；观察其亲信，被信任的人并不诚实：这是个昏君。凡是君主、宰相、大臣和各种官吏，对于货物钱财的收支计算，谨慎仔细、极其严苛；对于礼义法度，疲沓怠慢、漫不经心：这是个可耻的国家。农民乐于种田，战士不避危难，百官热衷法制，朝廷崇尚礼义，卿相协调商议：这是个治理得好的国家。观察其朝廷，地位高贵的人很贤明；观察其官员，处理政事的人很能干；观察其亲信，被信任的人很诚实：这是个英明的君主。凡是君主、宰相、大臣和各种官吏，对于货物钱财的收支计算，宽容大方、简略便易；对于礼义法度，严肃认真仔细：这是个昌盛的国家。贤德相同，有亲戚关系的人先尊贵；能力相同，有故旧关系的人先当官；他的臣下百官，思想行为肮脏的都变得善良美好，凶悍强暴的都变得老实谨慎，狡猾奸诈的都变得厚道朴实：这就是英明君主的功劳了。

10.19　观察一个国家的强弱贫富，有一定征兆：君主不崇尚礼义，兵力就衰弱；君主不爱护民众，兵力就衰弱；禁止和许诺都不恪守，兵力就衰弱；奖赏不厚重，兵力就衰弱；将帅无能，兵力就衰弱。君主好大喜功，国家就贫穷；君主喜欢财利，国家就贫穷；官吏众多，国家就贫穷；工人商人众多，国家就贫穷；没有规章制度，国家就贫穷。民众贫穷，君主就贫穷；民众富裕，君主就富裕。郊外的乡村田野，是财物的根本；粮囤地窖仓储，是财物的末梢。百姓不误农时、和谐安定，生产有条不紊，是钱财的本源；按等级征收的赋税和国库，是钱财的支流。所以英明君主必定谨慎保护和谐安定的政治局面，节流，开源，根据年成好坏调节收支，使天下财富像大水涌来一样绰绰有余，君主就不再担忧财物不充足了。这样，君主民众都富足，上下都没有地方储藏财物，这是智慧治理国计民生的顶点。……

【原文之七】荀子·天论第十七

17.1　天行有常[(1)]，不为尧存，不为桀亡[(2)]。应之以治[(3)]则吉，应之以乱则凶。……故明于天人之分[(4)]，则可谓至人矣。……

17.13　大天而思之，孰与物畜而制之？从天而颂之，孰与制天命而用之？……故错[5]人而思天，则失万物之情[6]。

【注释】

(1) 天行有常：天，自然界；行，运行；常，经久不变。 (2) 不为尧存，不为桀亡：尧，唐尧；桀，夏桀。指不为人事变化而变化。 (3) 应之以治：应，应对；之，它，指天行、天道；治，指能实现安定的措施。 (4) 天人之分：天，自然；人，社会；分，别也。指自然与社会是不同的，它们各有其独特的运行规律。 (5) 错：通“措”，搁置，放弃。 (6) 失万物之情：失，违背，背离；万物之情，万物的实情。

【今译】

17.1　自然界的规律永恒不变，它不为尧而存在，不为桀而灭亡。用能实现安定的措施去应对它就吉利，用导致混乱的措施去应对它就凶险。……所以明白了自然界与人类社会的区别，就可以成为思想境界达到了顶峰的人了。……

17.13　认为自然界伟大而思慕它，哪及得上把它当作物资积蓄起来而控制它？顺从自然界而颂扬它，哪及得上掌握自然规律而利用它？……所以放弃人的努力而寄望于天，那就违背了万物的实际情况。

【原文之八】荀子·解蔽第二十一

21.1　凡人之患，蔽于一曲[1]而暗于大理。……

21.2　故[2]为蔽？欲为蔽，恶为蔽；始为蔽，终为蔽；远为蔽，近为蔽；博为蔽，浅[3]为蔽；古为蔽，今为蔽。凡万物异，则莫不相为蔽[4]，此心术之公患[5]也。

21.6　圣人知心术之患，见蔽塞之祸，故无欲、无恶、无始、无终、无近、无远、无博、无浅、无古、无今，兼陈万物而中县衡[6]焉。是故众异不得相蔽以乱其伦[7]也。

21.8　人何以知道？曰：心。

心何以知？曰：虚壹而静。……虚壹而静，谓之大清明。……

21.15　凡以[8]知，人之性也；可以知，物之理也。以可以知人之性，求可以知物之理，而无所疑[9]止之，则没世穷年[10]不能遍也。……

【注释】

(1) 曲：细，细小。 (2) 故：犹“胡”，何。 (3) 浅：浅陋，见闻少。 (4) 相为蔽：交互造成蒙蔽，指一个侧面掩盖了另一个侧面。 (5) 心术之公患：心术，思考、认知事物的方法；公患，通病。 (6) 县衡：县，同“悬”，挂；衡，秤，指标准。县衡，挂秤，指用一定标准进行权衡。 (7) 众异不得相蔽以乱其伦：异，差异；相蔽，即相互为蔽；伦，条理。 (8) 以：犹“能”。 (9) 疑：通“凝”，固定。(10) 没世穷年：犹终生，一辈子。

【今译】

21.1　大凡人的毛病，是蒙蔽于局部而不明白全局的大道理。……

21.2　什么东西会造成蒙蔽？爱好会造成蒙蔽，憎恶也会造成蒙蔽；只看到开头会造成蒙蔽，只看到结果也会造成蒙蔽；只看到远处会造成蒙蔽，只看到近处也会造成蒙蔽；知识广博会造成蒙蔽，知识浅薄也会造成蒙蔽；只了解古代会造成蒙蔽，只了解现在也会造成蒙蔽。凡是事物都有不同的对立面，无不会交互造成蒙蔽，这是思想方法上的一个通病啊。

21.6　圣人知道思想方法上的毛病，看到被蒙蔽的祸害，所以既不放任爱好，又不放任憎恶，既不只看到开始，又不只看到结果，既不只看到远处，又不只看到近处，既不只务于广博，又不安于浅薄，既不只了解古代，又不只知道现在，而是同时摆出各种事物并根据一定标准进行权衡。因此，众多差异就不会互相掩盖以致搞乱了条理。……

21.8　人靠什么来了解道呢？回答说：靠心。

心靠什么来了解道呢？回答说：靠虚心、专心和静心。……达到了虚心、专心与静心的境界，就叫作最大的清澈明净。……

21.15　一般地说，能够认识事物，是人的本性；事物可以被认识，是事物的规律。凭借可以认识事物的人的本性，去探求可以被认识的事物的规律，如果没有一定限制，那么一辈子都不能遍及可以认识的事物。……

【原文之九】荀子·大略第二十七

27.48　坐，视膝；立，视足；应对言语，视面(1)。立视前六尺，而大之，六六三十六，三丈六尺。

27.105　凡物有乘(2)而来。乘其出者，是其反(3)者也。

27.108　知者明于事，达于数，不可以不诚事也。……

【注释】

(1) 坐，视膝……视面：这里是指君臣、父子相见时的礼仪。　(2) 乘：因，凭借，依靠。　(3) 反：通“返”，与上文“来”同义。

【今译】

27.48　对方坐着，应注视他的膝部；对方站着，应注视他的足部；回答对方问话，应注视他的脸部。对方站着时，应在他前面六尺处注视他，而最远，六六三十六，即在三丈六尺远处注视他。

27.105　任何事物的出现都是有原因的，产生它的地方，也是它回归的地方。

27.108　明智的人能明察事物，通晓事物的道理和变化规律，不可以不实事求是对待它们。……

【点评】

(1) 在天道观上，荀子认为，“天行有常，不为尧存，不为桀亡”，又指出“明于天人之分”，“制天命而用之”。这说明，他既肯定了自然规律不以人的意志为转移的客观性，又强调了必须发挥人的主观能动性。

（2）在知行观上，荀子认为，行先知后（“不登高山，不知天之高”），“不闻不若闻之，闻之不若见之，见之不若知之，知之不若行之”，强调“学至于行之而止矣”，从而肯定了“行”既是“知”的起点，又是“学”的终点。

（3）在认识论上，荀子认为：能知，是“人之性”；可知，是“物之理”。但是，人们往往“蔽于一曲而暗于大理”。因而，只有“虚壹而静”（虚心、专一、冷静观察），才能达到“大清明”（正确认识客观事物）的境界。

（4）在观察方法上，荀子认为：对人的观察，“相形不如论心，论心不如择术”；对社会的观察，“以近知远，以一知万，以微知明”；对国家的观察，更有一套判断乱国与治国，辱国与荣国，贪主、暗主与明主的方法。

（5）在谈话方式上，荀子指出：说话应不急躁、不隐瞒、不盲目，谨慎根据对方情况说话；谈话态度，应严肃庄重，端正真诚，热情和气；谈话方法，应条分缕析，多用比方晓喻对方。这样，谈话就会受到尊重，而不会不被接受。

（6）在思维方法上，荀子认为：“是谓是、非谓非”，才能算“直”，即实事求是；“凡人之患，偏伤之”，只有认识“万物异”，才能避免“心术之公患”。他指出，“凡物有乘而来”，只有“诚事”，才能“明于事，达于数”。

（7）在国家治理上，荀子认为：“立国”“畜民”“授事”，必须先“量地”“计利”“度人”。只有把“立国”“畜民”“授事”的决策建立在“量地”“计利”“度人”等调查研究活动基础上，才能按照法制、度数治理好国家。

总之，荀子是先秦朴素唯物主义思想的代表。荀学出于孔学而深广于孔学，其思想博大精深，集先秦各家思想之大成，绝非孔学所可包容。特别是其中的天道观、知行观等有关社会调查的思想和方法，具有重要的研究价值。

撰稿人：水延凯

“治之至也”与“常恐天下之一合而轧己”

【简介】

本篇原文，摘自《荀子》。关于《荀子》和荀子，本书第 98 页和第 99 页已有简介，这里不再重复。

以下【原文】，节录自《荀子译注》，张觉撰，上海，上海古籍出版社，2012；【注释】和【今译】，也参考了上述著作。

【原文、注释和今译】

【原文之一】荀子·强国第十六[1]（之一）

16.1　……故人之命在天，国之命在礼。人君者，隆礼、尊贤[2]而王，重法、爱民而霸，好利、多诈而危，权谋、倾覆、幽险[3]而亡。

【注释】

（1）强国第十六：本篇认为，要使国家强盛，必须行“胜人之道”，即实行“赏不用而民劝，罚不用而威行”的“道德之威”。　（2）隆礼、尊贤：隆礼，隆盛礼义；尊贤，尊重贤人。　（3）权谋、倾覆、幽险：权谋，权变的谋略；倾覆，颠覆，推翻，倾轧陷害，使之败亡；幽险，倾险叵测。

【今译】

16.1　……所以，人的命运取决于上天，国家的命运取决于礼义。作为君主，推崇礼义、尊重贤人，就能称王天下；注重法治、爱护人民，就能称霸诸侯；喜欢财利、多搞欺诈，就会危险；玩弄权术、坑人害人、阴暗险恶，就会灭亡。

【原文之二】荀子·强国第十六（之二）

16.2　威有三：有道德之威者，有暴察之威者，有狂妄之威者。此三威者，不可不孰察也。

礼乐则修[1]，分义[2]则明，举错[3]则时，爱利则形[4]。如是，百姓贵之如帝，高之如天，亲之如父母，畏之如神明。故赏不用而民劝[5]，罚不用而威行。夫是之谓道德之威。

礼乐则不修，分义则不明，举错则不时，爱利则不形，然而其禁暴也察[6]，其诛不服也审[7]，其刑罚重而信，其诛杀猛而必，黭[8]然而雷击之，如墙厌[9]之。如是，百姓劫[10]则致畏，嬴则敖上[11]，执拘[12]则聚，得间[13]则散，敌中则夺[14]，非劫之以形势[15]，非振[16]之以诛杀，则无以有其下。夫是之谓暴察之威。

无爱人之心，无利人之事，而日为乱人之道，百姓欢敖[17]，则从而执缚[18]之，刑灼[19]之，不和人心。如是，下比周贲溃[20]以离上矣，倾覆灭亡，可立而待也。夫是之谓狂妄之威。

此三威者，不可不孰察也。道德之威成乎安强，暴察之威成乎危弱，狂妄之威成乎灭亡也。

【注释】

(1) 修：整治，恢复完美。 (2) 分义：遵守名分、道义，为所宜为。 (3) 举错：通“举措”，采取措施。 (4) 形：表现，显露。 (5) 劝：勤勉，努力。 (6) 禁暴也察：禁暴，禁止暴力、暴乱；察，明察，知晓。 (7) 其诛不服也审：诛，讨也，治罪，惩罚；审，审慎。 (8) 黭（yǎn）：通“奄”，突然。 (9) 厌（yā）：同“压”，压制，抑制。 (10) 劫：威逼，挟制。 (11) 嬴则敖上：嬴，通“赢”，盈余，宽松；敖，通“傲”，傲视；上，君主。 (12) 执拘：拘捕，指强行集中。 (13) 间：时机。 (14) 敌中则夺：敌，敌人；中，受到，遭受；夺，丧失，剥夺，夺志（改变志向或意愿）。 (15) 形势：权势地位。 (16) 振：通“震”，恐惧。 (17) 敖：通“嗷”，众声嘈杂。 (18) 执缚：执，捕捉，逮捕；缚，捆绑，约束。 (19) 刑灼：刑，对犯人实施体罚；灼，烧，灸。 (20) 比周贲溃：比周，与小人亲近，结党营私，结伙；贲，通“奔”；溃，散乱，垮台。

【今译】

16.2 威严有三种：有道德的威严，有严酷督察的威严，有放肆妄为的威严。这三种威严，不可不仔细考察。

礼制音乐完善，名分道义明确，采取措施切合时宜，爱护人民、造福人民能具体体现出来。像这样，百姓就会像对待天帝那样尊重他，像对待上天那样景仰他，像对待父母那样亲近他，像对待神灵那样敬畏他。所以不用奖赏，民众就能努力，不用刑罚，威力就能扩展。这就叫作道德的威严。

礼制音乐不完善，名分道义不明确，采取措施不合时宜，爱护人民、造福人民不能落实，但是他禁止暴乱且能明察，他惩处不服的人很审慎，他施行刑罚重而守信用，他处决犯人严厉而坚决，突然得像雷电闪击、墙壁倒塌一样。像这样，百姓一受到胁迫就会产生畏惧，一放松就会傲视君主，被强行集中就聚在一起，一得到机会就四散逃跑，敌人一进攻就会被敌人策反，君主如果不用权势地位去胁迫臣民，不用惩罚杀戮去震慑臣民，就无法控制他们。这就叫作严酷督察的威严。

没有爱护人民的心肠，不做有益于人民的事情，而天天搞那些扰乱人民的歪门邪道，百姓怨声沸腾，就逮捕他们，用刑罚烧灼他们，而不去调协民心。像这样，臣民就会结伙逃散而离开君主，垮台灭亡就会立刻发生。这就叫作放肆妄为的威严。

这三种威严，不可不仔细考察。道德的威严终结于安定强盛，严酷督察的威严终结于危险衰弱，放肆妄为的威严终结于灭亡。

【原文之三】荀子·强国第十六（之三）

16.5　“力术止(1)，义术行(2)。曷(3)谓也?”

曰：“秦之谓也。威(4)强乎汤、武，广(5)大乎舜、禹，然而忧患不可胜校(6)也，諰諰然(7)常恐天下之一合而轧己(8)也，此所谓力术止也。”

【注释】

(1) 力术止：力，强力；术，方法；止，停止，行不通。　(2) 义术行：义，仪制，法度，礼义；行，可以，行走。　(3) 曷：何，什么。　(4) 威：威力，威风。这里指兵力。　(5) 广：面积、范围宽阔。这里指领土。　(6) 校：度，考核，考察。(7) 諰諰然：諰諰，害怕、恐惧的样子；然，用于词尾，表示状态。　(8) 合而轧己：合，聚集；轧，排挤倾轧。指聚集起来排挤倾轧自己。

【今译】

16.5　“强力的方法行不通，礼义的方法行得通。这说的是什么呢?”

回答说：“说的是秦国。它的兵力比商汤、周武王还要强大，它的领土比舜、禹还要宽广，但是忧虑祸患多得不可胜数，经常提心吊胆害怕天下各国聚集起来倾轧排挤自己，这就是我所说的强力方法行不通。”

【原文之四】荀子·强国第十六（之四）

16.6　应侯问孙卿子(1)曰：“入秦何见?”

孙卿子曰：“其固塞(2)险，形势便，山林川谷美，天材之利多，是形胜也。入境，观其风俗，其百姓朴，其声乐不流污，其服不挑(3)，甚畏有司而顺，古之民也。及都邑官府，其百吏肃然，莫不恭俭、敦敬、忠信而不楛(4)，古之吏也。入其国，观其士大夫，出于其门，入于公门，出于公门，归于其家，无有私事也；不比周，不朋党，倜然(5)莫不明通而公也，古之士大夫也。观其朝廷，其朝间(6)，听决百事不留，恬然如无治者，古之朝也。故四世(7)有胜，非幸也，数也。是所见也。故曰：佚而治(8)，约而详(9)，不烦而功(10)，治之至(11)也。秦类之矣。虽然，则有其諰矣。兼是数具者而尽有之，然而县(12)之以王者之功名，则倜倜然(13)，其不及远矣。”

“是何也?”

“则其殆(14)无儒邪！故曰：‘粹(15)而王，驳(16)而霸，无一焉而亡。’此亦秦之所短也。”

【注释】

(1) 应侯问孙卿子：应侯，即范雎（Jū），战国时魏国人，秦昭王时曾任秦相，受封于应（今河南省鲁山县东北），号应侯；孙卿子，即荀卿，荀况。 (2) 固塞：边塞。 (3) 挑：通“佻”，轻薄。一说通“姚”，妖艳。 (4) 楛：粗劣，粗疏草率。(5) 倜然：卓然超群的样子。 (6) 朝间：间，空隙。指朝廷议事的空隙。 (7) 四世：指秦孝公（前361—前338年在位）、秦惠文王（前337—前311年在位）、秦武王（前310—前307年在位）、秦昭襄王（前306—前251年在位）。 (8) 佚而治：佚，通“逸”，安逸。指自身安逸却治理得很好。 (9) 约而详：约，简要，简单；详，详尽，完备。 (10) 不烦而功：烦，通“繁”，烦琐，繁多；功，功效，成绩。 (11) 治之至：治，治理；至，极，最。 (12) 县：同“悬”，衡量。 (13) 倜倜然：洒脱，不拘束，疏远的样子。 (14) 殆：大概，几乎。 (15) 粹：纯粹，不杂。 (16) 驳：马色不纯也，杂。

【今译】

16.6 应侯范雎问荀卿说：“到秦国看见了什么？”

荀卿说：“它的边塞险峻，地势便利，山林河流很美，自然资源丰富，这是地理形势上的优越。踏入国境，观察它的习俗，那里的百姓质朴淳厚，那里的音乐不淫荡卑污，那里的服装不轻薄妖艳，人们因畏惧官吏而顺从，像古代圣王统治下的民众。到了城镇的官府，那里的官吏都严肃认真，无不谦恭节俭、敦厚谨慎、忠诚守信而不粗疏草率，像是古代圣王统治下的官吏。进入它的国都，观察那里的士大夫，走出自己家门，就走进公家衙门，走出公家衙门，就回到自己家里，没有个人私事；不互相勾结，不拉党结派，卓然超群，没有谁不明智通达而廉洁奉公，像是古代圣王统治下的士大夫。观察它的朝廷，当它的君主主持朝政告一段落时，处理各种政事从无遗留，安闲得好像没有什么需要治理似的，像是古代圣王治理的朝廷。所以，秦国四代君主都有胜利的战果，并不是因为侥幸，而是有其必然性的。这就是我所见到的。所以说：自身安逸却治理得好，政令简要却详尽，政事不繁杂却有成效，这是治理的最高境界。秦国类似这样了。即使如此，它仍有忧虑啊。尽管以上条件全都具有了，但用称王天下的功绩名声去衡量它，那简直是天南海北，还差得很远哩。”

“这是为什么呢？”

“那大概是因为他们没有儒者吧。所以说：‘纯粹地崇尚道义、任用贤人就能称王天下，驳杂地兼顾义利、兼用贤人和亲信就能称霸诸侯，这两者一样都做不到的，就会灭亡。’这也是秦国的短处啊。”

【点评】

(1) 荀子在国家治理上提出了“隆礼、尊贤而王，重法、爱民而霸”的命题。其含义有二：一是，礼法并举，王霸统一。“礼以定伦”，法能“定分”，二者可相互为用。二是，礼为法本，礼高于法。礼义是立法的精神，百姓爱好礼义，其行为就会自然合法，不用刑罚也自能为善。只讲法治，不讲礼义，那么百姓只是畏惧刑罚，一有机会就仍会作乱。总之，荀子的礼法并举、王霸统一思想，是对当时学术界礼法、王霸之争的总结，开创了儒法合流、礼法杂用之先河。

（2）荀子通过对历史的仔细考察，归纳出了“威有三”，即“道德之威”“暴察之威”“狂妄之威”的理论框架；阐述了“安强、危弱、灭亡”，即“道德之威成乎安强”“暴察之威成乎危弱”“狂妄之威成乎灭亡”的历史命运。这些归纳和阐述，绝不是荀子冥思苦想的产物，而是对先秦各朝代、各诸侯国统治经验教训的历史总结：尧、舜、禹、汤、文、武乃实施“道德之威”的圣主；桀、纣是实施“狂妄之威”的暴君，其他君主大都实施“暴察之威”，因而只能“危弱”。

（3）荀子入秦，一观察地理形势，二观察民间习俗，三观察官吏品德，四观察士大夫行为，五观察朝廷治理，最后得出了“故四世有胜，非幸也，数也”的结论。但是，荀子对秦并非一味吹捧，而是一分为二地看待：一方面，肯定秦“佚而治，约而详，不烦而功，治之至也”；另一方面，指出“无儒”是“秦之所短”，由于秦重刑法吏治、轻隆礼尊贤，因而忧虑祸患多得不可胜数，经常提心吊胆，害怕天下各国聚集起来围攻自己。这说明，强力的方法是行不通的。

撰稿人：水延凯

“八观六验”与“六戚四隐”

【简介】

本篇原文，摘自《吕氏春秋》。

《吕氏春秋》是秦国丞相吕不韦集合门客编撰的一部著作，成书于秦始皇统一中国前夕。它以儒家学说为主干，道家理论为基础，名、法、墨、农、兵、阴阳家思想为素材，熔诸子百家学说于一炉，闪烁着博大精深的智慧之光。吕不韦想以书中的思想作为秦国大一统后的指导思想，但秦始皇执政后却选择了法家思想，使包括道家在内的诸子百家全部受挫。

《吕氏春秋》有二十六卷（十二纪、八览、六论），一百六十篇，二十余万字。由于它是博采阴阳、儒墨、名法、兵农诸家学说而完成的一部著作，因而《汉书·艺文志》等将其列入杂家。然而，正如东汉学者高诱所说，《吕氏春秋》“以道德为标的，以无为为纲纪”，实为一部集先秦道家之大成的代表作。

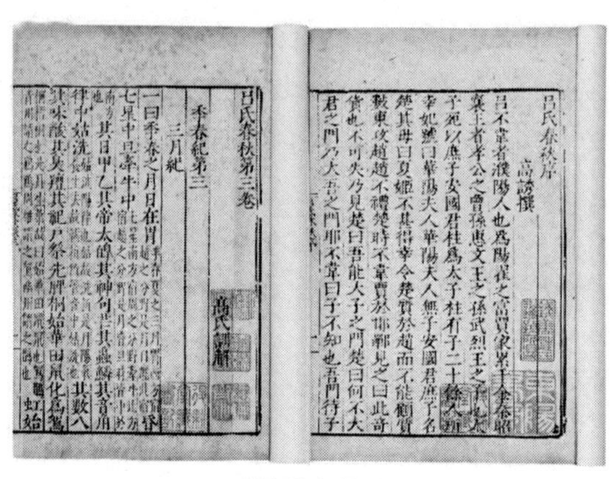

《吕氏春秋》

吕不韦（？—前 235），姜姓，吕氏，名不韦，卫国濮阳（今河南省安阳市滑县）人。战国末年著名商人、思想家、政治家，官至秦国丞相。吕不韦原是卫国一名大商人，后结识了在赵国做人质的秦孝文王之子异人（后改名子楚）。他认为：子楚就像一件奇货，可以囤积居奇（成语“奇货可居”的出处）。后来，子楚在吕不韦的帮助下回到秦国，并继位成为秦庄襄王（前 249—前 247 在位），任命吕不韦为丞相，封为文信侯，食邑河南洛阳十万户，门下食客三千，家僮万人。秦庄襄王去世后，年幼的太子政被立为秦王，以吕不韦为相邦，号称“仲父”，权倾天下。吕不韦执政期间，曾攻取周、赵、卫等国，对秦王政兼并六国的事业有重大贡献。后因嫪毐集团叛乱事件受到牵连，被免除相邦职务，出居河南封地。不久，秦工政命吕不韦举家迁蜀，吕不韦害怕日后被杀，就喝下鸩酒自杀而死。

吕不韦画像

以下【原文】，节录自《吕氏春秋校译》，陈奇猷校释，上海，学林出版社，1984；【注释】，也参考了上述著作。

【原文、注释和今译】

【原文之一】吕氏春秋·论人[1]

何谓求诸[2]人？人同类而智殊，贤不肖异，皆巧言辩辞，以自防御，此不肖主之所以乱[3]也。凡论人，通则观其所礼[4]，贵则观其所进[5]，富则观其所养[6]，听则观其所行，止则则其所好，习则观其所言[7]，穷则观其所不受，贱则观其所不为[8]。喜之以验其守[9]，乐之以验其僻[10]，怒之以验其节[11]，惧之以验其特[12]，哀之以验其人[13]，苦之以验其志[14]，八观六验，此贤主之所以论人也[15]。论人者，又必以六戚四隐[16]。何谓六戚？父母兄弟妻子。何谓四隐？交友故旧邑里门郭[17]。内则用六戚四隐，外则用八观六验，人之情伪贪鄙美恶无所失矣[18]，譬之若逃雨[19]，汙无之而非是[20]。此圣王之所以知人也。

【注释】

(1) 论人：前篇《先己》，论治天下必先治身（自己）；此篇《论人》，讲治天下还要求诸人。 (2) 求诸：求之于。 (3) 乱：迷乱，迷惑，惑乱。 (4) 通则观其所礼：通，通达；礼，礼节，礼遇。 (5) 贵则观其所进：贵，显贵；进，奉献，推荐。

(6) 富则观其所养：富，富有；养，供养，收养。 (7) 习则观其所言：习，学习；言，语言，谈论。 (8) 贱则观其所不为：贱，地位卑贱；不为，不做。 (9) 喜之以验其守：喜之，使之欢喜；守，操守。 (10) 乐之以验其僻：乐之，使之快乐；僻，僻好，偏爱。 (11) 怒之以验其节：怒之，使之发怒；节，约束，节制。 (12) 惧之以验其特：惧之，使之惧怕；特，独特，特色，特性，特征，特异，特别。 (13) 哀之以验其人：哀之，使之悲哀；人，人品，人性，人情。《中庸》曰“仁者人也”，指仁爱之心。 (14) 苦之以验其志：苦之，使之困苦；志，意志，志向。 (15) 此贤主之所以论人也：贤主，贤明君主；论，论量，评估。 (16) 六戚四隐：戚，亲戚；隐，倚靠。 (17) 邑里门郭：邑里，县邑闾里；郭，外城，外周，外部；门郭，门的外部。 (18) 无所失矣：尽知矣。 (19) 譬之若逃雨：譬，比如；若逃雨，像躲避雨一样。 (20) 汙无之而非是：汙，同“濡”，湿的，沾湿；汙无，不沾湿；非是，没有不是如此的。

【今译】

什么叫求诸人？同样是人，但智慧悬殊。无论贤明的人和不肖的人有多大差异，都会用花言巧语、辩解之辞来保护自己，防范仇敌，这是不肖君主往往混淆他们的原因。凡评估一个人，如果他通达，就观察他对什么人礼遇；如果他显贵，就观察他举荐什么人；如果他富有，就观察他收养哪些人；如果他听取别人的意见，就观察他的实际行动；如果他闲暇无事，就观察他爱好什么；如果他学习，就观察他说些什么；如果他穷困，就观察他不接受什么；如果他贫贱，就观察他不做什么。使他高兴，以检验他是否操守；使他快乐，以检验他的僻好；使他发怒，以检验他是否节制；使他恐惧，以检验他的特性；使他悲哀，以检验他的人品；使他受苦，以检验他的意志。以上八种观察和六种检验，是贤明君主用来评估人的方法。评估人还必须注意他的六戚、四隐。什么叫六戚？就是父亲、母亲、兄长、弟弟、妻子、儿女。什么叫四隐？就是朋友、故交、邻居、熟人。自外入内，就凭借六戚四隐来观察；自内而外，就根据八观六验去衡量，这样判断一个人是真诚还是虚伪、是贪婪还是卑鄙、是美好还是丑恶，就都不会出现错误了。这就像躲避雨点一样，不沾湿衣服是不可能的。这就是先代圣王评估人的方法。

【原文之二】吕氏春秋·任数(1)

孔子穷乎陈、蔡(2)之间，藜羹不斟(3)，七日不尝粒，昼寝(4)。颜回索米，得而爨(5)之，几熟。孔子望见颜回攫其甑中(6)而食之。选间(7)，食熟，谒(8)孔子而进食。孔子佯(9)为不见之。孔子起曰：“今者梦见先君(10)，食洁而后馈(11)。”颜回对曰：“不可。向(12)者煤炱(13)入甑中，弃食不祥，回攫而饭(14)之。”孔子叹曰：“所信(15)者目也，而目犹不可信；所恃(16)者心也，而心犹不足恃。弟子记之：知人固不易矣。”故知非难也(17)，孔子之所以知人难也(18)。

【注释】

(1) 任数：任，使用，听凭；数，计也，术也。指任术为治，用权谋，使心计，顺从命运，顺应天数。（2）陈、蔡：春秋时的陈国和蔡国。（3）藜羹（lí gēng）不斟：藜，野草，野菜；羹，汤；斟，舀取。指连野菜汤都喝不到了。（4）昼寝：昼，白天；寝，睡觉。指白天躺着睡觉。（5）爨（cuàn）：烧火做饭。（6）攫（jué）其甑（zèng）中：攫，用手抓取；甑，古代蒸饭的一种瓦器。指从甑中抓取。（7）选间：片刻，一会儿。（8）谒（yè）：拜见。（9）佯（yáng）：假装。（10）先君：死去的父亲。（11）馈：向人送食物。（12）向：先前。（13）煤炱（tái）：煤的烟尘。（14）饭：吃。（15）信：相信。（16）恃：依靠，仗着。（17）知非难也：知道事物不难。（18）孔子之所以知人难也："孔子之"为衍文，即多余的字；知人难也，知道人就难了。

【今译】

孔子被困在陈、蔡之间，连野菜汤都喝不到了，七天没有吃过一粒米，白天只得睡觉。颜回向别人求索米谷，讨到米后就烧火煮饭，饭快熟的时候，孔子看见颜回用手从甑中抓饭来吃。一会儿，饭煮熟了，颜回去见孔子并奉上饭食。孔子假装没看见刚才的情况。孔子站起来说："今天我梦见了先父，要把食物弄干净，然后用来祭祖。"颜回对答说："不可以。刚才有煤尘掉进甑中，丢掉这些食物是不吉利的，所以我就用手抓着吃掉了。"孔子叹息着说："人们相信眼睛看见的，但是眼睛仍然不可信；人们依靠心去了解事物，但是心也不可靠。弟子要记住了，了解人原来不容易啊。"所以，知道事物不难，知道人就难了。

【原文之三】吕氏春秋·贵当[(1)]

荆有善相人[(2)]者，所言无遗[(3)]策，闻于国[(4)]，庄王见而问焉。对曰："臣非能相人也，能观人之友也。观布衣[(5)]也，其友皆孝悌纯谨畏令[(6)]，如此者，其家必日益[(7)]，身必日荣，矣所谓吉人也[(8)]。观事君者[(9)]也，其友皆诚信有行好善，如此者，事君日益，官职日进，此所谓吉臣[(10)]也。观人主也，其朝臣多贤，左右多忠，主有失，皆交争证谏[(11)]，如此者，国日安，主日尊，天下日服[(12)]，此所谓吉主也。臣非能相人也，能观人之友也。"庄王善之，于是疾收士[(13)]，日夜不懈，遂霸天下。故贤主之时见文艺[(14)]之人也，非特具之而已也，所以就大务也[(15)]。夫事无大小，固相与通。田猎驰骋，弋射走狗，贤者非不为也，为之而智日得焉，不肖主为之而智日惑焉。志曰："骄惑之事，不亡奚待？"[(16)]

【注释】

（1）贵当：贵在适宜允当，贵在精确、恰当，贵在行事当其道。（2）相人：观察人的体貌，判断吉凶祸福。（3）遗：丢失，漏掉。（4）闻于国：国人闻之。（5）布衣：平民百姓。（6）孝悌纯谨畏令：孝悌，孝顺父母，友爱兄弟；纯谨，纯正，谨慎；畏令，畏惧法令。（7）益：富裕。（8）矣所谓吉人也：矣，作此；吉人，善人，福人。（9）事君者：事，服侍；君，君主。指为君主做事的人。（10）吉臣：贤良之臣。（11）交争证谏：交争，互相争抢或争论；证，谏也；证谏，直言规劝。（12）服：顺从，顺服。（13）疾收士：疾，快速；收，敛也，收集；士，士大夫，贤士。（14）文艺：应作“六艺”。（15）非特具之而已也，所以就大务也：非特，不但；具，备有，具有；而已，罢了；就，成就；大务，重要事务。（16）志曰：“骄惑之事，不亡奚待?”：志，古书；曰，说；骄，傲慢，骄矜；惑，疑惑，分辨不清；亡，灭亡；奚，什么，何；待，等待。

【今译】

楚国有个善于相面的人，他的判断从没有失误过，闻名全国。楚庄王召见他，问起这件事，他回答说：“我并不能给人看相，而是能详察人们的朋友。观察平民，如果他的朋友都孝顺父母，友爱兄弟，为人忠厚、恭谨，敬畏王命，那么，这样的平民家里一定会日益富足，自身一定会日益显荣，这就是所谓的吉人。观察替君主做事的人，如果他的朋友都很忠诚可靠，品德高尚，乐善好施，那么他就会日益有所进步，官职日益得到升迁，这就是所谓的吉臣。观察君主，如果他的朝臣多贤能，侍从多忠良，君主有过失都争相劝谏，这样的君主，他的国家就会日益安定，自身就会日益尊贵，天下就会日益敬服，这就是所谓的吉主。我并不是能给人看相，而是能观察人们的朋友啊!”楚庄王称赞他说得好，于是加紧收罗贤士，日夜坚持不懈，从而称霸于天下。所以，贤明的君主经常召见有各种技艺的人，并不是把他们收为已有就罢了，而是要用他们成就大业。事情无论大小，道理都是相通的。驰骋射猎，鹰飞犬逐，这些事贤明的君主不是不做，而是做了会使智慧日有进益。不肖的君主这样做，却会使脑子越发昏惑。古书上说：“做事骄慢昏惑，不灭亡还等什么呢?”

【点评】

（1）人的社会本质往往是通过行动、言论表现出来的。所谓“八观”，就是通过观察一个人礼遇什么人，举荐什么人，收养什么人，他的行动、言论和爱好，以及他在贫困的时候不接受什么和不做什么，来观察他的社会本质。人的思想品德往往是通过情感、态度反映出来的。所谓“六验”，就是通过一个人的喜、怒、哀、乐和对待恐惧、痛苦的表现，来检验他的思想品德。人的行动、言论、情感、态度，是可以被直接感知的外在现象，人的社会本质、思想品德则是不能被直接感知的内在本质。所谓“八观六验”，实质上就是通过对人的行动、言论、情感、态度等外在现象的调查研究，来识别人的内在本质的一种方法。

（2）颜回“偷食”真相大白后，孔子发出了一些感叹。感叹一：“所信者目也，而目犹不可信。”这是因为，人眼的观察能力是有限的，人的观察活动往往受到物理、心理、知识、思想等方面的因素影响，因而观察出现错误是难免的。恩格斯说：“单凭观察所得的经验，是决不能充分证明必然性的。”感叹二：“所恃者心也，而心犹不足恃。”这是因为，人脑的思考能力是有限的，人的思考活动往往受到客观地位、个人素质、主观因素和周围环境等因素的影响，因而不同的人对同一事物往往会得出不同的结论。感叹三：“知人难也。”这是因为，人的品德、才能和特性是多种多样、错综复杂、不断变化的，因而要了解一个人的社会本质是很困难的。孔子对误会颜回“偷食”这件事发出的感叹说明，他不愧为中国古代一个伟大的思想家和教育家!

（3）马克思说："人的本质不是单个人所固有的抽象物，在其现实性上，它是一切社会关系的总和。"① 所谓"六戚四隐"，就是通过对一个人的父亲、母亲、兄长、弟弟、妻子、儿女这六种亲属，以及朋友、故交、邻居、熟人这四种可依靠的人的考察来认识一个人。楚国那个善于相面的人，通过观察平民的朋友来识别平民，通过观察朝臣的朋友来评估替君主做事的人，通过观察君主周围的臣子、侍从来判断君主，其实质都是通过对人的"一切社会关系的总和"的考察，特别是对其最亲近的人的考察，来认识一个人的"本质"。这种古代君王评估人的方法，是符合马克思的上述论断的，至今仍具有借鉴意义。

撰稿人：水延凯、柳祥珍

---

① 马克思．关于费尔巴哈的提纲//马克思恩格斯选集：第1卷．3版．北京：人民出版社，2012：135.

“精絜正直，慎谨坚固，审悉毋私，微密韱察”[①]

【简介】

本篇原文，摘自《睡虎地秦墓竹简》。

《秦律》早已佚失，史书上只有零星记载。1975 年 12 月，湖北云梦睡虎地秦墓发掘出 1 155 枚竹简（另残片 80 片），竹简上记载了迄今发现的内容最丰富的秦律文书，其内容分为十个部分：《编年记》、《语书》、《秦律十八种》、《效律》、《秦律杂抄》、《法律答问》、《封诊式》、《为吏之道》、《日书》甲种和《日书》乙种（其中，《语书》《效律》《封诊式》《日书》为原标题，其他标题为整理者拟定）。在这些竹简中，《秦律十八种》202 简，主要涉及农业、仓库、货币、贸易、徭役、置吏、军爵、手工业等内容；《封诊式》98 简，主要是审判原则及对调查、勘验、审讯、查封等方面的规定和案例；《法律答问》210 简，则是对秦律的解释和诉讼程序的说明。

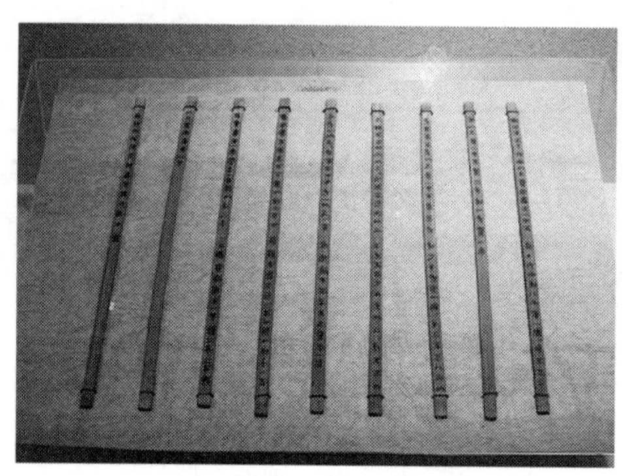

云梦睡虎地秦墓竹简

从《编年记》看，睡虎地秦墓的墓主人名“喜”，生于秦昭襄王四十五年（前 262），历任安陆御史、令史、鄢令史及狱吏等职。《编年记》止于秦始皇三十年（前 217），该年喜 46 岁。据医学鉴定，墓中死者刚好是 40 多岁的男子。这些竹简，很可

① 《睡虎地秦墓竹简·为吏之道》的原文是：“凡为吏之道，必精絜（洁）正直，慎谨坚固，审悉毋（无）私，微密韱（纤）察，安静毋苛，审当赏罚。”意思是：为官之道，必须清廉正直，谨慎踏实，审悉事物没有私心，细致观察微密情迹，安稳平静不要苛求，审慎恰当地实施赏罚。

能是喜根据工作需要抄录的秦律文书。

睡虎地秦墓竹简中，有许多异体字、假借字、错字、漏字、缺字、无法输入的字和空格等。为了说明这些情况，分别用以下符号表示：（1）凡加（）者，表示原为异体字、假借字，一般随文注出。（2）凡加〈〉者，表示原为错字，一般在释文中随注正字。（3）凡用○者，表示原已削去的废字。（4）凡加【】者，表示原有残缺字，一般据残笔或文例补足。（5）凡用□者，表示不能补足的残缺字。（6）凡用■者，表示电脑无法输入的字。（7）凡用●者，表示原有空格。残缺字、无法输入的字、原有空格较多时，依对其位置的估计，用若干□、■、●表示，但字数不一定符合原状。

《睡虎地秦墓竹简》（北京，文物出版社，1978）

以下【原文】，节录自《睡虎地秦墓竹简》，睡虎地秦墓竹简整理小组整理，北京，文物出版社，1978；【注释】和【今译】，也参考了上述著作。

【原文、注释和今译】

【原文之一】秦律十八种·田律[1]

雨为湗〈澍〉[2]，及诱（秀）粟[3]，辄以书言[4]湗〈澍〉稼、诱（秀）粟及豤（垦）田畼[5]毋（无）稼者顷数。稼已生后而雨，亦辄言雨少多[6]，所利顷数。早〈旱〉及暴风雨、水潦、■（螽）[7]■、群它物[8]伤稼者，亦辄言其顷数。近县令轻足[9]行其书，远县令邮行之，尽八月[10]□□之。

…………

入顷刍稾[11]，以其受田之数，无豤（垦）不豤（垦），顷入刍三石、稾二石[12]。刍自黄■及■束[13]以上皆受之。入刍稾，相输度[14]，可殴[15]（也）。

【注释】

（1）田律：律名，主要是关于农业生产的律文。（2）湗：为“澍”字之误。指及时雨。（3）诱（秀）粟：诱，通“秀”；秀粟，指禾稼抽穗结实。（4）辄以书言：辄，立即；以，用；书，文字；言，上报。（5）畼（chàng）：荒芜，未种禾稼的田地。（6）少多：即多少。指雨水数量。（7）螽（Zhōng）：虫名，蝗虫类的总称。（8）群它物：其他事物。（9）轻足：走得快的人。（10）尽八月：到八月底。（11）刍稾：刍，喂牲畜的草；稾，谷类植物的茎秆。（12）石：重量单位，一百二十斤（秦一斤约为今半斤）。（13）黄■及■束：一说指干草，一说指喂牛用的水草。(14)输度：输，运输；度，称量。(15)殹（yì）：句尾语气词，相当于“也”“兮”。

【今译】

下了雨和谷物抽穗，应立即书面报告受雨、抽穗的田地顷数，以及已垦而未种的田地顷数。禾稼生长后下了雨，也要立即报告降雨量及受益田地顷数。如有旱灾、暴风雨、涝灾、蝗虫及其他灾害损伤了禾稼，也要立即报告受灾顷数。距离近的县责令走得快的人递送文书，距离远的县责令驿站传送，八月底前【送达】（秦以十月为岁首，上计时间一般在九月，因此报告必须在八月底前送达）。

…………

每顷田地应缴的刍稾，按其受田数量缴纳，无论垦种与否，每顷缴纳刍三石、稾二石，刍从干叶到乱草，够束以上均收。缴纳刍稾时，运来就可称量。

【原文之二】秦律十八种·仓律(1)

入禾稼、刍稾，辄为廥籍(2)，上内史。……

…………

稻后禾孰（熟），计稻后年(3)。已获上数，别粲、穤（糯）秙（黏）稻(4)。别粲、穤（糯）之襄（酿）(5)，岁异积之，勿增积，以给客，到十月牒(6)书数，上内【史】。

【注释】

(1)仓律：律名，关于粮草仓库的法律。(2)廥（kuài）籍：廥，仓库；籍，书册，簿籍。(3)后年：次年。(4)别粲、穤（糯）秙（黏）稻：别，区别开来；粲，鲜也，上等白米，疑指籼稻；秙，或作“粘”，同“黏”，粘连，胶合，指糯稻。(5)襄：为“酿”的假借字，指酿酒。(6)牒：薄小的简牍。

【今译】

谷物、刍稾入仓，立即记入仓库的簿籍，上报内史。

…………

稻如在谷子之后成熟，就应把稻计算在下一年账上。收获后上报产量时，应将籼稻和糯稻区别开来。要把用于酿酒的籼稻和糯稻区别开来，每年单独贮积，不要增积，用来招待宾客，到十月用薄小的简牍写明数量，上报内史。

【原文之三】秦律十八种·效(1)

入禾(2)，万【石一积而】比黎(3)之为户(4)，籍之曰：“廥禾若干石，仓啬夫(5)某、佐(6)某、史(7)某、禀人(8)某。”是县入之，县啬夫若丞及仓、乡相杂以封印之(9)，而遗仓啬夫及离邑仓佐主禀者各一户(10)，以气（饩）人(11)。其出禾，有（又）书其出者，如入禾然(12)。

…………

禾、刍稾积廥，有赢、不备而匿弗谒(13)，及者（诸）移赢以赏（偿）不备，群它物当负赏（偿）而伪出之以彼（貱）赏（偿）[14]，皆与盗同法[15]。大啬夫、丞智（知）而弗罪，以平[16]罪人律论之，有（又）与主廥者共赏（偿）不备。至计[17]而上廥籍内史。入禾、发屚（漏）仓，必令长吏相杂以见之。刍稾如禾。

【注释】

(1) 效：律名，关于核验官府物资财产的法律。 (2) 入禾：谷物入仓。 (3) 万【石一积而】比黎：积，聚也；比，靠近，挨着；黎，众多。意思是，以一万石为一积，而加以排列。 (4) 户：门户，一扇门。 (5) 啬（sè）夫：职官名。秦置为乡官，掌听讼收税等事情。 (6) 佐：辅助，助理。指处于辅助地位的官员，僚属。(7) 史：官名，古代官府的佐吏。 (8) 稟人：谷物收藏出纳的管理人员。 (9) 相杂以封印之：共同封印之。 (10) 遗仓啬夫及离邑仓佐主稟者各一户：遗，遗留。指各留下一门。 (11) 以气（饩）人：气，为"饩"的假借字。饩，赠送粮食。指以便给人发放粮食。 (12) 如入禾然：如同谷物入仓时一样。 (13) 有赢、不备而匿弗谒：有赢，多余，超出；不备，不足；匿，隐匿；弗谒，不说明，不报告。 (14) 彼（貱）赏（偿）：为"貱偿"的假借字。貱，以物辗转给人。指补垫。 (15) 与盗同法：与盗窃同罪。 (16) 平：相等。 (17) 至计：到上报时。

【今译】

谷物入仓，以一万石为一积而加以排列设置仓门，上面写："某仓贮有谷物若干石，仓啬夫某、佐某、史某、稟人某。"在该县入仓，由县啬夫或丞和仓、乡主管人员共同封缄，而给仓啬夫及乡仓佐主稟者各留一门，以便发放粮食。谷物出仓，也要记下出仓人的姓名，和入仓时一样。

…………

谷物、刍稾贮藏在仓库里，有超出或不足数的情形而隐瞒不报，及种种移多补少、假作注销而用以补垫其他应赔偿的东西的行为，都要与盗窃一样论处。大啬夫、丞知情而不加惩处，以与罪犯同等的法律论处，并和管仓者一起赔偿缺数。到每年上报账目时，将仓的簿籍上报内史。谷物入仓，打开漏仓，必须命长吏会同验视。刍稾如同谷物一样。

【原文之四】效律[1]

衡石不正[2]，十六两以上，赀官啬夫一甲；不盈十六两到八两，赀一盾。甬（桶）[3]不正，二升以上，赀一甲；不盈二升到一升，赀一盾。

斗不正，半升以上，赀一甲；不盈半升到少半升，赀一盾。半石不正，八两以上；钧[4]不正，四两以上；斤不正，三朱（铢）[5]以上；半斗不正，少半升以上；参[6]不正，六分升一以上；升不正，廿分升一以上；黄金衡羸（累）[7]不正，半朱（铢）【以】[8]上：赀各一盾。

数[9]而赢、不备，直（值）百一十钱以到二百廿钱，谇[10]官啬夫；过二百廿钱以到千一百钱，赀啬夫一盾；过千一百钱以到二千二百钱，赀官啬夫一甲；过二千二百钱以上，赀官啬夫二甲。

【注释】

(1) 效律：律名，详细规定核验官府物资账目的一系列制度，明确规定了度量衡器误差的限度，是统一度量衡政策的法律保证。 (2) 衡石不正：衡石，衡制单位石；不正，不准确。 (3) 甬（桶)：古代量器，木方，受六升。 (4) 钧：衡制单位，三十斤。 (5) 朱（铢)：衡制单位，二十四分之一两。 (6) 参：三分之一斗。 (7) 黄金衡羸（累)：称量黄金的天平砝码。 (8) 【以】："以"字原脱。 (9) 数：清点物品的数目。 (10) 谇：斥责，责备。

【今译】

衡石不准确，误差十六两以上，罚该官府啬夫一甲；不满十六两而在八两以上，罚一盾。桶不准确，误差二升以上，罚一甲；不满二升而在一升以上，罚一盾。

斗不准确，误差半升以上，罚一甲；不满半升而在三分之一升以上，罚一盾。半石不准确，误差在八两以上；钧不准确，误差在四两以上；斤不准确，误差在三铢以上；半斗不准确，误差在三分之一升以上；参不准确，误差在六分之一升以上；升不准确，误差在二十分之一升以上；称黄金用的天平砝码不准确，误差在半铢以上：均罚一盾。

清点物品数有超过或不足的，价值一百一十钱以上到二百二十钱，斥责该官府的啬夫；超过二百二十钱到一千一百钱，罚啬夫一盾；超过一千一百钱到二千二百钱，罚啬夫一甲；超过二千二百钱以上，罚啬夫二甲。

【原文之五】秦律杂抄

匿敖童[(1)]，及占■（癃)[(2)]不审，典、老赎耐[(3)]。●百姓不当老[(4)]，至老时不用[(5)]请，敢为酢（诈）伪者，赀[(6)]二甲；典、老弗告，赀各一甲；伍人[(7)]，户一盾，皆■（迁）之[(8)]。●傅律[(9)]。

【注释】

(1) 匿敖童：匿，隐瞒。秦当时17岁傅籍，年龄还属于成童范围。 (2) 占■（癃)：占，申报；癃（lóng)，足不能行，年老衰弱多病。指残疾人。 (3) 典、老赎耐：典，里典、里正；老，伍老。典、老，相当于后世的保甲长。赎，指以财物赎罪。耐，从而，指面颊；从寸，指法度、刑法。赎耐，指剃掉胡须两年的刑罚。 (4) 老：免老。秦制无爵男子年六十不再服役，称免老。 (5) 用：同"以"。 (6) 赀：货也，财也，小罚以财自赎也。 (7) 伍人：同伍的人，即四邻。 (8) 皆■（迁）之：犯罪的百姓及其伍人。 (9) 傅律：关于傅籍的法律。秦朝实行普遍征兵制，凡适龄男子都必须在专门的名册登记，并开始服徭役，当时称此为"傅籍"。"傅籍"年龄从17岁开始，至60岁为止（有爵位者止于56岁)。

【今译】

瞒匿成童，及申报残疾人不确实，里典、伍老要受赎耐惩罚。百姓不免老，或已应免老而不加申报，敢于弄虚作假的，罚两副铠甲；里典、伍老不加告发的，各罚一副铠甲；同伍的人（即四邻)，每户罚一盾，都要加以流放。这是关于傅籍的法律规定。

【原文之六】法律答问

"盗徙封[(1)]，赎耐。"可（何）如为"封"？"封"即田千佰[(2)]。顷半（畔）[(3)]"封"殹（也），且非是？而盗徙之，赎耐，可（何）重也？是，不重。

…………

可（何）如为"大误"？人户、马牛及者（诸）货材（财）直（值）过六百六十钱为"大误"，其它为小。

【注释】

(1) 封：地界。　(2) 千佰：阡陌。指田间道路，南北曰阡，东西曰陌。　(3) 顷半（畔）：顷，一百亩；半，为"畔"字之误。畔，田地的界线。

【今译】

"私自移封，判处赎耐。"什么叫"封"？"封"就是田地的阡陌。百亩田的田界，算"封"还是不算"封"？私自移动就判处赎耐，是否太重？算"封"，判处并不算重。

…………

怎样是"大误"？错算人户、牛马及财货价值超过六百六十钱就是"大误"，其他为小误。

【原文之七】封诊式[(1)]

封守　乡某爰书[(2)]：以某县丞某书[(3)]，封有鞫者某里士五（伍）甲家室、妻、子、臣妾[(4)]、衣器、畜产[(5)]。●甲室、人：一宇二内[(6)]，各有户，内室皆瓦盖，木大具[(7)]，门桑十木[(8)]。●妻曰某，亡，不会封。●子大女子某，未有夫。●子小男子某，高六尺五寸。●臣某，妾小女子某。●牡犬一[(9)]。●几讯[(10)]典某某、甲伍公士某某："甲党（倘）有【它】当封守而某等脱弗占书[(11)]，且有罪。"某等皆言曰："甲封具此，毋（无）它当封者。"即以甲封付某等，与里人更守[(12)]之，侍（待）令。

覆[(13)]　敢告某县主：男子某辞曰："士五（伍），居某县某里，去亡[(14)]。"可定名事里[(15)]，所坐论云可（何）[(16)]，可（何）罪赦[(17)]，【或】覆问毋（无）有，几籍亡[(18)]，亡及逋事各几可（何）日[(19)]，遣识者当腾[(20)]，腾皆为报，敢告主[(21)]。

【注释】

(1) 封诊式："封"，指查封；"诊"，指诊察、勘验、检验；"式"，指格式和程式。它记载了秦代有关案件审判的原则，以及对案件进行调查、勘验、审讯、查封等方面的规定和案例。　(2) 乡某爰书：乡某，乡的负责人；爰书，中国古代的一种司法文书。爰书分狭义和广义两种：狭义的爰书，指审问犯人考实的判词，如同今定罪的判决书；广义的爰书，包括检举笔录、试问笔录、现场勘验笔录、查封财产报告、追捕犯人报告等。　(3) 以某县丞某书：以，用，依，按，凭。指根据某县丞某的文书。

(4) 臣妾：称服贱役的男女。 (5) 畜产：即牲畜。 (6) 一宇二内：一间厅堂、两间卧室。 (7) 木大具：具，用具，器械。指用木列架支撑的房屋。 (8) 门桑十木：门前有桑树十株。 (9) 牡犬一：牡，雄性。指公狗一只。 (10) 几讯：几，《礼记·玉藻》注"犹察也。"指察问。 (11) 脱弗占书：脱，脱漏；弗，不；占书，登录入簿籍。指脱漏未登记的。 (12) 更守：轮流看守。 (13) 覆：回报，答复。(14) 亡：逃离，出走。 (15) 定名事里：名，姓名；里，乡里。指确定姓名、籍贯。(16) 坐论云可（何）：坐论，坐而议论；云，造成损害、毁损、受到怀疑或有争议的某事物（如"疑云"）。指坐而议论有什么值得怀疑的事情。 (17) 可（何）罪赦：犯过什么罪，经过什么赦免。 (18) 几籍亡：几，几次；籍亡，簿籍上记录的逃亡。(19) 亡及逋事各几可（何）日：亡，逃亡；逋，拖延，逃避官役；各几何日，各多少天。 (20) 遣识者当腾：遣，派遣；识者，了解情况的人；当，担任；腾，疑为"誊"误，抄写，转录。 (21) 敢告主：敢，谦辞，"不敢"的简称，冒昧的意思；告，报告；主，负责人。

【今译】

封守　乡负责人某的现场勘验笔录：根据某县县丞某的文书，查封被审讯人某里士伍甲的房屋、妻、子、奴婢、衣物、牲畜。●甲的房屋、家人计有：堂屋一间、卧室两间，都有门，房屋都用瓦盖、木列架结构，门前有桑树十株。●妻名某，已逃亡，查封时不在场。●女儿大女子某，没有丈夫。●儿子小男子某，身高六尺五寸。●奴某，婢小女子某。●公狗一只。●查问里典某某、甲的四邻公士某某："甲是否还有其他应加查封而某等脱漏未加登记，如果有，将是有罪的。"某等都说："甲应查封的都在这里，没有其他应封的了。"当即将所封交付某等，要他们与同里的人轮流看守，等候命令。

覆　谨告某县负责人：男子某供称："是士伍，住在某县某里，逃亡。"请确定其姓名、籍贯，有什么值得怀疑的事情，曾犯过何罪，经过什么赦免，再查问还有什么问题，簿籍上有几次逃亡记录，逃亡和逃避官府役使各多少天，派遣了解情况的人如实记录，将所录全部回报，谨告负责人。

【点评】

(1) 秦要求官吏"精絜（洁）正直，慎谨坚固，审悉毋（无）私，微密韱（纤）察"。其中，"微密韱（纤）察"，即细致观察微密情迹——精密调查，是"为吏之道"的基本条件之一。秦朝从中央到地方建立了一套比较完整的官僚机构，同时也是一套比较系统的调查、统计机构。在中央，"三公"中的御史大夫和"九卿"中的治粟内史，就具有更多的调查统计职责。其中，御史大夫掌管全国图籍文书、监察百官，掌握着全国土地、人口、官员政绩等方面的调查、统计资料；治粟内史掌管国家财政，下设太仓、均输、平准、都内、籍田等部门，分别主管粮食、运输、物价、钱币出入、土地等方面的工作，承担着相关的调查统计职责。在地方，郡县设有郡丞和县丞，主管本郡县的文书、仓库、经济、司法等事务，负责编写向朝廷呈送的上计文书，他们都兼有本郡县调查、统计工作的职责。此外，起源于春秋、完善于秦汉的上计制度，是秦朝最重要的调查统计制度。秦朝的上计内容比较全面，包括人口、户籍、垦田，以及钱谷收入和支出等。秦以十月为岁首，上计时间一般在九月、十月之交，远地郡县多九月启程上报，到十月所有上计文书会齐，由御史大夫查核、审理并将结果报告给皇帝，然后据此决定奖惩。

（2）秦朝社会调查内容相当广泛。例如，下雨的降雨量，受益田地的顷数，谷物抽穗的顷数，已垦而未种的田地顷数，各种灾害的受灾顷数，谷物、刍稾入仓的数量，人口的数量及年龄、健康状况，土地的面积和田界，《秦律十八种·金布律》中所说的夏衣、冬衣、褐衣和钱币，以及案件现场和当事人家庭情况等等，都已被纳入调查范围。《法律答问》中有关“盗徙封”的记载，说明秦的土地已经私有，并进行过丈量。这在夏商周的调查史料中是没有出现过的。

（3）秦朝社会调查方法比较多样。秦除实地观察、口头访问、现场踏勘、亲手丈量等调查方法外，还首创了被调查者自己申报的调查方法。例如，秦王政十六年（前231），“初令男子书年”，秦始皇三十一年（前216），“使黔首自实田”，即命令男子自己书写年龄，指使百姓自报占有田亩数量。这是中国古代人口、土地调查中最早使用的由被调查者自己申报信息的调查方法，此后为许多朝代所沿用。

（4）秦朝社会调查标准制度统一。秦建立了统一的度量衡制度。度的标准是：1引＝10丈，1丈＝10尺，1尺＝10寸，1寸＝10分（即：1引＝2 310厘米，1丈＝231厘米，1尺＝23.1厘米，1寸＝2.31厘米，1分＝0.231厘米）；量的标准是：1斛＝10斗，1斗＝10升（即：1斛＝20 000毫升，1斗＝2 000毫升，1升＝200毫升）；衡的标准是：1石＝4钧，1钧＝30斤，1斤＝16两，1两＝24铢（即：1石＝30 360克，1钧＝7 590克，1斤＝253克，1两＝15.8克，1铢＝0.69克）。度量衡制度的统一，不仅解决了调查、登记的标准单位问题，而且有利于统计汇总和对比研究，为提高调查、统计的准确性、可比性打下了良好基础。

（5）秦朝社会调查要求十分严格。《效律》规定：“衡石不正，十六两以上，赀官啬夫一甲；不盈十六两到八两，赀一盾。”按照1石＝30 360克、16两（1斤）＝253克计算，误差率超过253克/30 360克＝0.008 3，就要罚“一甲”，误差率为0.008 3～0.004 16，就要罚“一盾”。“斗不正，半升以上，赀一甲；不盈半升到少半升，赀一盾。”按照1斗＝2 000毫升、半升＝100毫升计算，误差率超过100毫升/2 000毫升＝0.05，就要罚“一甲”，误差率为0.05～0.02，就要罚“一盾”。秦对度量衡器要求的严格程度，由此可见一斑。此外，《秦律杂抄》规定，在人口调查中弄虚作假（如瞒匿成童、申报残疾人不确实、百姓不免老、或应免老而不加申报等）的，以及里典、伍老不加告发的，都要受罚；同伍的人（四邻）不仅要受罚，还要流放。《法律答问》规定，错算人户、牛马及财货价值超过六百六十钱就是“大误”。这些要求，都是十分严格的。

撰稿人：水延凯、柳祥珍

“尽地力”和“善平籴”

【简介】

本篇原文，摘自《汉书》。

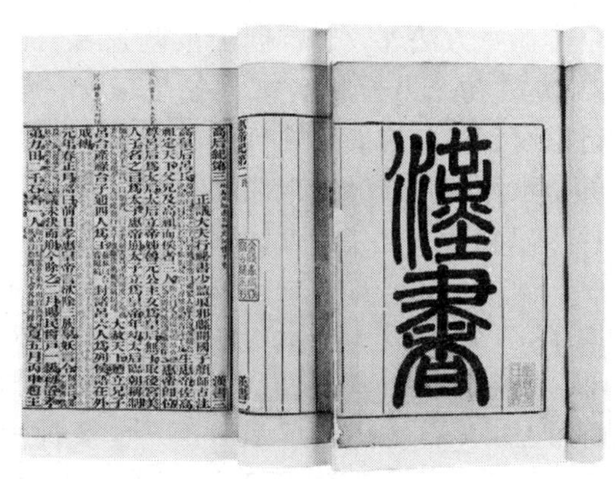
《汉书》

《汉书》，又称《前汉书》，是东汉史学家班固编撰的中国第一部纪传体断代史，记述了汉高祖元年至王莽地皇四年（前206—23），共计229年的史事。全书共100篇，其中纪12篇，表8篇，志10篇，传70篇（《汉书》把《史记》的“本纪”省称“纪”，“列传”省称“传”，“书”改称“志”，取消了“世家”，汉代勋臣世家一律编入“传”。这些变化，被后来的一些史书沿袭下来）；后人划分为120卷，约80万字。《汉书》是“二十四史”之一，是继《史记》之后我国古代又一部重要史书，与《史记》《后汉书》《三国志》并称为“前四史”。

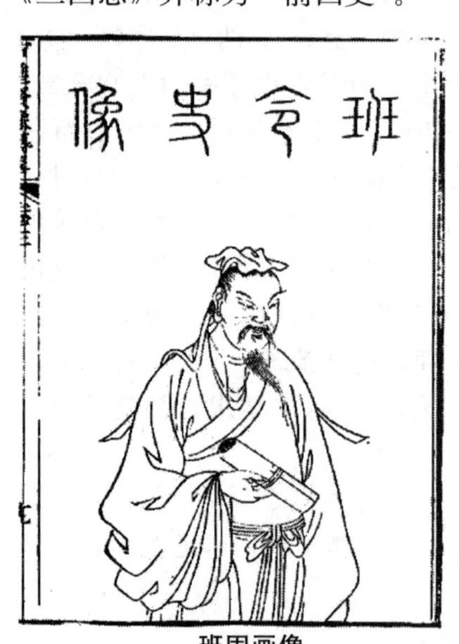
班固画像

班固（32—92），字孟坚，扶风安陵（今陕西省咸阳市）人，东汉著名史学家、文学家。他出身儒学世家，父班彪为著名学者。9岁能属文，诵诗赋。16岁入太学，博览群书，精读儒家经典及史书。22岁父亲过世，开始在其父撰《史记后传》基础上著写《汉书》。30岁遭人告发“私修国史”，被捕入狱。弟班超为其申冤，将父兄几十年修史成果呈汉明帝，受到赏识，立即下令释放，召进京都皇家校书部，拜为兰台令史，继续修史，建初（76—84）中基本修成，前后历时20余年。57岁因大将军窦宪案株连入狱，61岁死于狱中。

以下【原文】，节录自《汉书》，北京，中华书局，1999；【注释】和【今译】，也参考了上述著作。

【原文、注释和今译】

【原文之一】汉书·食货志第四上（之一）

陵夷[(1)]至于战国，贵诈力而贱仁谊，先富有而后礼让。是时，李悝[(2)]为魏文侯[(3)]作尽地力之教[(4)]，以为地方百里，提封九万顷[(5)]，除山泽邑居参分去一[(6)]，为田六百万亩，治田勤谨则亩益三升[(7)]，不勤则损亦如之[(8)]。地方百里之增减，辄[(9)]为粟百八十万石矣。

【注释】

（1）陵夷：颜师古注："陵，丘陵也；夷，平也。言其颓替若丘陵之渐平也。"意为衰败，走下坡路。（2）李悝（前455—前395）：又名李克，魏国安邑人。曾任魏国宰相，主持变法，使魏国成为战国初期强国。（3）魏文侯（前472—前396），姬姓，魏氏，名斯，战国时期魏国的建立者。（4）尽地力之教：教，教诲，指导。意为竭尽全力指导农民提高土地的生产能力。（5）提封九万顷：提封，提举四境之内的土地，总计其数字；顷，百亩；九万顷，九百万亩。（6）山泽邑居参分去一：山，山地；泽，湖泽；邑，城邑；居，居住的地方；参，古同"叁"，三的大写。参分去一，即除去三分之一。（7）升：颜师古注"计数而言，字当为斗"。（8）损亦如之：损，减少。损亦如之，减少也一样，即每亩减产三斗。（9）辄：就，则。

【今译】

周王朝衰落到战国时期，各诸侯国重阴谋暴力而轻仁义道德，先占有财富而后讲究礼让。这时，魏丞相李悝为魏文侯提出了竭尽全力指导农民提高土地生产力的建议，他认为方圆百里的土地面积，总共九百万亩，除去山林、湖泊、城邑及百姓居住面积这三分之一，还有田地六百万亩，若勤勉耕耘，每亩可增产三斗，不勤勉耕耘则每亩减产三斗。方圆百里土地上的增减，就是一百八十万石粟啊！

【原文之二】汉书·食货志第四上（之二）

又曰籴[(1)]甚贵伤民，甚贱伤农；民伤则离散，农伤则国贫。故甚贵与甚贱，其伤一也。善为国者，使民毋伤而农益劝。今一夫挟[(2)]五口，治田百亩，岁收亩一石半，为粟百五十石，除十一之税十五石，余百三十五石。食，人月一石半，五人终岁为粟九十石，余有四十五石。石三十，为钱千三百五十，除社闾尝新春秋之祠[(3)]，用钱三百，余千五十。衣，人率[(4)]用钱三百，五人终岁用千五百，不足四百五十。不幸疾病死丧之费，及上赋敛[(5)]，又未与此。此农夫所以常困，有不劝耕之心，而令籴至于甚贵者也[(6)]。

【注释】

（1）籴（dí）：买进粮食。（2）挟：挟制，携带。这里指负担。（3）社闾尝新春秋之祠：社闾尝新，邻居间尝食新收获的五谷；春秋之祠，春秋祭祀社神。（4）率：大概，大略。（5）敛：征收。（6）此农夫所以常困，有不劝耕之心，而令籴至于甚贵者也：这是农民之所以长期贫困，有不积极从事农业生产之意，而使粮价这样昂贵的原因。

【今译】

他又表示粮价昂贵就会伤害士工商，粮价低贱就会伤害农民；士工商受到伤害就会离散到别处去，农民受到伤害国家就会贫穷。所以，粮价昂贵与低贱，都会伤害一方。善于治理国家的人，既要使士工商不受到伤害，又要鼓励农民搞好生产。现今一个男劳动力负担五口人，耕种一百亩田，一年每亩收粟一石半，合计收粟一百五十石，除去十分之一的税负十五石，余一百三十五石，口粮每人每月一石半，五口一年为粟九十石，剩余四十五石。每石粟卖三十钱，计钱一千三百五十，除去邻居间互相尝新和春秋祭祀社神的三百钱，尚余一千零五十钱。添置衣服每人大概三百钱，五口人一年要一千五百钱，尚差四百五十钱。若遇不幸有疾病丧葬的花费，以及上面征收的赋税，还未计算在内。这就是农民之所以长期贫困，有不积极从事农业生产之意，而使粮价这样昂贵的原因。

【原文之三】汉书·食货志第四上（之三）

是故善平籴[(1)]者，必谨观岁有上中下孰[(2)]。上孰其收自四，余四百石[(3)]；中孰自三，余三百石[(4)]；下孰自倍，余百石[(5)]。小饥则收百石[(6)]，中饥七十石[(7)]，大饥三十石[(8)]。故大孰则上籴三而舍一[(9)]，中孰则籴二[(10)]，下孰则籴一[(11)]，使民适足，贾平[(12)]则止。小饥则发小孰之所敛[(13)]，中饥则发中孰之所敛，大饥则发大孰之所敛，而粜[(14)]之。故虽遇饥馑水旱，籴不贵而民不散，取有余以补不足也。行之魏国，国以富强。

【注释】

（1）平籴：旧时官府在农作物丰收时，以平价购买米粮储存，待荒年时售出，平稳市价，称为“平籴”。（2）孰：通“熟”，成熟，丰收。（3）上孰其收自四，余四百石：上孰，大丰收；自，是。大丰收年是四倍（平常年百亩收一百五十石），计六百石，余四百石。（4）中孰自三，余三百石：中丰收年是三倍，计四百五十石，余三百石。（5）下孰自倍，余百石：小丰收年是两倍，计三百石，余百石。（6）小饥则收百石：小饥，小饥荒。小饥荒年亩收一百石。（7）中饥七十石：中饥荒年亩收七十石。（8）大饥三十石：大饥荒年亩收三十石。（9）大孰则上籴三而舍一：大丰收年余四百石，官方购买三百石，留下一百石。（10）中孰则籴二：中丰收年购买二百石。（11）下孰则籴一：小丰收年购买一百石。（12）贾平：贾，颜师古注“贾读曰价”。指价格平稳。（13）敛：收也。（14）粜：卖粮食。

【今译】

因此善于按平价购粮储存的人，一定谨慎观察粮食作物每年的上、中、下三等成熟程度。上熟年收获是原来的四倍，即六百石，余四百石；中熟年收获是原来的三倍，即四百五十石，余三百石；下熟年收获是原来的两倍，即三百石，余一百石。小饥荒年能收一百石，中饥荒年能收七十石，大饥荒年能收三十石。所以上熟年官方购买三百石，留下一百石，中熟年购买二百石，下熟年购买一百石，使民众得到适当满足，粮价平稳就停止。小饥荒年发放下熟年收购的一百石粮食，中饥荒年发放中熟年收购的二百石粮食，大饥荒年发放大熟年收购的三百石粮食，即卖出这些粮食。所以，即使遇到荒年和水旱灾害，只要买粮食不贵，士工商就不会离散，这就是用有余补不足的方法。魏国实行这种方法，国家就得以富强。

【点评】

（1）主张“尽地力之教”。李悝在经济上主张“尽地力之教”，鼓励农民精耕细作，增加产量，以防灾荒。他指出，方圆百里面积，有九百万田亩，除去山林、湖泊、城邑及百姓居住面积这三分之一，还有六百万亩，若勤勉耕耘，每亩增产三斗，就可增产粮食一百八十万石！李悝这一宏观、定量分析，为“尽地力之教”做了有理、有力的论证，因而得到魏文侯赏识并被付诸实施，从而使魏国成为战国初期的强国。

（2）开家计分析之先河。李悝以五口之家农户为例，对其家庭全年收支所做的分析可列表如下：

李悝家计分析收支平衡表

项目	收入	支出	
实物部分（单位：石）	全年收粟：150 石	什一之税	15 石
		口粮（每人每年 18 石×5 人）	90 石
		合计	105 石
		结余	45 石
价值部分（单位：钱）	全年收入：结余 45 石×每石 30 钱=1 350 钱	社闾尝新、春秋之祠	300 钱
		衣着（每人每年 300 钱×5 人）	1 500 钱
		疾病死丧	未计入
		赋敛	未计入
		合计	1 800 钱
	全年结余：全年收入 1 350 钱－全年支出 1 800 钱 ＝ －450 钱		

上述分析，（1）反映了当时“农夫常困”的实情和原因。（2）运用了实物单位（石）与货币单位（钱）相结合的方法计算，有利于汇总和比较。（3）运用平衡法（收入－支出＝差额），做到有数字、有情况、有分析、有结论。如果说“尽地力之教”做的是宏观定量分析的话，那么这里所做的就是微观定量分析，为中国社会调查史开了家计定量研究的先河。

（3）论述“善平籴”政策。李悝指出，“籴甚贵伤民，甚贱伤农；民伤则离散，农伤则国贫，故甚贵与甚贱，其伤一也”。李悝认为，采用平籴办法，就可以使民不散、农不伤。他仍然运用统计分析方法来说明他的主张：该农户年产粟平常年份 150 石，上熟年份四倍于常年，约 600 石；中熟年份三倍于常年，约 450 石；下熟年份两倍于常年，约 300 石。小饥之年收 100 石，中饥之年收 70 石，大饥之年收 30 石。收购粮食的数量，上熟年份收购300石，中熟年份收购200石，下熟年份收购100石。反之，小饥之年粜粮100石，中饥之年粜粮200石，大饥之年粜粮300石。这样，就可以“使民适足，贾平而止”。根据李悝论述的资料，可列表如下：

李悝平籴复合分组表

单位：石

按年景分组	按收成分组	产量	平价籴或粜粮食
丰年	上	600	籴300
	中	450	籴200
	下	300	籴100
饥年	小	100	粜100
	中	70	粜200
	大	30	粜300

从表中可以看出，李悝通过统计分析，运用平均数和分组方法，并结合分数、倍数等相对指标，有理论、有数据地说明了平籴政策。在当时生产力和科学技术低下的条件下，能做出如此精细、明晰的统计分析，不能不说是极其可贵的。

总之，运用统计方法和定量分析来说明“尽地力之教”“农夫常困”“善平籴”等经济实情、原因和对策，是李悝调查、研究、论述方法的突出特点和优点。

撰稿人：水延凯

第二部分
秦汉隋唐时期

“采获旧闻，考迹诗、书，推表山川”

【简介】

本篇原文，摘自班固的《汉书·地理志》。

班固简况，本书126页已有简介，这里不再重复。

《汉书·地理志》分上、下两卷，约85 700字。其内容由三部分组成：第一部分从“昔在黄帝”至“靡有孑遗者矣”，约11 800字，收录了《禹贡》和《周礼·夏官·职方氏》中关于九州情况的记载，是对前代文献的简要复述；第二部分从“汉兴”至“汉极盛矣”，约54 600字，这是本篇的主体部分，它以汉平帝元始二年（2）全国行政区划为基础，记叙了103个郡、国及所辖1 587个县（包括1 314个县、32个道、241个诸侯国）的建置沿革、户口、山川泽薮、水利设施、古迹名胜、要邑关隘、物产、工矿、垦地等内容；第三部分从“凡民函五常之性”至卷终，约19 300字，采获了刘向《域分》和朱赣《风俗》的主要内容，是对前代成果的“辑而论之”。《汉书·地理志》这一由班固开创的中国古代政区地理志模式，为后世地理志树立了体例上的标范。

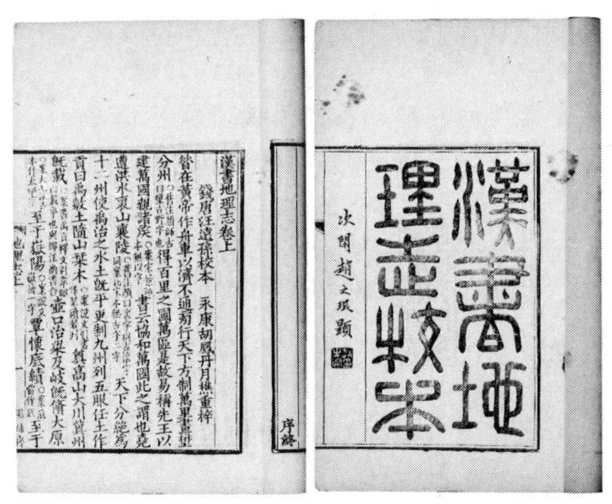

《汉书》

以下【原文】，节录自《汉书》，北京，中华书局，1999；【注释】和【今译】，也参考了上述著作。

【原文、注释和今译】

【原文之一】汉书·地理志第八上（之一）

汉兴，因秦制度[1]，崇恩德，行简易，以抚海内[2]。至武帝攘却胡、越[3]，开地斥境，南置交趾[4]，北置朔方[5]之州，兼徐、梁、幽、并夏、周之制，改雍曰凉，改梁曰益，凡十三部[6]，置刺史。先王之迹既远，地名又数改易[7]，是以采获旧闻，考迹诗、书，推表[8]山川，以缀[9]禹贡、周官、春秋，下及战国、秦、汉焉[10]。

【注释】

(1) 汉兴，因秦制度：兴，兴起，兴盛；因，依，顺着，沿袭。指汉朝兴起后，仍然沿袭秦朝的制度。 (2) 崇恩德，行简易，以抚海内：崇，尊崇；行，推行；抚，安抚；海内，四海之内。指用尊崇恩德，推行简易的做法，来安抚天下。 (3) 武帝攘却胡、越：武帝，汉武帝刘彻（前156—前87），西汉第七位皇帝，政治家、战略家；攘却，驱逐，抵御；胡、越，泛指北方和南方的各民族。 (4) 交趾：汉十三刺史部（州）之一。辖境约为今两广及越南部分地区。 (5) 朔方：汉十三刺史部（州）之一。以河套为中心，辖境约为今内蒙古中部，陕北、宁夏大部及甘肃东北部等地区。(6) 十三部：汉分天下为十三部（州），即交趾、朔方、青州、徐州、兖州、豫州、幽州、冀州、并州、荆州、扬州、凉州、益州。 (7) 数改易：数，多次。指多次改变。(8) 推表：推，推究，探索，推算；表，设立标记，表帜，标志。 (9) 缀：连接，连缀。常指著述，编辑。 (10) 下及战国、秦、汉焉：及，至，到。指连缀编辑《禹贡》《周官》《春秋》，及之后的战国、秦、汉时期的地理著述（《汉书》成书时，汉已有280多年历史）。

【今译】

汉朝建立以后，沿袭秦朝的制度，推崇恩德，实行简易之法，以安抚天下。到汉武帝时击退了胡人、越人骚扰，开辟土地，拓展疆域，在南方设置了交趾州，在北方设置了朔方州，兼并了徐州、梁州、幽州，以与夏、周时的制度相同，改雍州为凉州，改梁州为益州，共十三部，每州设置刺史。先王的事迹已相距久远，地名又多次改变，于是通过搜集旧有传闻，考察文献上的记载和实地调查山川等方法，来连接、编辑《禹贡》《周官》《春秋》以及战国、秦、汉时期的地理著述。

【原文之二】汉书·地理志第八上（之二）

右扶风[1]，故秦内史，高帝元年属雍国，二年更为中地郡。九年罢，复为内史。武帝建元六年分为右内史，太初元年更名主爵都尉为右扶风。户二十一万六千三百七十七，口八十三万六千七十。县二十一：渭城[2]，故咸阳，高帝元年更名新城，七年罢，属长安。武帝元鼎三年更名渭城。有兰池宫。莽曰京城。槐里[3]，周曰犬丘，懿王都之。秦更名废丘。高祖三年更名。有黄山宫，孝惠二年起。莽曰槐治。鄠[4]，古国。有扈谷亭。扈，夏启所伐。酆水出东南，又有潏水，皆北过上林苑入渭。有萯阳宫，秦文王起。盩厔[5]，有长杨宫，有射熊馆，秦昭王起。灵轵渠，武帝穿也。斄[6]，周后稷所封。郁夷[7]，《诗》“周道郁夷”。有汧水祠。莽曰郁平。美阳[8]，《禹贡》岐山在西北。中水乡，周大王所邑。有高泉宫，秦宣太后起也。郿[9]，成国渠首受渭，东北至上林入蒙笼渠。右辅都尉治。雍[10]，秦惠公都之。有五畤，太昊、黄帝以下祠三百三所。橐泉宫，孝公起。祈年宫，惠公起。棫阳宫，昭王起。有铁官。漆[11]，水在县西。有铁官。莽曰漆治。栒邑[12]，有豳乡，《诗》豳国，公刘所都。隃麋[13]，有黄帝子祠。莽曰扶亭。陈仓[14]，有上公、明星、黄帝孙、舜妻（盲）〔育〕冢祠。有羽阳宫，秦武王起也。杜阳[15]，杜水南入渭〔《诗》曰“自杜”〕。莽曰通杜。汧[16]，吴山在西，古文以为汧山。雍州山。北有蒲谷乡弦中谷，雍州弦蒲薮。汧水出西北，入渭。芮水出西北，东入泾。《诗》芮（陒）〔阢〕，雍州川也。好畤[17]，垝山在东。有梁山宫，秦始皇起。莽曰好邑。虢[18]，有黄帝子、周文武祠。虢宫，秦宣太后起也。安陵[19]，惠帝置。莽曰嘉平。茂陵[20]，武帝置。户六万一千八十七，口二十七万七千二百七十七。莽曰宣城。平陵[21]，昭帝置。莽曰广利。武功[22]，太壹山，古文以为终南。垂山，古文以为敦物。皆在县东。斜水出衙领山北，至郿入渭。褒水亦出衙领，至南郑入沔。有垂山、斜水、（淮）〔褒〕水祠三所。莽曰新光。

【注释】

(1) 右扶风：辖长安以西、渭水南北诸县，治所在长安。 (2) 渭城：地名，故城在今陕西省咸阳市东北。 (3) 槐里：县名，故城在今陕西省兴平市东南十里。 (4) 鄠（Hù）：县名，故城在今陕西省西安市鄠邑区北，为“古扈国”。 (5) 盩厔（Zhōu Zhì）：县名，故城在今陕西省周至县东三十里终南镇。 (6) 斄（Tái）：古同“邰”，古县名，故城在今陕西省武功县南。 (7) 郁夷：县名，故城在今陕西省陇县固关镇。 (8) 美阳：县名，故城在今陕西省武功县西北。 (9) 郿：县名，故城在今陕西省眉县东。 (10) 雍：县名，故城在今陕西省凤翔县南。 (11) 漆：县名，故城在今陕西省彬州市。 (12) 栒邑：县名，故城在今陕西省旬邑县东北。 (13) 隃麋：县名，因县有隃麋泽而得名。故城在今陕西省千阳县东。 (14) 陈仓：县名，故城在今陕西省宝鸡市东二十里。 (15) 杜阳：县名，故城在今陕西省麟游县西北。 (16) 汧（Qiān）：县名，故城在今陕西省陇县南。 (17) 好畤：县名，故城在陕西省乾县东十里好畤村。 (18) 虢：县名，故城在今陕西省宝鸡市陈仓区东。 (19) 安陵：县名，为惠帝陵，因置县。故城在今陕西省咸阳市东北。 (20) 茂陵：县名，武帝陵，建元二年（前139）置县。故城在今陕西省兴平市东北。 (21) 平陵：县名，昭帝陵，因置县。故城在陕西省咸阳市西北十五里。 (22) 武功：县名，故城在今陕西省眉县东南四十里。

【今译】

右扶风，秦为内史的一部分，高帝元年（前206）属于章邯的雍国，二年（前205）改为中地郡。九年（前198）撤销，重为内史的一部分。武帝建元六年（前135）分为右内史，太初元年（前104）主爵都尉更名为右扶风。户二十一万六千三百七十七，口八十三万六千七十。县二十一：渭城县，故咸阳，高帝元年更名新城，七年（前 200）撤销，属长安。武帝元鼎三年（前 114）更名为渭城。有兰池宫。王莽称它为京城。槐里县，周时称犬丘，懿王在此定都。秦更名为废丘。高祖三年（前 204）又更名。有黄山宫，孝惠二年（前 193）建造。王莽称它为槐治。鄠县，古国。有扈谷亭。扈，夏启曾攻打过。酆水从它东南流出，又有潏水，都在北面经过上林苑流入渭水。有萯阳宫，秦文王时建造。盩厔县，有长杨宫，有射熊馆，秦昭王时建造。灵轵渠，武帝时凿通。斄县，周时后稷分封。郁夷县，《诗》曰"周道郁夷"。有汧水祠。王莽称它为郁平县。美阳县，《禹贡》所说的岐山在它西北。中水乡，是周大王建邑的地方。有高泉宫，秦宣太后时建造。郿县，成国渠首先接受渭水，东北至上林流入蒙笼渠。属于右辅都尉管辖。雍县，秦惠公在此定都。有五畤，太昊、黄帝以下祠三百零三所。橐泉宫，孝公建造。祈年宫，惠公建造。棫阳宫，昭王建造。设有主管铁器铸造的官吏。漆县，水流在县的西边。设有主管铁器铸造的官吏。王莽称它为漆治。栒邑县，有豳乡，就是《诗》上所说的豳国，公刘在此定都。隃麋县，有黄帝子祠，王莽称它为扶亭。陈仓县，有上公、明星、黄帝的孙子、舜的妻子（盲）〔育〕的冢和祠。有羽阳宫，秦武王时建造。杜阳县，杜水从南面流入渭水〔《诗》曰"自杜"〕。王莽称它为通杜。汧县，吴山在西面，古代文字记载以为是汧山。有雍州山。北有蒲谷乡弦中谷，雍州弦蒲薮。汧水从西北流出，进入渭水。芮水从西北流出，向东流入泾水。《诗》上所说芮（阬）〔阬〕水，是雍州的河流。好畤县，垝山在东面。有梁山宫，秦始皇时建造。王莽称它为好邑。虢县，有黄帝的儿子、周文王、周武王的祠。虢宫，秦宣太后时建造。安陵县，惠帝时设置。王莽称它为嘉平。茂陵县，武帝时设置。有户六万一千八十七，口二十七万七千二百七十七。王莽称它为宣城。平陵县，昭帝时设置。王莽称它为广利。武功县，太壹山，古文记载以为是终南山。垂山，古文记载以为是敦物。它们都在县的东面。斜水从衙领山北流出，至郿流入渭水。褒水亦从衙领山流出，至南郑流入沔水。有垂山、斜水、褒水祠三所。王莽称它为新光。

【原文之三】汉书·地理志第八上（之三）

本秦京师为内史[(1)]，分天下作三十六郡[(2)]。汉兴，以其郡（大）〔太〕大，稍复开置，又立诸侯王国。武帝开广三边。故自高祖增二十六[(3)]，文、景各六[(4)]，武帝二十八[(5)]，昭帝一[(6)]，讫于孝平，凡郡国一百三，县邑千三百一十四，道三十二[(7)]，侯国二百四十一[(8)]。地东西九千三百二里，南北万三千三百六十八里。提封[(9)]田一万万四千五百一十三万六千四百五顷，其一万万二百五十二万八千八百八十九顷，邑居道路，山川林泽[(10)]，群不可垦，其三千二百二十九万九百四十七顷，可垦不可垦，定垦田八百二十七万五百三十六顷。民户千二百二十三万三千六十二，口五千九百五十九万四千九百七十八。汉极盛矣。

【注释】

（1）内史：秦始置，掌治京师咸阳及京畿地区，相当于后世的京兆尹。汉景帝时分左右内史。（2）三十六郡：秦王政二十六年（前 221），秦统一天下，分全境为三十六郡。裴骃《史记集解》曰："三川、河东、南阳、南郡、九江、鄣郡、会稽、颍川、砀郡、泗水、薛郡、东郡、琅邪、齐郡、上谷、渔阳、右北平、辽西、辽东、代郡、巨鹿、邯郸、上党、太原、云中、九原、雁门、上郡、陇西、北地、汉中、巴郡、蜀郡、黔中、长沙凡三十五，与内史为三十六郡。"清以来学者多以为裴说不足尽信，但又各家之说不一。（3）高祖增二十六：王国维《汉郡考》曰，二十六郡国，其为高帝置者，不及三分之一。诸郡中确证为高帝置者，仅河内、清河、常山、豫章四郡。（4）文、景各六：文帝六为庐江、济南、河间、甾川、胶西、城阳。景帝六为山阳、济阴、北海、广川、济东（即东平）、江都。（5）武帝二十八：冯翊、扶风、弘农、陈留、临淮、零陵、犍为、越巂、益州、牂柯、武都、天水、武威、张掖、酒泉、敦煌、安定、西河、朔方、玄菟、乐浪、苍梧、交趾、合浦、九真、平干（即广平）、真定、泗水。（6）昭帝一：金城。（7）道三十二：汉制，县邑有蛮夷的称"道"。《汉书·地理志》中县邑以道名者二十九，尚缺三；以《续汉书》证之，则蜀郡汶江道、绵虒道、武都道，与三十二之数合。（8）侯国二百四十一：周寿昌曰，《汉书·百官公卿表》云"凡县道国邑千五百八十七"，综此计之，适符其数。（9）提封：提举四境之内的土地，总计其数字。（10）山川林泽：当作"山林川泽"。

【今译】

本来秦朝的京师称内史，分全国为三十六郡。汉朝建立以后，认为秦朝的郡太大，就逐渐重新开辟设置，又封立了诸侯王国。武帝时三边广泛开拓疆域。所以从高祖起增加了二十六郡，文帝、景帝各增加了六郡，武帝增加了二十八郡，昭帝增加了一郡，到孝平帝时，共有郡国一百零三个，县邑一千三百一十四个，道三十二个，侯国二百四十一个。土地东西向九千三百零二里，南北向一万三千三百六十八里。提举四境之内的土地共有一亿四千五百一十三万六千四百零五顷。其中一亿零二百五十二万八千八百八十九顷，为民众居住的地方和道路，以及山林河泽，都不可开垦；其中三千二百二十九万零九百四十七顷，有可以开垦的，也有不可以开垦的，已确定开垦的田地八百二十七万零五百三十六顷。有民户一千二百二十三万三千零六十二，口五千九百五十九万四千九百七十八。汉朝达到极盛了。

【点评】

（1）《汉书·地理志》开了政区地理与沿革地理相结合的先河。班固以前的地理著作，如《山海经》等，都以山川为主体叙述地理现象，而无政区概念。《禹贡》《职方氏》虽有了"九州"概念，但仍依山川自然界线划分九州，而且"九州"的划分只是理想，而未成为现实。《汉书·地理志》则不同，它不仅首创了政区地理，而且把政区地理与沿革地理——空间地理与时间地理结合了起来，从而开了政区地理与沿革地理相结合的先河。这种地理学模式出现在东汉，不是偶然的。因为，中国行政区划起始于春秋战国，但当时尚未形成统一国家；秦统一了天下，形成了中央集权的封建国家，但历时很短。班固生活在东汉，自汉建立以来形成的郡（王国）—县（道、侯国）两级行政区划已稳定发展了200多年。夏、商、周以来的区划史，特别是秦、汉200多年来的行政区划史，正是政区地理与沿革地理相结合的《汉书·地理志》产生的客观基础。

(2)《汉书·地理志》不仅记载了丰富的自然地理情况，而且记载了大量经济地理、人口地理、文化地理、军事交通地理等宝贵资料。据不完全统计，《汉书·地理志》记载了 480 个川渠，59 个泽薮，300 多条水道的源头、流向、归宿和长度，153 个重要山岳，139 处工矿物产（包括 36 处盐官、48 处铁官的位置和分布），屯田、水利渠道建设的记录，103 个郡国的治所及户、口统计数据，许多具有历史意义的古国、古城及其他古迹，重要的关、塞、亭、障，有历史价值的陵邑、祖宗庙、神祠的分布，以及通往塞外的道路，等等。有些资料极具研究价值。例如，上郡高奴县“有洧水，可燃”，西河郡鸿门县“有天封苑火井祠，火从地出也”，这里所记的可燃水、火井，就是石油、天然气，这很可能是中国最早关于石油、天然气资源的记载。又如，《汉书·地理志》记载了从今徐闻西出发到印度南部和斯里兰卡的航海线，以及沿途各地的地理现象等。

(3) 中国经济史学家梁方仲根据《汉书·地理志》对 103 个郡国民户和口数的记载，整理出西汉各州户口情况，如下表所示。

各州户口数、平均户口数及各州户口数的比重

州别	县数	户数	口数	每县平均户数	每户平均口数	户数占总计(%)	口数占总计(%)
总计	1 577	12 356 470	57 671 401	7 835.43	4.67	100.00	100.00
司隶	132	1 519 857	6 682 602	11 514.07	4.40	12.30	11.59
豫州	102	1 341 866	6 944 353	13 155.55	5.18	10.86	12.04
冀州	129	1 133 099	5 177 462	8 783.71	4.57	9.17	8.98
兖州	115	1 656 478	7 877 431	14 404.16	4.76	13.41	13.66
徐州	138	1 150 238	5 241 242	8 334.91	4.56	9.31	9.08
青州	119	959 815	4 191 341	8 065.67	4.37	7.77	7.27
荆州	115	668 597	3 597 258	5 813.87	5.38	5.41	6.24
扬州	93	710 821	3 206 213	7 643.24	4.51	5.75	5.56
益州	128	1 024 159	4 784 214	8 001.24	4.67	8.29	8.30
凉州	115	331 260	1 282 013	2 880.52	3.87	2.68	2.22
并州	90	450 432	1 926 876	5 004.80	4.28	3.65	3.34
幽州	162	880 667	3 714 656	5 486.22	4.22	7.13	6.44
朔方	84	313 733	1 673 450	3 734.92	5.33	2.53	2.90
交趾	55	215 448	1 372 290	3 917.24	6.37	1.74	2.38

注：户数和口数，与《汉书·地理志》的记述有一定差距，可能是原计算有误。按上述数据计算，户均 4.87 人，67.61 亩，人均 13.88 亩。据有关学者研究，汉朝 1 亩折合今 0.691 6 亩①。因此，人均 13.88 汉亩，可折算为 9.6 亩。

资料来源：梁方仲．中国历代人口、田地、田赋统计．北京：中华书局，2008：19.

上述记载，为中国历史留下了第一个比较完整、准确的户、口数记录，很可能也

① 梁方仲．中国历代人口、田地、田赋统计．北京：中华书局，2008：747.

是世界上现存的最古老、最完整、最精确的人口调查记录。在 2 000 多年前，对分布在 103 个郡国的近 6 千万人口进行调查和登记，这在世界上很可能是绝无仅有的，堪称古代社会调查的典范。①

（4）班固编撰《汉书·地理志》的主要方法是："采获旧闻，考迹诗、书，推表山川"。它的第一部分主要收录了《禹贡》和《职方氏》中关于九州情况的记载，此外，在《禹贡》前，还增加了黄帝至大禹的相关记载；在《禹贡》与《职方氏》间，增加了大禹至周的相关记载；在《职方氏》后，缀以周至秦汉的沿革，从而保持了汉以前区域沿革的连续性。它的第二部分主要记叙了汉平帝元始二年全国 103 个郡国及所辖 1 587 个县的建置沿革、户口、山川泽薮、水利设施、古迹名胜、要邑关隘、物产、工矿、垦地等内容。这一部分，是班固通过"采获旧闻"或"推表山川"创作的主体部分。它的第三部分主要辑录了刘向的《域分》和朱赣的《风俗》，分述了秦、魏、周、韩、郑、陈、赵、燕、齐、鲁、宋、卫、楚、吴、粤（越）等各故国、各地区的概况。事实说明，《汉书·地理志》实际上是文献调查与实地调查相结合的产物。

撰稿人：水延凯

① 葛剑雄．中国人口发展史．福州：福建人民出版社，1991：32－35.

“民数周，为国之本也”

【简介】

本篇原文，摘自徐幹的《中论》。

徐幹（170—217），字伟长，北海郡剧县（今山东省寿光市）人，文学家、思想家，“建安七子”之一。“年十四，始读五经，发愤忘食，……未至弱冠（即未到20岁），学五经悉载于口，博览传记，言则成章，操翰（持笔）成文矣。”建安（196—220）年间，曹操请他做官，他称疾不行；曹操平定北方后又请他做官，历时五六年后，他仍以疾辞归。他“潜身穷巷，颐志保真，淡泊无为，惟存正道”，虽“并日而食”，亦“不以为戚”①。217年春，瘟疫流行，徐幹染疾而卒，年仅47岁。

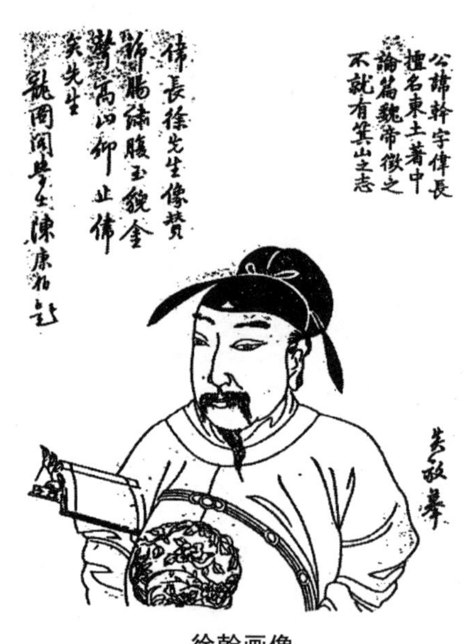

徐幹画像

《中论》是一部政论性著作，分上下两卷，计二十篇。“关于本书的内容，纵观书中各篇，可粗略划分为两大类，一是谈修身处世之道，二是谈治国为政之方。”②《中

① 徐幹．中论解诂．孙启治，解诂．北京：中华书局，2014：393-395.

② 同①11.

论》下卷“谈治国为政之方”的最后一篇，是《民数》。在该篇中，徐幹集中说明了民数管理的重要意义，介绍了民数管理的历史经验和办法，指出了忽视民数管理的危害和严重后果，以及加强民数管理的必要性，等等。可以说，“民数第二十”是徐幹集中论述人口问题的专篇。

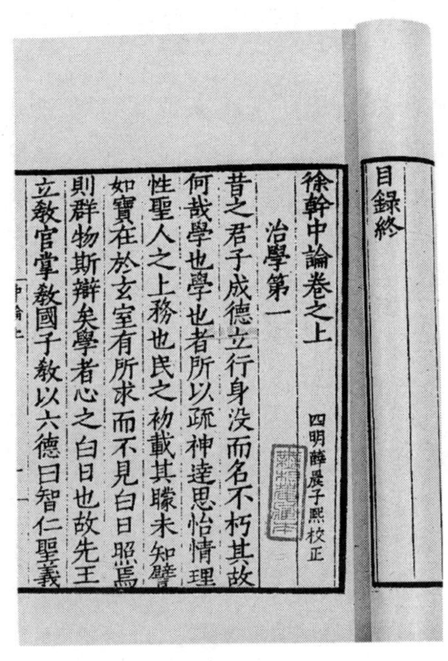

目錄終

徐幹中論卷之上

治學第一　四明薛晨子熙校正

昔之君子成德立行身没而名不朽其故
何哉學也學也者所以疏神達思怡情理
性聖人之上務也民之初載其矇未知譬
如寶在於玄室有所求而不見白日照焉
則群物斯辯矣學者心之白日也故先王
立教官掌教國子教以六德曰智仁聖義

《中论》

以下【原文】，节录自徐幹撰《中论解诂》，孙启治解诂，北京，中华书局，2014；【注释】和【今译】，也参考了上述著作。

【原文、注释和今译】

【原文之一】中论·民数（之一）

治平[1]在庶功[2]兴，庶功兴在事役[3]均，事役均在民数周[4]。民数周，为国之本也。故先王周知其万民众寡之数，乃分九职[5]焉。九职既分，则劬劳[6]者可见，怠惰者可闻也，然而事役不均者未之有也。事役既均，故民尽其心而人竭其力，然而庶功不兴者未之有也。庶功既兴，故国家殷富，大小不匮[7]，百姓休和[8]，下无怨疚[9]焉，然而治不平者未之有也。故曰：“水有源，治有本。”道者，审乎本而已矣[10]。

【注释】

（1）治平：政事治理平和。　（2）庶功：庶，众也；功，事也。指各种事业、政务。　（3）事役：事，使也。指使用劳役。　（4）民数周：民数，人口数；周，完备。指人口数完备、周详。　（5）九职：周朝时的九种职业。一曰农夫，种植谷物者；二曰园圃，种植果菜者；三曰虞衡，在山林川泽伐木、取珠者；四曰薮牧，畜牧者；五曰百工，制作器物者；六曰商贾，经商者；七曰嫔妇，织布帛丝麻者；八曰臣妾，做仆役者；九曰闲民，无业受雇于人者。（6）劬劳：劬，勤也。指勤劳。（7）不匮：匮，缺乏。指不缺乏。（8）休和：安逸和平。（9）怨疚：怨恨忧愁。（10）道者，审乎本而已矣：道，治理；本，民数周。指治国之道，在于民数周而已。

【今译】

政局平稳安定在于各种事业兴旺，各种事业兴旺在于使用民力均匀，使用民力均匀在于人口数周详。人口数周详，是治理国家的根本。所以，古代君王都要详知其人口数，并区分他们的职业。职业划分清楚了，勤劳者、怠惰者可区别了，就不会出现使用民力不均匀的情况。使用民力均匀了，百姓就会尽心竭力，各种事业就不可能不兴旺。各种事业兴旺了，国家就会富强，各个方面不缺乏，百姓安逸平和，没有怨恨忧愁，就不会出现政局不平稳不安定的情况。所以说："水有源，治有本。"治国之道，在于人口数周详而已。

【原文之二】中论·民数（之二）

《周礼》，孟冬，司寇[(1)]献民数于王，王拜而受之，登于天府[(2)]，内史、司会、冢宰贰之[(3)]。其重之如是也。今之为政者，未知恤[(4)]已矣。譬由无田而欲树艺[(5)]也，虽有良农，安所措其疆力乎[(6)]？是以先王制六乡、六遂之法[(7)]，所以维持其民而为之纲目也[(8)]。使其邻比相保相爱[(9)]，刑罚庆赏相延相及[(10)]。故出入存亡、臧否顺逆[(11)]可得而知矣。如是，奸无所窜，罪人斯得[(12)]。迨及[(13)]乱君之为政也，户口漏于国版[(14)]，夫家脱于联伍[(15)]，避役者有之，弃捐者有之，浮食者[(16)]有之，于是奸心[(17)]竞生，伪端[(18)]并作矣。小则盗窃，大则攻劫，严刑峻法不能救也。

【注释】

（1）司寇：指《周礼·秋官》中的小司寇。（2）登于天府：登，入也；天府，掌天子祖庙收藏之官。这里指入藏朝廷府库。（3）内史、司会、冢宰贰之：内史，掌爵录与废置诸事者；司会，掌官属考核与财用会计者；冢宰，即太宰，辅佐帝王治国者；贰，副也，指写副本。（4）未知恤：恤，忧，顾念。未知恤，这里是指未知顾念民数。（5）树艺：种植，栽培。（6）安所措其疆力乎：疆，同"彊（强）"；措，犹用。指何所用其强力乎。（7）六乡、六遂之法：乡、遂，均为周朝行政区划的称谓。王城百里内为六乡，百里外为六遂。乡以五家为比，五比为闾，四闾为族，五族为党，五党为州，五州为乡；遂以五家为邻，五邻为里，四里为酂，五酂为鄙，五鄙为县，五县为遂。据此计算，一乡、一遂均为 12 500 家，六乡、六遂则为各 75 000 家。（8）维持其民而为之纲目也：维持，维系而不致涣散；纲目，这里指法度与条规。（9）相保相爱：保，指担保；"爱"当作"受"，指接纳。（10）相延相及：延，指延伸；及，达到。延及，指扩展到、延伸到。（11）臧否顺逆：臧否，善恶得失；顺逆，顺正与邪逆、顺境与逆境。（12）罪人斯得：斯，乃、就。指罪人被捕获。（13）迨及：迨，及也，等到。（14）国版：国之户籍。（15）联伍："五人为伍，十人为联”，联、伍皆户籍之编制。（16）浮食者：不务正业而谋食者。（17）奸心：坏心思，作恶之心。（18）伪端：诈伪之事端。

【今译】

按《周礼》规定，每年农历十月，秋官司寇要把民数呈献给天子，天子要行拜礼接受，藏于朝廷府库，内史、司会、冢宰则收藏民数副本，其慎重程度至此！现今当政者，不知以民数为念，这好比没有田地而想种庄稼，虽有熟练的农夫，但到何处去发挥他们的才能呢？上古君王制定六乡、六遂之法，是维系民众而不致涣散的法规。这些法规，可以使邻居共同担保，共同接纳，有刑罚共同承担，有庆赏共同享受。所以，民众迁出迁入、生死存亡，以及善恶得失、顺正邪逆都可以知道。这样，奸邪之人无法逃窜，有罪之人可被捕获。到昏庸无道的君主当政时，民口漏于国之户籍，男女脱于朝廷编户，有逃避劳役者，有弃农不务者，有不务正业谋食者，于是奸邪之心竞相滋生，诈伪之事到处泛滥，小则盗窃，大则抢劫，即使有严刑峻法，也无法制止。

【原文之三】中论·民数（之三）

故民数者，庶事之所自出(1)也，莫不取正(2)焉。以分田里(3)，以令贡赋(4)，以造器用(5)，以制禄食(6)，以起田役(7)，以作军旅(8)。国以之建典(9)，家以之立度(10)，五礼用修(11)，九刑用措者(12)，其惟审民数乎(13)！

【注释】

（1）自出：出自。（2）莫不取正：正，中也，引申为准则、规范。指无事不取决于民数。（3）以分田里：以，按照；田里，田亩和住宅。指按照民数多寡分配田亩和住宅。（4）以令贡赋：令，摊派。指按照民数多寡摊派贡赋。（5）以造器用：造，制造；器用，器皿用具。按照民数多寡制造器皿用具。（6）以制禄食：禄食，官吏的俸禄。指按照民数多寡制定官吏俸禄。（7）以起田役：起，征收。指按照民数多寡征收田赋和兵役、劳役。（8）以作军旅：作，组建；军旅，军队。指按照民数多寡组建军队。（9）典：典章、礼仪、法规、制度。（10）度：规矩，标准，法则。（11）五礼用修：修，治，整治；五礼，指教化，包括吉、凶、宾、军、嘉五礼。（12）九刑用措者：措，用也；九刑，指法制，包括墨（刺面）、劓（割鼻）、剕（断足）、宫（宫刑）、大辟（死刑）、流放、鞭笞、杖击、缴纳赎金。（13）其惟审民数乎：惟，只有；审，详细，周密。指唯有靠详细、周密的人口数啊！

【今译】

所以，各种事业均出自人口数，处理各种事业无不以它为根据。按照人口多少分配田亩住宅，按照人口多少摊派贡赋，按照人口多少制造器皿用具，按照人口多少决定官吏俸禄，按照人口多少征收赋役，按照人口多少组建军队。国家依据它建立法典，家庭依据它设立规范，五礼得以整治，九刑得以施行，这些唯有靠详细、周密的人口数才能施行啊！

【点评】

（1）徐幹撰写《中论·民数》的历史背景有二：一是，汉魏之际，战乱频仍，社会动荡，民不聊生，丁口凋零，百姓流离失所，再加上州牧割据，各自为政，朝廷长期不掌民数，赋役之重，朝政之繁，民不堪受，不断引起动乱。二是，汉高祖刘邦攻入咸阳后，部将都争着抢夺金银财宝，唯独萧何把秦丞相、御史府所藏律令、户籍图书弄到手，从而掌握了全国的山川险要、郡县户口，对日后制定政策和取得楚汉战争胜利起了重要作用。这说明，《中论·民数》绝不是书斋里冥思苦想的结果，而是立足于现实与历史考察的产物。

（2）《中论·民数》的主要贡献在于：首先，论证了“民数者，庶事之所自出也”。经济上，“以分田里”，“以令贡赋”，“以造器用”，“以起田役”；政治上，“国以之建典”，“九刑用措”，“以制禄食”；社会上，“家以之立度”，“五礼用修”；军事上，“以作军旅”。所有这些经济、政治、社会、军事决策，都应以“民数周”为主要根据或基础。从这个意义上说，“民数周，为国之本”是完全正确的。其次，指出了“今之为政者”不知以民数为念的危害——好比没有田地而想种庄稼，虽有熟练农夫，但却不知到何处去发挥他们的才能。再次，揭示了忽视人口管理的严重后果，即“避役者有之，弃捐者有之，浮食者有之，于是奸心竞生，伪端并作矣。小则盗窃，大则攻劫，严刑峻法不能救也”。

（3）《中论·民数》有一定的局限性：第一，“民数周”是经济、政治、社会、军事决策的主要根据或基础之一，而不是唯一的根据或基础。第二，“民数周”是“事役均”的必要条件，而非必要充分条件。同样，“事役均”与“庶功兴”的关系、“庶功兴”与“治平”的关系，以及“事役均”与“民尽其心而人竭其力”的关系，也是必要条件，而非必要充分条件。第三，“六乡、六遂之法”，在“先王”时代可能是“维持其民”的有效法规，到徐幹所处的时代，还能否这样加强地方编户、严格户口的管理？这是值得怀疑的。

（4）早在1 800多年前，徐幹就把“民数周”看作制定经济、政治、社会、军事决策的根据或基础，并把它提升到“国之本”的高度，足以证明他对人口调查和管理的高度重视！《中论·民数》作为中国古代思想史上论述人口问题最为集中的专篇，是深思熟虑和极富远见的，也是极为罕见和难能可贵的！

撰稿人：水延凯

“人事为本”与“明版籍以相数阅”

【简介】

本篇原文，摘自仲长统的《昌言》。

仲长统画像

仲长统（180—220），字公理，山阳郡高平（今山东省邹城市、金乡县一带）人，哲学家、政论家。他出身中小地主家庭，从小聪颖，敏思好学，博览群书，长于文辞。20岁开始，游学于当时战乱频繁的今山东、安徽、江苏、河南、河北、辽宁一带，目睹民生凋敝、战火纷飞、“白骨蔽于野，千里无鸡鸣”的场景。他才华过人，性豪爽，敢直言，不拘小节，默语无常，时人谓之狂生。每逢州郡召他为官，都称疾不就。汉献帝时，尚书令荀彧闻其名声，举荐他为尚书郎。后仲长统曾参与丞相曹操的军事事务，但没有得到重用，不久便回任尚书郎。延康元年（220）汉献帝逊位，仲长统去世，可谓随东汉亡而亡，时年41岁。

《政论校注　昌言校注》

《昌言》，凡三十四篇，十余万言，但原书已佚，校注所用《昌言》辑本，为清代严可均从《后汉书·仲长统传》中辑出的《理乱》《损益》《法诫》三篇，从《群书治要》卷四十五中辑出的阙题九篇，共十二篇，为正篇，另有两篇附篇，总计十四篇，约为原来全书的十之一二。所谓“昌言”，是指善言，正当的言论，正直的、无所忌惮的话。在《昌言》中，仲长统在哲学上，提出了“人事为本，天道为末”的观点；在政治上，分析了君主制政权从兴建、稳定、衰落到灭亡的过程，历数东汉末年种种政治、社会弊病，提出了“明版籍”“审什伍”“限夫田”“急农桑”等十六条“政务”，具有重要意义。

以下【原文】，节录自仲长统撰《政论校注　昌言校注》，孙启治校注，北京，中华书局，2012；【注释】和【今译】，也参考了上述著作。

【原文、注释和今译】

【原文之一】昌言·损益

……明版籍以相数阅[(1)]，审什伍以相连持[(2)]，限夫田以断并兼[(3)]，定五刑以救死亡[(4)]，益君长以兴政理[(5)]，急农桑以丰委积[(6)]，去末作以一本业[(7)]，敦教学以移情性[(8)]，表德行以厉风俗[(9)]，核才蓺以叙官宜[(10)]，简精悍以习师田[(11)]，修武器以存守战[(12)]，严禁令以防僭差[(13)]，信赏罚以验惩劝[(14)]，纠游戏以杜奸邪[(15)]，察奇刻以绝烦暴[(16)]。审[(17)]此十六者以为政务，操之有常，课之有限[(18)]，安宁勿懈堕，有事不迫遽[(19)]，圣人复起，不能易也[(20)]。

【注释】

(1) 明版籍以相数阅：版，名籍也，以版为之；阅，数阅，查点。 (2) 审什伍以相连持：审，定也；什伍，十家为什，五家为伍；连持，牵连互保。 (3) 限夫田以断并兼：夫田，一夫所受之田。《汉书·食货志》曰："民受田，上田夫百亩，中田夫二百亩，下田夫三百亩。"并兼，富豪家以财势并取贫家之田而兼有之。 (4) 定五刑以救死亡：五刑，《汉书·刑法志》曰："黥，劓，斩左右止，笞杀之，枭其首，菹其骨肉于市，谓之五刑。"救死亡，不致枉杀不当死罪者。 (5) 益君长以兴政理：益，增加。指增设官长以振兴政事之治理。 (6) 急农桑以丰委积：急，迫切，加紧；农桑，种地、养蚕，泛指农业生产；委积，积聚。 (7) 去末作以一本业：去，弃去；末作，工商业；一本业，专一于农桑之本业。 (8) 敦教学以移情性：敦，督促，勉励；教学，教诲，感化；移，改移，变动；情性，情意，性格。 (9) 表德行以厉风俗：表，表彰；德行，道德品行的素质；厉，厉行，磨炼；风俗，风气、礼节、习惯等的总和。 (10) 核才蓺（yì）以叙官宜：核，检验，查核；蓺，同"艺"；叙，按次第；官宜，适宜的官职。 (11) 简精悍以习师田：简，选择；精悍，精明强悍；师，征伐；田，田猎。 (12) 修武器以存守战：修，整治；存，存意、留意；守战，守御和攻战。 (13) 严禁令以防僭差：僭差，僭越，过度，谓违禁。 (14) 信赏罚以验惩劝：信，相信，信守；验，验证；惩劝，惩恶，劝善。 (15) 纠游戏以杜奸邪：纠，矫正；游戏，伤风败俗之游乐嬉戏；杜，杜绝；奸邪，奸诈邪恶。 (16) 察奇刻以绝烦暴："奇"，应为"苛"。察苛刻，指察举官员苛刻待民；绝烦暴，指杜绝烦扰百姓之暴政。 (17) 审：定也。 (18) 操之有常，课之有限：操，操执；常，常规；课，税也；限，限度。 (19) 安宁勿懈堕，有事不迫遽：懈，怠也；堕，通"惰"；迫遽，急迫。 (20) 圣人复起，不能易也：复，回来，再生；易，改变。

【今译】

……清楚登记户籍以相互察知，审定什伍编户以牵连互保，限定一夫所受之田以断绝兼并之源，制定五刑之法以避免枉杀不当死罪之人，增设官长以振兴政事之治理，加紧农业生产以扩大积聚，弃去工商业以专一于农业，勉励教化以改移情性，表彰德行以整治风俗，审验才艺以按等次授予适宜官职，选择精明强悍的士卒以习练征战田猎，修治武器以留意守御和攻战，严格禁令以防止僭越违禁，赏罚有信以验证惩恶劝善之必行，纠正伤风败俗的游乐嬉戏以杜绝奸诈与邪恶，察举官员苛刻待民的行为以杜绝烦扰百姓之暴政。审定此十六事以为执政之要务，操执有常规，课税有限度，安行勿怠惰，遇事不急促，即使圣人再生，也不能改变啊！

【原文之二】昌言·阙题九

昔高祖诛秦、项而陟天子之位(1)，光武讨篡臣而复已亡之汉(2)，皆受命之圣主(3)也。萧、曹、丙、魏、平、勃(4)、霍光之等，夷诸吕，尊大宗(5)，废昌邑而立孝宣(6)，经纬国家，镇安社稷(7)，一代之名臣也。二主数子之所以震威四海、布德生民(8)、建功立业、流名百世者，唯人事之尽(9)耳，无天道之学(10)焉。然则王天下、作大臣者，不待于知天道(11)矣。所贵乎用天之道者，则指星辰以授民事，顺四时而兴功业(12)，其大略也。吉凶之祥又何取焉(13)？故知天道而无人略者，是巫医卜祝之伍、下愚不齿之民(14)也。信天道而背人略者，是昏乱迷惑之主、覆国亡家之臣也。

问者曰：治天下者，壹之乎人事，抑亦有取诸天道也(15)？曰：所取于天道者，谓四时之宜也；所壹于人事者，谓治乱之实也。……从此言之，人事为本，天道为末，不其然与(16)？

【注释】

(1) 高祖诛秦、项而陟天子之位：陟，登也。指汉高祖刘邦攻克秦都咸阳、战胜项羽而登上天子之位。 (2) 光武讨篡臣而复已亡之汉：篡臣，指王莽。指汉光武帝刘秀战胜王莽、翦灭群雄、建立后汉，史称“光武中兴”。 (3) 皆受命之圣主：指刘邦、刘秀都是受天命创业的圣明君主。 (4) 萧、曹、丙、魏、平、勃：指汉朝重臣萧何、曹参、丙吉、魏相、陈平、周勃。 (5) 夷诸吕，尊大宗：指丞相陈平与太尉周勃合谋平定诸吕之乱，立文帝，尊汉统。 (6) 废昌邑而立孝宣：指汉朝大将军霍光废昌邑王刘贺而拥立孝宣帝刘询继承帝位。 (7) 经纬国家，镇安社稷：经纬，喻治理；镇，安也；社稷，原意土谷之神。意指治理国家，安定社会。 (8) 布德生民：布，布施，施行；德，善行，恩德；生民，百姓。 (9) 唯人事之尽：倒言之，犹言唯尽人事。 (10) 天道之学：天道，谓上天运行之常道，如日月星辰之运行、春夏秋冬之轮替。学，效也。 (11) 不待于知天道：不等待、不依靠知晓天道，意指尽人事而已。 (12) 指星辰以授民事，顺四时而兴功业：观察天象以知天时，知天时而示民以农事，顺从季节变化而兴农事、成功业。 (13) 吉凶之祥又何取焉：祥，吉凶的预兆。有什么吉凶预兆需要求问上天呢？ (14) 巫医卜祝之伍、下愚不齿之民：巫医，诵咒去邪以治疾者；卜祝，占卜、祭神者；不齿，不与之同列，鄙薄之意。 (15) 壹之乎人事，抑亦有取诸天道也：壹，专一；抑，文言中表转折的连词，有“或者”之意；取，求也。 (16) 不其然与：与，同“歟”“欤”，表示感叹、疑问。意为难道不是这样吗？

【今译】

从前，高祖刘邦攻克秦都咸阳、战胜项羽，登上天子之位，光武帝刘秀讨伐篡臣王莽，恢复汉统，建立东汉，都是受天命而创业的圣主。萧何、曹参、丙吉、魏相、陈平、周勃、霍光等，平定诸吕之乱，立文帝，尊汉统，废昌邑王刘贺，拥立孝宣帝刘询继位，治理国家，安定社稷，都是历史上的著名大臣。高祖、光武二帝和几位名臣之所以威震四海、施德百姓、建功立业、流芳百世，只是尽人事而已，并无天道的效用。既然如此，就说明称王天下、担任大臣，并不依赖于知晓天道，而在于尽人事。人们之所以重视天道，不过是把观察星辰等天象变化的情况告示于百姓，让百姓按照季节变化操持农事而兴功立业，重天道大致就是如此，有什么吉凶预兆需要求问于上天呢？所以，只知尊天事鬼而不知尽人事者，只能与巫医占卜者为伍，是极为愚昧而不值得一提的人。只信奉尊天事鬼而违背人事谋略者，只能是昏庸糊涂的君主、覆亡国家的臣子。

有人询问：治理国家的人，是应该专一于人事，还是应该求诸天道？回答说：人们之所以求诸天道，在于按季节变化做适宜的事情以兴功立业；人们之所以专一于人事，在于处理关乎国家治乱的实事。……由此看来，人事是根本，天道是末端，难道不是这样吗？

【点评】

（1）仲长统生活在东汉末年。当时，朝政腐败，地方豪强拥兵自重，横征暴敛，兼并加剧，贫苦农民不堪重负，再加上黄巾起义、董卓之乱，社会急剧动荡，朝廷已名存实亡，军阀混战已揭开序幕。仲长统的《昌言》，就是这一历史背景的产物。在《昌言》中，仲长统除全面分析君主政权从兴建、稳定、衰落到灭亡的过程外，历数种种政病时弊，不仅提出了以“明版籍以相数阅”为首的十六条政见，而且着重论述了他的“人事为本，天道为末”的天人观念。

（2）仲长统在政务方面提出了以“明版籍以相数阅”为首的十六条政见。所谓“明版籍”，就是清楚地登记户籍。“明版籍”之所以为十六条政见之首，在于它是“审什伍”“限夫田”“定五刑”“益君长”“急农桑”“去末作”“敦教学”“表德行”“核才蓺”“简精悍”“修武器”“严禁令”“信赏罚”“纠游戏”“察奇刻”的基础或必要条件。重视“明版籍”，既是对夏以来“民惟邦本”优良传统观念的继承，又是对东汉末年政务实际需要的总结。

（3）仲长统认为，圣主名臣“之所以震威四海、布德生民、建功立业、流名百世者，唯人事之尽耳，无天道之学焉”，而“知天道而无人略者，是巫医卜祝之伍、下愚不齿之民”，“信天道而背人略者，是昏乱迷惑之主、覆国亡家之臣”。其结论是：“人事为本，天道为末。”在董仲舒“天人合一”“天人感应”思想统治 300 多年后的东汉末期，仲长统能如此鲜明地提出“人事为本，天道为末”的观念，没有对历史的广泛研究、对现实的深入考察，是不可能的。

（4）仲长统对东汉末年社会政治的批判，是中肯、深刻的，他的“人事为本，天道为末”的观念更是难能可贵的。但是，他的十六条政见以及其他建议，却是软弱无力的。它们都离不开朝廷，离不开一个明君和一批能臣，而这正是封建王朝末期所不可能具有的。因此，他在《昌言》中经常流露出悲观绝望的思想和慕老思玄、避世离俗的情绪。这几乎是中国封建士大夫的通病。所不同的是，仲长统“心驰于世务，思锐于人事”[①]，这说明，他的积极思想仍然是主要的。

撰稿人：水延凯

① 政论校注　昌言校注．孙启治，校注．北京：中华书局，2012：406.

“天下垦田多不以实”，“诏下州郡检核其事”

【简介】

本篇原文，摘自范晔的《后汉书》。

范晔（398—445），字蔚宗，顺阳（今河南省南阳市淅川县）人，出身士族家庭，曾祖范汪仕官至安北将军，撰有《尚书大事》等；祖父范宁任豫章太守，著有《春秋穀梁传集解》；父范泰为中书侍郎，亦有《古今善言》等著述，也是南朝宋的官员、史学家、文学家。范晔从小酷爱读书，幼年即博览家中藏书，善文，能作隶书，通晓音律。元熙二年（420），刘裕代晋称帝，范晔应诏出仕，任彭城王刘义康门下冠军长史、秘书丞；元嘉九年（432），因得罪刘义康，被贬为宣城太守，于任内著写《后汉书》。元嘉十七年（440），投靠始兴王刘浚，任徐州长史、太子詹事等职。元嘉二十二年（445），因参与刘义康政变阴谋，事败处斩，死时年48岁。范晔才华横溢，史学成就突出，《后汉书》博采众书，结构严谨，属词丽密，与《史记》《汉书》《三国志》并称“前四史”。

范晔画像

《后汉书》记述了从东汉光武帝建武元年（25）至汉献帝建安二十五年（220）共195年的史事。全书原定编撰十纪、十志、八十列传，合为百卷，但十志尚未写成范晔就被杀了。现《后汉书》里的律历、礼仪、祭祀、天文、五行、郡国、百官、舆服等八志（三十卷），是后人从司马彪著《续汉书》里取出来补进去的。从体例上看，《后汉书》基本沿袭了《史记》和《汉书》，但有一些改进：一是在本纪方面，突破一帝一纪，在《和帝纪》后附殇帝，在《顺帝纪》后附冲、质二帝，这既节省了篇幅，又不遗漏史实。此外，还添置了皇后纪，这符合东汉六个皇后临朝称制的史实。二是在列传方面，新增了党锢、宦者、文苑、独行、方术、逸民和列女七种列传，还打破时间顺序，将行事近似的人（如王充、王符和仲长统三人）写成合传。这些改进，既是新创，又反映了东汉实际情况。

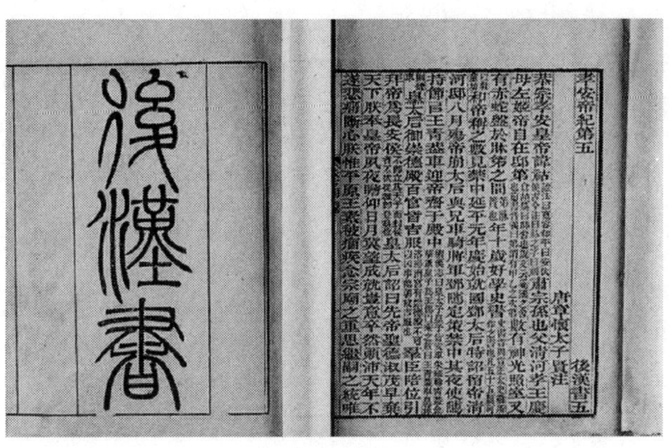

《后汉书》

以下【原文】，节录自《后汉书》，北京，中华书局，1999；【注释】和【今译】，也参考了上述著作。

【原文、注释和今译】

【原文之一】后汉书·朱景王杜马刘傅坚马列传第十二（之一）

刘隆字元伯，南阳安众(1)侯宗室也。王莽居摄(2)中，隆父礼与安众侯崇起兵诛莽，事泄，隆以年未七岁，故得免。及壮，学于长安，更始(3)拜为骑都尉。谒归(4)，迎妻子置洛阳。闻世祖(5)在河内，即追及于射犬(6)，以为骑都尉，与冯异共拒朱鲔、李轶(7)等，轶遂杀隆妻子。建武二年，封亢父(8)侯。四年，拜诛虏将军，讨李宪(9)。宪平，遣隆屯田武当(10)。

【注释】

(1) 安众：安众城，汉及三国时城名，今河南省南阳市方城县西北，地势险要，是古军事重地。 (2) 居摄：臣下暂时摄行天子职权。 (3) 更始：指公元 23 年 2 月，绿林军领导者王匡、王凤等人拥立刘秀族兄刘玄为帝，恢复汉朝国号，建立更始政权，自称玄汉王朝。公元 25 年 9 月，赤眉军攻入都城长安，刘玄投降赤眉，更始政权告终。 (4) 谒归：请假而归。 (5) 世祖：中国皇帝的庙号之一，一般用于开辟了一个王朝的全新历史时期的皇帝。这里是指东汉开国皇帝刘秀。 (6) 射犬：地名，野王县（今河南省沁阳市东北）的一个聚邑。 (7) 与冯异共拒朱鲔、李轶：冯异，东汉军事家，“云台二十八将”之一；朱鲔，原绿林军首领之一，公元 23 年拥刘玄为帝，被拜为大司马，镇守洛阳，公元 25 年刘秀称帝，攻打洛阳，朱鲔坚守数月，在刘秀许诺不计前仇（杀害刘秀兄长刘縯）后投降，被拜为平狄将军；李轶，南阳郡宛城豪强李氏子弟，曾参与刘縯、刘秀兄弟起兵，后背弃刘氏兄弟，转投绿林军所立更始皇帝刘玄，极力主张杀掉能力、威望很高的刘縯，在更始政权面临崩溃之时又想投降刘秀，被同守洛阳的朱鲔刺杀。（8）亢父：县名，属东平国，故城在今山东省济宁市兖州区、任城区南。（9）李宪：颍川郡许昌县人，东汉初年割据军阀，王莽新朝时为庐江属令，新朝灭亡后，李宪据郡自守。（10）武当：古均州县，今湖北省均县镇。

【今译】

刘隆字元伯，南阳安众侯的宗室。王莽摄政期间，刘隆的父亲刘礼与安众侯刘崇起兵欲诛杀王莽，事情泄露失败，被株连治罪，刘隆因不满七岁，故得免于祸。等到壮年，刘隆就学于长安，更始年间，加入刘玄的更始政权，被拜为骑都尉。不久，刘隆请假回家，把妻子儿女接来安置在洛阳。后听说东汉世祖刘秀在河内，就立即追随刘秀到射犬，被任为骑都尉，与东汉军事家冯异共同抵抗朱鲔、李轶等，为此李轶杀了刘隆妻子儿女。建武二年（26），刘隆被封为亢父侯。建武四年（28），拜为诛虏将军，讨伐李宪。李宪被平定后，朝廷就派遣刘隆屯田于武当。

【原文之二】后汉书·朱景王杜马刘傅坚马列传第十二（之二）

十一年(1)，守(2)南郡太守，岁余，上将军印绶。十三年，增邑(3)，更封竟陵侯。是时，天下垦田多不以实，又户口年纪(4)互有增减。十五年，诏下州郡检核其事，而刺史太守多不平均，或优饶豪右(5)，侵刻羸弱(6)，百姓嗟怨(7)，遮道号呼(8)。时诸郡各遣使奏事，帝见陈留吏牍(9)上有书，视之，云“颍川、弘农可问，河南、南阳不可问”。帝诘吏由趣(10)，吏不肯服，抵言(11)于长寿街上得之。帝怒。时显宗(12)为东海公，年十二，在幄(13)后言曰：“吏受郡敕(14)，当欲以垦田相方(15)耳。”帝曰：“即如此，何故言河南、南阳不可问？”对曰：“河南帝城，多近臣，南阳帝乡，多近亲，田宅逾制(16)，不可为准。”帝令虎贲将(17)诘问吏，吏乃实首服，如显宗对。于是遣谒者(18)考实，具知奸状(19)。明年，隆坐征(20)下狱，其畴辈(21)十余人皆死。帝以隆功臣，特免(22)为庶人。

【注释】

（1）十一年：指建武十一年（35）。（2）守：看守，看管，代理。（3）增邑：增加食邑。食邑，古代君主赏赐给臣子的封地，即以此地租税作为俸禄。（4）年纪：年代。（5）优饶豪右：优饶，优待，宽容；豪右，有名望的世家大族，称霸一方的豪门大族。（6）侵刻羸弱：侵刻，侵害，剥夺；羸弱，瘦弱的小民。（7）嗟怨：感慨怨叹。（8）遮道号呼：遮道，拦在道路上；号呼，哀号哭喊，大声叫唤。（9）牍：古代写字用的木片。（10）由趣：由，来由，来源；趣，旨趣，意向。（11）抵言：抵，欺也。指欺诈的言论。（12）显宗：汉明帝刘庄（28—75），初名刘阳，光武帝刘秀第四子，庙号显宗，谥号孝明皇帝。（13）幄：幕也，幄幕，帐幕。（14）敕：告诫，嘱咐。（15）相方：相比方，相比拟。（16）逾制：超过规定，违反制度。（17）虎贲将：即虎贲中郎将，西汉平帝元始三年（3）前后设置。东汉光武帝、明帝时常以侍中兼领之，其后多由贵戚充任，下属有左右仆射、左右陛长各一人。相当于现在的中央警备团团长，负责保卫国家最高领导人。（18）谒者：职官名，掌通报与接待宾客的近侍。（19）具知奸状：具，古同“俱”，都，完全；知，知道；奸状，诈伪的情状。（20）坐征：因获罪而被召回。（21）畴辈：即“俦辈”，指同辈，同党，同伙，同一类人。（22）特免：由特别恩典或豁免宣布的赦免。

【今译】

建武十一年（35），刘隆代理南郡太守，一年多后，领上将军印绶。建武十三年（37），增加食邑，改封为竟陵侯。当时，全国上报的垦田数大多不符合实际，户口每年又互有增减。建武十五年（39），光武帝下诏要求各州郡检核垦田和户口数字，而各州郡刺史、太守大多不能公平对待此事，或者优待宽容豪门大族，或者侵害剥夺瘦弱小民，致使百姓怨声载道，甚至拦在道路上哀号哭喊。当时，各个郡都派遣使者来朝廷奏明检核垦田和户口的情况，光武帝见陈留郡使者书牍上有文字，就拿来观看，上面写着“颍川、弘农可问，河南、南阳不可问”。光武帝追问陈留郡使者其来由，这个使者不肯说真话，而谎说是在长寿街上捡到的。光武帝大怒。这时，光武帝十二岁的四子东海公显宗，在幄幕后面说：“使者按照郡守的命令，是想用开垦田地打比方罢了。”光武帝问：“既然如此，为什么说河南、南阳不可追问呢?”东海公回答说：“河南是皇城，有很多皇上身边的臣子，南阳是皇帝故乡，有很多皇家亲戚，田地房宅超过了规定，不能按标准办事。”听后，光武帝就命令虎贲将来盘问这个使者，这个使者才从实招认了，其实情正如东海公所回答的。于是，光武帝就派遣近臣赴实地考察核实，从而完全掌握了欺骗作假的情况。第二年，刘隆因此获罪下狱，其同僚十多人被处死。光武帝因刘隆是有功之臣，特别赦免其死罪，但贬其为平民。

【点评】

（1）东汉初年，垦田、户口不实，是一个全国性的重大问题。公元前 206 年西汉建立时，“全国人口约有一千二百万至一千四百万”①，经过两百多年的发展，到平帝元始二年即公元 2 年时，全国人口升至 59 594 978 人，增加了三四倍。但是，到光武帝建武中元二年即公元 57 年时，人口降至 21 007 820 人②，比平帝元始二年减少 38 587 158 人。也就是说，55 年间人口下降了近 2/3。究其原因，除西汉末年，由于王莽篡位，赤眉、绿林起义，社会动荡不已，再加上连年灾荒，致使人口急剧下降外，各州郡隐瞒垦田、户口数量，也是一个重要原因。

（2）垦田、户口不实的根本原因，首先是汉朝“编户齐民”制度有问题。当时“编户齐民”中的“民户”，是指占有田地的地主和农民，而不包括没有土地的佃户、雇农和外来户，他们一般以“附户”“客户”等名称记于“主户”之后，而不列入“编户”。其次，皇上身边的臣子和皇亲国戚的田地、房宅超过规定，不按标准办事。他们既占有大量田地、房宅地，又拥有更多佃户、雇农和外来人员，地方官吏大都“不可问”。最后，各州郡刺史、太守等地方官吏优待宽容豪门大族，侵害剥夺瘦弱小民，这

① 杨子慧，张庆五．中国历代的人口与户籍．天津：天津教育出版社，1991：24.

② 路遇，滕泽之．中国人口通史：上册．济南：山东出版社，2000：138.

样不仅不能正确检核垦田、户口数量，而且往往引起百姓怨声载道，甚至拦在道路上哀号哭喊。

(3) 光武帝“检核”垦田和户口的决心很大：一是亲自过问此事，既听汇报，又查看文牍。二是命令虎贲将盘问陈留郡使者，直到查清缘由。三是派遣近臣赴实地考查核实，直到完全掌握欺骗作假情况。四是严格惩处失职官吏，甚至不惜处死十余名官吏。刘隆是东汉名将，在“云台二十八将”中排名第十六，久经战阵，曾协助刘秀建立东汉，因而被特赦免死，但乃被贬为平民。这些做法，足以说明光武帝“检核”垦田和户口的决心。然而，在封建专制制度之下，垦田、户口不实的三大根本原因不可能改变，因而其决心再大，也不能解决垦田和户口不实的问题。

撰稿人：水延凯

“一方之志，始于《越绝》”①

【简介】

本篇原文，摘自《越绝书》。

《越绝书》是一部奇书，在它的作者、成书年代、书名、著作性质等问题上，历史上存在着许多不同的看法。

关于作者：一说“子贡所作”；一说“（伍）子胥所作”；一说“成非一人”，即据宋人陈振孙所说，该书“盖战国后人所为，而汉人又附益之”；一说袁康、吴平所作，明代杨慎根据《越绝篇叙外传记第十九》所载“以去为姓，得衣乃成。厥名有米，覆之以庚”和“以口为姓，丞之以天。楚相屈原，与之同名”，认为前十六字说的是“袁康”，后十六字说的是“吴平”。近、现代多数学者认为，“成非一人”说比较靠谱。

关于成书年代：主要有春秋战国说、西汉东汉说、西晋说等。许多专家根据对书籍内容的综合分析，认为成书于三国至东晋南朝的可能性较大。

关于书名：《越绝书》的“越”字，显然是指春秋战国时期位于中国东南方的诸侯国——越国；关键在于“绝”字，此字大概有这样几层意思，一是“空前绝后”，二是“绝笔”，三是“继其绝笔”，即“贤者所述，不可断绝”。

关于著作性质：有的人从体例分析，有的从价值评价，有的从内容来说，因而看法往往很不相同。归纳起来，大体有以下几种看法：一说，这是一部历史著作；一说，这是中国地方志的鼻祖；一说，这是一部兵书；一说，这是一部复仇之书；一说，这是一部经世致用之书。总之，见仁见智，各有侧重，各有道理。

关于著作内容：《越绝书》共十五卷。大体可分为四个部分。一是越绝卷第一，这部分是原作的序文，并且叙述了伍子胥入吴和吴国的兴亡等。二是越绝卷第三至七和第九至十四，以春秋末年至战国初期吴越争霸的历史事实为主干，上溯夏禹，下迄两汉，旁及诸侯列国，对这一历史时期吴越地区的民族政治、经济、军事、天文、地理、历法、语言等多有所涉及，特别是较详细地叙述了伍子胥、子贡、范蠡、文种、计倪等人的政治、军事、外交等活动。三是越绝卷第二和第八，主要是记述吴越两地风情的地方志。四是越绝卷第十五，类似跋文，但内容庞杂，可能是宋代以后文人所加，

① 洪亮吉．乾隆澄城县志·序//张仲清．越绝书译注．北京：人民出版社，2009：341.

不可确信。

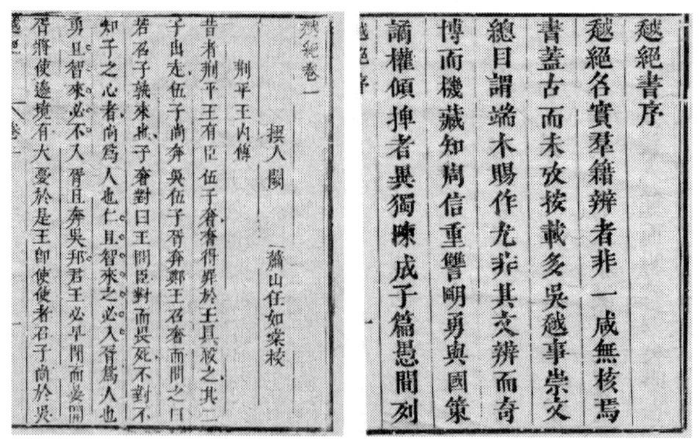
越絕書序
越絕名實羣籍辨者非一咸無核焉
書蓋古而未攷按載多吳越事崇文
總目謂端木賜作尤非其文辨而奇
博而機藏知寓信重譬明勇與國策
論權傾捭者異獨揀成于篇愚聞列

越絕卷一　　撰人闕　　蕭山任如棠校
荆平王內傳
昔者荆平王有臣伍子奢奢得罪於王且殺之其二
子出走伍子尚奔吳伍子胥奔鄭王召奢而問之曰
若召子孰來也子奢對曰王問臣對而畏死不對不
知子之心者尚爲人也仁且智來之必入胥爲人也
勇且智來必不入胥且奔吳邦君王必早閉而晏開
胥將使邊境有大憂於是王卽使使者召子尚於吳

《越绝书》

以下【原文】，节录自《越绝书译注》，张仲清译注，北京，人民出版社，2009；【注释】和【今译】，也参考了上述著作。

【原文、注释和今译】

【原文之一】越绝卷第二·越绝外传记吴地[(1)]传第三（之一）

3.1　昔者，吴之先君太伯[(2)]，周之世，武王封太伯于吴，到夫差[(3)]，计二十六世，且千岁[(4)]。阖庐[(5)]之时，大霸，筑吴越城。城中有小城二。徙治胥山[(6)]。后二世而至夫差，立二十三年，越王句践灭之。

3.3　吴王大霸，楚昭王[(7)]、孔子[(8)]时也。

吴大城[(9)]，周四十七里二百一十步二尺[(10)]。陆门八[(11)]，其二有楼。水门八[(12)]。南面十里四十二步五尺，西面七里百一十二步三尺，北面八里二百二十六步三尺，东面十一里七十九步一尺。阖庐所造也。吴郭[(13)]周六十八里六十步。

吴小城[(14)]，周十二里。其下广二丈七尺，高四丈七尺。门三，皆有楼，其二增水门二，其一有楼，一增柴路。

东宫周一里二百七十步。路西宫在长秋[(15)]，周一里二十六步。秦始皇帝[(16)]十一年，守宫者照燕失火，烧之。

【注释】

（1）吴地：春秋时吴国所辖地域，包括今江苏、上海大部和安徽、浙江、江西的一部分。（2）太伯：又称泰伯（前1285—前1194），吴国第一代君主，东吴文化的宗祖。（3）夫差（约前528—前473）：姬姓，吴氏，吴国末代国君，公元前495—前473年在位。（4）且千岁：且，将近；千岁，一千年。（5）阖庐（约前537—前496）：一作阖闾，姬姓，名光，又称公子光，诸樊之子，夫差之父，吴国末期君主，公元前514—前496年在位。（6）胥山：今江苏省苏州市太湖东岸的姑苏山。（7）楚昭王（约前523—前489）：芈姓，熊氏，楚平王之子，楚国的中兴之主。（8）孔子（前551—前479）：子姓，孔氏，名丘，字仲尼，春秋末期鲁国陬邑（今山东省曲阜市）人，古代思想家、教育家，儒家学派创始人。（9）吴大城：大致为今苏州市旧城。（10）步、尺：古代长度单位。周以八尺为步，秦汉以六尺为步。春秋战国一尺为22.5厘米，秦汉为23.1厘米。（11）陆门八：陆地上有8个门。（12）水门八：水中有8个门。（13）郭：外城。（14）吴小城：即春秋吴国子城，后世为州郡治所。（15）长秋：里名，在吴小城北门一带。（16）秦始皇帝（前259—前210）：嬴姓，赵氏，名政，秦庄襄王之子，古代著名政治家、战略家、改革家，完成华夏大一统的铁腕政治人物，也是中国第一个称皇帝的君主。

【今译】

3.1 从前，吴的开国国君叫太伯，周朝时，周武王封太伯到吴地立国，至吴王夫差，共计二十六世，将近一千年。吴王阖庐时，称霸诸侯，修筑了吴国都城。都城中有两个小城。又到姑胥山修建离宫别馆办公。到第二代吴王夫差，在位二十三年，被越王句践灭了。

3.3 吴王称霸，与楚昭王、孔子在同一时代。

吴国都城，周围长四十七里二百一十步二尺。陆地上有八个门，其中两个门设有城楼。水中有八个门。都城南面长十里四十二步五尺，西面长七里一百一十二步三尺，北面长八里二百二十六步三尺，东面长十一里七十九步一尺。这是吴王阖庐建造的。都城外有城郭，周围长六十八里六十步。

吴小城，周围长十二里。城墙基宽二丈七尺，城墙高四丈七尺。有三座城门，都建有城楼，其中两座城门旁边还增建了水门，另一座水门有城楼，另一座水门增有运柴的路。

东宫周围长一里二百七十步。路西宫在长秋里，周围长一里二十六步。秦王政十一年（前236），守宫者夜里去照燕子窝，结果失火把宫殿烧毁了。

【原文之二】越绝卷第二·越绝外传记吴地传第三（之二）

3.6 ……阖庐冢，在阊门外，名虎丘[(1)]。下池广六十步，水深丈五尺。铜椁[(2)]三重。澒池[(3)]六尺，玉凫[(4)]之流。扁诸[(5)]之剑三千，方圆之口[(6)]三千。时耗、鱼肠[(7)]之剑在焉。十万人筑治之。取土临湖口。葬三日而白虎居上，故号为虎丘。

…………

阖庐子女[(8)]冢，在阊门外道北。下方池广四十八步，水深二丈五尺。池广六十步，水深丈五寸。遂[(9)]出庙路以南，通姑胥门。并周六里。舞鹤吴市，杀生以送死[(10)]。

【注释】

（1）虎丘：在苏州市西北七里，千人石北石壁下为剑池，相传池下有阖庐墓。（2）椁：棺外的套棺。（3）澒（gǒng）池：澒，通“汞”，水银。指墓中所修的水银池。（4）玉凫（fú）：凫，野鸭。指玉雕的野鸭。（5）扁诸：吴剑的总称。（6）方圆之口：疑为犁、锄类农具，或戈、戟类兵器。（7）时耗、鱼肠：宝剑名。（8）子女：当为女子，或女儿。吴王爱女滕玉，十分娇惯。一次，吴王将吃了一半的鱼给她，她感到委屈，自杀了。（9）遂：隧道，这里指墓道。（10）舞鹤吴市，杀生以送死：《吴越春秋》卷四曰："乃舞白鹤于吴市中，令万民随而观之，还使男女与鹤俱入羡门（指墓道之门），因发机以掩之，杀生以送死，国人非之。"

【今译】

3.6 ……阖庐的坟墓，在阊门外，地名叫虎丘。虎丘下有池水环绕，池宽六十步，水深一丈五尺。墓中有三层用铜铸造的棺椁。建有六尺见方的水银池，上面有玉雕的野鸭在浮游。有三千把扁诸剑，三千种农具兵器，还有宝剑时耗、鱼肠陪葬。当时动员十万人来修墓。修墓的泥土是从附近的湖边运来的。葬下三天，人们看见一头白虎蹲在墓顶上，所以称之为虎丘。

…………

阖庐女儿的坟墓，在阊门外道路的北边。池下方宽四十八步，水深二丈五尺。池上方宽六十步，水深一丈零五寸。墓道从庙路向南通到姑胥门，并绕墓一周，共长六里。下葬时，引白鹤于吴市中跳舞，命令百姓都去观看，等到百姓跟着白鹤进入墓道，就发动机关关闭墓门并加以掩埋，杀害这些活生生的人，给死去的女儿陪葬。

【原文之三】越绝卷第二·越绝外传记吴地传第三（之三）

3.17 汉高帝[(1)]封有功，刘贾[(2)]为荆王，并有吴。贾筑吴市西城，名曰定错城，属小城，北到平门，丁将军[(3)]筑治之。十一年，淮南王[(4)]反，杀刘贾。后一年，高皇帝更封兄子濞[(5)]为吴王，治广陵[(6)]，并有吴。立二十一年，东渡之吴，十日还去。立四十二年，反。西到陈留县[(7)]，还奔丹阳[(8)]，从东欧[(9)]。越王弟夷乌将军杀濞[(10)]。东欧王为彭泽[(11)]王，夷乌将军今为平都[(12)]王。濞父字为仲。

3.18 ……越王句践[(13)]徙瑯琊[(14)]，凡二百四十年，楚考烈王[(15)]并越于瑯琊。后四十余年，秦并楚。复四十年，汉并秦。到今二百四十二年。句践徙瑯琊到建武二十八年，凡五百六十七年[(16)]。

【注释】

（1）汉高帝：刘邦（前256—前195），沛郡丰邑人，汉朝开国皇帝，汉民族和汉文化的开拓者之一，对汉族发展及中国统一有突出贡献。（2）刘贾（？—前195）：沛郡丰邑人，与刘邦同为一族，因有功封为荆王，管辖淮河以东五十二座城邑。（3）丁将军：丁复（？—前183），赵人，西汉初高祖功臣。（4）淮南王：英布（？—前196），秦末汉初名将，六县（今安徽省六安市）人，与韩信、彭越并称汉初三大名将，前196年起兵反汉，因谋反罪被杀。（5）濞：刘濞（前216—前154），刘邦之侄，前195年封为吴王，都于沛（江苏省沛县），改当年刘贾所封的荆国为吴国，统辖东南三郡五十三城，定国都于广陵。（6）广陵：今江苏省扬州市。（7）陈留县：秦置，治所在今河南省开封市东南陈留城。（8）丹阳：丹阳县，秦置，治所在今江苏省镇江市东南丹徒镇。（9）从东欧：从，跟随；东欧，又称东越、瓯越，即今温州一带。

(10) 越王弟夷乌将军杀濞：公元前154年，"汉使人以利啖东越，东越即绐吴王，吴王出劳军，即使人鏦（cōng，用矛刺杀）杀吴王"。(11) 彭泽：西汉置，今江西省湖口县东。(12) 平都：西汉时为平安国，东汉置县，今江西省安福县东南。(13) 句践（约前520—前465)：亦作"勾践"，古代二字通用，现在一般写作"勾践"。越王允常之子，灭吴称霸后迁都瑯琊（山东省临沂市附近），号令中原，越国进入全盛时期。(14) 瑯琊：地名，春秋齐地。(15) 楚考烈王：应为楚威王。(16) 凡二百四十年……凡五百六十七年：这里的5个数据都有误：一是，"凡二百四十年"应为一百四十年；二是，"后四十余年"应为一百一十年；三是，"复四十年"应为二十一年；四是，"到今二百四十二年"应为二百五十四年；最后，"句践徙瑯琊（前473年灭吴之后）到建武二十八年，凡五百六十七年"，应为五百二十五年。

【今译】

3.17　汉高祖封功臣，封刘贾为荆王，其封地包括吴地。刘贾在吴市西修筑了一座城镇，取名为定错城，属于吴小城，北面到达平门，是丁复将军主持修建的。汉高祖十一年（前196)，淮南王英布反叛朝廷，杀了刘贾。第二年，汉高祖改封他哥哥的儿子刘濞为吴王，把广陵作为王都，其封地包括吴地。受封二十一年后（前175)，刘濞曾东渡吴地巡视，十天后返回。受封四十二年后（前154)，刘濞起兵造反。他率军向西攻打到陈留县，失败后还逃奔到丹阳，投靠东越。东越王弟弟夷乌将军杀了刘濞。朝廷封东越王为彭泽王，夷乌将军为平都王。刘濞的父亲叫刘仲。

3.18　……越王句践迁都瑯琊，历二百四十年，楚考烈王在瑯琊兼并了越国。过了四十余年，秦国兼并了楚国。又过了四十年，汉朝取代了秦朝。到现在已二百四十二年。从越王句践迁都瑯琊到东汉建武二十八年，共五百六十七年。

【原文之四】越绝卷第八·越绝外传记地传第十(1)（之一）

10.1　昔者，越之先君无馀(2)，乃禹之世，别(3)封于越，以守禹冢。……

10.2　无余初封大越，都秦余望(4)南，千有余岁而至句践。句践徙治山北，引属东海……

10.3　越王夫镡(5)以上至无馀，久远，世不可纪也。夫镡子允常(6)。允常子句践，大霸称王，徙瑯琊，都也。句践子與夷(7)，时霸。與夷子子翁(8)，时霸。子翁子不扬(9)，时霸。不扬子无疆(10)，时霸，伐楚，威王灭无疆(11)。无疆子之侯(12)，窃自立为君长。之侯子尊(13)，时君长。尊子亲，失众，楚伐之，走南山(14)。亲以上至句践，凡八君(15)，都瑯琊二百二十四岁(16)。无疆以上，霸，称王。之侯以下微弱，称君长。

【注释】

(1) 越绝外传记地传第十：按"越绝外传记吴地传"例，此篇在"地传第十"前掉了一个"越"字，应为"越绝外传记越地传"。(2) 无馀：禹七世孙。(3) 别：即别子，古代天子、诸侯嫡长子之外的儿子。(4) 秦余望：秦望山。(5) 夫镡：无瞫之子，越国国君，公元前565—前538年在位。(6) 允常：夫镡之子，越国国君，公元前538—前497年在位。（7）與夷：句践之子，越国国君，公元前465—前459年在位。（8）子翁：與夷之子，越国国君。（9）不扬：子翁之子，越国国君。（10）无疆：不扬之子，越国国君，公元前356—前334年在位。（11）威王灭无疆：此事发生在公元前334年。（12）之侯：无疆之子，越国国君，在位12年。（13）尊：之侯之子。（14）南山：会稽山及其以南地区。（15）凡八君：亲以上至句践，共有八个国君或君长。（16）都瑯琊二百二十四岁：可能有误。越王句践徙瑯琊在公元前473年灭吴之后，到楚威王灭无疆的公元前334年，最多139年。无疆后的之侯、尊、亲在位时间不详，但他们只是“君长”，而不是“国君”。都城是否仍在“瑯琊”？能否称“都”？均是问题。

【今译】

10.1　从前，越国的开国国君无馀，是大禹的后代，封在越地为诸侯，负责守护其先祖大禹的陵墓。……

10.2　无馀开始封于大越的时候，将都城建在秦余望山的南边，经历一千多年，直到越王句践都没有变化。越王句践把都城迁徙到余望山的北边，疆域延伸到东海边……

10.3　越王夫镡以上直至无馀，因年代久远，世系不可清楚记述。夫镡的儿子是允常。允常的儿子是句践，大霸称王，迁都瑯琊。句践的儿子與夷，当时称霸。與夷的儿子子翁，当时称霸。子翁的儿子不扬，当时称霸。不扬的儿子无疆，当时称霸，率军征伐楚国，反被楚威王灭掉了。无疆的儿子之侯，暗自即位称为君长。之侯的儿子尊，当时称君长。尊的儿子亲，失去了国人支持，楚国派兵讨伐他，他逃到会稽山去了。亲以上至句践，共八位君主或君长，建都瑯琊二百二十四年。无疆以上称霸，叫越王。之侯以下国势微弱，称为君长。

【原文之五】越绝卷第八·越绝外传记地传第十（之二）

10.6　……句践与吴战于浙江之上，石买[(1)]为将。……石买……斩杀无罪，……独专其权。士从恐惧，……越师溃坠，政令不行，背叛乖离[(2)]。……越栖于会稽之山，吴退[(3)]而围之。句践喟然[(4)]用种[(5)]、蠡[(6)]计，转死为霸。一人之身，吉凶更至[(7)]；盛衰存亡，在于用臣；治道万端，要[(8)]在得贤。

10.12　……吴王夫差伐越，有其邦，句践服为臣。三年，吴王复还封句践于越，东西百里，北乡[(9)]臣事吴……

【注释】

（1）石买：越国大将，性格残暴，滥杀无辜，失去军心，为越王所杀。（2）乖离：乖，不顺，不和谐；离，分离。（3）退：疑“追”字之误。（4）喟然：叹息，叹气的样子。（5）种：文种（？—前472），越王句践的谋臣，为句践打败夫差立下赫赫功劳，尔后为句践所不容，被赐死。（6）蠡：范蠡（前536—前448），曾献策扶助越王句践复国，后隐去。（7）吉凶更至：更，调换，更替。指吉凶交替到来。（8）要：关键，紧要。（9）北乡：乡，通“向”。此指坐南朝北。

【今译】

10.6　……越王句践与吴军战于钱塘江边，任命石买为大将。……石买……滥杀无辜，……独断专行。广大将士心怀恐惧，……越军溃败，军令不行，投降的、逃跑的乱作一团。……越军栖身在会稽山上，吴军追来将其团团围住。句践只有叹息地采用文种、范蠡的求和图存计谋，最终从身处灭亡边缘转变为一方霸主。在他一人身上，吉凶更替到来；一个国家的兴衰存亡，就在于使用什么样的臣子；治理国家的道理说一千道一万，关键在于得到贤臣的辅佐。

10.12　……吴王夫差讨伐越国，占领了越国的土地，句践作为奴仆到吴宫服役。三年后，吴王夫差重新把句践封回越国，给了他从东到西一百里土地，句践北向称臣侍奉吴国……

【原文之六】越绝卷第八·越绝外传记地传第十（之三）

自秦以来，至秦元王不绝[(1)]年。元王立二十年[(2)]；平王[(3)]立二十三年；惠文王[(4)]立二十七年；武王[(5)]立四年；昭襄王[(6)]立五十六年，而灭周赧王，周绝于此[(7)]；孝文王[(8)]立一年；庄襄王[(9)]更号太上皇帝，立三年；秦始皇帝[(10)]立三十七年，号曰赵政，政，赵外孙；胡亥[(11)]立二年；子婴[(12)]立六月。秦元王至子婴，凡十王，百七十岁[(13)]。汉高帝灭之。治咸阳[(14)]，一天下[(15)]。

……〔秦灭亡六国后〕政更号为秦始皇帝[(16)]，以其三十七年，东游之会稽[(17)]。……已去，奏诸暨、钱塘，因奏吴[(18)]。上姑苏台，则治射防于宅亭、贾亭北[(19)]。年至灵[(20)]，不射，去，奏曲阿[(21)]、句容[(22)]，度牛渚[(23)]，西到咸阳，崩[(24)]。

【注释】

(1) 绝：疑为“纪”字之误。　(2) 元王立二十年：元王，按《史记·秦本纪》记载，当为秦献公；立，在位；二十年，应为二十三年（前384—前362）。　(3) 平王：秦孝公，公元前361—前338年在位。　(4) 惠文王：名驷，公元前337—前311年在位。　(5) 武王：名荡，公元前311—前307年在位。　(6) 昭襄王：名稷，公元前306—前251年在位。　(7) 灭周赧王，周绝于此：周赧王，名延，周末代天子，公元前314—前256年在位。绝，亡。此后，史家遂以秦王纪年。　(8) 孝文王：名柱，继位一年（前250）去世。　(9) 庄襄王：名子楚，公元前249—前247年在位。(10) 秦始皇帝：赵政，其母为赵国豪家女，称赵姬，始皇帝初随母姓。　(11) 胡亥：秦二世皇帝，公元前210年7月继位，前207年8月被赵高杀害。　(12) 子婴：赵高杀害胡亥后，立其兄子婴为秦王，前207年10月投降刘邦，秦亡。　(13) 百七十岁：实为178年。　(14) 咸阳：秦都城。　(15) 一天下：统一天下。　(16) 政更号为秦始皇帝：秦王政二十六年（前221）统一六国后，“秦王政”纪年改为“秦始皇帝”纪年。　(17) 东游之会稽：指公元前210年10月出游，“上会稽，祭大禹，望于南海，而立石刻颂秦德”。　(18) 吴：今江苏省苏州市。　(19) 治射防于宅亭、贾亭北：防，堤防。指在宅亭、贾亭北修筑射箭用的堤防。　(20) 年至灵：灵，地名，今江苏省苏州市西南的灵岩山。指年底到灵，在灵过年。　(21) 曲阿：秦置县，今江苏省丹阳市。（22）句容：西汉置县，今江苏省句容市。（23）牛渚：今安徽省马鞍山市西南。（24）崩：古代帝王去世曰崩。

【今译】

10.13 秦立国以来，到秦元王世系不清，不可记述。元王在位二十年，平王在位二十三年，惠文王在位二十七年，武王在位四年，昭襄王在位五十六年，灭掉了周赧王，周朝统治从此结束。秦孝文王在位一年，庄襄王在位三年改称为太上皇帝。秦始皇帝在位三十七年，他的名字叫赵政，因为他是赵国人的外孙。胡亥在位两年，子婴在位六个月。从秦元王到秦王子婴，共十位王，历时一百七十年。汉高帝灭掉了秦朝，在咸阳建都，统一了天下。

10.14 ……〔秦灭亡六国后〕秦王政改称号为秦始皇帝。秦始皇帝三十七年，东巡到会稽。……事情完毕后离开大越，经诸暨县、钱塘县，来到吴县。登上姑苏台，在宅亭、贾亭的北端修建了一个射台，在灵岩山过了年后，没有去射箭就离开了。经曲阿、句容，从牛渚渡江，一路向西回到咸阳，便去世了。

【点评】

（1）《越绝书》主要记述了春秋战国时期吴越两国的历史，上溯夏禹，下迄两汉，旁及诸侯列国，涉及政治、经济、军事、天文、地理、历法、语言等许多领域，特别是较详细地叙述了伍子胥、子贡、范蠡、文种、计倪等人的外交军事活动，保存了吴、越地区东汉以前的许多史料，有的为《史记》所采用，如勾践行计倪、范蠡之术等，可与《左传》《国语》的记载互相印证，补充其不足。《越绝外传记宝剑第十三》中关于欧冶子等为越王铸五口宝剑、为楚王铸三口宝剑都锋利无比的记载，均为后来的考古发掘所证明。这说明，《越绝书》的内容不仅真实、可靠，而且非常宝贵，是前人艰辛调查研究的产物。

（2）《越绝书》中的《越绝卷第二·越绝外传记吴地传第三》，较详细地记述了春秋战国及秦汉时期，吴国的城池、宫殿、山川、湖泊、田畴、陵墓等方面的情况和变化，反映了吴国开发、繁荣及其一度称霸的发展历程。同样，《越绝卷第八·越绝外传记（越）地传第十》也较详细地记述了同一时期越国的地理环境和早期开发的历史，真实地记录了越国曾经辉煌和发生过的重大历史事件。因此，这两个部分历来为研究者所重视。万历《绍兴府志》卷五十八称："《地传》具形势、营构始末、道里远近，是地志祖。"清毕沅认为，"一方之志，始于《越绝》"。中国地方志专家朱士嘉在《宋元方志传记》序中说："《越绝书》是现存最早的方志。"历史地理学家陈桥驿认为，"卷二《吴地卷》和卷八《（越）地卷》两篇，不仅把句吴和于越两国国都及其附近的山川形势、城池道路、宫殿陵墓、农田水利、工场矿山等记载得十分详尽，而且还写出了这两个不同地区即太湖流域和会稽山地的地理特征。……无疑为宋代及其以后的地方志编纂开创了范例"①。总之，从地方志视角看，《越绝书》不仅是浙江最早的地方

---

① 张仲清．越绝书译注．北京：人民出版社，2009：17－18.

志，而且是国内现存最古老的地方志，因而被誉为“地方志鼻祖”；从社会调查视角看，《越绝书》，特别是《越绝卷第二·越绝外传记吴地传第三》和《越绝卷第八·越绝外传记（越）地传第十》，是最早按一定体例全面记载某一时期某一地域的自然、经济、政治、文化、社会等方面情况或特定事项的调查研究文献。

撰稿人：水延凯、柳祥珍

“脉其枝流之吐纳，诊其沿路之所躔，访渎搜渠，缉而缀之”

【简介】

本篇原文，摘自郦道元的《水经注》。

郦道元（约 470—527），字善长，汉族，范阳涿州（今河北省涿州市）人，北魏地理学家、散文家。他出身官宦世家，自幼好学，博览群书，爱好游览，先后在北魏都城平城（今山西省大同市）、洛阳担任御史中尉等朝廷官职，还多次出任地方官，足迹遍及晋、冀、内蒙古、鲁、豫、皖、苏等地。他为官“秉法清勤”，“素有严猛之称”，遭皇族、豪强忌恨，被污为“酷吏”。孝昌三年（527），汝南王元悦为报复郦道元处死其男宠丘念，怂恿朝廷派郦道元去雍州任关右大使。途中，郦道元与其弟被雍州刺史萧宝夤派人杀害。

郦道元画像

《水经注》，因注《水经》而得名。汉代学者桑钦所著《水经》，“引天下之水，百三十七”，约 1 万余字。郦道元以《水经》为基础，经过长期艰苦努力，完成了 40 卷、30 多万字的《水经注》。它名义上是注释《水经》，实则是在《水经》基础上的再创作。全书详细记述了 1 252 条河流的水文地理状况，以及有关的历史遗迹、人物掌故、神话传说、碑刻墨迹和渔歌民谣等。与《水经》相比较，《水经注》不仅增加了 1 千多条河流、20 多倍文字，而且内容要丰富得多，是中国古代最全面、最系统的综合性人文地理著作。

《水经注》

以下【原文】，节录自《水经注校》，王国维校，袁英光、刘寅生整理，上海，上海人民出版社，1984；【注释】和【今译】，也参考了上述著作。

【原文、注释和今译】

【原文之一】水经注叙

……昔《大禹记》著山海周而不备[(1)]，《地理志》其所录简而不周[(2)]，《尚书》《本纪》与《职方》俱略[(3)]，都赋所述，裁不宣意[(4)]，《水经》虽粗缀津绪，又阙旁通[(5)]，所谓各言其志，而罕能备其宣导者矣[(6)]。今寻图访赜者，极聆州域之说[(7)]，涉土游方者，寡能达其津照[(8)]，纵仿佛前闻，不能不犹深屏营[(9)]也。余少时无寻山之趣，长违问津[(10)]之性，识绝深经，道沦要博，进无访一知二之机，退无观隅[(11)]反三之慧，独学无闻，古人伤其孤陋，捐丧辞书，达士[(12)]嗟[(13)]其面墙[(14)]，默室求深，闭舟问远[(15)]，故亦难矣。然毫管窥天，历筒时昭[(16)]，饮河酌海，从性斯毕[(17)]。窃以多暇空倾岁月[(18)]，辄述《水经》布广前文[(19)]。《大传》曰：大川相间[(20)]，小川相属[(21)]，东归于海。脉[(22)]其枝流之吐纳[(23)]，诊[(24)]其沿路之所躔[(25)]，访渎[(26)]搜渠，缉[(27)]而缀[(28)]之。……所以撰证三经[(29)]，附其枝要[(30)]者，庶备忘误之私[(31)]，求其寻省之易[(32)]。

【注释】

(1) 周而不备：周，全面，周到；备，完备。指虽然全面，但不完备。 (2) 简而不周：简，简略，简要。指简略且不周到。 (3) 俱略：俱，都。指都太简略。(4) 都赋所述，裁不宣意：都赋，指班固的《两都赋》，即《西都赋》《东都赋》；裁不宣意，受体裁限制，不能充分发挥所述。 (5) 粗缀津绪，又阙旁通：粗，粗略；缀，缀集，联结，整理；津，途径，门径；绪，开端，叙述；阙，空缺；旁通，触类旁通，广泛通晓。指粗略叙述，没有触类旁通、广泛通晓。 (6) 各言其志，而罕能备其宣导者矣：各言其志，各人表达各人的意向；罕能，很少能够；备，完备；宣导，疏通，引导。 (7) 寻图访赜者，极聆州域之说：寻图访赜者，寻访旧迹的人；极聆，听遍了；州域之说，关于州域的言论。 (8) 涉土游方者，寡能达其津照：涉，跋涉；土，土地，疆域；游方，游览，云游四方；津，泛指一般的河流；照，对着。 (9) 屏营：惶恐。 (10) 问津：津，渡口。指询问渡口的所在，引申为探询、洽问。 (11) 观隅：观，观察；隅，角，角落。 (12) 达士：明智达理之士，见识高超、不同凡俗的人。 (13) 嗟：叹息，感叹。 (14) 面墙：面对着墙，一无所见，比喻不学无术，毫无才能。 (15) 默室求深，闭舟问远：默，不作声，幽静；深，高深；闭，闭绝，停止。指独坐静室，以求高深；泊舟涯岸，了解远地。 (16) 历筒时昭：筒，粗大竹管；昭，光明，引申为显著。指从竹筒里观看，有时也能看得清楚。 (17) 饮河酌海，从性斯毕：饮，喝；酌，斟酌；性，性质；斯，就，此；毕，完全。指喝几口河海里的水，就完全知道水的性质了。 (18) 空倾岁月：倾，用尽，竭尽。指虚度岁月。(19) 辄述《水经》布广前文：辄，立即，就；述，陈说，叙述；布，宣告，陈述；广，扩大，推广。指立即叙述、扩展《水经》。 (20) 相间：相互隔开，间隔。(21) 相属：连续不断。 (22) 脉：号脉，按脉诊病。 (23) 吐纳：吐出与吸入。

(24) 诊：察看，验证。 (25) 躔(chán)：泛指足迹，行迹。 (26) 渎：水沟，小渠，亦泛指河川。 (27) 缉：古同“辑”，收集。 (28) 缀：缀集，连缀聚集。通常指著述，编辑。 (29) 撰证三经(《大典》本为“三经”，卢校从臧本作“本经”，戴本为“本经”，从戴本)：撰证，撰写，考证；经，指《水经》。 (30) 附其枝要：枝，木别生条也，分支；要，重要。附上重要的分支，即附上注释。 (31) 庶备忘误之私(《大典》本作“矜”，戴本为“私”，从戴本)：庶，但愿，希冀；备，完备；忘，遗漏；误，失误，错误；私，邪，不正。指但愿能够完备那些遗漏、失误的不正确的部分。 (32) 求其寻省之易：寻，寻找，探究；省，简易。指谋求对水文、地理的探究更容易一些。

【今译】

从前《大禹记》所载的山海，虽包罗万象，却不够详尽；《汉书·地理志》所做的记述，内容简单，不够全面；《尚书》《本纪》《职方》都很粗略，《两都赋》的描写受限于体裁，不能充分发挥；《水经》虽大致理出了河流头绪，却没有触类旁通。总之，这些著作都是各自表达自己的意向，因而缺乏一本比较全面、系统说明华夏山水、地理情况的著作。现在，许多寻访旧迹的人，听了许多关于州郡疆域的议论；许多游历九州四海的旅行家，很少有人比照着去观察河流，因而纵使与先前所知的情况隐约相似，还是不能不深感无所适从。我年少时没有寻访山岳的兴趣，长大后违欠询问河流的悟性，论学识没有读过深奥的经典，论修养缺乏渊博的学问，欲进没有见一知二的机灵，思退没有举一反三的智慧，所学单一，见闻贫乏。古人哀伤学识浅薄没有文化，有见识的人叹息不学无术，独坐于静室梦想求得高深，泊舟于涯岸却想了解远处，这些都是非常困难的。然而，尽管是用细管窥天，有时也能从竹筒里看得清楚；只要喝几口河海里的水，就能了解水的性质。我余暇时间颇多，岂能虚度年华。于是，就以《水经》为基础，扩展其内容。《大传》曰：大的河流相互间隔，小的河流连续不断，最后都向东归于大海。只有考寻大小河流及其支流的上游和下游，查看这些河流流域的情况，查访搜寻大沟小渠，才能把它们收集起来加以编辑和说明。……所以，我以《水经》为依据，对其进行考证或验证，并为其作注释，但愿能修正《水经》的错误，弥补《水经》的不足，使人们对水文、地理的探究变得更容易一些。

【原文之二】水经注笺卷三十四·江水二

江水又东径巫峡。

…………

……自三峡七百里中，两岸连山，略无阙处[1]，重岩叠嶂[2]，隐天蔽日，自非停午夜分，不见曦月[3]。至于夏水，襄陵沿泝阻绝[4]，王命急宣[5]，有时朝发白帝，暮到江陵，其间千二百里，虽乘奔御风，不以疾也[6]。春冬之时，则素湍渌潭，回清倒影[7]，绝巘多生怪柏[8]，悬泉瀑布，飞(漱其间，清荣峻茂[9])，良多趣味。每至晴初霜旦，林寒(涧肃[10]，常有高猿长啸，属引凄异[11])，空谷传响，哀转久(绝[12]，故渔者歌曰："巴东三峡巫峡）长[(13)]，猿鸣三声泪沾裳[(14)]。"……

…………

又东过秭归县之南。

……屈原有贤姊，闻原放逐，亦来归，喻令自宽[(15)]，全乡人冀其见从[(16)]，因名曰秭归。……县东北数十里，有屈原旧田宅，虽畦堰縻漫[(17)]，犹保屈田之称也。县北一百六十里，有屈原故宅，累石为屋基，名其地曰乐平里。宅之东北六十里，有女媭庙，捣衣石犹存[(18)]。……

【注释】

(1) 略无阙处：略无，完全没有；阙，同"缺"，空缺。 (2) 重岩叠嶂：重，重叠；嶂，直立像屏障的山峰。 (3) 自非停午夜分，不见曦月：自非，如果不是（除非）；亭午，正午；夜分，半夜；曦，这里指日光；月，这里指月光。 (4) 襄陵沿泝阻绝：襄，冲上；陵，山陵，丘陵；沿泝，似为"沿溯"，沿指顺流而下，溯指逆流而上；阻，阻挡；绝，断绝。 (5) 王命急宣：王命，皇帝的命令；宣，传达。 (6) 虽乘奔御风，不以疾也：虽，即使；奔，这里指飞奔的马；御，驾驶；不以，比不上，不如；疾，快。 (7) 素湍（tuān）渌潭，回清倒影：素湍，白色的急流；渌，碧绿；潭，水深之处；回清，回旋着清波。 (8) 绝巘（yǎn）多生怪柏：绝，极，最；巘，大山上的小山；绝巘，极高的山峰；怪柏，奇异的柏树。 (9) 悬泉瀑布，飞漱其间，清荣峻茂：悬泉，好像悬挂着的泉水；飞漱，飞流冲刷；清荣峻茂：水清，树荣，山峻，草茂。(10) 晴初霜旦，林寒涧肃：晴初，秋雨初晴；霜旦，降霜的早晨；林寒，树林清冷；涧肃，山涧寂静。 (11) 高猿长啸，属（zhǔ）引凄异：长啸，放声长叫；属，动词，连续；引，延长；属引，连续不断；凄异，凄凉怪异。 (12) 空谷传响，哀转久绝：空谷，空荡的山谷；响，回声；哀转，悲哀婉转；久绝，很长时间才消失。 (13) 巴东三峡巫峡长：巴东，郡名；巫峡长，巫峡在三峡中最长。 (14) 猿鸣三声泪沾裳：三声，多声，几声，三表示几（虚数）；裳，古人穿的下衣，这里泛指衣服。 (15) 喻令自宽：喻，晓喻，开导；自宽，自我宽慰。 (16) 冀其见从：冀，希望，期望；见，同"现"，显露；从，听从，顺从。 (17) 畦堰縻漫：畦堰，田间蓄水的堤岸；縻漫，损碎浸漫。(18) 捣衣石犹存：捣，舂、撞击；捣衣石，洗衣时用于捣衣的石头。

【今译】

长江水又向东流到巫峡。

…………

……在三峡七百里中，两岸群山连绵，完全没有空缺的地方；重叠的岩峰像屏障一样，遮住了蓝天和太阳，如果不是正午就看不见太阳，不是午夜就看不到月亮。到了夏天，暴涨的江水冲上山陵，顺流而下和逆流而上航行的船只都被阻隔断绝。要紧急传达皇帝的命令，有时早晨从白帝城出发，傍晚就到了江陵，这中间有一千二百多里，即使骑着奔驰的快马、驾着飞速的疾风，也不如船行得快啊！春冬季节，白色的急流，碧绿的深潭，回旋的清波，映出的倒影，在极高的山峰上长着许多奇形怪状的古柏，悬挂着的泉水瀑布，从它们之间飞冲下来，水清、树荣、山高、草茂，实在是趣味无穷。每逢秋雨后初晴或降霜的早晨，树林山涧一片清冷寂静，常常有一些高处的猿猴放声长叫，连续不断，凄凉怪异，空荡山谷里传来的回声悲哀婉转，很长时间才逐渐消失。因此，打鱼的人常唱道："巴东三峡巫峡最长，猿鸣声声我的眼泪沾湿了衣裳！"……

…………

江水又向东流过秭归县的南部。

……屈原有一个非常贤惠的姐姐，听说屈原被放逐后路过家乡，自己也回到家乡，开导屈原要自我宽慰，全乡人也期望屈原听从现实，因此，屈原的家乡取名为秭归。……秭归县城东北数十里，有屈原的旧田宅，虽然田间蓄水，堤岸已经损碎浸漫，但仍然保有屈田的名称。县城北一百六十里，有屈原故居，屋基是用石头垒砌的，其名曰乐平里（屈原的诞生地）。屈原故居东北六十里，有纪念屈原姐姐的庙，当年她洗衣用的捣衣石，仍然保存在那里。……

【点评】

（1）在体例上，《水经注》不同于《禹贡》《周礼·职方氏》《汉书·地理志》等古代地理学著作。它以水道为纲，详细记述各地的地理概况，从而开创了古代综合地理著作的一种新形式。

（2）在内容上，《水经注》不仅订正了《水经》的错误，补充了《水经》的缺失，集此前古代水文地理著作之大成，而且新增了大量鲜活、翔实的第一手资料。据粗略统计，《水经注》记述大小河流1 252条，湖泊、沼泽500余处，泉、井等地下水近300处，伏流30余处，瀑布60多处；有地名的山岳、丘阜近2 000处，洞穴70余处；植物140余种，动物100多种；水灾30多次，地震近20次；城邑约2 800座，古都180座，镇、乡、亭、里、聚、村、墟、戍、坞、堡等10类居民点约1 000处；桥梁约100座，津渡近100处；各类地名约2万处，其中解释地名2 400多处；中外古塔30多处，宫殿120余处，陵墓260余处，寺院26处；等等：从而使其成为中国古代最全面、最系统的综合性人文地理著作。

（3）在方法上，《水经注》是实地踏勘与文献调查相结合的典范。为了注释《水经》，郦道元曾亲自"脉其枝流之吐纳，诊其沿路之所躔，访渎搜渠，缉而缀之"。这里，"脉"指摸索、探寻，"诊"指察看、验证，"访"指探访、询问，"搜"指搜索、收集。也就是说，郦道元曾亲自进行过大量实地调查和文献调查。据考证，《水经注》"引书多达437种，辑录了汉魏金石碑刻多达350种左右，还采录了不少民间歌谣、谚语方言、传说故事等，并对所得各种资料进行认真的分析研究，亲自实地考察，寻访古迹，追本溯源"。因此，《水经注》"实际上是中国北魏以前的古代地理总结，书中许多珍贵资料早已失传，不少人从中可以辑佚或校正一些古籍"。

（4）从节录的《水经注笺卷三十四·江水二》两段文字看，第一段描述了长江三峡雄伟壮丽的奇景，及其春夏秋冬景色的变幻；第二段说明了"秭归"县名的来历，描述了屈原的贤姊、旧宅、畦堰、故居、诞生地、姐姐庙及捣衣石，从而激发了人们对祖国大好河山的热爱和向往，唤起了人们对伟大爱国诗人屈原的敬仰和怀念。这两段文字虽不长，却能如此生动地描述三峡奇景，如此亲切地述说秭归历史，没有身临其境的亲身感受，没有深入实地的探访和观察，是很难做到的。因此，从这两段文字看，郦道元很可能到过三峡，甚至到过秭归，做过实地考察。

撰稿人：水延凯

“巡行州郡，观察风俗”，“善于政者，褒而赏之”

【简介】

本篇原文，摘自魏收的《魏书》。

《魏书》是一部纪传体断代史书，全书一百二十四卷。由于有些卷篇幅过长，分为上、下两卷，或上、中、下三卷，因而实有一百三十卷，其中：本纪十二卷，列传九十八卷，志二十卷。《魏书》记述了从公元 4 世纪末至 6 世纪中叶北朝拓跋氏所建立的北魏及东魏的历史。它是中国正史中第一部专记少数民族政权史事的著作。它新增的《官氏志》，记载了鲜卑氏族名称及所改之姓、官制和制度的变化，为研究拓跋部落的扩展及汉化提供了完备资料；新增的《释老志》，叙述了佛教在中国的传播和兴衰，可看作一部中国佛教简史。它是现存叙述北魏历史的最为原始和完备的资料。

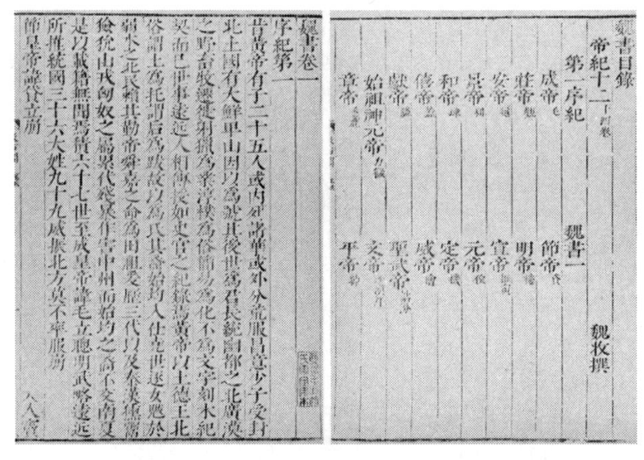
魏書目錄
帝紀十二
第一序紀 魏書一 魏收撰
成帝 節帝
莊帝 明帝
安帝 宣帝
昇帝 元帝
和帝 定帝
僖帝 威帝
獻帝 聖武帝
始祖神元帝 文帝
章帝 平帝

魏書卷一
序紀第一
昔黃帝有子二十五人或內列諸華或外分荒服昌意少子受封
北土國有大鮮卑山因以爲號其後世爲君長統幽都之北廣漠
之野畜牧遷徙射獵爲業淳樸爲俗簡易爲化不爲文字刻木紀
契而已世事遠近人相傳授如史官之紀錄焉黃帝以土德王北
俗謂土爲托謂后爲跋故以爲氏其裔始均入仕堯世逐女魃於
弱水之北民賴其勤帝舜嘉之命爲田祖爰歷三代以及秦漢獯鬻
獫狁山戎匈奴之屬累代殘暴作害中州而始均之裔不交南夏
是以載籍無聞焉積六十七世至成皇帝諱毛立聰明武略遠近
所推統國三十六大姓九十九威振北方莫不率服崩
節皇帝諱貸立崩

《魏书》

魏收（507—572），字伯起，巨鹿（今河北省平乡县一带）人。北魏末年曾参加国史和起居注的编写。东魏时期长期参与修国史。北齐受魏禅后，魏收任中书令，兼著作郎。北齐天保二年（551）受诏撰魏史；四年（553）任魏尹，不理郡事，专力于魏史的修撰；五年（554）三月奏上本纪、列传，十一月奏上十志。自北魏末经东魏到北齐，魏收参与修史达二十余年。

魏收画像

以下【原文】，节录自《魏书》，北京，中华书局，1999；【注释】和【今译】，也参考了上述著作。

【原文、注释和今译】

【原文之一】魏书·高宗纪第五（之一）

高宗文成皇帝[1]，……真君元年[2]六月生于东宫。帝少聪达，世祖[3]爱之，常置左右，号世嫡皇孙。年五岁，世祖北巡，帝从在后，逢虏帅桎一奴[4]欲加其罚。帝谓之曰："奴今遭我，汝宜释之。"帅奉命解缚。世祖闻之，曰："此儿虽小，欲以天子自处。"意奇之。既长，风格异常，每有大政，常参决可否。正平二年十月戊申[5]，即皇帝位于永安前殿，大赦，改年。

【注释】

(1) 高宗文成皇帝：南北朝时期北魏第五位皇帝拓跋濬（440—465），庙号高宗（452—465年在位），太武帝拓跋焘（即世祖）的孙子，孝文帝的祖父。 (2) 真君元年：太武帝太平真君元年，公元440年。 (3) 世祖：太武帝拓跋焘（408—452），庙号世祖。 (4) 虏帅桎一奴：虏，俘获，俘虏，中国古代对北方外族的贬称；帅，统领，统帅；桎，足械，束缚，约束。指酋帅枷住一名奴隶。 (5) 正平二年十月戊申：公元452年十月初三。

【今译】

高宗文成皇帝，……真君元年（440）六月在东宫出生。高宗少年聪明敏达，世祖十分疼爱他，常让他跟随自己左右，称他是世嫡皇孙。五岁时，世祖北巡，高宗跟在其后，恰逢酋帅枷住一名奴隶要施以刑罚。高宗对他说："这奴隶今天碰到了我，你应该把他放掉。”酋帅奉命解除奴隶的绑缚。世祖听说此事，说：“这孩子年龄虽小，却俨然把自己当作天子。”十分惊奇。成年后，风仪异常，每每遇到大的政事，经常参与议决可否。正平二年（452）十月初三，高宗在永安前殿登上皇位，大赦，改年号。

【原文之二】魏书·高宗纪第五（之二）

〔太安元年〕夏六月……

癸酉[(1)]，诏曰：“夫为治者，因宜以设官，举贤以任职，故上下和平，民无怨谤。若官非其人，奸邪在位，则政教陵迟[(2)]，至于凋薄[(3)]。思明黜陟[(4)]，以隆治道[(5)]。今遣尚书穆伏真[(6)]等三十人，巡行州郡，观察风俗。入其境，农不垦殖，田亩多荒，则徭役不时[(7)]，废于力也；耆老饭蔬食[(8)]，少壮无衣褐，则聚敛烦数[(9)]，匮于财也；闾里空虚，民多流散，则绥导[(10)]无方，疏于恩也；盗贼公行，劫夺不息，则威禁[(11)]不设，失于刑也；众谤并兴，大小嗟怨，善人隐伏，佞邪当途[(12)]，则为法混淆，昏于政也。诸如此比，黜而戮[(13)]之。善于政者，褒而赏之。其有阿枉[(14)]不能自申，听诣使[(15)]告状，使者检治。若信清能[(16)]，众所称美。诬告以求直，反其罪[(17)]。使者受财，断察不平，听诣公车[(18)]上诉。其不孝父母，不顺尊长，为吏奸暴，及为盗贼，各具以名上[(19)]。其容隐者，以所匿之罪罪之。”

【注释】

(1) 癸酉：十三日。 (2) 陵迟：渐趋衰败。 (3) 凋薄：凋，衰落，凋萎；薄，寡薄，浇薄。 (4) 黜陟：黜，降职，罢免；陟，晋升，进用。 (5) 以隆治道：以，用，为；隆，兴盛，尊崇；治道，治理国家的方针、政策、措施等。 (6) 穆伏真：北魏官员，穆观之子。 (7) 不时：非其时，不合时。 (8) 耆老饭蔬食：耆老，德高望重的老人；饭，吃饭；蔬食，粗食，素食。 (9) 聚敛烦数：聚敛，搜刮民财；烦数，频繁。 (10) 绥导：绥，安抚，妥当，平安；导，启发，指引，教导。 (11) 威禁：法令，禁令。 (12) 当途：掌握政权，或掌握政权的人。 (13) 戮（lù）：惩罚。(14) 阿枉：偏私不公正，枉曲。 (15) 听诣使：听，任凭，听任；诣，前往，去到，指到尊长那里去；使，御史（主管纠察的官吏）。 (16) 清能：清廉贤能，清正能干。(17) 诬告以求直，反其罪：被人诬告而求公正，可免除其罪行。 (18) 公车：兵车，官车；汉代官署名称，掌管征召及受章奏，亦上书者所诣。 (19) 各具以名上：具，同“俱”，都，完全；名，说出，说明；上，上报。指将各种情况完全说明上报。

【今译】

〔太安元年（455）〕夏季六月……

十三日，高宗下诏书说：“大凡治理国家，都是根据实际情况设立官职，选举贤能之人担任，故而上下和平，民无怨言。如果任用不适合的人做官，让奸邪之人占据官位，就会导致政事教化紊乱，甚至政凋事薄。朕思举贤明、升降官职，以兴盛治国之道。现在派遣尚书穆伏真等三十人，巡察各个州郡，观察社会风尚习俗。进入各个州郡境内考察，农夫不垦荒养殖，田地多荒芜，徭役不应时而缴，这是荒废人财物力；德高望重的老人只能吃粗食、素食，少壮的人没有粗布衣衫，这是聚敛频繁，财力匮乏；乡里空虚，百姓流离失所，这是安抚教导无方，疏于恩泽民众；盗贼公然横行，抢劫豪夺不息，这是没有实施法令、禁令，刑罚松弛；各种诽谤四处兴起，大大小小怨愤频出，善良贤人隐伏山野，奸佞小人掌握政权，这是法令混淆，政治昏乱。诸如此类情况，一旦查出，就应该降职或严惩。善于治理的官员，应该褒扬赏赐他们。如果谁有冤枉不能自申，可任凭他们到御史那里去告状，由御史派人检察治理。如果一个人确属清廉贤能，大家都说他的好处，他确实被人诬告而欲求公正，可免除其罪行。如果使者接受贿赂，断理纠察不公平，听任受害者去官署上诉。对于那些不孝敬父母的人、不顺从尊长的人、奸邪残暴的吏卒，以及当盗贼的人，都应将各种情况调查清楚、说明上报。那些容忍、隐瞒罪犯的人，应该以所隐匿之罪判处之。”

【原文之三】魏书·高宗纪第五（之三）

〔太安四年〕……

夏五月壬戌[(1)]，诏曰：“朕即阼[(2)]至今，屡下宽大之旨，蠲[(3)]除烦苛，去诸不急，欲令物获其所，人安其业。而牧守[(4)]百里，不能宣扬恩意，求欲无厌，断截官物以入于己，使课调悬少[(5)]；而深文极墨[(6)]，委罪于民。苛求免咎[(7)]，曾不改惧。国家之制，赋役乃轻，比年已来，杂调[(8)]减省，而所在州郡，咸有逋悬[(9)]，非在职之官绥导失所[(10)]，贪秽过度，谁使之致？自今常调[(11)]不充，民不安业，宰民之徒[(12)]，加以死罪。申告天下，称朕意焉。”

【注释】

(1) 五月壬戌：五月十九日。　(2) 阼（zuò）：原指大堂前东面的台阶，借指帝位。　(3) 蠲（juān）：免除。　(4) 牧守：州郡的刺史和太守。　(5) 悬少：悬，空虚，匮乏；少，数量小，不够。　(6) 深文极墨：深文，寓意深远或深奥的文章；极，穷尽，竭尽；墨，诗文或书画。指在文字上耍花招。　(7) 苛求免咎：苛求，严苛的要求；免咎，免除罪过。　(8) 杂调：常规户调之外的加征，称为“杂调”。　(9) 咸有逋悬：咸，皆，全部；逋悬，积欠租金。指全部拖欠租金。　(10) 失所：失宜，失当。　(11) 常调：常规户调，正常赋税。　(12) 宰民之徒：宰，主管，主宰。对主宰百姓官吏的贬称。

【今译】

〔太安四年（458）〕……

夏季五月十九日，高宗下诏说：“朕登基至今，屡下宽大诏书，免除繁苛赋役，去掉非急需事项，想要物尽其用，人安其业。州刺史、郡太守治理方圆百里，不能宣扬朝廷恩泽，贪得无厌，截留官府财物，据为己有，致使朝廷租赋大为减少；而且在文字上大耍花招，归罪于民众。他们一方面严苛要求百姓，另一方面又想免除罪过，就是不曾想到害怕。按照国家制度的规定，赋役本来很轻，近年来，常规户调之外的加征都在减少，而所在州郡，全部拖欠租税，这不是在职官员玩忽职守、贪污过度导致的，又是什么导致的呢？从今以后，正常赋税不足额上缴，百姓不能安守本业，有关州郡的主管官员，一律处以死刑。把朕这个意思广告天下，让人们都知道。”

【原文之四】魏书·高宗纪第五（之四）

〔太安五年〕……

……九月戊辰[(1)]，诏曰："夫褒赏必于有功，刑罚审于有罪，此古今之所同，由来之常式[(2)]。牧守莅民，侵食百姓，以营家业，王赋不充，虽岁满去职，应计前逋[(3)]，正其刑罪。而主者失于督察，不加弹正[(4)]，使有罪者优游[(5)]获免，无罪者妄受其辜，是启奸邪之路，长贪暴之心，岂所谓原情处罪[(6)]，以正天下。自今诸迁代者[(7)]，仰列在职殿最[(8)]，案制治罪[(9)]。克举者加之爵宠[(10)]，有愆者肆之刑戮[(11)]，使能否殊贯[(12)]，刑赏不差[(13)]。主者明为条制，以为常楷。"……

冬十有二月戊申[(14)]，诏曰："朕承洪业，统御群有[(15)]，思恢政化[(16)]，以济兆民。故薄赋敛以实其财，轻徭役以纾其力，欲令百姓修业，人不匮乏。而六镇、云中、高平、二雍、秦州，遍遇灾旱，年谷不收。其遣开仓廪以赈之。有流徙者，谕还桑梓[(17)]。欲市籴他界[(18)]，为关傍郡[(19)]，通其交易之路。若典司[(20)]之官，分职不均，使上恩不达于下，下民不赡于时，加以重罪，无有攸纵[(21)]。"

【注释】

(1) 九月戊辰：九月初三。 (2) 常式：式，法也，规格，样式。常式，指通常的办法或一定的规则。 (3) 逋：逃亡，拖欠。 (4) 弹正：弹，弹劾，检举违法失职的官吏。弹正，弹劾纠正。 (5) 优游：生活闲适、闲暇自得的样子。 (6) 原情处罪：根据原有实情判处罪行。 (7) 诸迁代者：许多离职调任者。 (8) 仰列在职殿最：仰，举也；列，罗列，陈列；殿最，古代考核政绩或军功，下等称"殿"，上等称"最"。指考察列举在职时的成绩和问题。 (9) 案制治罪：案，同"按"。指按照规定制度治罪。 (10) 克举者加之爵宠：克，能也；克举者，胜任者；爵，爵位；宠，推崇，荣耀。 (11) 有愆者肆之刑戮：愆，罪过，过失；有愆者，有罪过者；肆，陈列，展示；刑戮，刑罚或处死。 (12) 能否殊贯：能否，贤能者与不贤能者；殊，分开，不同；贯，连接，贯通。 (13) 不差：不错。 (14) 十有二月戊申：十二月十五日。 (15) 统御群有：统御，统领和驾驭；群有，佛教语，指众生或万物。(16) 思恢政化：思，思虑，思求；恢，弘大，发扬；政化，政事和教化。 (17) 谕还桑梓：谕，告诉；桑梓，古人常在住宅旁栽种桑树和梓树，又说家乡的桑树和梓树是父母种的，要对它表示敬意。后人用"桑梓"比喻故乡。 (18) 市籴他界：市，市场；籴，买进粮食；他界，外地，其他州县。 (19) 为关傍郡：为，设立；关，关卡；傍，靠近；郡，古代行政区域，秦代以前比县小，从秦代起比县大。 (20) 典司：主持，主管。 (21) 攸纵：攸，所也；纵，放纵。

【今译】

〔太安五年（459）〕……

……九月初三，高宗下诏书说："有功必赏，有罪必罚，这是古今相同的道理，由来已久的常规。治理黎民，盘剥百姓，敛聚家业，致使官赋欠缺，即使任期已满而离职，也要追查以前罪过，判他的罪。如果主持这件事的官员失于督察，不加弹劾纠正，致使有罪的人逍遥法外，无罪的人妄受责罚，这恰会开启奸邪之路，助长贪暴之心，怎能算是据实情断罪，正肃天下之人呢？从今以后离职调任者，要考察其在职时的政绩，如有过失，按制度规定治罪。贤能胜任者加授官爵，有罪过者处以刑戮，使贤能者与劣陋者区分出高低差别，刑赏不再有差错。主管此事者要制定明确的条例，以作为执行的规则。”……

冬季十二月十五日，高宗下诏书说：“朕承继帝业，统领四海，思求弘扬政事教化，以拯济万民。所以减少赋税以求民众财物充实，减轻徭役以休养民力，想让百姓安居乐业，不致匮乏。而现在六镇、云中、高平、二雍州、秦州，普遍遇到旱灾，谷粟无收。朕令开官仓以赈济百姓。有流浪在外的人，要告诉他们返回家乡。想在其他州县买粮的，要在州郡交界处设立关卡，以通畅其交易渠道。如果分管此项工作的官员，玩忽职守，致使上恩不能下达，百姓不能得到及时接济，则要处以重罚，没有丝毫放纵的余地。”

【原文之五】魏书·高宗纪第五（之五）

〔和平〕二年春正月乙酉(1)，诏曰：“刺史牧民，为万里之表(2)。自顷每因发调(3)，逼民假贷，大商富贾，要射时利(4)，旬日之间，增赢十倍。上下通同，分以润屋(5)。故编户之家，困于冻馁(6)；豪富之门，日有兼积(7)。为政之弊，莫过于此。其一切禁绝，犯者十匹以上皆死。布告天下，咸令知禁。”二月辛卯(8)，行幸中山。丙午(9)，至于邺，遂幸信都。……舆驾所过，皆亲对高年，问民疾苦。诏民年八十以上，一子不从役。

【注释】

(1) 正月乙酉：正月二十八日。 (2) 万里之表：万里，普遍之意；表，表相，表征，标志，榜样。指普遍的表征，基本的标志。 (3) 自顷每因发调：自，自从；顷，少顷；每，经常，每次；因，原因，原由；发，征发；调，赋调。指向来每次征发赋调。 (4) 要射时利：要，希望，索取；射，谋求；时利，一时的功利。 (5) 上下通同，分以润屋：通同，串通一气，互相勾结；润屋，装饰屋宇，富有。指上下串通，中饱私囊。 (6) 冻馁：寒冷与饥饿。 (7) 兼积：兼，兼并，加倍；积，聚积，积蓄。 (8) 二月辛卯：二月初四。 (9) 丙午：十九日。

【今译】

〔和平〕二年（461）春季正月二十八日，高宗下诏书说：“刺史治理百姓，是施政的基本形式。一直以来，他们每次借着朝廷征发赋调的机会，逼使百姓借贷上缴，大商富贾，趁机发财，旬日之间，获利十倍。他们上下串通，中饱私囊。因此，普通百姓，饥寒交迫；豪富之家，日有横财。治理百姓的弊端，没有比这更恶劣的了。今后，这一切都要严加禁止，如有犯者，获利十匹以上的皆处死。要布告天下，让大家都知道这个禁令。”二月初四，高宗到中山巡视。十九日，到了邺城，顺便到访信都。……高宗在所到之处，都亲自接见年高长者，询问百姓疾苦。高宗还下诏，百姓年龄在八十岁以上的，可有一个儿子不从军服役。

【点评】

文成帝拓跋濬，是世祖太武帝拓跋焘的孙子，南北朝时期北魏第五位皇帝，庙号高宗。太延五年（439）北魏灭北凉，统一北方，结束了十六国100多年的分裂局面，与南方刘宋政权并立，形成了南北朝对峙的格局。太武帝雄才大略，为统一北方立下了不朽功勋。然而，长期战争消耗了大量人力物力财力，文成帝于正平二年（452）即帝位时，北魏正处于国艰之中。文成帝13岁即位后，诛杀了权臣宗爱，稳定了政局，息兵养民，发展生产，使北魏国力大增。史臣说：世祖纵横四方，国力耗损。紧接着国艰时难，朝中官员、天下百姓人人凄楚。高宗权衡时势，以静镇国，养威布德，安抚内外。如不是谋略深远，以矜济为怀，哪能做到这样呢！由此看来，高宗可谓有人君胸怀了。

太安元年（455），文成帝在即位第三年，就派遣尚书穆伏真等三十人赴各州郡巡察，观察各处社情民意。他指示：一要考察经济，如农夫垦殖、田地耕种、徭役缴纳等情况；二要考察民生，特别是老者饮食和少壮衣衫等情况；三要考察域治，如人口流动、安抚教导等情况；四要考察治安，如盗贼横行、抢劫豪夺、刑律执行等情况；五要考察政治，如诽谤、怨愤、嗟叹，以及贤良、奸佞各类人员的动向等情况。他规定：凡荒废人丁物力、财力匮乏、治域无方、刑罚松弛、法令混淆、政治昏乱的地方，一旦查出，有关官员就应降职或严惩。反之，善于治理的官员，就应褒扬和赏赐。他强调：有功必赏，有罪必罚，这是古今相同的道理，由来已久的常规。

文成帝不仅派人赴各州郡巡察，而且亲自做过许多调查。从正平二年13岁即位到和平六年（465）26岁去世，文成帝在位仅13年。据《魏书·高宗纪》记载，在从兴安二年（453）至和平五年（464）的11年中，文成帝亲自到全国各地考察24次。通过实地考察，他发现地方官吏贪得无厌，盘剥百姓，截留赋税，就下诏严加惩处，即使是任期已满的离职者，也要追查治罪；发现各府州镇长官，侵夺使唤士卒百姓，劳役繁多，就规定今后谁再擅自征召劳役，就以目无国法罪论处；发现百姓遭遇灾害，就下令开仓赈济，为赴外地买粮的民众通畅交易渠道，诏告在外流浪人员返回家乡。他还多次亲自接见年高长者，询问百姓疾苦，下诏为八十岁以上老人免除其中一个儿子的兵役。

总之，文成帝之所以“谋略深远，以矜济为怀”，之所以能“与时消息，静以镇之，养威布德，怀缉中外”，是与他勤于社会调查、善于体察社情民意分不开的。可以说，重视社会调查是文成帝“人君胸怀”的根本来源之一。

撰稿人：水延凯

“采捃经传，爰及歌谣，询之老成，验之行事”

【简介】

本篇原文，摘自贾思勰的《齐民要术》。

贾思勰，生卒年不详，汉族，北魏益都（今山东省寿光市）人，杰出农学家。他出身于一个世代务农的书香门第家庭，家里拥有大量藏书，从小博览群书，为其之后的著述打下了坚实基础。成年后走上仕途，曾任高阳郡（今山东省淄博市临淄区）太守等职，先后考察过山东、河北、河南等地区。他生活在北魏（386—534）末年到东魏（534—550）的大动乱年代，当时政治黑暗，战乱频繁，土地荒芜，生产凋敝，民不聊生，使他深感恢复经济、改善民生的重要。他自高阳太守卸任后就回乡经营农牧业，并根据“国以民为本，民以食为天”的观念和“农本”思想致力于农学研究，自北魏永熙二年到东魏武定二年（533—544），在整理古代农学资料、研究老农经验和总结自己实践经验的基础上，撰写出《齐民要术》一书。

贾思勰画像

《齐民要术》书名中的“齐民”，是指平民百姓；“要术”，是指谋生方法。全书由序、杂说和正文组成，约 11 万字（其中，正文约 7 万字，注释约 4 万字）。正文分 10 卷、92 篇，收录了 1 500 年前中国农艺、园艺、造林、蚕桑、畜牧、兽医、配种、酿造、烹饪、储备及治荒等方法。该书汇集了中国古代农学资料，并以山东为重点，描述了当时黄河中下游地区农业生产的概貌，是中国现存最早、最完整的一部农书，也是世界农学史上最早的农学专著之一。此书于唐末传入日本，19 世纪传到欧洲，被达尔文称为“中国古代百科全书”。

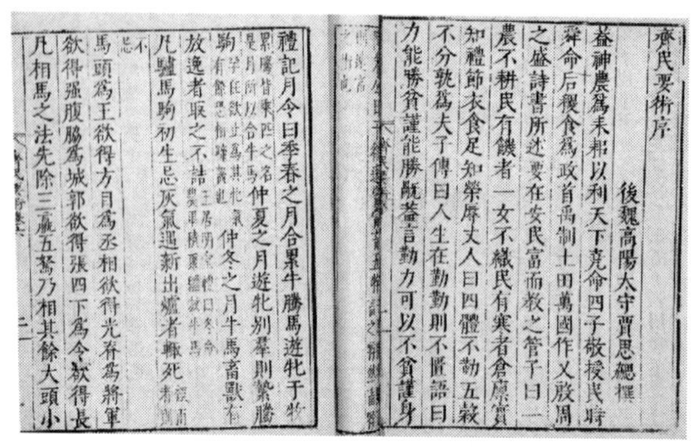

齊民要術序
後魏高陽太守賈思勰撰
蓋神農爲耒耜以利天下堯命四子敬授民時
舜命后稷食爲政首禹制土田萬國作乂殷周
之盛詩書所述要在安民富而教之管子曰一
農不耕民有饑者一女不織民有寒者倉廩實
知禮節衣食足知榮辱丈人曰四體不勤五穀
不分孰爲夫子傳曰人生在勤勤則不匱語曰
力能勝貧謹能勝禍蓋言勤力可以不貧謹身

禮記月令曰季春之月合累牛騰馬遊牝于牧
仲夏之月遊牝別羣則縶騰駒
仲冬之月牛馬畜獸有放逸者取之不詰
凡驢馬駒初生忌灰氣遇新出爐者輒死
馬頭爲王欲得方目爲丞相欲得光脊爲將軍
欲得强腹脇爲城郭欲得張四下爲令欲得長
凡相馬之法先除三羸五駑乃相其餘大頭小

《齐民要术》

以下【原文】，节录自贾思勰《齐民要术译注》，缪启愉、缪桂龙译注，济南，齐鲁书社，2009；【注释】和【今译】，也参考了上述著作。

【原文、注释和今译】

【原文之一】齐民要术·序

今采捃(1)经传，爰(2)及歌谣，询之老成，验之行事；起自农耕，终于醯醢(3)，资生之业，靡(4)不毕书，号曰《齐民要术》。凡九十二篇，束(5)为十卷。卷首皆有目录，于文虽烦，寻览差易。……

鄙意晓示家童，未敢闻之有识，故丁宁周至，言提其耳，每事指斥，不尚浮辞。览者无或嗤(6)焉。

【注释】

(1) 采捃（jùn）：采摘，收集，拾取。 (2) 爰（yuán）：引，援引。 (3) 醯醢（xī hǎi）：用鱼肉等制成的酱。 (4) 靡：无也。 (5) 束：谓卷束，古时写书卷束成圆轴，以一轴为一卷。 (6) 嗤：讥笑。

【今译】

现在，我采摘了文献资料，搜集了民间谚语，询问了行家里手，并亲自实践检验所做的事，从耕作栽培起，到制醋造酱等方法止，凡是对生产生活有帮助的事项，无不写在书里。书名为《齐民要术》。共九十二篇，卷束为十卷。每卷开头都有目录，文字虽有点烦琐，但查询、浏览起来比较容易。……

我写这本书的目的，是教导家里未成年的仆人，而不是给有学识的人看的，所以反复叮咛周到备至，揪着耳朵恳切教诲，每件事都直截了当地说明，不崇尚浮华的辞句。希望读者不要讥笑。

【原文之二】齐民要术·耕田第一

凡开荒山泽田，皆七月芟艾[(1)]之，草干即放火，至春而开垦。……

凡耕高下田[(2)]，不问春秋，必须燥湿得所为佳。若水旱不调，宁燥不湿。……

凡秋耕欲深，春夏欲浅[(3)]。犁欲廉，劳欲再[(4)]。……

凡美田之法，绿豆为上[(5)]，小豆、胡麻次之。悉皆五、六月中穊种[(6)]，七月、八月犁稀杀之[(7)]，为春谷田[(8)]，则亩收十石，其美与蚕矢、熟粪同[(9)]。

凡秋耕之后，牛力弱，未及即秋耕者，谷、黍、穄、粱、秫茇[(10)]之下，即移羸速锋[(11)]之，地恒润泽而不坚硬。乃至冬初，常得耕劳，不患枯旱。若牛力少者，但九月、十月一劳之，至春墒种[(12)]亦得。

【注释】

(1) 芟艾（shān yì）：芟，割草，除草；艾，多年生草本植物。　(2) 高下田：指高田、低地。　(3) 秋耕欲深，春夏欲浅：华北秋多阵雨，春多风旱、夏多高温，为利于收墒、保墒，宜秋季深耕、春夏浅耕。　(4) 犁欲廉，劳欲再：廉，狭窄；劳，通“耢”，用荆条或藤条编成的长方形农具。指犁田时，犁起的土条要窄一些；用耢平整土地，要耢两遍。　(5) 美田之法，绿豆为上：美，肥美。美田之法，指使土地肥美的方法。绿豆为上，以绿豆为最好。　(6) 穊（jì）种：穊，散种。指密植。　(7) 稀（yǎn）杀之：稀，种田。指翻耕掩杀在地里。　(8) 春谷田：早谷田。　(9) 其美与蚕矢、熟粪同：矢，古同“屎”。指其肥力与蚕屎、熟粪一样。　(10) 谷、黍、穄、粱、秫茇：谷，粟的别称；黍，亦称“稷”；穄，亦称“糜子”；粱，高粱；秫，黏高粱；茇，草根。　(11) 锋：一种尖锐、无犁壁、起土浅的农具。　(12) 墒种：不耕而种。

【今译】

凡在山地和低洼地开荒，都要在七月里把草割下来，草干了就放火烧它，到第二年春天再去开垦。……

凡耕高田低地，无论春季还是秋季，都必须在土壤干湿合宜时去耕，这样才好。如果干湿不调和，宁可干时去耕，切不可湿时去耕。……

凡秋天耕地要深，春天、夏天耕地要浅。犁田时，犁起的土条要窄一些；用耢平整土地，要耢两遍。……

使土地肥美的方法，以种绿豆为最好，其次是种小豆、芝麻。都要在五、六月里密播，在七、八月里翻耕，把它们掩杀在地里，第二年春天作为早谷田，一亩可以收获十石，它的肥力同蚕屎、熟粪一样好。

秋收之后，如果牛力疲弱，不能随即秋耕的，就应在谷子、黍子、糜子、高粱、黏高粱的根茬下，赶紧把弱牛牵来用锋浅耕灭茬，这样土地就可保持润泽而不致坚硬。到了初冬，常耕翻、耱耢一下，就不愁枯燥、干硬。如果牛力实在少，可在九、十月里耢一次，这样到第二年春天不耕翻就播种也可以。

【原文之三】齐民要术·养羊第五十七

羊一千口者，三四月中，种大豆一顷杂谷，并草留之，不须锄治。八九月中，刈作青茭[1]。若不种豆、谷者，初草实成时，收刈杂草，薄铺使干，勿令郁浥[2]。……既至冬寒，多饶风霜，或春初雨落，青草未生时，则须饲，不宜出放。

积茭之法：于高燥之处，竖桑、棘木作两圆栅，各五六步许。积茭着栅中，高一丈亦无嫌。任羊绕栅抽食，竟日[3]通夜，口常不住。终冬过春，无不肥充。若不作栅，假有千车茭，掷于十口羊，亦不得饱：群羊践蹑[4]而已，不得一茎入口。

不收茭者：初冬乘秋，似如有肤；羊羔乳食其母，比至正月，母皆瘦死；羔小未能独食水草，寻亦俱死。非直不滋息[5]，或能灭群断种矣。余昔有羊二百口，茭豆既少，无以饲，一岁之中，饿死过半。假有在者，疥瘦羸弊[6]，与死不殊，毛复浅短，全无润泽。余初谓家自不宜，又疑岁道疫病，乃饥饿所致，无他故也。人家八月收获之始，多无庸暇，宜卖羊雇人，所费既少，所存者大。传曰："三折臂，知为良医。"又曰："亡羊治牢，未为晚也。"世事略皆如此，安可不存意哉?

【注释】

（1）刈作青茭：刈，割；青茭，喂牲口的青色干草。（2）郁浥（yù yì）：郁积、潮湿、霉烂。（3）竟日：终日，整天。（4）践蹑：踩踏，行走。（5）滋息：繁殖，增生。（6）疥瘦羸弊：疥，指"疥疮""疥癣"；瘦，指弱、小；羸弊，指破烂、疲困。

【今译】

养千头羊的户，应该在三、四月里种一顷混播的大豆与谷子，出苗后连杂草一起留着，不要锄掉。到八、九月里，一齐收割下来作为喂牲口的青草。如果没有混播大豆与谷子，就应该在杂草开始结实的时候，将杂草收割下来，薄薄地摊开、晒干，不要让它郁积、潮湿而霉烂。……到了寒冷的冬季，风霜很大，或初春下雨，青草还没有长出来的时候，必须在羊舍里投放饲料，而不宜把羊放出去吃草。

堆积干草的方法：在高而干燥的地方，将桑木或酸枣木竖插在地上，围成两个圆形的栅栏，周围各有五六步左右的长度。把干草堆积在栅栏里面，堆到一丈高也没有关系。让羊在栅栏外面绕着抽草吃，整天整夜，不住口地抽着吃。这样，过了冬天，又过了春天，没有不膘肥体壮的。假如不做成栅栏，即使有一千车干草，扔给十只羊吃，也是吃不饱的。原因是羊群在草上挤来挤去地践踏，把草都糟蹋了，一根草也进不了口。

不储备干草的户：初冬时，母羊还保留着秋天喂养的余膘，看上去好像还有膘肥；但是羊羔全靠母乳喂养，到了正月（母乳吸干了），母羊都瘦死了；可是羊羔尚小，不能独自饮水吃草，不久也会相继死去。这样，不但不能繁殖，甚至有可能灭绝羊群、断绝羊种呀！我从前养过两百头羊，由于茭豆储备不足，没法喂养它们，一年下来，饿死了一大半。死里逃生的，也是疥病瘦瘠，疲弱不堪，和死的差不多，毛又疏又短，没有一点润泽。我开始还以为是自家不宜养羊，又怀疑是碰上了发瘟疫的年月，（其实都不是，）完全是饥饿造成的，并无其他原因。农家八月开始忙着秋收，大多没有空闲时间，应该出售一部分羊、雇人割草，这样花费不多，保全却大。《左传》说：“多次折断臂膀的人，自己也可以成为好的医生。”《战国策》说：“羊子丢失了，回头再补羊圈，也不算晚。”世界上的事情大都如此，怎么可以不细心留意呢？

【原文之四】齐民要术·作酱等法第七十

肉酱法：牛、羊、獐、鹿、兔肉皆得作。取良杀新肉，去脂，细剉。陈肉干者不任用。合脂令酱腻。[1]晒曲令燥，熟捣，绢筛。大率[2]肉一斗，曲末五升，白盐两升半，黄蒸一升……盘上和令均调，内瓮子中。有骨者，和讫先捣，然后盛之……泥封，日曝。寒月作之。宜埋之于黍穰[3]积中。二七日[4]开看，酱出，无曲气，便熟矣。买新杀雉煮之，令极烂，肉销尽，去骨取汁，待冷解酱[5]。

【注释】

（1）陈肉干者……令酱腻：这部分文字为注释。（2）大率：大概，大致，大体，大略。（3）黍穰：黍秆。（4）二七日：二七一十四，即十四天。（5）解酱：解，溶化，调和。指用雉鸡的汤汁倒进酱瓮里调味。

【今译】

做肉酱的方法：牛肉、羊肉、獐肉、鹿肉、兔肉都可以做。用活杀的鲜肉，去掉脂肪，斩成细块（像枣子大小）。干了的陈肉不合用。带脂肪会使酱太腻。将曲晒干，捣细，用绢筛筛过。一般比例是一斗肉，五升曲末，两升半白盐，一升黄蒸……一起在盘子里拌均匀，放入瓮中。有骨头的，和好后先捣捣，然后盛入瓮中……用泥封瓮口，放在太阳下面晒。在寒冷的月份酿造，宜将瓮埋在黍穰堆里（露出瓮头）。满十四天，打开看看，酱汁已经出来，没有曲的气味，便成熟了。买新杀的雉鸡，煮到极烂，肉都融碎了，捞去骨头，取其汤汁，等冷了倒进酱瓮里冲稀和调味。

【点评】

《齐民要术·序》曰：“采捃经传，爰及歌谣，询之老成，验之行事。”这说明，贾思勰撰写《齐民要术》的基本方法包括以下几种。

（1）“采捃经传”，就是通过文献调查，博采众家之长，有选择地吸取前人研究成果。仅《齐民要术·序》，就援引了《史记》《管子》《左传》《淮南子》《仲长子》《尚书》《孝经》《论语》等古典名著中的论述。据不完全统计，《齐民要术》援引古籍150余种，其中引用的《氾胜之书》《四民月令》等重要农书早已失传，《齐民要术》的引用使得后人得以窥见其大致面貌。仅从保存古文献看，贾思勰功不可没。

（2）“爰及歌谣”，就是搜集民间农谚和歌谣。例如，“天雨新晴，北风寒切，是夜必霜”，“有闰之岁，节气近后，宜晚田”，“耕锄不以水旱息功，必获丰年之收”，“湿耕泽锄，不如归去”，“小雨不接湿，无以生禾苗；大雨不待白背湿辘，则令苗瘦葳”，等等。这些流传于民间的农谚和歌谣，是对古代农民长期生产经验的总结，是经过实践检验的、具有旺盛生命力的活教材。《齐民要术》记载的这些农谚和歌谣，具有重要的认识价值和指导意义。

（3）“询之老成”，就是通过口头访问，向具有丰富经验的老农民、老羊倌和阅历丰富、练达世事的内行请教。例如，贾思勰养羊两次失败，后通过虚心向老羊倌请教，在老羊倌的耐心指点下不断改进饲养方法，从而获得成功。贾思勰通过访问向行家里手做调查，既有利于把他们的宝贵经验搜集起来加以总结，又有利于把自己的理论和论述建立在扎实的实践经验基础之上，从而大大丰富了《齐民要术》的内容。

（4）“验之行事”，就是通过亲自实验，检验摘引的文献、搜集的农谚、询问的经验是否正确、合理。《齐民要术·序》中记载有：“谚曰：‘智如禹汤，不如尝更。’是以樊迟请学稼，孔子答曰：‘吾不如老农。’然则圣贤之智，犹有所未达，而况于凡庸者乎？”用现代汉语说就是：“俗话说：‘即使有夏禹、商汤那样的智慧，仍然不如亲身实践。’所以，樊迟请教孔子怎样种庄稼时，孔子回答说：‘我不如老农。’那么，凭着圣贤那样的智慧，尚且还有不知道的事情，更何况一般人呢？”这说明，贾思勰极其重视实验调查。只有通过亲身实践进行检验，证明是正确、合理的东西，他才写入《齐民要术》。

“耕田第一”“养羊第五十七”“作酱等法第七十”，只是三个实例。总体而言，贾思勰撰写《齐民要术》的基本方法是文献调查法、访问调查法和实验调查法，该书是对这三种调查方法结合运用的产物，因而具有很高的学术价值和实用价值，具有很高的可靠性和可操作性，堪称不朽的农业科学巨著。

撰稿人：柳祥珍、水延凯

“以古为镜，可以知兴替；以人为镜，可以明得失”

【简介】

本篇原文，摘自李世民的《帝范》和刘昫等的《旧唐书》。

李世民（598—649），生于武功（今陕西省武功县），是唐高祖李渊的次子，唐朝第二位皇帝（626—649 年在位），杰出的政治家、战略家、军事家、诗人。李世民少年从军，在唐朝建立与全国统一过程中立下了赫赫战功。武德九年（626）他发动“玄武门之变”，杀死兄长太子李建成、四弟李元吉及二人诸子，被立为太子。不久，李渊退位，李世民即位，改元贞观。李世民在位期间，对内文治天下，虚心纳谏，厉行节约，劝课农桑，使百姓休养生息，国泰民安，开创了中国历史上著名的贞观之治；对外开疆拓土，攻灭东突厥与薛延陀，征服高昌、龟兹、吐谷浑，重创高句丽，设立安西四镇，使各民族融洽相处，从而被各族人民尊称为“天可汗”，为后来唐朝一百多年的盛世奠定重要基础。贞观二十三年（649），他因病驾崩于含风殿，享年五十二岁，在位二十三年，庙号太宗，葬于昭陵。

李世民画像

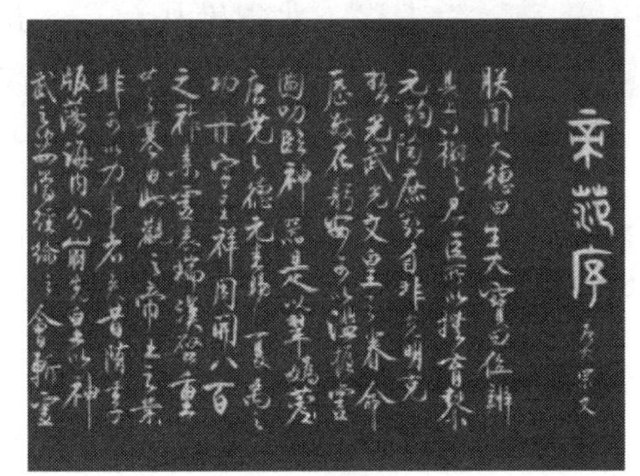

《帝范》

《帝范》，是唐太宗李世民自撰的论述人君之道的一部政治文献，成书于贞观二十二年（648）。全书共十二篇：《君体》《建亲》《求贤》《审官》《纳谏》《去谗》《诫盈》《崇俭》《赏罚》《务农》《阅武》《崇文》。该书虽短，但文辞有力优美，展现出一代英主对人生和世界的体悟，也是一个马上争天下、马下治天下的开国君主对一生经验的总结。它充满哲理性的语言，或一言中的，或一语道破天机，不但表现出看问题的高瞻远瞩，也隐含着论理的深邃透彻。李世民在将此书赐予子女时，将其作为遗训再三叮嘱："饬躬阐政之道，皆在其中，朕一旦不讳，更无所言。"

《旧唐书》的作者奉命从后晋天福五年（940）开始修撰，到后晋开运二年（945）完成。按当时规定，修撰国史的监修（主编）一般由宰相担任，书成时刘昫任宰相，因此刘昫就成了署名的撰者。实际上，《旧唐书》有三任监修：赵莹、张昭远和刘昫。此外先后还有 9 人参与纂修工作。《旧唐书》作者去唐不远，有条件接触到大量唐代史料，因而此书是现存最早的系统记录唐代历史的史籍。它原名《唐书》，宋代欧阳修、宋祁等编写的《新唐书》问世后，才改称《旧唐书》。《旧唐书》共二百卷，包括本纪二十卷，志三十卷，列传一百五十卷。

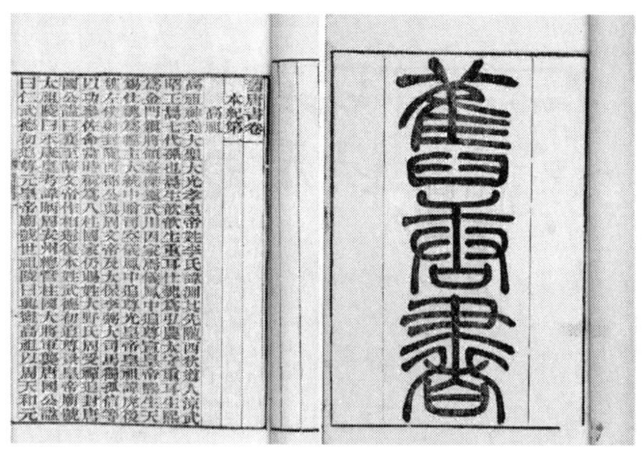

《旧唐书》

刘昫画像

赵莹，字玄辉，华阴（今陕西省华阴市）人，后梁进士，后晋宰相，奉命组织编撰唐史。《旧唐书》从提出修史计划，到史料搜集，再到组织编撰皆是赵莹负责，所以古人称编修《旧唐书》，赵莹居首功。

张昭远，字持正，广东惠州归善（今广东省惠州市惠城区）人，五代进士，后晋户部侍郎，《旧唐书》主要编撰人。在《旧唐书》三任监修中，张昭远用力最勤，始终具体负责其事。

刘昫（887—946），字耀远，涿州归义（今属河北省雄县）人，五代史学家，后晋政治家。后唐庄宗时任太常博士、翰林学士。后晋时，官至司空、平章事。后晋出帝开运二年受命监修国史，并负责编纂《旧唐书》。

以下【原文】，节录自李世民《帝范》，北京，新世界出版社，2009；《旧唐书》，北京，中华书局，1999；【注释】，也参考了上述著作。

【原文、注释和今译】

【原文之一】帝范·君体第一

夫人者国之先[(1)]，国者君之本[(2)]。人主之体[(3)]，如山岳焉，高峻而不动；如日月焉，贞明而普照。兆庶[(4)]之所瞻仰，天下之所归往。宽大其志，足以兼包；平正其心足以制断[(5)]。非威德无以致远，非慈厚无以怀人。抚九族[(6)]以仁，接大臣以礼。奉先思孝，处位思恭。倾己勤劳，以行德义，此乃君之体也。

【注释】

(1) 先：在先的事物，前提。 (2) 本：根本，本由。 (3) 体：本体，最根本的、内在的。 (4) 兆庶：兆，百万，古代指万亿；庶，平民，百姓。 (5) 制断：制，制定，制作；断，判断，裁决。 (6) 九族：血缘相近的亲族，宗族。

【今译】

人是立国的先决条件，国是君主的根本。君主的本体，要像山岳一样高峻稳重，要像日月一样普照万物。亿万百姓所瞻仰，天下四方所向往。君主要有广阔视野和远大志向，足以包容宇宙，涵容万物；要有公平态度和正直胸怀，足以制定规则，判断裁决。没有威望和德行不能号召远方，没有慈善宽厚不能怀柔万众。安抚九族要讲究仁义，接待大臣要敬之以礼。供奉祖先要思之以孝，高居皇位要谦恭谨慎。竭尽自己的勤奋辛劳，亲身实践道德正义，这些就是做君主的根本。

【原文之二】帝范·纳谏第五

夫王者，高居深视[(1)]，亏听阻明[(2)]。恐有过而不闻，惧有阙而莫补。所以设鞀树木[(3)]，思献替之谋[(4)]；倾耳虚心，伫[(5)]忠正之说。言之而是，虽在仆隶刍荛[(6)]，犹不可弃也；言之而非，虽在王侯卿相，未必可容。其义可观，不责其辩[(7)]；其理可用，不责其文。至若折槛怀疏[(8)]，标之以作戒；引裾却坐[(9)]，显之以自非。故云忠者沥其心，智者尽其策。臣无隔情于上，君能遍照于下。

【注释】

(1) 高居深视：高，离地面远；深，引申为距离大，深禁，深闭。指高居于殿堂，深禁于宫中。 (2) 亏听阻明：亏，缺损；听，听觉；阻，阻挡；明，视觉，引申为明白、清楚。 (3) 设鞀（táo）树木：鞀，如鼓而小，持柄摇之，旁耳可自击；木，木料，木制品。相传，大禹治理天下时，专门设立了一个如同小鼓一样的鞀，并对百姓说：如果谁有诉讼和不平，就可以摇鞀；尧帝在城门旁边竖起一根木头，任人书写政治缺失，称为“谤木”，表示愿意倾听老百姓的呼声。 (4) 献替之谋：为君主贡献劝善规过、更替兴革的计谋。 (5) 伫（zhù）：久立，引申为企盼，等待。 (6) 仆隶刍荛（chú ráo）：仆，仆人；隶，隶人，隶卒，隶农；刍荛，割草砍柴的人，草野鄙陋之人。 (7) 辩：辩论，申辩，有口才，善言辞。 (8) 折槛怀疏：折槛，折断了门槛；怀疏，怀念敢于犯颜直谏的奏疏。这是一个典故，说的是汉成帝时，朱云进谏攻击丞相张禹为佞臣，帝怒，欲斩之，朱云死抱殿槛，结果殿槛被折断。后以左将军辛庆忌死争，遂获赦，皇帝亦下令不换断槛，留下“折槛”，以纪念敢于犯颜直谏的奏疏。 (9) 引裾（jū）却坐：引，拉，伸；裾，衣服的大襟。指三国魏辛毗拉住魏文帝衣襟坚持诤谏的故事。后以“引裾”喻人臣能据理直谏。

【今译】

君主高居于殿堂，深禁于宫中，很难听到百姓声音，很难看到社会实况。唯恐自己有过失而不能听到，害怕自己有错误而不能补救。因此，大禹专门设立了一个鞀（小鼓），并对百姓说，谁有诉讼和不平就可以摇鞀；尧帝则在城门旁边竖起了一根“谤木”，任人书写政治缺失。他们这样做，都是为了鼓励人们贡献劝善规过、更替兴革的谋略，虚心倾听久已企盼的忠诚、正直言说。如果说得正确，即便是奴仆草民，也不能因为他们身份低微而不听他们的意见；如果说得不正确，即便是王侯卿相，也不能因为他们身份高贵而采纳他们的建议。一个人的话合乎道理大义，其辩辞巧拙无关紧要；一个人说的事理可以采用，其论述文采不必苛求。如果君主能像汉成帝容忍朱云折槛劝谏那样，留下“折槛”以作鉴戒，能像魏文帝容忍辛毗引裾劝谏那样，以显示自觉其非，就可以使忠诚的臣子竭尽其心，智慧的臣子尽献其策。这样，臣子的意见就能顺利上达君主，君主的光辉则能普照大地。

【原文之三】旧唐书·本纪第二·太宗上（之一）

〔武德〕四年[(1)]二月，……世充[(2)]众二万自方诸门临谷水而阵。……太宗以骑冲之，……自辰及午，贼众始退。纵兵乘之，俘斩八千人，于是进营城下。世充不敢复出，……以待建德[(3)]之援。……

会窦建德以兵十余万来援世充，至于酸枣。……太宗曰：“世充粮尽，内外离心，我当不劳攻击，坐收其敝。建德新破孟海公[(4)]，将骄卒惰，吾当进据武牢，扼其襟要[(5)]。贼若冒险与我争锋，破之必矣。如其不战，旬日间世充当自溃。……

建德自荥阳西上，筑垒于板渚，太宗屯武牢，相持二十余日。谍者曰：“建德伺官军刍[(6)]尽，候牧马于河北，因将袭武牢。”太宗知其谋。遂牧马河北以诱之。诘朝[(7)]，建德果悉众而至，……诸将大惧。太宗将数骑升高丘以望之，谓诸将曰：“贼起山东，未见大敌。今度险而嚣，是无政令；逼城而阵，有轻我心。我按兵不出，彼乃气衰，阵久卒饥，必将自退，追而击之，无往不克。吾与公等约，必以午时后破之。”建德列阵，自辰至午，兵士饥倦，皆坐列，又争饮水，逡巡敛退[(8)]。太宗曰：“可击矣！”亲率轻骑追而诱之，众继至。建德回师而阵，未及整列，太宗先登击之，所向皆靡。……贼顾见之，大溃。……斩首三千余级，虏其众五万，生擒建德于阵。……

乃将建德至东都城下。世充惧，率其官属二千余人诣军门请降，山东悉平。太宗入据宫城，……一无所取，令记室房玄龄[(9)]收隋图籍[(10)]。

【注释】

（1）四年：武德四年，公元621年。（2）世充：王世充（？—621），字行满，本来姓支，是西域胡人，隋末起兵群雄之一。公元619年自立称帝。武德四年被李世民击败。同年七月，为仇人独孤修德所杀。（3）建德：窦建德（573—621），扶风平陵（今陕西省咸阳市）人，隋末农民起义军领袖。武德四年救王世充，被李世民击败、俘虏，同年被处死。（4）孟海公（？—621）：曹州济阴人，隋末农民起义军领袖。武德三年（620），被窦建德击败，并归附窦建德。武德四年参与救王世充，被李世民击败，并处死。（5）扼其襟要：扼，抓住，把守，控制；襟要，险要的地方。（6）刍：喂牲畜的草。（7）诘朝：诘，明天，翌日；朝，早晨。（8）逡巡敛退：逡巡，徘徊不前；敛，收拢，聚集；退，后退。（9）房玄龄（579—648）：名乔，字玄龄，齐州临淄人（今山东省淄博市），李世民得力谋士之一。（10）图籍：地图和户口册。

【今译】

武德四年（621）二月，……王世充的军队两万人在方诸门临近的谷水扎阵。……太宗用骑兵冲锋，……从早晨一直战到下午，贼众才开始退却。太宗指挥兵士追击，俘获并斩首八千人，于是进兵营城下。世充不敢再出战，……等待窦建德救援。……

正好窦建德率兵十余万来援救王世充，到达酸枣。……太宗道："世充粮食已尽，内外离心，我军不需攻击，就可坐等敌军失败。建德新近攻破孟海公，将官骄傲，士兵怠惰，我军当进据武牢，扼守山川要冲。贼若与我军争胜负，必破贼军。如果不战，十日间世充当会自己崩溃。"……

窦建德从荥阳西上，筑营垒于板渚，太宗驻军武牢，两军对峙二十多天。探听消息的人报告："建德探听到官军牲畜饲料已尽，打算等候官军在黄河北岸放马吃草时，趁机偷袭武牢。"太宗知道他们的计谋，于是放马到黄河北岸吃草来诱敌。次日早晨，建德果然率兵马到来，……诸将大为恐惧。太宗率几名骑兵登上高丘遥望，对诸将道："贼人起兵山东，未遇见过强敌。现在渡过险要而叫嚣，是无政令的表现；逼近城墙布阵，有轻视我们的意思。我按兵不出，敌军气势便衰落，布阵太久士卒饥饿，必将自行撤退，那时再去追击，可无往不胜。我与你们约定，必定在午时后攻破敌军。"建德排出阵势，从早晨直到下午，兵士又饿又累，都坐列在阵中，争着饮水，顷刻间又收敛退却。太宗道："可以攻击了！"亲自率领轻骑兵追击引诱敌军，大军陆续赶到。建德回军布阵，还来不及整顿阵列，太宗先行攻击，所向披靡，……贼军看见了，全线崩溃。……斩首级三千多，俘虏贼众五万，并在阵中活捉了窦建德。……

于是带窦建德到东都城下。王世充恐惧，率其官属两千多人到军门请求归降，山东全部平定。太宗入据宫城，……什么东西都不取，只令记室房玄龄收取隋朝的地图与户口册。

【原文之四】旧唐书·本纪第二·太宗上（之二）

〔贞观元年八月〕……是月，关东及河南、陇右沿边诸州霜害秋稼。

九月辛酉，命中书侍郎温彦博、尚书右丞魏徵等分往诸州赈恤。……

…………

〔二年〕三月戊申朔，日有蚀之[(1)]。丁卯，遣御史大夫杜淹巡关内诸州。出御府金宝[(2)]，赎男女自卖者还其父母。庚午，大赦天下。

夏四月己卯，诏骸骨暴露者，令所在埋瘗[(3)]。……初诏天下州县并置义仓[(4)]。……

…………

〔三年〕六月戊寅，以旱，亲录囚徒[(5)]。遣长孙无忌、房玄龄等祈雨于名山大川，中书舍人杜正伦等往关内诸州慰抚。又令文武官各上封事，极言得失[(6)]。

【注释】

（1）日有蚀之：日蚀。（2）御府金宝：御府，皇宫；金宝，金银宝器。（3）埋瘗：掩埋，埋葬。（4）义仓：储存粮食以备荒年的公有仓库。（5）亲录囚徒：亲自审查并记录囚徒罪状。（6）极言得失：极，穷尽，竭尽。指尽量叙说施政得失。

【今译】

〔贞观元年（627）八月〕……这个月，关东及河南、陇右沿边各州秋季庄稼遭霜害。

九月十二日，命中书侍郎温彦博、尚书右丞魏徵等分头到各州赈济抚恤。……

…………

〔贞观二年（628）〕三月一日是朔日，有日蚀。二十日，派遣御史大夫杜淹巡视关内各州。拿出后宫金银宝器，把被出卖的儿女赎回归还给其父母。二十三日，大赦天下。

夏四月三日，诏令凡是暴露的尸骨，命令所在地负责埋葬。……首次诏令天下州县都设置义仓。……

…………

〔三年（629）〕六月八日，天旱，皇上亲自审查并记录囚徒罪状。派遣长孙无忌、房玄龄等人到名山大川求雨，中书舍人杜正伦等人往关内各州慰问安抚。又命令文武官员各上密封奏章，尽量说出朝政得失。

【原文之五】旧唐书·本纪第三·太宗下

〔贞观四年〕〔太宗在评价隋文帝后说〕“……以天下之广，岂可独断一人之虑？朕方选天下之才，为天下之务，委任责成，各尽其用，庶几[(1)]于理也。”因令有司：“诏敕不便于时[(2)]，即宜执奏，不得顺旨施行。”

…………

〔十一年〕秋七月癸未，大霪雨。谷水溢入洛阳宫，深四尺，坏左掖门，毁宫寺十九所；洛水溢，漂六百家。庚寅，诏以灾命百官上封事，极言得失。……

九月丁亥，河溢，坏陕州河北县，毁河阳中潬。幸[(3)]白司马坂以观之，赐遭水之家粟帛有差。

…………

〔十五年〕五月壬申，并州僧道及老人等抗表[(4)]，以太原王业所因，明年登封已后，愿时临幸。上于武成殿赐宴，因从容谓侍臣曰：“朕少在太原，喜群聚博戏，暑往寒逝，将三十年矣。”时会中有旧识上者，相与道旧以为笑乐。因谓之曰：“他人之言，或有面谀。公等朕之故人，实以告朕，即日政教，于百姓何如？人间得无疾苦耶？”

【注释】

（1）庶几：差不多，近似。（2）诏敕不便于时：诏敕，帝王的诏书、命令；不便于时，不适合当时的情况。（3）幸：封建帝王到某地巡视。（4）抗表：向皇帝上奏章。

【今译】

〔贞观四年（630）〕〔太宗在评价隋文帝后说〕“……天下广大，岂可凭一人思虑独断专行？朕正选拔天下英才，治理天下事务，委任并责成他们办事，各尽其才，这才差不多合于情理。”因而命令有关部门：“诏令如不适合当时情况，就应当奏明，不能顺承皇上旨意施行。”

…………

〔贞观十一年（637）〕秋七月一日，长期大雨，谷水漫入洛阳宫，水深四尺，损坏了左掖门，毁了十九所官寺；洛水漫溢，冲走了六百户人家。八日，因为水灾诏命百官上密封奏章，尽量说明朝政得失。……

九月六日，黄河泛滥，冲坏了陕州河北县，冲毁了河阳中潭等地。皇上到白司马坂观察水灾，按不同等级赐粮食、布匹给遭水灾的人家。

…………

〔贞观十五年（641）〕五月十二日，并州僧道及老人等上疏极力劝谏，称太原是皇业的依靠，明年登泰山封禅以后，希望皇上光临太原。皇上在武成殿赐宴，因此事从容地对侍臣说：“朕少时在太原，喜欢聚众博弈游戏，寒来暑往，将近三十年了。”当时宴会中有皇上认识的故人，互相叙旧谈笑取乐，于是对他说：“别的人说话，或许会当面奉承。你们是朕的老朋友，应将真实情况告诉朕，当今的政治和教化，对百姓来说如何？人间莫非没有疾苦吗？”

【原文之六】旧唐书·列传第二十一·魏徵

……〔魏徵死后，太宗〕追思不已，赐其实封[(1)]九百户。尝[(2)]临朝谓侍臣曰：“夫以铜为镜，可以正衣冠；以古为镜，可以知兴替；以人为镜，可以明得失。朕常保此三镜，以防己过。今魏徵殂逝[(3)]，遂亡一镜矣！……”

【注释】

（1）实封：古代封建国家名义上封赐给功臣贵戚食邑的户数或土地，与实际封赏数往往不符，实封是指实际封赐的户数或土地。（2）尝：曾经。（3）殂（cú）逝：殂，死亡；逝，去，往，死亡，去世。

【今译】

……〔魏徵死后，太宗〕追思不已，赐给他实封九百户。有一次上朝时太宗对侍臣说：“用铜做镜子，可以端正衣冠；用古做镜子，可以知道兴衰更替；用人做镜子，可以了解得失。朕常保持这三面镜子，来防止自己的过失。现在魏徵去世，我失去了一面镜子啊！……”

【点评】

（1）李世民一方面认为，“人者国之先，国者君之本”；另一方面深知，“王者，高居深视，亏听阻明。恐有过而不闻，惧有阙而莫补”。因而，他主张学习大禹和尧帝“设鞀树木”，倾听百姓呼声；仿效汉成帝和魏文帝“折槛怀疏”“引裾却坐”，鼓励人臣敢于犯颜直谏。正如《旧唐书·本纪第三·太宗下》所评价的："迹其听断不惑，从善如流，千载可称，一人而已！"

（2）在唐王朝建立过程中，李世民亲自指挥了四大战役，特别是在武德三年至四年（620—621）的虎牢之战中，李世民善于调查研究，对敌方"五事""七情"了如指掌，对己方将领、军队调度有方，对迎战、出击时机的把握恰到好处，因而一举歼灭了中原两大割据势力——河南王世充和河北窦建德集团，为唐王朝取得华北统治权和全国性胜利，打下了稳固基础。

（3）唐王朝建立后，李世民经常以隋亡为诫，在政治上，知人善任，从谏如流，整饬吏治，"选天下之才，为天下之务"，即使是自己的命令，"不便于时"也"不得顺旨施行"。在经济上，薄赋尚俭，注重民生，一遇自然灾害，就赈恤抚慰，令文武官员"极言得失"。他励精图治，为政谨慎，经常派遣大臣巡察全国，考察风评，甚至亲自巡幸，当面讨教，从而开创了贞观之治。

（4）李世民在追思魏徵时所说的"夫以铜为镜，可以正衣冠；以古为镜，可以知兴替；以人为镜，可以明得失"，是他治国理政、开创贞观之治的法宝，也是他获得"太宗文武之才，高出前古""盖三代以还，中国之盛未之有焉"等评价的根本原因。

撰稿人：水延凯

“记功司过，彰善瘅恶，得失一朝，荣辱千载”

【简介】

本篇原文，摘自刘知幾的《史通》。

刘知幾画像

刘知幾（661—721），字子玄，彭城（今江苏省徐州市）人，史学家。他出身于世宦之家，书香门第，幼年接受良好教育，11岁读《左传》，次读《史记》《汉书》《三国志》，再读皇家实录，17岁“窥览略周”。19岁入仕，38岁调职京都，公务之余博览群书，学史研史。41岁出任著作佐郎，至49岁“三为史臣”，官至左散骑常侍，兼修国史，先后与人合撰《唐书》《则天皇后实录》《睿宗实录》等著作。由于不满朝廷史馆制度和对修史的干预，41岁开始私撰《史通》，历时9年成书。60岁时，因营救犯罪长子，被贬为安州都督府别驾，不久去世。

《史通》除“叙录”外，现存49篇，其中内篇36篇，外篇13篇。内篇是主体，着重讲史书体裁体例、作史原则、史料采集和编纂方法，外篇论述史官制度、史籍源流、史事杂评、史家得失等；全书内容可概括为史学理论和史学批评两大类。《史通》对史书体裁多有评论，认为编年体史书、纪传体史书两种体裁不可偏废，而在此基础上的断代史则是今后史书编纂的主要形式。它对纪传体史书中的本纪、世家、列传、表历、书志、论赞、序例、题目等部分，做了全面而详尽的分析，对编写史书的方法和技巧也多有论述。《史通》是对唐以前史学的全面总结，是中国历史上第一部史学理论专著，对后世影响深远。

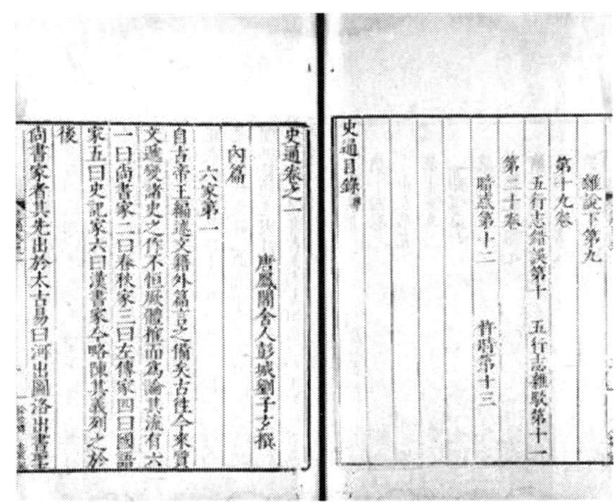
雜說下第九
第十九卷
五行志錯誤第十　五行志雜駁第十一
第二十卷
暗惑第十二　忤時第十三
史通目錄

史通卷之一
唐鳳閣舍人彭城劉子玄撰
內篇
六家第一
自古帝王編述文籍外篇言之備矣古往今來質
文遞變諸史之作不恒厥體榷而為論其流有六
一曰尚書家二曰春秋家三曰左傳家四曰國語
家五曰史記家六曰漢書家今略陳其義列之於
後
尚書家者其先出於太古易曰河出圖洛出書聖

《史通》

以下【原文】，节录自刘知幾《史通》，浦起龙通释，上海，上海古籍出版社，2015；【注释】，也参考了上述著作。

【原文、注释和今译】

【原文之一】史通·采撰第十五

……盖珍裘以众腋成温[1]，广厦以群材合构。自古探穴藏山[2]之士，怀铅握椠[3]之客，何尝不征求异说，采摭[4]群言，然后能成一家，传诸不朽。……此并当代雅言[5]，事无邪僻[6]，故能取信一时，擅[7]名千载。

但中世作者，其流日烦……

…………

晋世杂书，谅非一族，若《语林》《世说》《幽明录》《搜神记》[8]之徒，其所载或诙谐小辩，或神鬼怪物。其事非圣，扬雄所不观[9]；其言乱神，宣尼所不语[10]。……《晋史》，……《皇览》，……《遍略》，务多为美，聚博为功，虽取悦于小人，终见嗤于君子矣。

夫郡国之记，谱谍之书，务欲矜[11]其州里，夸其氏族。读之者安可不练[12]其得失，明其真伪者呼？……而修晋、汉史者，皆征彼虚誉，定为实录。苟不别加研核，何以详其是非？

又讹言难信，传闻多失。至如曾参杀人[13]，不疑盗嫂[14]，翟义不死[15]，诸葛犹存[16]，此皆得之于行路，传之于众口，傥无明白，其谁曰然？……

…………

故作者恶道听涂说之违理，街谈巷议之损实。……

【注释】

(1) 裘以众腋成温：与成语“集腋成裘”意义相同。裘，皮衣；腋，腋下，指狐狸腋下的皮毛。狐狸腋下的皮虽很小，但聚集起来就能制成一件温暖的皮袍，比喻积少成多。 (2) 探穴藏山：借《史记·太史公自叙》“探禹穴”“藏之名山”之说，指搜集资料、编撰史书。 (3) 怀铅握椠（qiàn）：铅，指石墨笔；椠，指木板。它们都是古人书写的工具。 (4) 采摭（zhí）：拾取，摘取。 (5) 雅言：旧指共通的标准语，即雅正典籍。 (6) 事无邪僻：邪僻，不合正道。指不会记载不合正道的事情。(7) 擅：独揽，占有。 (8)《语林》《世说》《幽明录》《搜神记》：指裴荣撰的《语林》、刘义庆等撰的《世说新语》和《幽明录》、干宝撰的《搜神记》。 (9) 扬雄所不观：《汉书·扬雄传》：“雄……自有大度，非圣哲之书不好也。” (10) 宣尼所不语：《论语·述而》：“子不语怪、力、乱、神。” (11) 矜：自大，自夸。 (12) 练：通“拣”，选择，检阅。 (13) 曾参杀人：曾参是孔子的弟子，有一个姓名与他相同的人杀了人，此事却被误传为曾参杀人。曾母起先不信，但经人再三地转告，便信以为真，于是吓得丢下手中正在织布的梭子逃跑了。典出《战国策·秦策二》，比喻流言可畏或诬枉的灾祸。 (14) 不疑盗嫂：汉文帝时，有一个人姓直，名不疑，长得帅气，官做得大。有人嫉妒他，到处散布流言，说他与嫂子私通，直不疑懒得与人辩白。有熟人责怪他，直不疑说："有什么好申辩的，我没有兄嫂，这种事不辩自明。"典出《汉书·直不疑传》。（15）翟义不死：翟义为西汉丞相翟方进之子，任东郡太守，作风果断、为人耿直。汉平帝死后，王莽篡政，翟义起兵讨伐，失败被杀。据《后汉书·王昌传》记载，王昌（又名王郎）曾诈称自己为汉成帝之子，发檄文说已派东郡太守翟义征讨王莽。王昌认为百姓思恋西汉，所以诈称翟义没有死，以此来号召百姓讨伐王莽。（16）诸葛犹存：诸葛亮伐魏，病死，蜀军后撤，司马懿领兵追赶，蜀军用诸葛亮遗计，让司马懿以为诸葛亮没死，吓退魏军。百姓为之谚曰："死诸葛走生仲达"。

【今译】

……珍贵的裘衣，集众狐之腋成其温暖；广阔的大厦，聚众多材料并合构建。自古以来，到处搜集资料、著书立说的史家，整天拿着墨笔、书写工具的学者，何尝不是征求各种不同说法，采摘各家的言论，然后才形成一家之言，以流传于后世。……这些都是那个时代的雅正典籍，不会记述那些邪僻的事件，所以不仅能够取得当时人的信任，而且它们的好名声一直流传千年。

但是，中古以后的作者，流派日益繁杂……

…………

晋代的杂书，想必不止一种，像裴荣撰的《语林》、刘义庆等撰的《世说新语》和《幽明录》、干宝撰的《搜神记》之类的著作，其记载的或是诙谐机辩的话语，或是神鬼怪异的事物。其内容荒诞不经，是扬雄所不愿看的；其语言惑乱神怪，是孔子不会说的。……《晋书》，……《皇览》，……《遍略》，以为摘取的古籍越多越好，聚集的史料越广博越有用，这虽能迎合于小人，终会见笑于君子。

有关地方郡国的记载、家庭谱牒之类的书籍，大都希望夸耀自己的家乡，赞美自己的家族。阅读这些书籍的人怎么可以不检阅它们的是非，明辨它们的真伪呢？……但是，修撰晋代、汉代史书的人，都征集这些虚假的赞誉，把它们确定为真实的记录。假若不加以分别研究和查核，怎么能够详细知道它们的是非呢？

另外，有些谣言难以确信，传闻大多失实。至于像曾参杀人，直不疑与嫂子偷情，翟义没有死，诸葛亮还活着，这些都是道听途说、传于众口的故事，如果不去弄明白，谁能够肯定？……

…………

所以，编撰史书的人憎恶道听途说之违背事理，街谈巷议之损害真实。……

【原文之二】史通·直书第二十四

夫人禀五常[(1)]，士兼百行[(2)]，邪正有别，曲直不同。若邪曲者，人之所贱，而小人之道也；正直者，人之所贵，而君子之德也。然世多趋邪而弃正，不践君子之迹，而行由小人者，何哉？语曰："直如弦，死道边；曲如钩，反封侯。"[(3)]故宁顺从以保吉，不违忤以受害也。……

…………

盖烈士徇名[(4)]，壮夫重气[(5)]，宁为兰摧玉折，不作瓦砾长存。若南、董[(6)]之仗气直书，不避强御；韦、崔[7]之肆情奋笔，无所阿容。虽周身[8]之防有所不足，而遗芳余烈，人到于今称之。与夫王沈《魏书》，假回邪以窃位[9]，董统《燕史》，持谄媚以偷荣[10]，贯三光而洞九泉[11]，曾未足喻其高下[12]也。

【注释】

(1) 五常：汉代以后，通常是指仁、义、礼、智、信。 (2) 百行：泛指人的品行、德行。 (3) "直如弦，死道边；曲如钩，反封侯。"：东汉童谣。直如弓弦，死在路边；曲如弯钩，反而封侯。 (4) 徇名：为追求美好名声而献身。 (5) 重气：崇尚气节。 (6) 南、董：南，指"南史（氏）"，是对齐国以南各诸侯国专门记录历史实况史家的泛称；董，指春秋晋国太史董狐，其秉笔直书的事迹，开了中国史学直笔传统的先河，故有"董狐直笔"之语。 (7) 韦、崔：韦，指三国时期吴国史学家韦昭，因得罪吴主孙浩而被诛；崔，指北魏政治家、谋略家崔浩，因直书触犯忌讳而被夷九族，史称"国史之狱"。 (8) 周身：保全自身。 (9) 王沈《魏书》，假回邪以窃位：王沈，魏晋时期大臣、史学家，在《魏书》中凭借歪曲历史而得到高官。(10) 董统《燕史》，持谄媚以偷荣：董统，在《后燕书》中用巴结奉承来窃取荣华富贵。 (11) 贯三光而洞九泉：三光，日、月、星，指天上；九泉，比喻地下最深处，或黄泉。指天壤之别。 (12) 未足喻其高下：不足以比喻他们之间的高下。

【今译】

人们天生具有仁、义、礼、智、信这五种品质，也兼有后天形成的各种品行，邪正有所区别，曲直各有不同。对于邪曲，人们是鄙视的，而小人却好走这条道路；对于正直，人们是崇尚的，它正是君子的品德。然而，世人大多趋向邪曲而抛弃正直，不践行君子的做法，而遵行小人的行为，这是为什么呢？东汉谚语曰："直如弓弦，死在路边；曲如弯钩，反而封侯。"所以，人们宁愿顺从权势以保护自己的安全和利益，也不愿违背、触犯权势使自己受到伤害。……

…………

大凡坚贞刚强的人会舍生取义，壮怀激烈的人会崇尚气节，他们宁愿像兰花一样被摧毁、像美玉一样被折断，也不愿像破烂瓦砾那样苟且长存。像南史、董狐那样仗气直书，不避豪强抵御；像韦昭、崔浩那样纵情奋笔，没有阿谀奉承。虽然从周全保护自身角度看有所不足，但是留下的盛德美名和功业烈绩，直到现在人们还在称赞。比起王沈借《魏书》歪曲历史而得到高官，董统用《燕史》谄媚奉承来窃取荣华富贵，即使用上天与黄泉的天壤之别，也不足以比喻他们之间的高下啊！

【原文之三】史通·曲笔第二十五

……其有舞词弄札[1]，饰非文过，……用舍由乎臆说[2]，威福行乎笔端[3]，斯乃作者之丑行，人伦所同疾也。亦有事每凭虚，词多乌有：或假人之美，借为私惠；或诬人之恶，持报己仇。若王沈《魏录》，滥述贬甄之诏[4]；陆机《晋史》，虚张拒葛之锋[5]。……此又记言[6]之奸贼，载笔[7]之凶人。虽肆诸市朝[8]，投畀豺虎[9]可也。

…………

盖史之为用也，记功司过，彰善瘅恶[10]，得失一朝，荣辱千载。苟违斯法，岂曰能官[11]。但古来唯闻以直笔见诛，不闻以曲词获罪。……故令史臣得爱憎由己，高下在心，进不惮于公宪[12]，退无愧于私室[13]，欲求实录，不亦难乎？呜呼！此亦有国家者所宜惩革[14]也。

【注释】

(1) 舞词弄札：札，古代公文的泛称，引申为书信、书写。这里指故意玩弄文笔，即舞文弄墨。 (2) 用舍由乎臆说：臆说，凭个人想象的说法。这里指采用或舍弃全凭自己的心意胡说。 (3) 威福行乎笔端：威福，即作威作福，原意为刑赏。这里指贬斥或褒奖都在自己的笔下乱写。 (4) 王沈《魏录》，滥述贬甄之诏：王沈，魏晋大臣、史学家，与荀顗、阮籍同撰《魏书》44卷。王沈在《魏书》中详载贬斥甄后的诏书，故意张扬曹魏的丑事。 (5) 陆机《晋史》，虚张拒葛之锋：陆机，西晋文学家、书法家。陆机在其所著《晋三祖纪》中，不真实地夸大司马懿抗拒诸葛亮而取胜的功绩。 (6) 记言：记录言论，这里是指记载历史。 (7) 载笔：原意是携带文具以记录王事，借指史官。 (8) 肆诸市朝：肆，放肆、示众；市朝，市场和朝廷。这里指在市场或朝廷上斩首示众。 (9) 投畀豺虎：投畀，抛弃，放逐。这里指扔给豺狼虎豹去吃。 (10) 彰善瘅恶：彰，表彰；瘅，憎恨。这里指表扬好的，憎恨坏的。 (11) 能官：这里指能干的史官。 (12) 公宪：公，公共的，国家的；宪，法令、典章制度。 (13) 私室：私家、私人寝室。 (14) 惩革：指鉴于前失而有所改变。

【今译】

……至于有些人舞文弄墨、文过饰非，……采用或舍弃全凭个人心意胡说，贬斥或褒奖都任自己笔下乱写，这都是作者的丑恶行为，是人们共同痛恨的。也有的人记事常常凭空编造，文辞大多子虚乌有：或假载别人好事，借作给别人的私惠；或诬记别人坏事，拿来报自己的私仇。比如，王沈在《魏书》中故意张扬曹魏的丑事，陆机在《晋三祖纪》中虚夸司马懿抗拒诸葛亮的功绩。……这就是记载历史的奸贼，手持史笔的凶徒，即使在市朝上斩首示众，扔给豺狼虎豹去吃，也不算过分。

…………

大凡史书的作用，在于记录功德，观察过失，表扬好的，憎恨坏的，一朝的得失，决定了千载的荣辱。违背了这个原则的，难道能称得上能干的史官吗？但是，自古以来，只听说因为秉笔直书而被杀的，没有听说因为歪曲史实而获罪的。……所以，让史官爱憎由自己，褒贬凭自心，进朝廷不怕违背了国家的法令，回家里没有丝毫的愧疚，想追求实录，不是太困难了吗？唉！这是拥有国家的帝王应该惩戒和革除的啊！

【点评】

刘知幾对于史学调查研究的以上论述，说明了以下几个基本要点。

(1) 广泛搜集史料，严格筛选史料。刘知幾强调，“征求异说，采摭群言”，但要严加甄别：诙谐机辩的寓言，奇异鬼怪的神话，荒诞邪僻的故事，都不宜入史；郡国之记、谱牒之书往往夸耀本地本族，必须详加研核；道听途说、街谈巷议之事，决不可轻信。此外，他还批判了猎奇求新、闻异辄采的不良风气，强调对“异辞疑事”持审慎态度。所有这些，都是值得充分肯定的。

（2）提倡仗气直书，反对谄媚偷荣。刘知幾认为，史家撰史必须直书，即不虚美、不隐恶，完全按照事实来记载、评价历史事件和历史人物。他极力推崇像南史、董狐、韦昭、崔浩那样不避强权、不阿谀奉承的史官，纵情奋笔，仗气直书，极为鄙视王沈、董统借歪曲历史、谄媚奉承而窃取高官和荣华富贵。在他看来，用天壤之别都不足以比喻他们之间的高下。

（3）主张直笔实录，反对曲笔臆说。所谓实录，就是“其文直，其事核，不虚美，不隐恶”。所谓曲笔，是指歪曲历史、虚美隐恶，甚至凭空编造、污蔑陷害。刘知幾认为，只有实录，“记功司过，彰善瘅恶”，才能发挥史书的作用；而那些曲笔的史官，是“记载历史的奸贼，手持史笔的凶徒，即使在市朝上斩首示众，扔给豺狼虎豹去吃，也不算过分”。

（4）刘知幾认为，史书的编撰过程，实质上是对史料进行调查研究的过程。从《史通》的论述看，刘知幾编撰史书的原则和方法可概括为：

● 博通治学：刘知幾在《自叙》中说自己到 17 岁便“窥览略周”。据《隋书·经籍志》记载：“凡四部（指经、史、子、集）经传三千一百二十七部，三万六千七百八卷。通计亡书，合四千一百九十一部，四万九千四百六十七卷。”刘知幾 17 岁便“窥览略周”，以半数计，已相当可观了。

● 师承先贤：刘知幾继承了孔子、司马迁以来史学先贤的优良传统和风格，其中左丘明的《左传》、王充的《论衡》和刘勰的《文心雕龙》尤具决定性作用。创建实录史学原则典范的《左传》，是刘知幾史学入门之师，从《史通》对史学作用与要务的论述看，刘知幾大有《左传》学派传人的风格。

● 疑古惑经：刘知幾师承先贤，但决不盲从，而是走独立钻研之路。《史通》的《疑古》《惑经》继承了《论衡》中“问孔”“刺孟”的精神，对古代史事和儒家经典提出疑问，反映了作者的严肃态度和批判精神；《史通》中的《杂说》等札记，涉及以往史家、史书的得失，更反映出作者思想上的质疑倾向。

● 求实精神：主要表现在三个方面。一是强调“因俗”“随时”，忠实反映历史面貌。二是贵直书，斥曲笔，体现实录原则。三是信灾祥，重人事，把史学同现实生活联系起来。有学者认为，刘知幾在中国历史上第一次系统地从理论上对“实录”进行了全面探讨和总结，形成了独具特色的实录史学原则。[①]

● 秉笔直书：《史通》提出坚持直书，反对曲笔；提倡“不虚美，不隐恶”“爱而知其丑，憎而知其善”；尚实用，反浮词，抨击六朝骈文的颓靡之风，反对华而不实的辞赋；主张运用当代通用语言，反对依仿古语，反对形式模拟。刘知幾对秉笔直书的倡导，进一步发展了中国史学直笔的优良传统。

●“三长”必备：刘知幾第一次提出了史学家必须具备史学、史识、史才“三长”的论点。他认为，史学是历史知识，史识是历史见解，史才是研究能力和表述技巧。

---

① 代继华．刘知幾论实录．史学史研究，1995（3）．

其中，史识最重要，它的核心是忠于历史事实，秉笔直书。

刘知幾的《史通》是中国历史上第一部史学理论专著，也是第一部史籍文献调查研究专著。在中国史学史、史籍文献调查研究史上，它最早从理论和方法上阐述了史籍文献调查研究、史书编纂原则等问题，具有重要指导意义。

撰稿人：水延凯

“羽辨水煮茗而天下知饮”

【简介】

本篇原文，摘自陆羽的《茶经》。

陆羽（733—804），字鸿渐，号东冈子，自称桑苎翁，一名疾，字季疵，又号“茶山御史”，复州竟陵（今湖北省天门市）人，唐代著名茶学家、茶文化家和鉴赏家。传说陆羽是一个弃婴，为竟陵龙盖寺高僧智积禅师所收养。一说智积俗姓陆，故以陆为姓。智积煮得一手好茶，陆羽自幼习艺茶之术。陆羽 12 岁离开龙盖寺，在戏班子当丑角，受谪守竟陵名臣李齐物赏识，送火门山邹老夫子门下受业 7 年。19 岁又受被贬为竟陵司马的原礼部员外郎崔国辅赏识，交游 3 年，品茶论水，立志于茶事考察与研究，21 岁决心撰写《茶经》。公元 755 年安禄山叛乱，陆羽随流民渡江南，至湖州与诗僧皎然结为缁素忘年之交；758—782 年，先后在南京、湖州、常州等地访茶品泉，研究茶事；759 年完成《茶经》初稿，后增补、修订，直至 780 年才最终完成；782 年离湖州，先后移居江西、湖南、广东，793 年返江南，804 年卒于湖州，葬于杼山，与皎然砖塔相对。

《陆羽煮茶图》

《茶经》分十节，7 000 多字：“一、茶之源”，考证茶的起源及性状；“二、茶之具”，记载采制茶叶的工具；“三、茶之造”，说明茶叶种类和采制方法；“四、茶之器”，记述煮茶、饮茶的器皿；“五、茶之煮”，记载烹茶法及水质品位；“六、茶之饮”，说明饮茶风俗和品茶法；“七、茶之事”，汇辑有关茶叶的掌故及药效；“八、茶之出”，列举茶叶产地及所产茶叶的优劣；“九、茶之略”，指明茶器的使用可因条件而异；“十、茶之图”，将采茶、加工、饮茶的全过程绘于绢素，悬于茶室，以便品茶时亲眼领略《茶经》之始终。这些内容说明，《茶经》是一部关于茶叶生产的历史、源流、现状、生产技术，以及茶道原理、茶文化、饮茶技艺等知识的完备的茶书。

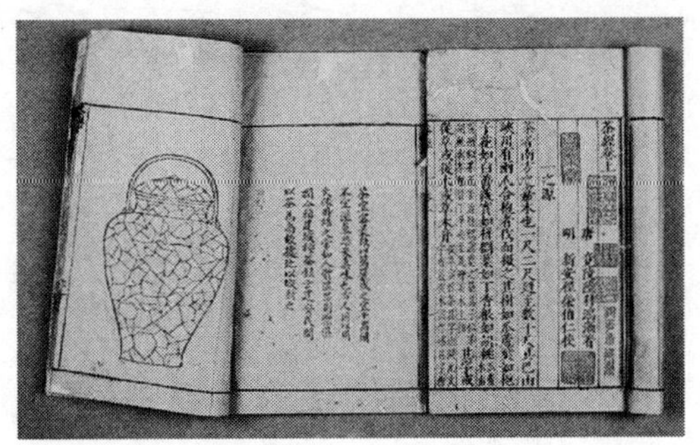

《茶经·卷上》

以下【原文】节录自陆羽《茶经》，沈冬梅编著，北京，中华书局，2010；【注释】和【今译】，也参考了上述著作。

【原文、注释和今译】

【原文之一】茶经·卷上·一之源

茶者，南方之嘉木也。一尺、二尺乃至数十尺(1)。其巴山峡川(2)，有两人合抱者，伐而掇之(3)。其树如瓜芦，叶如栀子(4)，花如白蔷薇，实如栟榈(5)，蒂如丁香，根如胡桃。

【注释】

(1) 尺：唐尺有大小之分。一般用大尺，比今尺略短，为 30 厘米左右。 (2) 巴山峡川：今四川东部、重庆和湖北西部一带。 (3) 伐而掇之：伐，砍伐；掇，拾取，搬取。 (4) 栀子：一种灌木或小乔木，因其花芳香而被长期栽培。 (5) 栟榈(Bīng Lǘ)：棕榈的别名。

【今译】

茶，是我国南方的优良树木。它通常高一尺或两尺，有的甚至高达几十尺。在巴山、峡川一带，有的树杆粗到两人合抱，要将树枝砍下来才能摘取茶叶。茶树的树形像瓜芦木，叶形像栀子叶，花像白蔷薇花，种子像棕榈子，蒂像丁香蒂，根像胡桃树根。

【原文之二】茶经·卷下·五之煮

其水，用山水上，江水次，井水下。……其山水，拣乳泉(1)、石池慢流(2)者上；其瀑涌湍漱(3)，勿食之，久食令人有颈疾。……其江水取去人远者，井取汲多者。

其沸如鱼目[(4)]，微有声，为一沸。缘边如涌泉连珠，为二沸；腾波鼓浪，为三沸。已上水老，不可食也。初沸，则水合量调之以盐味[(5)]，谓弃其啜余。……第二沸出水一瓢，以竹筴[(6)]环激汤心，则[(7)]量末当中心而下。有顷，势若奔涛溅沫，以所出水止之，而育其华[(8)]也。

【注释】

(1) 乳泉：石钟乳上滴下的水（矿物质含量较高）。 (2) 石池慢流：石，山石，石崖；池，水池；慢流，应作“漫流”，泛指水过满，向外流。 (3) 瀑涌湍漱：瀑，水飞溅；涌，奔涌，翻腾；湍，水势急而旋；漱，冲刷，冲荡，洗涤。指飞溅、汹涌、旋转、冲击的山中之水。 (4) 鱼目：水刚沸时，水面有许多小气泡，像鱼的眼睛，故称鱼目。 (5) 则水合量调之以盐味：则，估算。指估算水的多少调放适量的食盐。 (6) 竹筴：竹名。这里指竹筷。 (7) 则：标准权衡器。这里指取茶用的茶则。(8) 育其华：育，保育，养育；华，精英，精华。

【今译】

煮茶的水，以山水为最好，其次是江水、河水，井水最差。……用山水，以挑选钟乳石上滴下的水和山崖水池中流出的水为最好；急流奔涌翻腾回旋冲击的水不要食用，长期饮用这种水会使人颈部生病。……用江河里的水，要到远离人家的地方去取水，用井水则要到经常有人汲水的井中去汲取。

煮水时，当水煮到出现鱼眼一样的小水泡，并略带沸腾声时，称为一沸；当水煮到锅边水珠连起来像涌泉翻动时，称为二沸；当水煮到像鼓动的波浪一样大翻滚时，称为三沸。三沸以上的水若继续煮，水就煮老了，不宜饮用了。水一沸时，应根据水量多少放入适当的盐调味，把尝剩下的那点水泼掉。……到水二沸时，舀出一瓢水，用竹筷在沸水中心旋转搅动，用则量取茶末，从沸水中心倒入。一会儿，锅里的茶水像奔腾的浪涛翻涌、水沫溅出时，就把刚才舀出的那瓢水缓缓倒入，让沸腾的茶水慢慢停止下来，以保育茶的精华。

【原文之三】茶经·卷下·六之饮

茶之为饮，发乎神农氏[(1)]，闻于鲁周公[(2)]。齐有晏婴[(3)]，汉有扬雄、司马相如[(4)]，吴有韦曜[(5)]，晋有刘琨、张载、远祖纳、谢安、左思[(6)]之徒，皆饮焉。滂时浸俗[(7)]，盛于国朝，两都并荆渝间，以为比屋[(8)]之饮。

…………

……茶有九难：一曰造，二曰别，三曰器，四曰火，五曰水，六曰炙，七曰末，八曰煮，九曰饮。阴采夜焙[(9)]，非造也；嚼味嗅香，非别也；膻鼎腥瓯[(10)]，非器也；膏薪庖炭，非火也；飞湍壅潦[(11)]，非水也；外熟内生，非炙也；碧粉缥尘，非末也；操艰搅遽[(12)]，非煮也；夏兴冬废，非饮也。

【注释】

(1) 神农氏：传说中的上古三皇之一。 (2) 鲁周公：名姬旦，周文王之子，辅佐武王灭商；因封国在鲁，故称鲁周公。（3）晏婴（？—前500）：字平仲，齐国名相。（4）扬雄、司马相如：扬雄（前53—18），西汉哲学家、文学家、语言学家；司马相如（约前179—前118），西汉文学家。（5）韦曜（220—280）：三国时期东吴史学家、四朝重臣。（6）刘琨、张载、远祖纳、谢安、左思：刘琨（271—318），西晋大将军；张载（生卒年不详），西晋文学家；远祖纳（320？—395），即陆纳，东晋吏部尚书，因与陆羽同姓，故尊称为远祖；谢安（320—385），东晋名臣；左思（约250—305），西晋文学家。（7）滂（pāng）时浸俗：滂，沛也，旺盛，指倾盆大雨；浸，渗透，熏陶。指旺盛于四时，渗透于社会习俗。（8）比屋：每家，形容普遍、众多。（9）焙：微火烧烤。（10）瓯：杯、碗类的饮具。（11）飞湍壅潦：湍，水势急而旋；潦，积水。飞湍，急流；壅潦，停滞不流动的水。（12）遽：急速，匆忙。

【今译】

茶作为一种饮料，起源于神农氏，闻名于周公。春秋时期齐国的晏婴，汉朝的扬雄、司马相如，三国时吴国的韦曜，晋朝的刘琨、张载、陆纳、谢安、左思等人，都爱饮茶。后来流传日广，饮茶逐渐成为社会风俗。到了唐朝，饮茶之风盛行，从西都长安到东都洛阳，从江陵到重庆，更是家家户户都饮茶。

…………

……茶要做到精致有九大难点：一是制造，二是鉴别，三是器具，四是燃料，五是择水，六是烤炙，七是研末，八是烹煮，九是品饮。阴天采摘夜间焙制，是制造不当；口嚼辨味，鼻闻辨香，是鉴别不当；使用有膻腥气味的锅碗，是器具不当；用有油烟的和烤过肉的柴炭，是燃料不当；用急流奔涌或停滞不流的水，是择水不当；烤得外熟内生，是烤炙不当；把茶研磨成太细的青白色粉末，是研末不当；操作不熟练或搅动太急，是烹煮不当；夏天喝而冬天不喝，是品饮不当。

【原文之四】茶经·卷下·八之出

山南[(1)]，以峡州[(2)]上，峡州生远安、宜都、夷陵三县[(3)]山谷。襄州、荆州[(4)]次，襄州生南漳县山谷，荆州生江陵县山谷。衡州[(5)]下，生衡山[(6)]、茶陵二县山谷。金州、梁州[(7)]又下。金州生西城、安康[(8)]二县山谷。梁州生褒城、金牛[(9)]二县山谷。

【注释】

（1）山南：唐贞观元年划全国为十道，下辖郡、州，郡辖县。山南为十道之一，因在终南、太华二山之南，故名。辖区在今四川省嘉陵江以东，陕西省秦岭以南，河南省伏牛山西南，湖北省涢水以西，自重庆到岳阳之间的长江以北地区。（2）峡州：又称夷陵郡，今湖北省宜昌市。（3）远安、宜都、夷陵三县：今湖北省远安县、宜都市、宜昌市。（4）襄州、荆州：今湖北省襄阳市、荆州市。（5）衡州：大致覆盖今湖南省衡阳市、永州市和郴州市局部地区。（6）衡山：即衡山县，今湖南省衡阳市下辖县。（7）金州、梁州：金州，今陕西省安康市一带；梁州，今陕西省汉中市一带。（8）西城、安康：西城，陕西省安康市；安康，治所在今安康市西25公里的汉水西岸。（9）褒城、金牛：褒城，今汉中市褒城镇；金牛，今四川省广元市一带。

【今译】

山南地区，以峡州出产的茶为上等品，峡州茶生产于远安、宜都、宜昌三县的山谷。襄州、荆州出产的茶为二等品，襄州茶生产于南漳县的山谷，荆州茶生产于江陵县的山谷。衡州出产的茶为三等品，生产于衡山、茶陵二县的山谷。金州、梁州出产的茶为四等品。金州茶生产于安康、汉阴二县的山谷。梁州茶生产于褒城、金牛二县的山谷。

【点评】

茶起源于中国，最早为药用。中医经典名著《神农本草经》中，就有“神农尝百草，日遇七十二毒，得荼（茶）而解之”的记载。中国古代，茶是士大夫的一种消遣，与“琴、棋、书、画、诗、酒”一起，并列为文人七件雅事。后来，茶演变为百姓生活必需品，成为开门七件事“柴、米、油、盐、酱、醋、茶”之一。

中华民族饮茶有几千年历史，茶文化博大精深。唐末刘贞亮在《茶十德》中指出：以茶散郁气；以茶驱睡气；以茶养生气；以茶除病气；以茶利礼仁；以茶表敬意；以茶尝滋味；以茶养身体；以茶可行道；以茶可雅志。茶的社会功能可概括为：以茶健身、以茶育人、以茶思源、以茶廉政；以茶代酒、以茶作礼、以茶待客、以茶会友、以茶联谊；以茶兴文、以茶入诗、以茶入画、以茶入艺、以茶歌吟、以茶起舞；以茶兴农、以茶促贸、以茶致富。可以说，茶是中国的骄傲，民族的自尊、自信和自豪。世界著名科技史学家李约瑟博士，将茶叶作为继四大发明之后，中国对人类的第五大贡献。

陆羽在《茶经》中阐述的一整套茶学、茶道、茶文化的思想和技艺，是他勤奋读书、刻苦钻研、虚心求索、百折不挠精神的结晶，其来源主要有三：

（1）借鉴前人的研究成果或心得。例如，“七、茶之事”中，就引用了《神农食经》《尔雅》《晏子春秋》《凡将篇》《食论》《搜神记》《广陵耆老传》《续名僧传》《后魏录》《坤元录》《夷陵图经》《永嘉图经》《淮阴图经》《茶陵图经》《本草纲目》等文献中有关茶的记述。《茶经》不仅引用了大量史书和茶学专著，而且引用了《镇江府志》《徽州志》等地方志。可见陆羽阅读之多、涉猎之广。

（2）广泛寻访和实地考察。陆羽 21 岁决心写《茶经》，22 岁随“安史之乱”难民西行南下，经义阳、襄阳、南漳，直到四川巫山，一路风尘仆仆，每到一处都与当地村老讨论茶事，考察和学习茶农的经验和方法，将各种茶叶制成标本，记录下有关茶的各种见闻。到湖州后，实地考察了长江中下游和淮河流域的 32 个州，搜集了大量关于茶叶生产、制作的第一手资料，并进行分析整理。47 岁完成《茶经》并正式刻印，前后历时 26 年。

（3）深入探讨和实践研究。陆羽到达湖州后，结识了年长他 40 多岁的妙喜寺诗僧皎然大师，与他成为“缁素（即黑白，代指僧俗）忘年之交”，从此隐居杼山，起早贪黑，跋山涉水，以茶民为友，以茶叶为伴，不仅收集整理和研究各种茶事资料，而且通过亲自实践和反复探讨获得了有关烹茶法、水质品位、饮茶风俗及品茶法、茶叶掌故及药效、茶叶产地及所产茶叶优劣等方面的知识，从而为撰写茶之煮、茶之饮、茶之事、茶之出、茶之略等奠定了坚实的基础。

总之，《茶经》是古代文献调查、实地考察、亲自实践相结合的产物，是对唐及唐以前中国古代茶事、茶文化调查研究的系统总结，是中国古代一部完备的茶事百科全书，也是世界上第一部茶学专著。陆羽一生嗜茶，精于茶道，为中国和世界茶业做出了卓越贡献，被誉为“茶仙”，尊为“茶圣”，祀为“茶神”。明学者陈文烛[①]甚至认为：“稷树艺五谷而天下知食，羽辨水煮茗而天下知饮，羽之功不在稷下，虽与稷并祠可也。”[②]

撰稿人：柳祥珍、水延凯

---

① 陈文烛（1525—?），字玉叔，号五岳山人，湖北沔阳人，嘉靖四十四年进士，官至南京大理寺卿，著有《二酉园诗集》十二卷，文集十四卷，续集二十三寸卷，《四库总目》，等等。

② 陆羽．茶经．沈冬梅，编著．北京：中华书局，2010：前言 5.

“扼天下之吭，制群生之命”

【简介】

本篇原文，摘自李吉甫的《元和郡县图志》。

李吉甫（758—814），字弘宪，赵郡赞皇（今河北省赞皇县）人，唐朝政治家、地理学家。他出身李氏西祖房，勤奋好学，善写文章，学识渊博，早年以门荫入仕，27岁为太常博士，后久任外官，先后任忠州、郴州、饶州刺史，深知百姓疾苦。宪宗元和二年（807），入为宰相，奏请皇帝削弱藩镇势力，调换36个藩镇节帅。元和三年（808）辞相，出掌淮南（今江苏省扬州市）藩镇，修筑水利工程，奏请皇帝免去百姓欠租。元和六年（811）复居相位，建议裁汰冗官2 500余人，节省财政开支，辅佐宪宗开创元和中兴。元和九年（814）暴病去世，时年56岁。

李吉甫画像

《元和郡县图志》于李吉甫去世前一年的元和八年（813）撰成。该书首起京兆府，末尽陇右道，共47镇，每镇篇首有图。在每州县下，上溯若干代或直至《禹贡》所载，下迄唐朝的沿革及治所的迁徙，以及山川、物产、古迹等。在每县下，记载山脉走向、水道经流、湖泊分布等，内容极其丰富；在体例上，除继承和发展汉魏以来地理志的优良传统外，在府州下独创性地增加了府境、州境、八到、贡赋等内容，为后世所效法。《元和郡县图志》开创了中国总地志体例之先河，是中国现存最早的一部地理总志。

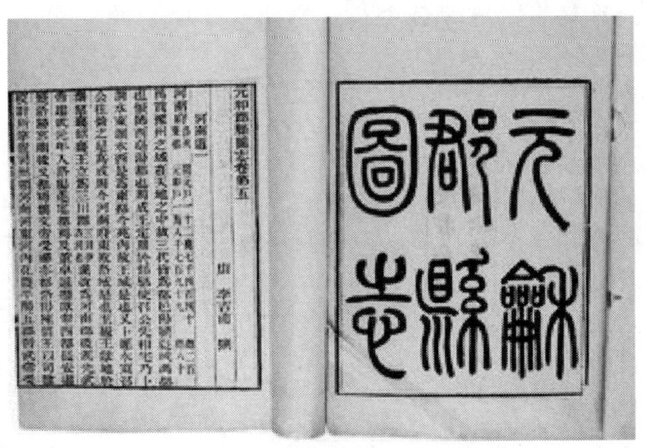

《元和郡县图志》

以下【原文】，节录自李吉甫《元和郡县图志》，贺次君点校，北京，中华书局，1983；【注释】，也参考了上述著作。

【原文、注释和今译】

【原文之一】元和郡县图志·关内道[1]一·京兆府

京兆府[2]，雍州[3]。开元[4]户三十六万二千九百九。元和[5]户二十四万一千二百二。

《禹贡》雍州之地，舜置十二牧[6]，雍其一也。周武王都丰、镐，平王东迁，以岐、丰之地赐秦襄公，至孝公始都咸阳。秦兼天下，置内史[7]以领关中。项籍[8]灭秦，分其地为三：以章邯为雍王，都废邱（今兴平县是也）。司马欣为塞王，都栎阳；董翳为翟王，都高奴（今延州金明县是也）。谓之三秦。高祖入关定三秦[9]，复并为内史。景帝分置左、右内史。武帝太初元年改内史为京兆尹，后与左冯翊、右扶风谓之三辅，其理俱在长安城中，又置司隶校尉以总之。光武都洛阳，以关中地置雍州，寻复立三辅。魏分河西为凉州，分陇右为秦州，三辅仍旧属司隶。晋初省司隶，复置雍州。愍帝[10]之后，刘聪、石勒、苻健、姚苌[11]相继窃据之，苌孙泓为刘裕[12]所灭。东晋复置雍州及京兆尹，寻为赫连勃勃[13]所破，遣子璝镇长安，号曰“南台[14]”。后魏太武[15]破赫连昌，复于长安置雍州，孝武[16]自洛阳迁长安，改为京兆尹。隋开皇三年，自长安故城迁都龙首川，即今都城是也。……废京兆尹，又置雍州，炀帝改为京兆郡。武德元年，复为雍州。开元元年，改为京兆府。……

…………

府境：东西三百一十里，南北四百七十里。

八到[17]：东至东都八百三十五里。东南至商州二百六十五里。西南至洋州六百三十里。东至华州一百八十里。南取库谷路至金州六百八十里。正西微北至凤翔三百一十里。西北至邠州三百里。东北至坊州三百五十里。正东微北至同州二百五十里。

贡赋：开元贡：葵草席，地骨白皮[18]，酸枣仁。赋：绵，绢。

管县十二，又十一[19]：万年，长安，昭应，三原，醴泉，奉天，奉先，富平，云阳，咸阳，渭南，蓝田。

【注释】

(1) 关内道：道，唐监察区名称。关内道，为贞观十道之一，地理范围为古雍州，相当于今陕西秦岭以北，宁夏贺兰山以东，内蒙古呼和浩特市以西，阴山、狼山以南的河套地区。(2) 京兆府：京兆，京师所在地区；唐开元元年（713）在京兆设府，这是府作为行政区划的开始。(3) 雍州：中国九州之一，名称源于陕西省凤翔县境内的雍山、雍水，其位置相当于今陕西关中地区、青海东北部以及甘肃、宁夏部分地区。(4) 开元：唐玄宗李隆基的年号，公元713—741年，计28年。(5) 元和：唐宪宗李纯的年号，公元806—820年，计14年。(6) 十二牧：传说中舜时十二州的长官。(7) 内史：西周时开始设置，战国时系掌管“大内”之官，秦时系治理京师之地的官吏。(8) 项籍：即项羽，名籍，字羽。(9) 定三秦：指汉元年（前206）五月，汉高祖刘邦入关后平定三秦的战争。(10) 愍（Mǐn）帝：指西晋最后一位皇帝司马邺（313—316年在位）。(11) 刘聪、石勒、苻健、姚苌：十六国时期前赵、后赵、前秦、后秦的君主。(12) 刘裕：南朝刘宋开国皇帝。(13) 赫连勃勃：十六国时期胡夏国的皇帝。(14) 南台：赫连勃勃取长安后称长安为南台。(15) 后魏太武：后魏，即北魏，是鲜卑族拓跋珪建立的北方政权，南北朝时期北朝第一个王朝；太武，即拓跋焘，北魏第三位皇帝，优秀的军事统帅。(16) 孝武：指宋孝武帝刘骏，南北朝时期宋朝的第五位皇帝。(17) 八到：八方所到之地，即四方和四隅（四角）。(18) 地骨白皮：枸杞的根皮，可入药，有凉血除蒸、清肺降火等功效。(19) 管县十二，又十一：京兆府上管县十二，京兆府下管县十一。

【今译】

京师所在地区京兆府，管辖雍州地区。开元年间（713—741）有户三十六万二千九百九。元和年间（806—820）有户二十四万一千二百二。

在《禹贡》中，雍州为舜设置的十二牧之一。周武王建都丰京、镐京（今西安市长安区西北）。周平王东迁洛阳后，把岐、丰之地（今陕西岐山和沣河地区）赐给秦襄公，直至秦孝公开始建都咸阳为止。秦兼并天下后，设置内史统领关中。项羽灭秦后，分其地为三：以章邯为雍王，建都废丘，即今兴平县；司马欣为塞王，建都栎阳；董翳为翟王，建都高奴，即今延州金明县。这三个地方，简称三秦。汉高祖刘邦入关，平定了三秦，合并三秦，由内史统一管理。汉景帝时，内史被分置为左、右内史。汉武帝太初元年，改内史为京兆尹，后与左冯翊、右扶风谓之三辅，其管理机构都在长安城中，又设置司隶校尉统领三辅。汉光武帝定都洛阳，在关中地区设置雍州，重新设立三辅。曹魏时期，分河西为凉州，分陇右为秦州，三辅仍旧属司隶统领。西晋初年，精简了司隶，重新设置雍州。西晋愍帝司马邺之后，前赵君主刘聪、后赵君主石勒、前秦君主苻健、后秦君主姚苌相继窃据这个地区。姚苌之孙姚泓为东晋太尉刘裕所灭。东晋恢复设置雍州及京兆尹，后为十六国时期胡夏国的皇帝赫连勃勃所破，遣其子赫连璝镇长安，改称长安为“南台”。后魏太武帝拓跋焘破夏国第二任皇帝赫连昌，又在长安设置雍州。宋孝武帝刘骏自洛阳迁都长安，改为京兆尹。隋开皇三年，自长安故城迁都龙首川，就是今天的都城。……废京兆尹，又设置雍州，隋炀帝时改为京兆郡。唐武德元年，恢复为雍州。开元元年，改为京兆府。……

…………

府境：东西三百一十里，南北四百七十里。

八到：东至东都八百三十五里。东南至商州二百六十五里。西南至洋州六百三十里。东至华州一百八十里。南取库谷路至金州六百八十里。正西微北至凤翔三百一十里。西北至邠州三百里。东北至坊州三百五十里。正东微北至同州二百五十里。

贡赋：开元贡：葵草席，枸杞，酸枣仁。赋：绵、绢。

京兆府上管辖十二个县，京兆府下管辖十一个县。京兆府上管辖的十二个县是：万年，长安，昭应，三原，醴泉，奉天，奉先，富平，云阳，咸阳，渭南，蓝田。

【原文之二】元和郡县图志·关内道一·咸阳县

咸阳县，畿[1]（正东微南至府四十里），本秦旧县也，孝公十二年于渭北城咸阳[2]，自汧、陇徙都焉。秦自孝公、惠文、悼武、昭襄、庄襄王、始皇、胡亥并都之。始皇二十六年，初并天下，收天下兵[3]聚之咸阳，铸以为钟鐻[4]，金人十二，重各千石，置庭中。徙天下豪富于咸阳十二万户。每破诸侯，仿[5]其宫室，作之〔咸阳〕北坂上，以所得诸侯美人钟鼓充之。咸阳之旁二百里内，宫观二百七十，土木皆被绨[6]绣，宫人[7]不移乐，不改悬，穷年忘归，犹不能遍至。胡亥时，天下叛秦。汉元年，秦王子婴降汉。项羽引兵西屠咸阳，杀子婴，烧秦宫室，火三月不灭。及汉兴，以为渭城县，属右扶风。按秦咸阳在今县东二十二里，汉渭城县亦理于此，苻坚[8]时改为咸阳郡。后魏又移咸阳县于泾水北，今咸阳县理是也。隋开皇九年，改泾阳为咸阳，大业三年废入泾阳县。城本杜邮[9]也，武德元年置白起堡[10]，二年置县，又加营筑焉。山南曰阳，水北曰阳，县在北山之南，渭水之北，故曰咸阳。

毕原[11]，即县所理也。……原南北数十里，东西二三百里，无山川陂湖，井深五十丈。亦谓之毕陌，汉氏诸陵并在其上。

短阴原，在县西南二十里。

渭水，南去县三里。

临皋驿，在县东南二十里。

长陵故城，在县东北三十里。初，汉徙关东豪族以奉陵邑[12]，长陵、茂陵各万户，其余五陵各千户，皆属太常，不隶于郡。

秦兰池宫，在县东二十五里。

秦慈石门，在县东南十五里。东南有阁道，即阿房宫之北门也，……

细柳仓，在县西南二十里，汉旧仓也。周亚夫军次柳细，即此是也。……

棘门，在县东北十八里。……

兰池陂，即秦之兰池也，在县东二十五里。初，始皇引渭水为池，东西二百里，南北二十里，筑为蓬莱山，刻石为鲸鱼，长二百丈。……

中渭桥，在县东南二十二里。本名横桥，驾渭水上。……渭水南有长乐宫，渭水北有咸阳宫，欲通二宫之间，故造此桥。汉末董卓烧之，魏文帝更造，刘裕入关又毁之，后魏重造，贞观十年移于今所。

便桥，在县西南十里，驾渭水上。……长安城西门曰便门，此桥与门相对，因号便桥。

白起祠，在县城中。

汉长陵，在县东三十里，高帝陵也。

安陵，惠帝陵也，在县东北二十里。

阳陵，景帝陵也，在县东四十里。

平陵，昭帝陵也，在县西北二十里。

渭陵，元帝陵也，在县西北七里。

延陵，成帝陵也，在县西北十三里。

义陵，哀帝陵也，在县北八里。

康陵，平帝陵也，在县西北九里。

太公墓，在县东北十里。

周公墓，在县北十三里。

萧何墓，在县东北三十七里。

曹参墓，在县东北三十五里。

张良墓，在县东北三十六里。

蒙恬祠，在县西北十五里。

【注释】

(1) 畿：古代称靠近国都的地方为畿。 (2) 孝公十二年于渭北城咸阳：秦孝公十二年（前350）开始于渭水北营建都城，十三年（前349）由栎阳迁都至咸阳。 (3) 收天下兵：兵，战士、武器。这里指武器，即收集天下的武器。 (4) 钟镰：钟，古代打击乐器，青铜制；镰，古代一种像钟的乐器。 (5) 仿：效也。 (6) 绨：光滑厚实的丝织品。 (7) 官人：宫女的通称。 (8) 苻坚：十六国时期前秦君主。 (9) 杜邮：古地名，战国属秦，又名杜邮亭。在今陕西省咸阳市东。秦昭王令其名将白起自杀于此。 (10) 白起堡：白起率兵镇羌时所筑寨堡，位于甘肃省张家川县恭门镇小河村。 (11) 毕原：亦称咸阳原、咸阳北坂，在咸阳市附近渭水南北岸。 (12) 汉徙关东豪族以奉陵邑：据《汉书·地理志》载，汉高祖为防止关东六国贵族作乱，在长陵北建立长陵邑，将关东六国贵族和关内豪门大族迁入其中集中看管，让其供奉陵园，陵邑户多达五万零五十七，口达七万九千四百六十九。

【今译】

咸阳县，是靠近国都的地方（正东微南至府四十里），原来是秦朝的旧县，秦孝公十二年开始于渭水北营建都城，十三年自栎阳徙都咸阳。秦自孝公、惠文、悼武、昭襄、庄襄王、始皇、胡亥都建都于此。秦始皇二十六年，初并天下，收天下武器聚于咸阳，铸为青铜乐器和十二个金人，重各千石，置于朝廷之中。迁徙全国十二万户豪富到咸阳。每攻破一个诸侯国，就仿效其宫室的制式，建造于咸阳北坡之上，并将缴获的各诸侯国美女、钟鼓乐器充实其中。这样，咸阳周围二百里内，有离宫别馆二百七十座，建筑上都覆盖着绣花的丝织品，宫女不需要移动乐器，不需要改变悬挂的布景，哪怕整年观看以致流连忘返，仍不能全部看完。秦二世胡亥时，天下叛秦。汉元年，秦王子婴投降汉刘邦。项羽引兵从西边攻入咸阳，杀秦王子婴，烧秦宫室，大火烧了三个月还不熄灭。汉武帝年间，更名为渭城，属于右扶风管辖。据考证，秦咸阳在今县东二十二里，汉渭城按理也位于这里。前秦君主苻坚时，咸阳县改为咸阳郡。后魏又移咸阳县于泾水北，即今咸阳县所在的地方。隋开皇九年，改泾阳为咸阳，大业三年废咸阳入泾阳县。城本杜邮亭，唐武德元年设置白起堡，二年设置县，又增加了许多建筑。由于山南曰阳，水北曰阳，该县在北山之南、渭水之北，故曰咸阳。

毕原，是县的所在地。……咸阳原南北数十里，东西二三百里，无山川陂湖，井深五十丈。亦称为毕陌，汉朝许多皇室的陵墓都在它的上面。

短阴原，在县西南二十里。

渭水，在县南三里。

临皋驿，在县东南二十里。

长陵故城，在县东北三十里。汉初，迁徙关东豪门、贵族侍奉陵邑，其中长陵、茂陵各有万户，其余五陵各有千户，都由太常（中国古代朝廷掌宗庙礼仪之官员）管理，而不隶属于所在的郡。

秦兰池宫，在县东二十五里。

秦慈石门，在县东南十五里。东南有阁道，即阿房宫之北门也，……

细柳仓，在县西南二十里，汉旧仓也。周亚夫屯军于柳细，即此是也。……

棘门，在县东北十八里。……

兰池陂，即秦之兰池也，在县东二十五里。初，为秦始皇引渭水所造的池，东西二百里，南北二十里，筑为蓬莱山，刻石为鲸鱼，长二百丈。……

中渭桥，在县东南二十二里。本名横桥，驾渭水上。……渭水南有长乐宫，渭水北有咸阳宫，欲通二宫之间，故造此桥。汉末董卓烧之，魏文帝更造，刘裕入关又毁之，后魏重造，贞观十年移入今所。

便桥，在县西南十里，驾渭水之上。……长安城西门曰便门，此桥与门相对，因此称为便桥。

白起祠，在县城中。

汉长陵，在县东三十里，高帝陵也。

安陵，即惠帝陵，在县东北二十里。

阳陵，即景帝陵，在县东四十里。

平陵，即昭帝陵，在县西北二十里。

渭陵，即元帝陵，在县西北七里。

延陵，即成帝陵，在县西北十三里。

义陵，即哀帝陵，在县北八里。

康陵，即平帝陵，在县西北九里。

太公墓，在县东北十里。

周公墓，在县北十三里。

萧何墓，在县东北三十七里。
曹参墓，在县东北三十五里。
张良墓，在县东北三十六里。
蒙恬祠，在县西北十五里。

【点评】

李吉甫编撰的《元和郡县图志》有以下几个显著特点：

（1）目的明确。李吉甫在《元和郡县图志》序中说："古今言地理者凡数十家，尚古远者或搜古而略今，采谣俗者多传疑而失实，饰州邦而叙人物，因丘墓而征鬼神，流于异端，莫切根要。至于丘壤山川，攻守利害，本于地理者，皆略而不书，将何以佐明王扼天下之吭，制群生之命，收地保势胜之利，示形束壤制之端，此微臣之所以精研，圣后之所宜周览也。"显然，李吉甫编撰《元和郡县图志》，是为"圣后""周览"全国形势服务的，其政治目的非常明确。然而，它能"扼天下之吭，制群生之命"（即抓住形势险要的地方，掌握芸芸众生的命运），则是难能可贵的。它在客观上是有利于后人认识元和郡县的。

（2）内容丰富。首先是系统的政区沿革叙述。对每一州县，上溯若干代直至《禹贡》，下迄唐朝的沿革都有记载。其次是丰富的社会历史知识。对各州府的重大历史事件、历史人物、著名战役、重要历史遗址、古迹等都有记述。再次是多样的自然地理知识。全书记载水道 550 余条，湖泽陂池 130 多处，以及每县的山脉走向、水道经流、湖泊分布、地貌特征等。最后是简明的经济资料。在各府州"贡赋"项内记有不同地区的土特产品，在各县内记有水利设施、工矿业及其他经济资料。此外，《元和郡县图志》既记载了开元年间的户口数，又记载了元和年间的户口数，为研究安史之乱前后各地户口变动提供了重要佐证。本文节选的京兆府、咸阳县，是《元和郡县图志》中有代表性的一府、一县，由此可见一斑。

（3）史实可靠。李吉甫对史实都做了必要的考证。例如，京兆府万年、长安、咸阳三县均有名为细柳营的地方。经考证后，他在"咸阳县"的相关内容中说："细柳仓，在县西南二十里，汉旧仓也。周亚夫军次细柳，即此是也。"在"万年县"下注明："细柳营，在县东北三十里。相传云周亚夫屯军处。今按亚夫所屯，在咸阳县西南二十里，言在此，非也。"又在"长安县"下载："细柳原，在县西南三十三里。别是一细柳，非亚夫屯军之所。"对于某些弄不清楚的问题，不武断下结论，而是持存疑态度。例如，卷二"京兆府兴平县"中关于马嵬故城的记载："马嵬于此筑城，以避难，未详何代人也。"这些文字，都反映了作者实事求是的态度。

（4）覆盖广泛。唐贞观十四年（640），全国共设 360 州（府），下辖 1 557 县。到开元末年（741），全国共有 328 州（府），下辖 1 573 县。《元和郡县图志》原有 40 卷，今天流传下来的只有 34 卷（卷十九、卷二十、卷二十三、卷二十四、卷三十五、卷三十六"阙"），占原书 40 卷的 85%（另卷五、卷十八、卷二十五"有阙"）。据对流传下来的 34 卷的统计，共有 267 州、府（9 府、258 州）、1 332 县，占开元末年州的

81.4%，县的84.7%。这说明，40卷的《元和郡县图志》，基本覆盖了全国的州（府）、县，是覆盖面最为广泛的古代总地志。

（5）体例独特。《元和郡县图志》“以贞观十三年（公元六三九年）大簿规划的十道为纲领，配合当时的四十七镇，每镇一图一志，分镇记载府、州与属县的等级、户、乡的数目，四至八到的方里，开元、元和的贡赋，以及沿革、山川、盐铁、垦田、军事设施、兵马配备等项”[①]。其体例有几个层次：（1）道的名称和序列。如关内道一、关内道二。（2）节度使名称和管辖范围。如泾原节度使（泾州、原州）、邠宁节度使（邠州、宁州、庆州）等。（3）州（府）的名称，开元、元和的户数，有的还有乡数。（4）州（府）的沿革和重大历史事件。（5）州（府）境。（6）八到。（7）贡、赋。（8）县的名称、沿革、山川、盐铁、垦田、军事设施、兵马配备、重大历史事件、古迹等。其中，每州（府）的州（府）境、八到和不同年代的户数，都是李吉甫的首创，对宋、元、明、清的《一统志》有很大影响。可以说，《元和郡县图志》开了中国古代总地志的先河。

（6）调查方法。一是文献调查。据统计，《元和郡县图志》征引的经、史、子、集等古籍达一百余种，包括诸葛亮书笺、王玄谟表疏、晋咸宁元年（275）《句注碑》和北魏尔朱荣（493—530）碑等，其中许多今已散失。仅从保存古籍看，李吉甫是有重要贡献的。二是实地踏勘。李吉甫曾任忠州、郴州、饶州刺史，就任宰相期间也曾走访各地，亲自踏勘过许多盐铁、垦田、军事设施，既了解各地自然地理面貌，又深知百姓生活疾苦。例如，卷十四蔚州飞狐县（今河北涞源县）关于三河冶官营铸钱工业的记载中，就有对作者亲自主持恢复铜冶置炉铸钱经过的描述。[②] 这说明，《元和郡县图志》实是文献调查与实地调查相结合、而以文献调查为主的产物。

撰稿人：水延凯

---

① 李吉甫．元和郡县图志：上．北京：中华书局，1983：前言1.

② 同①407.

“孰知赋敛之毒，有甚是蛇者乎?”

【简介】

本篇原文，摘自柳宗元的《柳宗元选集》。

柳宗元（773—819），字子厚，河东（今山西省运城市）人，祖上世代为官，父亲柳镇长期任职于府、县，柳宗元自幼随父生活，接触社会，增长见识，9 岁遭遇建中之乱，12 岁亲历藩镇割据战火，养成了积极用世的态度和刚直不阿的品德。20 岁被选为乡贡，21 岁进士及第，24 岁任秘书省校书郎，26 岁授集贤殿书院正字，28 岁任蓝田尉，31 岁任监察御史里行。从此，与官场上层人物交游甚广，对政治黑暗腐败有了更深的了解，从而萌生改革的想法，成为革新派重要人物。33 岁，永贞革新失败，被贬为永州司马。从此，在永州生活了 10 年。这 10 年，他游历了永州山水，结交了当地士子，撰写了大量哲学、政治、历史、文学等方面的著作，成为唐朝大文学家、哲学家、散文家和思想家，“唐宋八大家”之一。43 岁，接诏书回京，但没有得到重用，而是改贬为柳州刺史。47 岁，病逝于柳州。

柳宗元画像

柳宗元一生留下 600 多篇作品，多收录在《柳河东集》中，大致可分为五类：一是论说类，如《封建论》《断刑论》等政论文章。二是寓言类，如《三戒》(《临江之麋》《黔之驴》《永某氏之鼠》) 等。三是传记类，如《种树郭橐驼传》《梓人传》《段太尉逸事状》等。四是山水游记，其中有脍炙人口的《永州八记》等。五是诗词骚赋，如《惩咎赋》《闵生赋》《梦归赋》《囚山赋》等。《捕蛇者说》是其“说”(十四首) 中的一首。

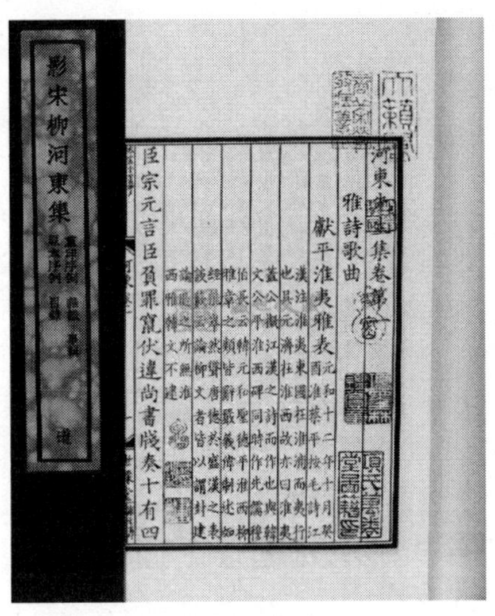

《影宋柳河东集》

以下【原文】，节录自《柳宗元选集》，高文、屈光撰注，上海，上海古籍出版社，2016；【注释】也参考了上述著作。

【原文、注释和今译】

【原文之一】柳宗元选集·捕蛇者说（之一）

永州之野(1)产异蛇，黑质而白章(2)，触草木尽死，以啮人(3)，无御之者(4)。然得而腊之(5)以为饵(6)，可以已大风、挛踠、瘘、疠(7)，去死肌(8)，杀三虫(9)。其始(10)，太医以王命聚之(11)。岁赋其二(12)，募有能捕之者，当其租入(13)，永之人争奔走(14)焉(15)。

【注释】

(1) 永州之野：永州，位于湖南省南部，潇、湘二水汇合处；之，的；野，郊外。(2) 黑质而白章：质，原指质地，这里指蛇的身体；章，花纹。指黑身体、白花纹。(3) 以啮 (niè) 人：以 (连词)，如果；啮，用牙咬。指如果用牙咬人。　(4) 无御之者：御，抵挡。指没有能够抵挡的。　(5) 然得而腊 (xī) 之：然，但；得，抓住；腊，干肉，这里作动词用，指把蛇肉晾干。　(6) 以为饵：以，用来；为，作为；饵，这里指药饵，即药引子。（7）已大风、挛踠（luán wǎn）、瘘（lòu）、疠（lì）：已，止，治愈；大风，麻风病；挛踠，手脚弯曲不能伸直的病；瘘，颈肿大的病，即颈部淋巴结核；疠，瘟疫，疠疫。（8）去死肌：去，去除；死肌，死肉，腐肉。（9）三虫：指道家传说中居人体内侵害人体使人生病夭死的三尸虫。（10）其始：其，助词；始，刚开始。（11）以王命聚之：以，用；王命，皇帝的命令；聚，征集；之，指永州异蛇。（12）岁赋其二：岁，每年；赋，征收、敛取；其，指永州异蛇；二，两次。（13）当其租入：当，抵；其，他；租入，赋税。指允许用蛇抵他的税收。（14）奔走：忙着做某件事。（15）焉：兼词，于之，在捕蛇这件事上。

【今译】

永州郊外出产一种奇异的蛇，它的身体是黑色的，花纹是白色的。这种蛇，碰到草木，草木干枯而死；如果咬人，没有办法能够抵挡它的毒。然而，捉到这种蛇把它晾干用来做药饵，可以治愈麻风病、挛踠病、痔瘘病和瘟疫，还可以除去腐肉，杀死人体内的寄生虫。起初，太医用皇帝的命令征集这种蛇，每年征收两次，招募能够捕捉这种蛇的人，用这种蛇抵他们的赋税。永州的人都争着去做（捕蛇）这件事。

【原文之二】柳宗元选集·捕蛇者说（之二）

有蒋氏者，专其利[(1)]三世矣。问之，则曰："吾祖死于是，吾父死于是，今吾嗣[(2)]为之十二年，几死者数[(3)]矣。"言之，貌若甚戚者[(4)]。余悲之，且曰："若毒之乎[(5)]？余将告于莅事者[(6)]，更若役[(7)]，复若赋[(8)]，则何如？"蒋氏大戚，汪然出涕[(9)]曰："君将哀而生之乎[(10)]？则吾斯役[(11)]之不幸，未若复吾赋[(12)]不幸之甚也。向[(13)]吾不为斯役，则久已病[(14)]矣。自吾氏三世居是乡，积于今六十岁矣，而乡邻之生日蹙[(15)]。殚其地之出[(16)]，竭其庐之入[(17)]，号呼而转徙[(18)]，饥渴而顿踣[(19)]，触风雨，犯寒暑，呼嘘毒疠[(20)]，往往而死者相藉[(21)]也。曩[(22)]与吾祖居者，今其室十无一焉；与吾父居者，今其室十无二三焉；与吾居十二年者，今其室十无四五焉，非死而徙尔，而吾以捕蛇独存。悍吏之来吾乡，叫嚣[(23)]乎东西，隳突[(24)]乎南北，哗然而骇[(25)]者，虽鸡狗不得宁焉。吾恂恂[(26)]而起，视其缶[(27)]，而吾蛇尚存，则弛然[(28)]而卧。谨食之[(29)]，时而献焉[(30)]。退而甘食其土之有[(31)]，以尽吾齿[(32)]。盖一岁之犯死者二焉，其余则熙熙[(33)]而乐，岂若吾乡邻之旦旦[(34)]有是[(35)]哉！今虽死乎此，比吾乡邻之死则已后矣，又安敢毒[(36)]耶？"

【注释】

（1）专其利：独占这种好处，指捕蛇而不用交税。（2）嗣（sì）：继承。（3）几死者数：几乎死掉的情况发生过多次。（4）貌若甚戚者：戚，忧愁，悲伤。神情好像非常忧伤的样子。（5）若毒之乎：毒，毒害，怨恨。你怨恨（捕蛇）这件事吗？（6）莅事者：管理政事的人，指地方官吏。（7）更若役：役，给官府做劳力。指更换你的差事。（8）复若赋：复，恢复；赋，赋税。（9）汪然出涕：汪然，眼泪汪汪的样子；涕，眼泪。（10）君将哀而生之乎：您是哀怜我，让我活下去吗？（11）吾斯役：吾，我；斯，此，这；役，差事。指我做此差事。（12）未若复吾赋：未若，不如；复吾赋，恢复我的赋税。（13）向：从前。（14）病：困苦不堪。（15）蹙：窘迫，困苦。（16）殚其地之出：殚，尽，竭尽。指竭尽土地之产出。（17）竭其庐之入：竭，尽；庐，简陋的房屋。指尽数拿出全家的收入。（18）号呼而转徙：号呼，大声哭喊；转徙，辗转逃亡。（19）顿踣：困顿仆倒在地上。（20）呼嘘毒疠：呼嘘，呼吸；毒，恶性的；疠，疫病。（21）相藉：藉，枕，垫。相藉，互相压着。（22）曩（nǎng）：以往，从前。（23）嚣：喧哗，叫喊。（24）隳突（huī tū）：冲撞，骚扰。（25）骇：使人害怕。（26）恂恂（xún）：小心谨慎、提心吊胆的样子。（27）缶（fǒu）：瓦罐。（28）弛然：放心的样子。（29）谨食之：小心地喂养蛇。（30）时而献焉：时，到时候。指到规定时间就献蛇。（31）退而甘食其土之有：退，回家；甘，有味地；有，生产出来的东西。指回家后有滋有味地吃着田地里生产出来的东西。（32）以尽吾齿：齿，年龄。指以尽天年。（33）熙熙：欢乐的样子。（34）旦旦：天天。（35）是：这，指冒死亡的危险。（36）毒：怨恨。

【今译】

有个姓蒋的人家，享有捕蛇而不纳税的好处已三代了。我问他，他却说："我的祖父死在捕蛇这个差事上，我父亲也死在这个差事上。现在我继承这差事已十二年了，险些丧命已有好几次了。"他说这番话时，神情好像非常忧伤。我很同情他，就说："你怨恨这个差事吗？如果你怨恨这个差事，我可以告诉管理这事的人，让他给你更换一个差事，让你像从前一样纳赋税，怎么样？"蒋氏听后更加悲伤，满眼含泪地说："您是哀怜我，让我活下去吗？我这个差事的不幸，还不如恢复我纳赋税遭受的不幸那么厉害呀。从前我们家不干这个差事，长期困苦不堪。自从我们家三代住到这个地方，累计到现在已六十年了。可乡邻们的生活日益窘迫，（他们）竭尽土地之产出，尽数拿出全家的收入（仍不够交租税），只得号啕痛哭，辗转逃亡，又饥又渴地倒在地上，（他们）顶着狂风暴雨，冒着严寒酷暑，呼吸着带毒的疫气，（一个接一个地死去，）往往死人互相压着。从前与我祖父一起住在这里的人家，现今十户中剩不下一户；与我父亲一起住在这里的人家，现今十户中剩不下两三户；与我一起住在这里十二年的人家，现今十户中剩不下四五户。（那些人家）不是死了就是迁走了。而我却由于捕蛇这个差事，才独活了下来。凶暴的官吏来到我们乡下，到处叫嚣，到处骚扰，那种气势汹汹的样子使人害怕，即使是鸡狗也得不到安宁！我小心翼翼地起来，看看我的瓦罐，看到我的蛇还在，就可以放心地躺下了。我小心地喂养蛇，到规定的日子把它献上去。回家后有滋有味地吃着田地里出产的东西，来度过我的余生。因为一年当中冒死的情况只有两次，其余的时间我都可以快快乐乐地过日子。哪像我的乡邻们天天都处在危险之中呢！现在我即使死在这个差事上，比起我的乡邻，也已经是死在（他们的）后面了，又怎么敢怨恨（捕蛇这个差事）呢？"

【原文之三】柳宗元选集·捕蛇者说（之三）

余闻而愈悲。孔子曰："苛政[(1)]猛于虎也。"吾尝疑乎是，今以蒋氏观之，犹信。呜呼！孰知赋敛之毒，有甚是蛇者乎？故为之说[(2)]，以俟[(3)]夫观人风者[(4)]得焉[(5)]。

【注释】

(1) 苛政：苛，苛刻。指残酷压迫、剥削人民的政治。 (2) 故为之说：故，所以；为，为了；之，它，指“赋敛之毒，有甚是蛇者”；说，说明，这里指写文章。(3) 以俟（sì）：以，用来；俟，等待。 (4) 观人风者：观，观察，考察；人风，民风。唐朝为了避李世民的讳，用“人”字代“民”字。指朝廷派遣考察民情的人。(5) 得焉：得到它。

【今译】

我听闻（蒋氏的诉说）越听越悲伤。孔子说：“严苛的政治比老虎还要凶猛啊!”我曾经怀疑过这句话，现在从蒋氏的遭遇来看，还真是可信的。唉！谁知道搜刮老百姓的毒害比这种毒蛇更厉害呢？所以写了这篇文章，以期待（朝廷派遣）考察民情的人能得到它。

【点评】

柳宗元作品所表达的思想内涵丰富多彩，说理透彻，表达方式细致入微。就《捕蛇者说》而言，它起码说明了两点：

(1) 深厚的民本思想。柳宗元在政论、传记及诗歌等作品中描述了大量的民间生活，反映了百姓的悲惨状况，表达了丰富的民生思想。如《捕蛇者说》中的蒋氏三代人，宁可死于蛇毒，也不愿生活于苛政之下，道出了百姓的无奈和忧伤，从而表达了他对朝廷、酷吏横征暴敛的憎恨和对贫苦大众的深切同情。

(2) 深入的实地调查。柳宗元在永州任职十年之久，他的许多作品都是实地调查的产物。《捕蛇者说》就是他深入基层，接地气，察实情，了解百姓疾苦后撰写的散文。该文第一段，细致描述了永州异蛇的特点和功用，以及“永之人争奔走”的现象。第二段，用捕蛇者的话，诉说了蒋氏三代人九死一生的悲惨遭遇，以及“乡邻”天天处在危险之中的状态，从而揭示了“永之人争奔走”的原因。第三段，引用孔子“苛政猛于虎”的论断，类推出了“孰知赋敛之毒，有甚是蛇者乎”这一结论。

显然，没有深厚的民本思想，没有深入的实地调查，没有推心置腹的深度访谈，就不可能有《捕蛇者说》。

撰稿人：娄章胜、马世琪、水延凯

“度田之制”“赋役之法”及其他

【简介】

本篇原文，摘自刘昫等的《旧唐书》。

《旧唐书》及其编撰者，本书第 184 页已有简介，这里不再重复。

以下【原文】，节录自《旧唐书》，北京，中华书局，1999；【注释】，也参考了上述著作。

【原文、注释和今译】

【原文之一】旧唐书·志第二十八·食货上（之一）

先王之制[(1)]，度地以居人[(2)]，均其沃瘠，差其贡赋，盖敛之必以道[(3)]也。量入而为出，节用而爱人，度财省费，盖用之必有度也。是故既庶且富[(4)]，而教化行焉[(5)]。周有井田之制，秦有阡陌之法[(6)]，二世发闾左[(7)]而海内崩离，汉武税舟车[(8)]而国用以竭。自古有国有家，兴亡盛衰，未尝不由此也。隋文帝因周氏平齐[(9)]之后，府库充实，庶事节俭，未尝虚费。开皇之初，议者以比汉代文、景，有粟陈贯朽[(10)]之积。炀帝即位，大纵奢靡，加以东西行幸，舆驾不息，征讨四夷，兵车屡动[(11)]，西失律于沙徼[(12)]，东丧师于辽、碣[(13)]。数年之间，公私罄竭，财力既殚，国遂亡矣。

高祖发迹太原，因晋阳宫[(14)]留守库物，以供军用。既平京城，先封府库，赏赐给用，皆有节制，征敛赋役，务在宽简[(15)]，未及逾年，遂成帝业。……

…………

大抵有唐之御天下[(16)]也，有两税焉，有盐铁焉，有漕运焉，有仓廪焉，有杂税焉。今考其本末，叙其否臧[(17)]，以为《食货志》云。

【注释】

(1) 先王之制：先王，古代圣王，已故君王；制，规定，制度。　(2) 度地以居人：度，量度。度地以居人，是指根据量度土地的多少来确定居住的人数。　(3) 盖敛之必以道：盖，表示原因的连词；敛，征收；道，道理，规则，规律。盖敛之必以道，是指因为征收赋税必须按照一定道理或规则。（4）既庶且富：庶，众多；富，充裕。指人口众多，物产丰富。（5）教化行焉：教化，教导感化。行，盛行；焉，作为代词，用于句尾表示肯定的意思。（6）阡陌之法：阡陌，田间小路，东西为阡，南北为陌。亦有南北为阡，东西为陌。秦有阡陌之法，是指秦废除井田制，掘开土地上的阡陌疆界，允许开垦土地，允许土地私有及买卖。（7）二世发闾左：二世，秦二世胡亥；发，征发；闾左，古代二十五家为一闾，贫者居住闾左，富者居于闾右。指秦二世胡亥征发贫苦农民。（8）汉武税舟车：汉武帝元光六年（前129），汉朝颁布征收车船税规定，当时叫“算商车”（“算”为征税基本单位，一算为120钱），征收对象为载货的商船和商车；元狩四年（前119），非商业性车船也被列入征税范围。这是中国对私人拥有车辆和舟船征税的开端。元封元年（前110），车船税停止征收。（9）隋文帝因周氏平齐：因，依靠，凭借，沿袭。周氏，周摇（519—602），字世安，北魏太武皇帝拓跋焘后裔，隋朝重臣；平齐，平定北齐。（10）粟陈贯朽：粟陈，旧的，时间久的粟米；贯朽，钱币久藏不用，以致贯串钱的绳索腐朽。形容粮食、钱币非常多。（11）东西行幸，舆驾不息，征讨四夷，兵车屡动：指炀帝东西出行，致使皇帝乘坐的车驾不能停息；征讨四夷，打仗的兵车屡屡行动。（12）西失律于沙徼：失律，出战失利；沙徼，沙漠的边沿地带。指在西部出战失利于沙漠边沿地带。（13）东丧师于辽、碣：辽，辽河；碣，碣石，古山名，在河北省昌黎县西北。指在东部讨伐丧师于辽河、碣石一带。（14）晋阳宫：始建于东魏孝静帝武定三年（545），隋文帝开皇九年（589）、十六年（596），晋王杨广扩建晋阳宫。杨广继位后，于大业三年（607）下诏重建东魏晋阳宫。大业十三年（617），李渊拜太原留守，领晋阳宫监，裴寂为副监。晋阳宫因作为隋炀帝滥用民力、大肆修建宫室的典型之一以及与唐高祖李渊起兵反隋的一系列事件有关而著名。（15）宽简：宽大，简约，不苛求。（16）大抵有唐之御天下：大抵，大概；御，驾驭，统治，治理。大概唐之所以能驾驭天下。（17）今考其本末，叙其否臧：本末，事物的根本与细节，事情的原委与经过；否，不好的，坏的；臧，好的，美好的，善良的。指考察它的根本与细节，叙述它的过错与美好。

【今译】

古代圣王的办法是，根据土地多少确定民众的数量，均衡民众土地的肥瘦，区分民众贡赋的负担，这是征收赋税必须遵守的道理或规则。估量收入而确定支出，节省开支而仁爱百姓，度量财产而节省费用，都是因为开支必有限度的缘故。这样就能实现人口众多，物产丰富，而且教导感化盛行。周朝有井田之制，秦朝有阡陌之法，因而国家兴旺；秦二世过度征发贫苦农民，致使国家分崩离析，汉武帝穷兵黩武，即使开征舟车之税，国家财用仍然枯竭。自古以来，无论是国还是家，兴亡盛衰，没有不是出于这个原因的。隋文帝依靠周摇平定北齐之后，国库充实，众事节俭，未曾虚耗花费。开皇初年，议论者都把隋文帝比作汉朝的文、景二帝，国家粮食、钱币有大量积蓄。隋炀帝即位之后，放纵奢靡之风，加上东西出行，车驾从不停息，征讨四方少数民族，兵车屡动不止。西部出战失利于沙漠边沿，东部讨伐丧师于辽河、碣石，数年之间，国家和百姓的力量用尽，财力枯竭，于是国家就灭亡了。

高祖兴起于太原，是因为晋阳宫有大量留存的库物，以保证军事上的需要。平定京城之后，首先封存国家仓库，赏赐下属和供给费用都非常有节制，征收赋税和兵役、劳役，也务求宽大简约而不苛求。不到一年多，就完成了称帝大业。……

…………

大概唐朝之所以能治理天下，就在于施行两税法，有丰富的盐铁，有畅通的漕运，有充实的仓廪，还有各种杂税。现在考察它的根本与细节，评估它的正确与失误，就是《食货志》所要论述的。

【原文之二】旧唐书·志第二十八·食货上（之二）

武德七年(1)，始定律令。以度田之制(2)：五尺为步(3)，步二百四十为亩，亩百为顷。丁男、中男(4)给一顷，笃疾、废疾(5)给四十亩，寡妻妾三十亩。若为户者加二十亩。所授之田，十分之二为世业(6)，八为口分(7)。世业之田，身死则承户者便授之；口分，则收入官，更以给人。赋役之法(8)：每丁岁入租(8)粟二石。调(10)则随乡土所产，绫绢絁(11)各二丈，布加五分之一。输(12)绫绢絁者，兼调绵三两；输布者，麻三斤。凡丁，岁役二旬。若不役，则收其佣，每日三尺。有事而加役者，旬有五日免其调，三旬则租调俱免。通正役，并不过五十日(13)。若岭南诸州则税米，上户一石二斗，次户八斗，下户六斗。若夷獠(14)之户，皆从半输。蕃胡(15)内附者，上户丁税钱十文，次户五文，下户免之。附经二年者，上户丁输羊二口，次户一口，下三户共一口。凡水旱虫霜为灾，十分损四已上免租，损六已上免调，损七已上课役俱免。

【注释】

(1) 武德七年：公元 624 年。 (2) 度田之制：度田，丈量土地，核实户口。度田之制，就是丈量土地、核实户口和分配土地的制度。 (3) 五尺为步：周以八尺为步，秦以六尺为步，隋唐以五尺为步。人类步幅几乎不变，一步（一左一右）是 1.4～1.5 米，以中间值计算，一步是 1.45 米。 (4) 丁男、中男：丁男，到服役年龄的成年男子；中男，未及服役年龄的青少年。 (5) 笃疾、废疾：笃疾，重症，不治之症；废疾，身体或精神上有残缺疾病。 (6) 世业：世代相传的产业、财产。 (7) 口分：按人口分授的田亩。 (8) 赋役之法：关于赋税和徭役的法律。 (9) 租：田赋。(10) 调：唐朝赋役法律规定，有田则有租，有家则有调。 (11) 绫绢絁（shī）：绫，细薄而有花纹的丝织品，一面光，像缎子；绢，生丝织物，厚而疏者；絁，自蚕茧缫制得到白丝或以蚕丝织成的织物。 (12) 输：交出，缴纳，捐献。 (13) 有事而加役者，旬有五日免其调，三旬则租调俱免。通正役，并不过五十日：因事务多增加派使徭役，一旬内加役五日免其调，加役三旬则租调俱免。加役日数与正役，合计不得超过 50 日。 (14) 夷獠：古代对西南少数民族之称呼。 (15) 蕃胡：蕃，指中国西部少数民族；胡，指中国北部少数民族。或泛指华夏族以外的各少数民族。

【今译】

唐高祖武德七年，开始制定法律和法令。关于丈量和分配土地的制度是：以五尺为一步，二百四十步为一亩，一百亩为一顷。成年男子、青少年男子每人分给田地一百亩，重病患者、残疾者每人分给田地四十亩，死了丈夫的妻妾每人分给田地三十亩。

单独立户者增加二十亩。上述分给的田地，十分之二为世代相传的田地，十分之八为按人口分给的田地。世业田地，田主死亡后由承户者继续耕种；口分田地，田主死亡后由官府收回，改分给其他人。关于赋税和徭役的法律是：每个成年男子每年缴纳田租粟二石。户调则随乡土所生产的产品，缴纳绫绢絁各二丈，如果缴纳布匹就增加五分之一。缴纳绫绢絁者，兼缴纳户调绵三两；缴纳布匹者，兼缴纳户调麻三斤。每个成年男子，每年服徭役二十天。若不服徭役，则缴纳佣金，每日佣金为三尺。因事务多增加派使徭役，一旬内加役五日免其调，加役三旬则租调全免。加役日数与正役，合计不得超过50日。若是岭南各州则以稻米缴税，上等户缴纳一石二斗，次等户缴纳八斗，下等户缴纳六斗。若是西南少数民族户，都只缴纳一半。北部少数民族的内附户，上等户成年男子人头税缴纳钱十文，次等户成年男子人头税缴纳钱五文，下等户免缴。附经二年者，上等户成年男子人头税缴纳羊二口，次等户缴纳羊一口，下等户三户合计缴纳羊一口。凡遇水旱虫霜并成为灾害，损失十分之四以上者免租，损失十分之六以上者免调，损失十分之七以上者课役全免。

【原文之三】旧唐书卷·志第二十八·食货上（之三）

凡天下人户，量其资产，定为九等[(1)]。每三年，县司注定，州司覆之。百户为里，五里为乡。四家为邻，五家为保[(2)]。在邑居者为坊，在田野者为村。村坊邻里，递相督察。士农工商，四人各业。食禄之家，不得与下人争利[(3)]。工商杂类，不得预于士伍[(4)]。男女始生者为黄，四岁为小，十六为中，二十一为丁，六十为老。每岁一造计帐[(5)]，三年一造户籍[(6)]。州县留五比，尚书省留三比[(7)]。神龙元年[(8)]，韦庶人[(9)]为皇后，务欲求媚于人[(10)]，上表请以二十二为丁，五十八为老，制从之。及韦氏诛，复旧[(11)]。至天宝三年，又降优制，以十八为中男，二十二为丁。天下籍始造四本，京师及东京尚书省、户部各贮一本，以备车驾行幸[(12)]，省于载运之费焉。

【注释】

（1）九等：即上上户、上中户、上下户、中上户、中中户、中下户、下上户、下中户、下下户。（2）五家为保：《旧唐书·志第二十三·职官二》中作“五邻为保”。（3）食禄之家，不得与下人争利：食禄之家，靠国家俸禄为生的人家；不得与下人争利，不得与百姓争利。（4）工商杂类，不得预于士伍：工商杂类，从事手工业、商业等经营性活动的人；不得预于士伍，不得参与士大夫和军队。（5）每岁一造计帐：造，制作；计帐，地方记载户口实况的名册。指每年制作一次名册。（6）三年一造户籍：户籍，登记各户人数、职业、籍贯等内容的簿册。指每三年制作一次户籍。（7）州县留五比，尚书省留三比：三年一比。州县留五比，即保留十五年；尚书省留三比，即保留九年。（8）神龙元年：公元705年。（9）韦庶人：唐中宗的庶人韦氏（？—710），唐中宗皇后，京兆万年（今陕西省西安市）人。神龙元年中宗复位，韦氏勾结武三思等专擅朝政，以其从兄韦温掌握实权，纵容女儿安乐公主卖官鬻爵，大肆修建寺庙道观。景龙四年（710）毒死中宗，立温王李重茂为帝，临朝称制。不久李隆基发动政变，拥其父相王李旦复位，韦皇后被杀于宫中，并被追贬为庶人，称韦庶人。（10）媚于人：逢迎取悦于人。（11）复旧：恢复旧制。（12）车驾行幸：古代皇帝驾车出行。

【今译】

全国所有人户，都要度量其资产，分为上上户、上中户、上下户、中上户、中中户、中下户、下上户、下中户、下下户九个等级。每三年，县级主管负责注册审定，州级主管负责复核。每一百户为一里，每五里为一乡。每四家为一邻，每五邻为一保。在城镇居住者称为坊，在乡村居住者称为村。村坊邻里，互相监督和检察。士农工商，四类人各自从事自己的职业。领取国家俸禄的官吏，不得从事手工业、商业等经营性活动而与百姓争利。从事手工业、商业等经营性活动的人，不得进入士大夫和军队行列。无论男女，刚出生者称为黄，四岁称为小，十六岁称为中，二十一岁称为丁，六十岁称为老。每年制作一次记载户口实况的名册，每三年制作一次登记各户人数、职业、籍贯等内容的簿册。这些簿册，州县要保留十五年，尚书省要保留九年。神龙元年，韦庶人成为皇后，为了逢迎取悦于人，向唐中宗进呈奏章，请求以二十二岁为丁，五十八岁为老，皇帝下命令采纳此奏章。景龙四年韦氏被诛杀后，又恢复了旧制。至天宝三年（744），又颁布优惠制度，以十八岁为青年男子，二十二岁为成年男子。全国户籍开始制作四本，京师及东京尚书省、户部各贮存一本，以备皇帝驾车出行时使用，这样就可节省载运的费用。

【原文之四】旧唐书·志第二十八·食货上（之四）

凡权衡度量之制：度[1]，以北方秬黍[2]中者一黍之广[3]为分，十分为寸，十寸为尺，十尺为丈。量[4]，以秬黍中者容[5]一千二百为龠[6]，二龠为合，十合为升，十升为斗；三升为大升，三斗为大斗，十大斗为斛[7]。权衡[8]，以秬黍中者百黍之重为铢[9]，二十四铢为两，三两为大两，十六两为斤。调钟律[10]，测晷景[11]，合汤药及冠冕[12]，制用小升小两，自余公私用大升大两。又山东诸州，以一尺二寸为大尺，人间[13]行用之。其量制，公私又不用龠，合内之分，则有抄撮[14]之细。

【注释】

（1）度：计量物体长短的器具或标准。（2）秬黍：黑黍，古人视为嘉谷。古时选其中形作为量度标准。（3）广：宽度，横向尺寸。（4）量：计量物体容积的器具或标准。（5）容：容器，容量，容积。（6）龠（yuè）：古代容量单位，等于半合。（7）斛（hú）：古代容量单位，一斛为十斗，后改为五斗。（8）权衡：权，秤锤；衡，秤杆。计量物体轻重的器具或标准。（9）铢：古代重量单位，二十四铢等于一两。（10）钟律：原指编钟十二律，后泛指音律。（11）晷（guǐ）景：晷，按照日影测定时刻的仪器，亦称“日规”。晷景，晷表之投影，日影。（12）冠冕：古代皇冠或官员的帽子，冠帽的总称。（13）间：中间，空隙，间或。（14）抄撮：抄，古代重量单位，约为升的千分之一；撮，抄的十分之一。抄撮，比喻非常细微。

【今译】

一切权衡度量的制度是：计量物体长短的标准，以北方黑黍中者一黍的宽度为一分，十分为一寸，十寸为一尺，十尺为一丈。计量物体容积的标准，以北方黑黍中者容积一千二百黍为一龠，二龠为一合，十合为一升，十升为一斗；三升为一大升，三斗为一大斗，十大斗为一斛。计量物体轻重的标准，以北方黑黍中者一百黍的重量为一铢，二十四铢为一两，三两为一大两，十六两为一斤。调制音律，测量日影，调和汤药及测量帽子，规定用小升小两，其余公私事务都用大升大两。另外山东诸州，以一尺二寸为一大尺，人们间或使用它。它们计量物体容积的标准，公私事务都不用龠，合内则用千分之一升的抄和万分之一升的撮来细分。

【原文之五】旧唐书·志第二十八·食货上（之五）

大历四年[(1)]正月十八日，敕有司[(2)]："定天下百姓及王公已下每年税钱，分为九等：上上户四千文，上中户三千五百文，上下户三千文；中上户二千五百文，中中户二千文，中下户一千五百文；下上户一千文，下中户七百文，下下户五百文。其见官，一品[(3)]准[(4)]上上户，九品准下下户，余品并准依此户等税。若一户数处任官，亦每处依品纳税。……"

【注释】

（1）大历四年：大历，唐代宗年号；大历四年，公元769年。（2）敕有司：敕，帝王的诏书、命令；有司，官员。职有专司，故称为"有司"。（3）一品：品，等级、种类。中国古代官吏的等级，始于魏晋，分为上上、上中、上下、中上、中中、中下、下上、下中、下下九个等级。北魏时每品各分正品、从品。自第四品起，正品、从品又分上阶、下阶（共三十等）。唐、宋时，文职同北魏，武职三品起分上、下阶。（4）准：依照，依据。

【今译】

唐代宗大历四年正月十八日，唐代宗命令有关官员："决定全国百姓及王公以下官员的税钱，分为九等：上上户为四千文，上中户为三千五百文，上下户为三千文；中上户为两千五百文，中中户为两千文，中下户为一千五百文；下上户为一千文，下中户为七百文，下下户为五百文。对于官员，一品按照上上户缴纳，九品按照下下户缴纳，其他各品官员都按照这样的等级纳税。如果一户有人在数处任官，也要每处按照品级纳税。……"

【点评】

从社会调查视角看，上述引文主要说明了以下几点：

（1）总结了经验教训。总结了周以来，特别是秦、汉、隋的历史经验教训：如果根据土地多少确定民众数量，均衡民众土地肥瘦，区分民众贡赋负担，估量收入而确定支出，节省开支而仁爱百姓，度量财产而节省费用，就能实现人口众多，物产丰富，教导感化盛行，国家兴旺；如果帝王放纵奢靡，东西行幸，车驾不停，穷兵黩武，征讨四夷，兵车屡动，国家和百姓力量用尽，财力枯竭，国家就会灭亡。其结论是："自古有国有家，兴亡盛衰，未尝不由此也。"

（2）形成了调查制度。实行"度田之制"，必须以丈量土地、核实户口（包括健康、婚姻状况）为前提；贯彻"赋役之法"，应该以人口（包括民族、户籍状况）、乡土物产、自然灾害与收成，以及服役状况调查为基础；实施"量资定等"，更应全面掌握有关的人口、户籍、居住地域、职业、官员品级等情况。所有这些社会调查，都必须每年进行，"每三年，县司注定，州司覆之"；有关调查资料，州县要保留十五年，尚书省要保留九年。

（3）统一了计量标准。计量物体长短时，以北方黑黍中者一黍的宽度为基础来确定分、寸、尺、丈等单位；计量物体容积时，以北方黑黍中者容积一千二百黍为基础来确定龠、合、升、斗、大升、大斗、斛等单位；计量物体轻重时，以北方黑黍中者一百黍的重量为基础来确定铢、两、大两、斤等单位，并明确规定了小升小两、大升大两的适用范围。以黑黍为物质基础的统一的度量衡标准，为进行客观的定量调查提供了现实可能。

撰稿人：水延凯

“常以厚直募善走者，置递相望，觇报四方物价”

【简介】

本篇原文，摘自司马光的《资治通鉴》。

司马光（1019—1086），字君实，号迂叟，陕州夏县（今山西省夏县）人，北宋政治家、史学家、文学家。6岁开始读书。7岁能背诵《左氏春秋》，并有“砸缸救友”之举。不到15岁，随父亲官职变迁辗转多地，多处访古探奇，丰富社会知识。20岁，中进士甲科，任华州判官，从此步入仕林。21岁、23岁时，双亲先后去世。居丧期间，读了大量书籍，探询了许多下层社会生活情况，写了许多有价值的文章。司马光为人温良谦恭、刚正不阿；做事用功刻苦、勤奋。他常以“日力不足，继之以夜”自许，其人格堪称儒学教化下的典范，历来受人景仰。历仕仁宗、英宗、神宗、哲宗四朝。宋神宗时，因反对王安石变法，离开朝廷15年，主持编纂了中国历史上第一部编年体通史《资治通鉴》。卒赠太师、温国公，谥文正。

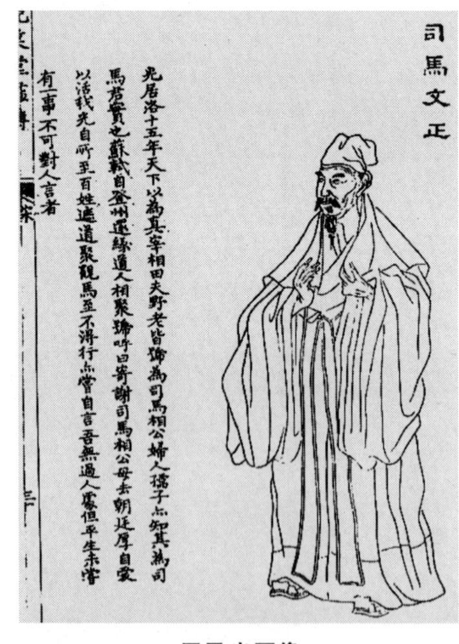

司马光画像

《资治通鉴》（简称《通鉴》），是司马光主编的编年体史书，历时 19 年完成。它以时间为纲，事件为目，从周威烈王二十三年（前 403）起到五代后周世宗显德六年（959）止，涵盖 16 朝 1 362 年的历史。全书按朝代分为 16 纪、294 卷——《周纪》5 卷、《秦纪》3 卷、《汉纪》60 卷、《魏纪》10 卷、《晋纪》40 卷、《宋纪》16 卷、《齐纪》10 卷、《梁纪》22 卷、《陈纪》10 卷、《隋纪》8 卷、《唐纪》81 卷、《后梁纪》6 卷、《后唐纪》8 卷、《后晋纪》6 卷、《后汉纪》4 卷、《后周纪》5 卷，约 300 多万字，另有《考异》《目录》各 30 卷。宋神宗以此书“鉴于往事，有资于治道”，定名为《资治通鉴》。

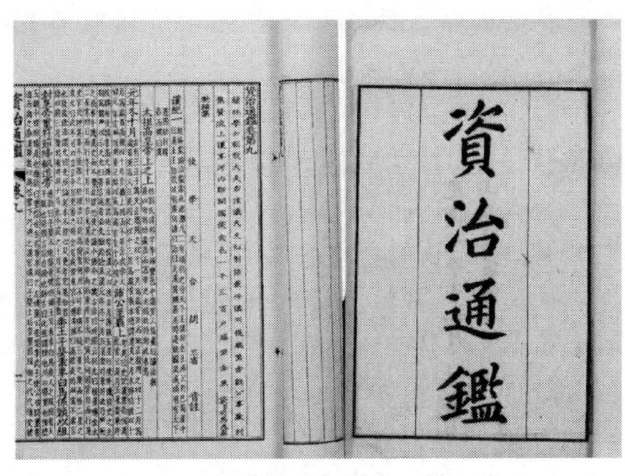

《资治通鉴》

以下【原文】，节录自司马光编著《资治通鉴》，北京，中华书局，2007。

【原文、注释和今译】

【原文之一】资治通鉴·唐纪四十二（之一）

初[(1)]，安、史之乱[(2)]，数年间，天下户口什亡八九，州县多为藩镇[(3)]所据，贡赋不入，朝廷府库耗竭，中国[(4)]多故，戎狄[(5)]每岁犯边，所在宿重兵，仰给县官，所费不赀[(6)]，皆倚办于晏[(7)]。晏初为转运使[(8)]，独领陕东诸道，陕西皆度支[(9)]领之，末年兼领，未几而罢。

【注释】

（1）初：起始，开端，原来，往昔，当初。（2）安、史之乱：指唐玄宗末年至代宗初年（755 年 12 月 16 日—763 年 2 月 17 日），由唐将领安禄山与史思明背叛朝廷而发动的战争，是唐由盛而衰的转折点。（3）藩镇：节度使管辖的地区。（4）中国：中原地区，黄河流域一带。（5）戎狄：指居于西北边境外的少数民族。（6）赀：同“资”，计量，财货。（7）晏：刘晏（716—780），字士安，曹州南华（今山东省菏泽市东明县）人，唐宰相，经济改革家、理财家。（8）转运使：官名，唐朝及以后各朝代主管运输事务的官职。(9)度支：官名，掌管全国财赋的统计和支调的官职。隋朝实行“五省六曹制”，尚书省设有度支曹，为六曹之一，后改称民部。唐初避太宗李世民讳，改民部为户部，下有度支郎中。

【今译】

安、史之乱后，不过几年时间，全国户口减少了十之八九，州县多被各地节度使割据，贡赋不入国库，朝廷府库耗竭，中原地区多发生变故，西北少数民族每年来侵犯边境，所在地区驻扎的重兵，都仰赖各县官吏提供给养，所花费的财货不可计量，都依靠刘晏办理。刘晏原来担任主管运输事务的官职，独自领导陕西东部各道，陕西西部各道则由掌管财赋的度支管辖，后期刘晏曾兼领陕西西部各道，但没有几年就作罢了。

【原文之二】资治通鉴·唐纪四十二（之二）

晏有精力，多机智，变通有无[(1)]，曲尽其妙[(2)]。常以厚直[(3)]募善走者，置递相望[(4)]，觇报[(5)]四方物价，虽远方，不数日皆达使司[(6)]，食货轻重之权[(7)]，悉制[(8)]在掌握，国家获利而天下无甚贵甚贱之忧。

【注释】

(1) 变通有无：变通，根据情况而变动，不拘泥于成规。有无，中国古代哲学的一对概念，有点近似于自然和社会永存的规律。有，指具体存在的事物；无，指无形无象的虚无，或是一种抽象的“有”。(2) 曲尽其妙：曲，委婉，细致；尽，全部表达；妙，美好，微妙，神妙。指把微妙之处委婉细致地充分表达出来。形容表达能力很强。(3) 厚直：厚，重，多，丰厚；直，价值，代价，工钱。(4) 置递相望：置，放，安置，设立；递，传递，驿站，递铺，递卒，驿车，驿马；相望，互望，相对，互相连属，络绎不绝。(5) 觇报：觇，看，偷偷察看；报，报告。(6) 使司：使，派遣，差使，奉命办事的人；司，主管，操作，官署名称。(7) 食货轻重之权：食，与农事饮食相关的事项；货，钱财布帛衣服等物。食货，泛指财政经济等事项。轻重，重量的大小，事情的主次，意义的巨细。权，权衡，衡量，估计。(8) 悉制：悉，知道；制，裁也，裁断。

【今译】

刘晏精力旺盛，聪明灵活，不拘泥于成规，善于变通表达。经常以丰厚报酬招募善于奔走的人，安放在各地驿站互相联络，及时通报在各地调查到的物价情况，即使是很远的地方，也过不了几天就能把该地物价呈报给奉命主管的官员，使这些官员对财政经济情况和轻重权衡的知晓、裁断都在掌握之中。这样，国家能获利，而天下百姓也没有物价过贵或过贱的忧虑。

【原文之三】资治通鉴·唐纪四十二（之三）

晏又以为户口滋多，则赋税自广，故其理财以爱民为先。诸道各置知院官，每旬月[1]，具[2]州县雨雪丰歉之状白[3]使司，丰则贵籴[4]，歉则贱粜[5]，或以谷易杂货供官用，及于丰处卖之。知院官始见不稔之端[6]，先申，至某月须如干蠲免[7]，某月须如干救助，及期，晏不俟[8]州县申请，即奏行之，应民之急，未尝失时，不待其困弊、流亡、饿殍，然后赈之也。由是民得安其居业，户口蕃息[9]。晏始为转运使，时天下见户不过二百万，其季年[10]乃三百余万；在晏所统则增，非晏所统则不增也。其初财赋岁入不过四百万缗[11]，季年乃千余万缗。

【注释】

(1) 每旬月：旬月，满一个月。指每满一个月。 (2) 具：写，题，具述（详细叙述）。 (3) 白：清楚明白地陈述。 (4) 籴（dí）：买进粮食，与“粜”相对。(5) 粜（tiào）：卖出粮食。 (6) 不稔之端：稔，庄稼成熟；端，征兆。指不利于庄稼成熟的征兆。 (7) 如干蠲免：如干，若干；蠲免，免除。 (8) 俟：等待。 (9) 蕃息：滋生，繁衍。 (10) 季年：晚年，末年。 (11) 缗：古代穿铜钱用的绳子，引申为古代计量单位，一般每串一千文。

【今译】

刘晏认为，户口增多，赋税来源自然就会广阔，所以他管理财经事务，总是以爱民为先。他在各道都设置有知院官，每满一个月，就要知院官详细叙述州县雨雪丰歉情况，清楚明白地陈述给有关主管人员，丰收年就高价买入粮食，歉收年就低价卖出粮食，或者以谷物交易各种杂货供官方使用，以及将杂货由官方运到丰收地区出卖。知院官一旦发现庄稼受灾的征兆，就可提前申请，到某月须要减免多少，某月须要救助多少。到了时间，刘晏不等州县申请，就上奏、施行，以应民众之急，从来没有耽误过时间，而不是等到百姓困弊、流亡、成为饿殍时，才开始赈救。由于刘晏的这种做法，民众得以安居其业，户口不断增加。刘晏开始任转运使时，全国不过二百万户，到他任职末年，户口增至三百余万；而且，凡是刘晏管辖的地区户口都增加，不是他管辖的地区则不增加。刘晏任职初期，全国财赋全年收入不过四百万缗，到他任职末年增至千余万缗。

【原文之四】资治通鉴·唐纪四十二（之四）

晏专用榷盐法[1]充军国之用[2]。时自许、汝、郑、邓[3]之西，皆食河东池盐，度支主之；汴、滑、唐、蔡[4]之东，皆食海盐，晏主之。晏以为官多则民扰，故但于出盐之乡置盐官，收盐户所煮之盐转鬻[5]于商人，任其所之，自馀州县不复置官。其江岭间去盐乡远者，转官盐于彼贮之。或商绝盐贵，则减价鬻之，谓之常平盐，官获其利而民不乏盐。其始江、淮盐利不过四十万缗，季年乃六百余万缗，由是国用充足而民不困弊。其河东盐利，不过八十万缗，而价复贵于海盐。

【注释】

(1) 榷盐法：榷，专卖。榷盐法，是指对食盐实行官收官卖的法令和制度。 (2) 军国之用：军国，统军治国。军国之用，是指统军治国的费用。 (3) 许、汝、郑、邓：

许州、汝州、郑州、邓州。（4）汴、滑、唐、蔡：汴州、滑州、唐州、蔡州。（5）鬻(yù)：卖。

【今译】

刘晏专门用盐的专卖法来充实统军治国的费用。当时，自许州、汝州、郑州、邓州以西，都食用河东的池盐，由度支主持；汴州、滑州、唐州、蔡州以东，都食用海盐，由刘晏主持。刘晏认为，官吏多就会扰乱民众。所以，他在产盐区设置盐官，负责收购盐户所生产的食盐，然后加价卖给盐商，再由商人转销各地；在其余州县，则不设置盐官。在离产盐区较远的地方，就转运官盐到那里储存起来。等到商绝盐贵的时候，就减价卖出，这就是所谓的常平盐。这样，官方可获得利益，百姓不缺乏食盐。在刘晏实行盐专卖法初期，江、淮地区的盐利不过四十万缗，到了末期增至六百余万缗，从此国用充足而百姓也不困难、疲惫。由度支主持的河东地区的盐利，不过八十万缗，而且价格总是贵于海盐。

【点评】

（1）刘晏（715—780），字士安，今山东省东明县人，幼年才华横溢，号称神童，名噪京师，《三字经》有“唐刘晏，方七岁。举神童，作正字”之语。刘晏历任吏部尚书、同平章事、度支使、铸钱使、盐铁使等职，一生经历玄宗、肃宗、代宗、德宗四朝，官至宰相，管理朝廷财政几十年，实施了一系列财政改革措施，为安史之乱后的经济发展做出了重要贡献，被誉为“广军国之用，未尝有搜求苛敛于民”的著名理财家。刘晏改革的顺利实施和理财的巨大成功，皆缘于他“以爱民为先”的理念和对经济调查方法的重视。

（2）刘晏非常重视社会调查。他常以重金招募善于奔走的人，在各地设置传递站，搜集各地物价情况，即使是远方，用不了几天也能送达。他还在各道设置知院官，要求每满一个月就把下雨下雪、丰收歉收情况汇报上来。这实际上就是在全国建立了一个经济情报网，使全国的气候、经济等情况都在掌控之中，以便他随时根据气候、经济发展的动态，及时做出“丰则贵籴，歉则贱粜”等重要决策。刘晏实施的榷盐法和常平盐，也是以他的充分调查为前提的。可以说，刘晏是中国古代社会调查史上自觉开展商情、经济调查的第一人。

（3）刘晏总是以爱民为先。他认为，户口是赋税来源，只有不断增加户口，才能开辟广阔的税源。刘晏不仅要求各道知院官每月上报各州县雨雪丰歉情况，而且要求他们一旦发现庄稼受灾征兆，就要提前申请需要减免、救助的时间，以及需要减免、求助的数量。刘晏总是主动施行减免和救助，从来没有耽误过时间。这种做法，既使得民众安居其业，户口不断增加，又使得朝廷赋税不断增长。他初任转运使时，全国仅二百万户，朝廷岁收不过四百万缗，到他任职末年，户口增至三百余万，朝廷岁收增至千余万缗。

撰稿人：柳祥珍、水延凯

第三部分
宋元明清时期

“令虽卑而有士与民，宜志其风俗变化之善恶，使后来者有考焉耳”

【简介】

本篇原文，摘自欧阳修的《欧阳修全集》。

欧阳修（1007—1072），字永叔，号醉翁、六一居士，吉州永丰（今江西省永丰县）人。他自幼喜爱读书，刻苦勤奋，10岁能熟读韩愈的《昌黎先生文集》。23岁时已“连中三元”（监元、解元和省元），殿试位列二甲进士及第，被授将仕郎、校书郎，任西京（洛阳）留守推官。28岁任宣德郎，回京做馆阁校勘，参与编修《崇文总目》。30岁因支持范仲淹呼吁改革，被贬为夷陵（今湖北省宜昌市）县令。34岁被召回京，复任馆阁校勘，后知谏院。37岁参与范仲淹等推行“庆历新政”，但又遭失败。39岁被贬知滁州，后又改知扬州、颍州（今安徽省阜阳市）、应天府（今河南省商丘市）。43岁回朝，先后任翰林学士、史馆修撰等职。51岁做礼部贡举主考官，提倡平实文风，录取苏轼、苏辙、曾巩等人。52岁兼龙图阁学士、权知开封府。54岁拜枢密副使，55岁任参知政事，后相继任刑部尚书、兵部尚书等职。64岁任检校太保、宣徽南院使等职，后改知蔡州（今河南省汝南县）。65岁以太子少师身份致仕，居颍州。次年在家中逝世，享年66岁，获朝廷“文忠”谥号，世称欧阳文忠公。

欧阳修画像

《欧阳文忠公集》共153卷，其中《居士集》《易童子集》《外制集》《内制集》《表奏书启四六集》《奏议集》等114卷，《归田录》《诗话》《长短句》等19卷，《集中录跋尾》10卷，书简10卷；另有附录5卷，包括年谱、行状、墓志、传文等。《居士集》为欧阳修编定，其余为南宋周必大编定。

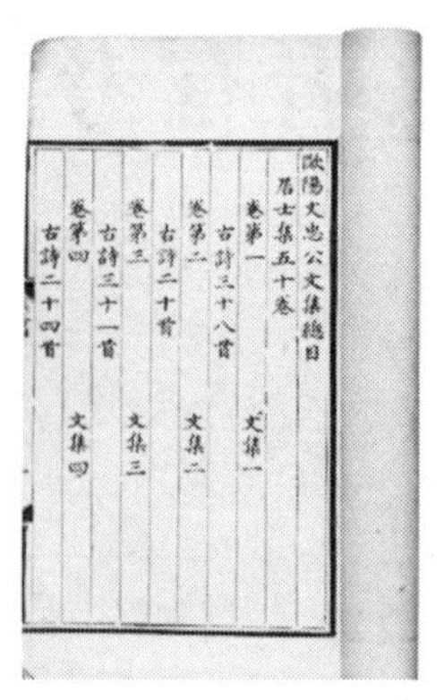

《欧阳文忠公集》

以下【原文】，节录自《欧阳修全集》（第二册），李逸安点校，北京，中华书局，2001；【注释】也参考了上述著作。

【原文、注释和今译】

【原文之一】欧阳修全集·泗州先春亭记

景祐二年秋，清河张侯[(1)]以殿中丞来守泗上[(2)]，既至，问民之所素病[(3)]而治其尤暴者。曰："暴莫大于淮。"越明年春，作城之外堤，因其旧而广之，度为万有九千二百尺，用人之力八万五千。泗之民曰："此吾利也，而大役焉。然人力出于州兵，而石出乎南山，作大役而民不知，是为政者之私我[(4)]也。不出一力而享大利，不可。"相与[(5)]出米一千三百石，以食役者。堤成，高三十三尺，土实石坚，捍暴备灾可久而不坏。既曰："泗，四达之州也，宾客之至者有礼。"于是因前蒋侯堂之亭新之，为劳饯之所[(6)]，日思邵亭，且推其美于前人，而志邦人之思也[(7)]。又曰："泗，天下之水会也，岁漕必廪于此[(8)]。"于是治[(9)]常丰仓西门二夹室[(10)]，一以视出纳[(11)]，曰某亭；一以为舟者之寓舍，曰通漕亭。然后曰："吾亦有所休乎。"乃筑州署之东城上为先春亭，以临淮水而望西山。

是岁秋，予贬夷陵，过泗上。于是知张侯之善为政也。昔周单子聘楚而过陈[(12)]，见其道秽，而川泽不陂梁，客至不授馆[(13)]，羁旅[(14)]无所寓，遂知其必亡。盖城郭道路，旅舍寄寓，皆三代[(15)]为政之法，而《周官》尤谨著[(16)]之以为御备。今张侯之作也，先民之备灾，而及于宾客往来，然后思自休[(17)]焉，故曰善为政也。

先时，岁大水，州几溺[(18)]，前司封员外郎张侯夏守是州，筑堤以御之，今所谓因其旧者是也。是役也，堤为大，故予记其大者详焉。

【注释】

(1) 清河张侯：清河，指清河县；张侯，姓张的君侯。 (2) 来守泗上：来泗州任太守。 (3) 素病：素，向来；病，忧愁，困苦。素病，素来的困扰。 (4) 私我：私，偏爱。指关爱我们。 (5) 相与：共同。 (6) 劳饯之所：慰劳、饯行的场所。(7) 推其美于前人，而志邦人之思也：美，善事，美德；邦，泛指地方、国家。指将他的美德推及前人，并记载下来让本地后代人怀念。 (8) 岁漕必廪于此：岁，年；漕，利用水道转运粮食；廪，积聚。指每年通过水道转运的粮食必然积聚在此地。(9) 治：整治，修治。 (10) 二夹室：两间房舍。 (11) 视出纳：视，观察；出纳，出入。 (12) 周单子聘楚而过陈：周定王派单襄公出使宋国，此后又借道陈国去访问楚国（见左丘明《国语·周语》“单襄公论陈必亡”）。 (13) 见其道秽，而川泽不陂梁，客至不授馆：秽，肮脏；陂，水岸，池塘岸，陂塘；梁，桥梁；客，宾客；不授馆，不安排馆舍。指道路肮脏，河流水泽没有修筑堤坝、桥梁，宾客来也不安排馆舍。(14) 羁旅：羁，停留；旅，旅客。指寄身他乡的旅客。 (15) 三代：指夏、商、周。(16) 谨著：谨，慎重，恭敬；著，助词，表示动作、状态的持续。 (17) 思自休：思，思考；自休，自己的休息。 (18) 溺：淹没。

【今译】

宋仁宗景祐二年秋天，清河县一位姓张的君侯，以殿中丞身份来泗州任太守，一到任，便询问百姓什么是泗州经常性的灾害，并打算先治理其中特别严重的灾害。州民回答说：“最严重的灾害莫过于淮河泛滥。”第二年春天，他就修筑泗州城外堤，将它原有的旧堤加高、加厚，度量堤的长度是一万九千二百尺，用工八万五千人。泗州老百姓说：“这是为我们造福，而且是大工程啊！然而人力出于州中的军队，而筑堤的石料来自南山，进行这样大的工程，老百姓却没有感到负担，这是执政者爱护我们啊！不出一点力就享受这样大的利益，不行啊！”于是共同捐献米粮一千三百石，用来供养参加筑堤的州兵。堤修好了，高三十三尺，土夯得结实，石砌得坚牢，用它捍卫泗州，防备水患，可以经久不坏。这件事做完后，张侯又说：“泗州，是四通八达的州郡啊！对来往宾客应以礼相待。”于是，就将从前蒋君侯的房舍重新装修，作为慰劳、饯行的场所，取名为“思邵亭”，这样将美德推及前人，并记载下来让地方后代人怀念。张侯还说：“泗州，是天下水道汇合之地，每年通过水道转运的粮食必然积聚在此地。”于是，修整了常丰仓西边的两间房舍，一间用来观看船只出入往来，名叫“某亭”；一间作为船家、役夫投宿的旅舍，名叫“通漕亭”。然后说：“我也该有个休息的地方啊！”于是在城东修筑了州的官署，取名“先春亭”，它依临淮水而面对西山。

这年秋天，我被贬到夷陵县，经过泗州。于是知道了张君侯善于治政之事。从前周朝单襄公奉命前往楚国访问，路过陈国，看见陈国道路很脏，河流水泽不修筑堤坝、不架设桥梁，宾客到来也不安排馆舍，来往旅客没有投宿的寓所，于是就知道陈国必定灭亡。因为筑城郭以防兵事，修道路以畅交通，设馆舍以便行旅，这都是夏、商、周处理政务的法规。而周朝官吏特别严谨地重视它们，以便随时备用。现在张君侯作为太守，首先为百姓防备灾害，然后为旅客往来着想，最后才安排自己的休息处所。所以说他善于处理政务啊！

从前，有一年涨大水，泗州几乎被水淹没，前任有个被封为员外郎的张侯夏主管这个州，曾筑堤来防御水患。那就是现今所说被利用来扩建河堤的那个旧堤了。在那个工程中，筑堤是最重要的。所以，我就对这个最大的工程加以详细记述。

【原文之二】欧阳修全集·夷陵县至喜堂记

峡州治夷陵(1)，地滨(2)大江，虽有椒、漆、纸以通商贾，而民俗俭陋，常自足，无所仰(3)于四方。贩夫所售不过鳙鱼腐鲍(4)，民所嗜而已，富商大贾皆无为而至(5)。地僻而贫，故夷陵为下县，而峡为小州(6)。州居无郭郛(7)，通衢(8)不能容车马，市无百货之列，而鲍鱼之肆(9)不可入，虽邦君(10)之过市，必常下乘，掩鼻以疾趋。而民之列处，灶、廪、匽、井无异位(11)，一室之间上父子而下畜豕。其覆皆用茅竹，故岁常火灾，而俗信鬼神，其相传曰作瓦屋者不利。夷陵者，楚之西境，昔《春秋》书荆以狄之，而诗人亦曰蛮荆，岂其陋俗自古然欤(12)？

景祐二年(13)，尚书驾部员外郎朱公治是州，始树木，增城栅，甓(14)南北之街，作市门市区。又教民为瓦屋，别灶廪(15)，异人畜，以变其俗。既又命夷陵令刘光裔治其县，起敕书楼(16)，饰厅事(17)，新吏舍。三年夏，县功毕。

某(18)有罪来是邦，朱公与某有旧，且哀其以罪而来，为至县舍，择其厅事之东以作斯堂，度为疏洁高明(19)，而日居之以休其心。堂成，又与宾客偕至而落之。夫罪戾之人，宜弃恶地，处穷险，使其憔悴忧思，而知自悔咎。今乃赖朱公而得善地，以偷宴安，顽然(20)使忘其有罪之忧，是皆异其所以来之意。

然夷陵之僻，陆走荆门、襄阳至京师，二十有八驿；水道大江、绝淮抵汴东水门，五千五百有九十里。故为吏者多不欲远来，而居者往往不得代，至岁满，或自罢去。然不知夷陵风俗朴野，少盗争，而令之日食有稻与鱼，又有橘、柚、茶、笋四时之味，江山美秀，而邑居缮完，无不可爱。是非惟有罪者之可以忘其忧，而凡为吏者，莫不始来而不乐，既至而后喜也。作《至喜堂记》，藏其壁(21)。

夫令虽卑而有土与民(22)，宜志其风俗变化之善恶，使后来者有考焉耳。

【注释】

(1) 峡州治夷陵：峡州，古代行政区划名，在长江三峡之口；治，地方政府所在地；夷陵，县名，位于湖北省宜昌市东。 (2) 滨：靠近水边。 (3) 无所仰：仰，依赖。指没有什么依赖。 (4) 鳙鱼腐鲍：鳙鱼，干鱼；腐鲍，腌鱼。 (5) 富商大贾皆无为而至："无为而治"出自《道德经》，"无为"的本意不是无所作为，而是遵循客观规律而为。这里是指富商大贾皆因无利可图而不到这里来。 (6) 夷陵为下县，而峡为小州：宋代州分上、中、下三等，县分紧、望、上、中、下五等。据《宋史·地理志》载，峡州是中州，夷陵为中县。 (7) 郭郛（fú）：外城。 (8) 通衢：大路，四通八达的道路。 (9) 鲍鱼之肆：鲍鱼，湿腌鱼，味腥臭；肆，店铺。指做腌鱼的店铺。(10) 邦君：诸侯国君主，或刺史等地方官。 (11) 民之列处，灶、廪、匽、井无异位：民之列处，百姓居住的地方；灶、廪、匽、井，指灶屋、仓房、厕所、水井；无，没有；异位，位置不同，位置分开。 (12) 自古然欤：然，对，是；欤，文言助词，表示疑问、感叹、反诘等语气。此句意为：自古就这样吗？ (13) 景祐二年：景祐，北宋仁宗年号；景祐二年，公元1035年。（14）甓（pì）：砖。（15）别灶廪：别，分离，分开。指把灶屋和仓房分开。（16）起敕书楼：起，建造；敕书，古代君王的诏书；楼，楼阁。（17）饰厅事：饰，整修；厅事，官府办理公务的正堂。（18）某：自称，代替“我”或名字。（19）度为疏洁高明：度，计划；疏洁高明，宽敞洁净高大明亮。（20）顽然：愚钝无知貌，自然质朴貌，顽固而不知变通貌。（21）藏其壁：藏，收藏；壁，墙壁。指嵌砌在墙壁上。（22）令虽卑而有土与民：令，县令；卑，低下；有土与民，负有守土安民的责任。

【今译】

峡州的治所夷陵，地临长江，虽然有椒、漆、纸可以让商人做买卖，然而民间习俗节俭简陋，常常自产自足，没有什么需要依赖外地的。小商贩所出售的不过是干鱼咸鱼这些老百姓所喜欢的东西罢了，大富商都因无利可图而不到这里来。地方偏僻而且贫穷，所以夷陵是下等县，而峡州是小州。州居没有外城，大路不能通行车马，市面没有排列的商铺，而做腌鱼的店铺腥臭得不能进去。即使是地方官吏经过街市，也经常下马，捂着鼻子快步走过去。而老百姓居住的地方，灶屋、仓房、厕所、水井混杂在一起，一个房间里上层住人而下面养猪。覆盖屋顶的都是茅草竹子，所以每年经常发生火灾，而当地风俗信奉鬼神，百姓之间相传修建瓦屋的人家不吉利。夷陵这个地方，是楚国西部边境，以前《春秋》记载楚国时把夷陵当作少数民族地区，而写《诗经》的人也称之为“蛮荆”，难道夷陵的陋俗自古以来就是这样的吗？

景祐二年，尚书驾部员外郎朱（庆基）先生治理峡州，开始栽树，修筑城栅，用砖铺砌南北街道，规划街市区域。又教百姓建造瓦房，把灶屋和仓房分开，把住人与养猪分开，改变夷陵的习俗。这些事情完成后，又命夷陵县令刘光裔治理这个县，建造供奉皇帝诏书的楼阁，整修官府办理公务的正堂，翻新官吏宿舍。直到景祐三年夏，该县才做完这些事情。

我犯罪后来到此地，朱先生和我有老交情，而且同情我因贬谪而来，为我来到县府，选择正堂东边的地方修建至喜堂，规划宽敞洁净高大明亮，让我每天居住在这里来休养心情。至喜堂建成后，他又和宾客一起来到这里庆贺落成。我是戴罪之人，应该被贬弃到偏僻恶劣之地，安置在穷困险恶之处，使自己身心劳苦忧愁，然后才知道悔恨自己的过错。现今竟仰赖朱先生而得到良好的地方，得以苟且快乐安逸，愚钝无知地使人忘掉有罪在身的忧愁，这都与我贬谪而来的原意不相同啊！

然而夷陵偏僻，从陆路经过荆门、襄阳到达京城，有二十八处驿站的路程；水路取道长江，渡过淮河抵达汴京的东水闸，有五千五百九十里。所以做官的人多数不愿意长途跋涉而来，而到夷陵做官的人常常不能交卸职务，只能做满任期，或者自行辞职而去。然而，人们不了解夷陵习俗的原始质朴，很少有盗窃争讼，县令每天的饮食有米有鱼，又有橘、柚、茶、笋四季时令鲜味，江山秀美，县府居室修整完善，没有不令人满意的。这并不是只有犯罪的人可以忘掉忧愁，而是凡来夷陵做官的人，无不刚来时不高兴，而后又喜欢它了。作此《至喜堂记》，嵌砌在墙壁上。

县令虽官职低微，但负有守土安民的责任，应该记载地方风俗变化的好坏，让后来接任县令的人有所考证啊！

【点评】

（1）欧阳修既是北宋著名的政治家、文学家，又是宋代文学史、学术史上开创一代新风的文坛领袖。他领导了北宋诗文革新运动，继承并发展了韩愈的古文理论。他的散文创作成就与其古文理论相辅相成，从而开创了一代文风。后人将其与韩愈、柳宗元和苏轼合称“千古文章四大家”；与韩愈、柳宗元、苏轼、苏洵、苏辙、王安石、曾巩合称“唐宋散文八大家”。欧阳修的上述成就，是与他勤于考察社会、深入感悟人生、善于记述见闻分不开的。事实上，他的许多作品都是他对现实社会考察、描摹和感悟的结果。

（2）《泗州先春亭记》，是作者遭贬谪赴夷陵路过泗州时，应知州张君侯之请而撰写的。张知州一到任，首先询问百姓泗州经常性的灾害是什么，并打算先治理其中特别严重的灾害。然后，张君侯就干了三件实事：一是在旧堤基础上修筑州城外堤；二是翻修蒋君侯房舍，建“劳饯之所”；三是修整常丰仓西两间房舍，作“某亭”和“通漕亭”。此后，才在城东修筑州署“先春亭”。作者引用周史指出，“盖城郭道路，旅舍寄寓，皆三代为政之法”。张侯“先民之备灾，而及于宾客往来，然后思自休”，说明其“善为政也”！可以说，《泗州先春亭记》实是作者对张君侯“善政”的一篇调查报告。

（3）《夷陵县至善堂记》，是作者遭贬谪到夷陵任职期间撰写的，描写了夷陵的地理位置、秀美江山、水陆交通路径和距离、经济特色、当地物产、城镇设施、百姓生活、民间习俗等社会风貌，介绍了州官朱庆基栽树筑城、砖砌街道、规划街区、建造瓦房、隔离灶仓、分别人畜等移风易俗的显著政绩，叙说了朱先生对贬谪而来的老友不仅毫无嫌弃之意，而且为其修建至喜堂、安排舒适安逸生活的诚挚友情。它实是一篇对实地考察和感悟的记录，更难能可贵的是他“宜志其风俗变化之善恶，使后来者有考”的卓越远见！

撰稿人：娄章胜、马世琪、水延凯

“所录唯山间木荫”，“下至闾巷之言”，“亦有得于传闻者”

【简介】

本篇原文，摘自沈括的《梦溪笔谈》。

沈括（1031—1095），字存中，号梦溪丈人，浙江杭州人。他出身官宦世家，勤奋好学，14 岁读完家中藏书，随父宦游州县，到过泉州、润州、简州和汴京等地，表现出对自然、社会的强烈兴趣和敏锐观察力。20 岁父亲去世，23 岁走入仕途，任海洲沭阳县主簿。32 岁进士及第，次年任扬州司理参军，后被推荐到京师编校昭文馆书籍。41 岁受神宗和王安石赏识，任检正中书刑房公事。42 岁主持汴河疏浚工程，并巡查淮南饥荒和两浙农田水利，建议雇佣灾民兴修水利，得到神宗赏识，升任太子中允、提举司天监，延请卫朴修订历法。44 岁任河北西路察访使，次年奉命修订“九军战法”等。45 岁出使契丹，解决土地纠纷，出色完成任务，据沿途地理形势、风俗民情画撰《使契丹图抄》，献给朝廷，因功拜翰林学士、权三司使。47 岁因卷入党争，被贬为起居舍人、集贤院学士，知宣州。50 岁任鄜延路经略安抚使，抵御西夏入侵。52 岁兵败永乐城，被贬为筠州团练副使。55 岁神宗驾崩，哲宗继位，大赦天下，得以改任秀州团练副使。秀州毗邻杭州，沈括心情大为好转，遂专心学问。58 岁完成《天下郡县图》，受哲宗赏赐。59 岁改任朝散郎、守光禄少卿，分司南京，准于外州居住。于是，举家搬至润州（今镇江市）梦溪园，从此隐居创作《梦溪笔谈》，65 岁因病辞世。

沈括画像

《梦溪笔谈》中《笔谈》26 卷，《补笔谈》3 卷，《续笔谈》1 卷，共 30 卷。分为故事、辨证、乐律、象数、人事、官政、权智、艺文、书画、技艺、器用、神奇、异事（异疾附）、谬误（谲诈附）、讥谑、杂志、药议等 17 目，凡 609 条。内容涉及天文、地理、地质、气象、数学、物理、化学、生物、医药、农学、工程技术、文学、音乐、美术、历史等。在全部条目中，自然科学方面的约占 36%，人文科学方面的约占 18%，政治、军事、法律及杂闻轶事等方面的约占 46%。

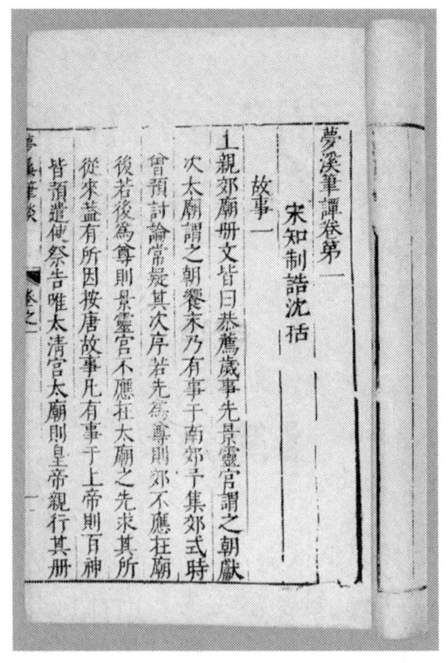
夢溪筆談卷第一

宋知制誥沈括

故事一

上親郊廟冊文皆曰恭薦歲事先景靈宮謂之朝獻次太廟謂之朝饗末乃有事于南郊予集郊式時曾預討論常疑其次序若先為尊則郊不應在廟後若後為尊則景靈宮不應在太廟之先求其所從來蓋有所因按唐故事凡有事于上帝則百神皆預遣使祭告唯太清宮太廟則皇帝親行其冊

《梦溪笔谈》

以下【原文】，节录自沈括《梦溪笔谈》，诸雨辰译注，北京，中华书局，2016；【注释】和【今译】，也参考了上述著作。

【原文、注释和今译】

【原文之一】梦溪笔谈·序

予退处林下[(1)]，深居绝过从[(2)]。思平日与客言者，时纪[(3)]一事于笔，则若有所晤言[(4)]，萧然移日[(5)]。所与谈者，唯笔砚而已，谓之《笔谈》。圣谟[(6)]国政，及事近宫省[(7)]者，皆不敢私纪。至于系[(8)]当日士大夫毁誉[(9)]者，虽善亦不欲书，非止不言人恶而已。所录唯山间木荫，率意谈噱[(10)]，不系人之利害者，下至闾巷之言[(11)]，靡所不有[(12)]。亦有得于传闻者，其间不能无缺谬[(13)]。以之为言[(14)]则甚卑，以予为无意于言可也。

【注释】

(1) 予退处林下：予，我；林下，山林之下。古代士大夫从官场隐退民间称为“退处林下”。 (2) 深居绝过从：深居，深藏不外出；绝过从，拒绝与别人交际往来。 (3) 纪：通“记”。 (4) 晤言：会面交谈。 (5) 萧然移日：萧然，空寂的样子；移，移动；日，天。指寂寞地度过一天天时光。 (6) 圣谟：圣，古代尊皇帝为圣人；谟，计谋，谋略。指皇帝的诏令旨意。 (7) 宫省：宫，皇帝内廷；省，政府机构。指宫廷和政府。 (8) 系：关系到。 (9) 毁誉：毁，毁谤；誉，称誉。指名声好坏。 (10) 率意谈噱（xué）：率意，随意；噱，笑。指随便谈笑。 (11) 闾（lú）巷之言：

间，里巷的门；闾巷，小的街道，里巷，泛指乡里民间。指民间的言谈。（12）靡所不有：靡，无。指无所不有。（13）缺谬：缺漏和错误。（14）言：指著书立说。

【译文】

我从官场隐退之后，就幽居不外出，断绝了与别人的交际往来。追思往昔与客人的言谈，不时用笔记下一些事情，就好像与人会面交谈似的，如此寂寞地度过一天天时光。而所与之交谈的，唯有笔墨和砚台而已，因而称为“笔谈”。有关皇帝诏令旨意和国家政治，以及接近朝廷和官府的事情，我都不敢私自记录。至于关系到士大夫名声好坏的事情，即使是善事也不想记述，而并非仅仅不记述别人恶事而已。我所录述的，只是那些在山间树下，随便谈笑，不涉及人们利害的事情，下至街谈巷议之言，无所不有。也有的来源于各种传闻，其中不会完全没有缺漏和错误。用这些东西来著书立说，是很低下的，我无意于著书立说，则是可以的。

【原文之二】梦溪笔谈·辨证二·云梦考

旧《尚书·禹贡》云：“云梦[(1)]土作乂[(2)]。”太宗皇帝时，得古本《尚书》，作“云土梦作乂”，诏改《禹贡》从古本。余按，孔安国[(3)]注：“云梦之泽在江南。”不然也。据《左传》：“吴人入郢，楚子涉睢济江，入于云中。王寝，盗攻之，以戈击王，王奔郧。”[(4)]楚子自郢西走涉睢，则当出于江南，其后涉江入于云中，遂奔郧，郧则今之安陆州。涉江而后至云，入云然后至郧，则云在江北也。《左传》曰：“郑伯如楚[(5)]，王以田[(6)]江南之梦。”杜预[(7)]注云：“楚之云、梦，跨江南北。”曰“江南之梦”，则云在江北明矣。元丰中，余自随州道安陆，于入汉口，有景陵[(8)]主簿[(9)]郭思[(10)]者，能言汉、沔间[(11)]地理，亦以谓江南为梦，江北为云。余以《左传》验之，思之说信然。江南则今之公安、石首、建宁等县，江北则玉沙、监利、景陵等县。乃水之所委[(12)]，其地最下。江南二浙[(13)]，水出稍高，云方土而梦已作乂矣，此古本之为允。

【注释】

（1）云梦：古代泽薮名。自华容隆起北侧至汉江以南的广大地域，在古代统称为云梦泽。秦汉以前，云梦泽是连绵不断的湖泊和沼泽，长江流到这里呈漫流状态，江湖不分，随季节的不同，水位自然消长。从文章的内容看，应该是指这个地区。对其名称及分布范围等，历来解释甚多，沈括此条所辨亦为一说。（2）土作乂（yì）：乂，治，指耕作。指云梦泽中亦有高平之地，水退时可以耕作。（3）孔安国：西汉学者，孔子后裔。魏晋以后传世的《古文尚书》有旧注，相传为孔安国所作，实际上是托名，这些注文并不出于孔安国之手。（4）此处引文见《左传·定公四年》，原文“吴”下无“人”字。是年吴国联合蔡国、唐国攻楚，打败楚军，攻入楚国都城郢（今湖北省江陵县西北），楚昭王逃入云梦泽中，又先后奔郧（今湖北省安陆市）、随（今湖北省随州市）。次年因越国攻吴，吴国退兵，楚昭王始返回郢都。楚子，指楚昭王（？—前489）。睢（Jū），睢水，即今湖北省西部沮水。江，即今长江。（5）郑伯如楚：郑简公访问楚国。事在鲁昭公三年（前539）。（6）田：打猎。（7）杜预（222—284）：字元凯，京兆杜陵（今陕西省西安市东南）人，西晋政治家、军事家、学者。所撰

《春秋左氏经传集解》，是现存《左传》注解中最早的一种。（8）景陵：县名，治今湖北省天门市。（9）主簿：官名，知县的佐官，掌文书和事务。（10）郭思：疑为北宋末年曾任秦凤路经略安抚使的郭思。字得之，温县（今属河南省）人，曾有著述传世。（11）汉、沔（Miǎn）间：泛指今汉水与长江交汇的地区。古人有时统称汉水为沔水，有时又称汉水汇入后的长江为沔水。（12）委：聚，此处指水流的汇聚。（13）二浙：他书或引作“上浙”，均不可通。疑为“之浙”二字传抄之误。

【译文】

旧本《尚书·禹贡》记载有“云梦土作乂”的句子，太宗皇帝时，得到一古本《尚书》，记载为“云土梦作乂”，于是下诏将《禹贡》篇的记载改从古本。据我考证，孔安国注称：“云梦之泽在江南。”这是不正确的。据《左传》所载：“吴国人入侵郢，楚昭王渡过睢水和长江，逃入云泽之中。昭王在泽中睡觉时，劫盗攻击昭王，用戈来刺他，于是昭王逃往郧地。”楚昭王自郢都西逃涉睢水，那么他应该是先逃到长江以南，然后渡过长江而进入云泽，又从云泽逃往郧地，即现在的安陆州。渡过长江而后至云泽，进入云泽而后至郧地，那么云泽必定是在长江以北。据《左传》记载：“郑简公到楚国访问，楚王和他一起在江南的梦泽打猎。”杜预注释说：“楚国的云、梦二泽，跨越长江的南北。”称“江南的梦泽”，那么云泽在江北就显而易见了。元丰年间，我从随州取道安陆到汉口，有一位叫郭思的景陵主簿，通晓汉、沔地区的古今地理，也说长江以南的是梦泽，长江以北的是云泽。我用《左传》的记载检验，郭思的说法是可信的。长江以南即今日的公安、石首、建宁等县，长江以北则是玉沙、监利、景陵等县。这一带是众多水流的汇聚之处，地势最低。长江以南的地势稍高一些，云泽才露出一些土地，而梦泽已经能耕作了。所以，古本《尚书》的记载比较正确。

【原文之三】梦溪笔谈·官政一·范文正浙西救灾

皇祐二年[(1)]，吴中[(2)]大饥，殍殣枕路[(3)]，是时范文正[(4)]领浙西[(5)]，发粟及募民存饷[(6)]，为术甚备[(7)]，吴人喜竞渡，好为佛事。希文乃纵民竞渡，太守日出宴于湖上，自春至夏，居民空巷出游。又召诸佛寺主首，谕之曰：“饥岁工价至贱，可以大兴土木之役。”于是诸寺工作鼎兴[(8)]。又新敖仓[(9)]吏舍，日役千夫。监司[(10)]奏劾杭州不恤荒政，嬉游不节，及公私兴造，伤耗民力，文正乃自条叙所以宴游及兴造，皆欲以发有余之财，以惠贫者。贸易饮食、工技服力之人，仰食于公私者，日无虑数万人。荒政之施，莫此为大。是岁，两浙唯杭州晏然，民不流徙，皆文正之惠也。岁饥发司农之粟，募民兴利，近岁遂著为令。既已恤饥，因之以成就民利，此先王之美泽也。

【注释】

（1）皇祐二年：皇祐，北宋仁宗年号。皇祐二年，公元1050年。（2）吴中：今江苏省常熟市、苏州市吴江区、嘉兴市一带。（3）殍殣枕路：殍殣，饿死的人；枕，枕头；路，道路。（4）范文正：即范仲淹（989—1052），字希文，谥号“文正”，世称范文正公。（5）领浙西：领，治理，管辖；浙西，两浙西路的简称，包括浙江北部和江苏的苏南地区。指范仲淹任杭州知州。（6）募民存饷：饷，给民以饭食。指募灾民服役，以使服役者有饭吃。（7）为术甚备：术，方法，策略，措施；备，完备。指采用的方法或措施很周全、完备。（8）鼎兴：兴盛。（9）敖仓：敖，通“廒”。指粮仓。（10）监司：宋代各路转运使司、提点刑狱司、提举长平仓等，总称为监司。

【译文】

皇祐二年，江浙一带发生大饥荒，饿死的人多得叠压在道路上，这时范文正任杭州知州，主持两浙西路政务，于是发放官府存粮，以及募灾民服役以救灾，采取的措施甚为周全、完备。江浙一带的人喜欢竞赛划船，又好做佛事活动。于是范希文放开禁忌，鼓励民众举行划船比赛，太守每天都到湖上设宴，从春至夏，居民也都空巷出游。他又召集各佛寺的住持，告诉他们说：“灾荒之年，工役价钱最低，可以趁此大兴土木。”于是，各寺院都大兴土木。他还重新翻盖粮仓和官舍，每天役使上千人。监察部门弹劾杭州长官不救济灾荒，嬉戏游乐无节制，而且公私大兴土木，大量损耗民力等。于是，范文正也自上条奏，陈述之所以鼓励宴会、游乐及兴造工程的原因，都是为了发挥社会上的余财以赈济贫民。从事货物贸易、饮食服务、手工技艺及其他靠出卖劳力为生的人，依赖公家及富贵人家而获得食物者，每天不下数万人。救济灾荒的措施，没有比这更重要的了。这一年，两浙地区只有杭州秩序安定，民众没有外出逃荒的，这都是范文正施政带来的恩惠。灾荒之年，发放国家粮仓的粮食，招募灾民兴修公益工程，近年已著录于令典成为制度。既能救济饥荒，又能成就利民事业，这就是先王泽及后世的一种德政。

【原文之四】梦溪笔谈·技艺·毕昇发明活字印刷

版印[(1)]书籍，唐人尚未盛为之，自冯瀛王[(2)]始印五经，已后[(3)]典籍[(4)]，皆为版本[(5)]。庆历[(6)]中，有布衣毕昇[(7)]，又为活版[(8)]。其法用胶泥刻字，薄如钱唇[(9)]，每字为一印，火烧令坚。先设一铁板，其上以松脂、腊和[(10)]纸灰之类冒[(11)]之。欲印则以一铁范[(12)]置铁板上，乃密布字印。满铁范为一板，持就[(13)]火炀之，药[(14)]稍镕，则以一平板按其面，则字平如砥[(15)]。若止印三、二本，未为简易；若印数十百千本，则极为神速。常作二铁板，一板印刷，一板已自[(16)]布字。此印者才毕，则第二板已具。更互[(17)]用之，瞬息可就。每一字皆有数印，如“之”“也”等字，每字有二十余印，以备一板内有重复者。不用则以纸贴[(18)]之，每韵[(19)]为一贴，木格贮[(20)]之。有奇字素[(21)]无备者，旋[(22)]刻之，以草火烧，瞬息可成。不以木为之者，木理[(23)]有疏密，沾水则高下不平，兼与药相粘，不可取。不若燔[(24)]土，用讫再火令药镕，以手拂之，其印自落，殊不沾污。昇死，其印为余群从[(25)]所得，至今保藏。

【注释】

（1）版印：雕版印刷，即在成块的木板上按镜像雕刻好文字、图案，再用这样的板子进行印刷。一般认为这种方法起源于隋代。（2）冯瀛王：冯道（882—954），五代时瀛州景城（今河北省沧州市西）人，后唐、后晋时历任宰相，后汉、后周时任太师、中书令，死后追封为瀛王。（3）已后：已，通“以”。指以后。（4）典籍：经典和古籍。（5）版本：用雕版印制而成的书籍，相对于抄本而言。五经等儒家经典过去只有手抄本，自冯道组织人用雕版印制后，才有了区别于抄本的版本。（6）庆历：北宋仁宗年号。庆历元年至八年，为公元1041—1048年。（7）布衣毕昇：布衣，平民；毕昇（约971—1051），蕲州蕲水县直河乡（今湖北省黄冈市英山县草盘地镇五桂墩村）人，杭州书肆刻工，其发明的活字印刷术，比德国人古腾堡发明的金属活字印刷术早400多年。（8）活版：即活字板。唐代雕版印刷已很发达，但都是用整块木板整页雕刻。活版则不同，是用一个个字模临时拼组而成。活版的出现，标志着印刷术的又一次革命，是中国古代重大发明之一。（9）钱唇：铜钱的边。毕昇的泥活字，是用胶泥制成块后刻出的反体凸字，"薄如钱唇"是说所刻反体凸字的厚度与铜钱边缘的厚度差不多。（10）和：混合。（11）冒：古同"帽"，覆盖。（12）铁范：范，模子。即铁模子。（13）就：靠近。（14）药：即上文"松脂、腊和纸灰之类"，有黏性，遇热熔化，冷却后会凝固。（15）如砥：砥，细磨刀石。意思是说像磨刀石一样平。（16）自：另自，别自。（17）更互：交替，轮流。（18）贴：贴上标签，用标签标示。（19）韵：汉语字音中的元音或元音加收尾音，即声母以外的部分，或声母和介音以外的部分，称"韵母"。（20）贮：储存。（21）素：往常，平常。（22）旋：临时。（23）木理：木材的纹理。（24）燔（fán）：烧。（25）群从：从，同宗堂房亲属。指同宗堂兄弟。

【译文】

用雕版印刷书籍，唐朝人还没有大规模采用。从五代时的冯瀛王开始用雕版印制五经，自那以后的各种典籍和图书，就都采用雕版印刷了。庆历年间，有位叫毕昇的平民，发明了活字印版。他的方法是用胶泥刻字，笔画凸出部分像铜钱边缘那样薄，每个字做成一个活字印，用火烧烤使它变得坚硬。先准备一块铁板，上面用松脂、蜡混合纸灰这一类东西覆盖上。想要印刷时，就用一个铁框子放在铁板上，在其中密密地排列好活字印。排满一铁框就是一个印版，然后拿起来靠近火烘烤，等松脂、蜡等逐步熔化了，再用一块平板按压在活字印上，这样活字印就平整得像磨刀石一样。如果只印制三两本书，那么这种方法并不简便，但若印刷几十本乃至成百上千本，这种方法就极为神速。印刷时通常制作两块铁板，一板正在印刷，另一板则在排活字印。这一板刚印完，第二板已经准备好了。两板交替使用，极短时间内就可完成。每一个字都有几个活字印，像"之""也"等字，每字有二十多个活字印，以备一板里有重复用同一个字的情况。不用时，就用纸条做标签加以标示，每个韵部做一种标签，用木格把它们储存起来。有生冷之字平时没有准备的，就随时把它刻出来，用草火烧烤一下，很快就可以制成。不用木头制作活字印，是因为木头的纹理有疏有密，沾了水就会变得高低不平，而且容易与药物互相粘连，难以取下来。不如用胶泥烧制字印，使用完毕后，再用火烘烤，使药物熔化，用手一抹，那些活字印就会自行脱落，一点也不会沾上药物。毕昇死后，他的字印被我的堂房兄弟和侄子们得到，到现在还珍藏着。

【原文之五】梦溪笔谈·杂志一·指南针

方家[(1)]以磁石[(2)]磨针锋，则能指南，然常微偏东，不全南[(3)]也。水浮多荡摇，指爪[4]及碗唇[5]上皆可为之，运转尤速，但坚滑易坠，不若缕[6]悬为最善。其法取新纩[7]中独茧缕[8]，以芥子许[9]蜡缀[10]于针腰，无风处悬之，则针常指南。其中有磨而指北者[11]，余家指南、北者皆有之。磁石之指南，犹柏之指西[12]，莫可原[13]其理。

【注释】

(1) 方家：原指道术修养精深的人，后来泛指饱学之士或精通某一技艺的人，文中当指精通某种技艺之人。 (2) 磁石：磁铁矿石，天然矿物，主要成分为四氧化三铁（Fe_3O_4），有磁性，能吸铁。 (3) 不全南：不能十分精确地指向南方。这说明沈括当时已经发现了磁偏角现象。 (4) 指爪：爪，指甲和趾甲的通称。指指甲。 (5) 碗唇：碗的边沿、边口。 (6) 缕：线，丝线，麻线。 (7) 纩：丝棉。 (8) 独茧缕：独，单，单一。指单根的茧丝。 (9) 芥子许：许，“约略计量”的意思。指芥菜籽大小。 (10) 缀：连接，拼合。指用少许蜡将茧丝粘到针腰（针的中段，即重心所在之处）上。 (11) 指北者：指向北方的。针有针尖和针眼两端，用磁石磨针后，往往会因为磨的具体部位、方法不尽相同，针尖端有的指南，有的则指北。 (12) 柏之指西：古人认为柏树会指向西方。 (13) 原：推求，追究根源。

【译文】

方术家用磁石摩擦针尖，就能让针尖指向南方，然而常常微微偏东，不完全指向正南方。让带磁的针浮在水上，则多摇荡；放在指甲上或碗边上实验也可以，而且转动速度更快，但这类物品坚硬光滑，针容易坠落，不如用丝线把针吊起来，这是最好的办法。其办法是从新缫出的丝絮中，抽出由一只茧拉出的丝，用芥末粒大小的一点蜡，把它粘缀于针腰处的平衡点上，在无风的地方悬挂，则针尖常常指南。其中也有针尖磨过之后指北的，我家里指南针、指北针都有。磁石指南的特性，犹如柏树生长指向西方一样，现在还不知道它的道理。

【点评】

(1) 沈括在润州梦溪园撰写《梦溪笔谈》时，正是熙宁新法被彻底废除的日子，蔡确之流也正在制造流言攻击沈括。《梦溪笔谈·序》，实际上是沈括为了保护自己，免受猜忌，而不得不作的“莫谈国事”式的声明。然而，这篇序却说明了《梦溪笔谈》不仅来源于沈括自己的实践和观察，而且来源于“闾巷之言”，“亦有得于传闻者”。因此，《梦溪笔谈》绝不是如序中所说的“率意谈噱”，而是具有深刻见解的理性阐述，其内容丰富多彩，“靡所不有”。

(2)《梦溪笔谈》第三、四卷以“辨证”为标题，即辨别考证之意。实际上，《梦溪笔谈》全书中关于考证的文字不止第三、四卷，只不过第三、四卷可作为考证门类的代表。沈括考证工作的最大特点，是文献记载、书本知识与实地调查、自身实践、亲历见闻相印证，而不是仅仅辗转于古今文字记录之间求佐验。例如，在《云梦考》中，沈括就根据自己“自随州道安陆入于汉口”的亲身经历和“以《左传》验之”，得出“江南为梦，江北为云”这一可“信然”的结论。

(3)《梦溪笔谈·官政》门类两卷，涉及茶法、盐法、钱法、赋税制度、物价平衡、漕运、陆运、治水、赈灾、边境守备、行政区划变动、法令、司法案例、吏禄、驿站制度、官职的职责等内容。这些多是沈括担任三司使等职时通过调查研究掌握的资料，具有重要的史料价值。在《范文正浙西救灾》中，沈括就是通过实地调查，掌握“两浙唯杭州晏然，民不流徙”的客观事实，从而有力地论证了“发司农之粟，募民兴利”的正确性。

(4)《梦溪笔谈·毕昇发明活字印刷》和《梦溪笔谈·指南针》，记述了中国古代四大发明中的两大发明。从这两个条目的记述看，沈括对活字印刷术中活字印的刻造、印版的制作、印刷过程中可能出现的问题及其应对方法，以及指南针的制造、使用指南针的各种方法中存在的问题、磁偏角现象及其克服办法等，都进行了详尽的说明或解释。显然，没有亲历亲为的实践经验是写不出来的。这说明，《梦溪笔谈》中有关自然科学方面的内容，大都是沈括调查、研究、实践的结晶。

(5)《梦溪笔谈》约成书于1086—1093年间，是长期研读文献和实地考察相结合的产物，是沈括一生研究自然和社会的总结。书中涉及自然科学的部分，总结了中国古代，特别是北宋时期的科学成就；涉及社会历史的内容，记载了北宋统治集团的腐朽、军事利害、典制礼仪的演变、赋役制度的弊害等。《梦溪笔谈》在中国和世界科技发展史上占有重要地位。英国科技史学家李约瑟认为，沈括是“中国科学史上最奇特的人物”,《梦溪笔谈》是“中国科学史上的地标”。

撰稿人：娄章胜、马世琪、水延凯

“先审其势，次察其情，复观其衅，则敌人之虚实吾既详之矣”

【简介】

本篇原文，摘自辛弃疾的《美芹十论》。

辛弃疾画像

辛弃疾（1140—1207），字幼安，号稼轩，山东济南人，豪放派爱国词人。他出生于金统治下的济南，幼年丧父，由祖父抚养，目睹金人残暴，早已埋下仇恨种子。在祖父教导下，他刻苦练武，常随祖父“登高望远”，熟悉地形。21 岁，加入耿京的天平军，屡建战功，成为名噪一时的民族英雄。在南宋任职期间，撰《美芹十论》《九议》，力主抗金，未被理睬，先后被派往江阴、滁州、江西、江陵等地任职，均有出色政绩，但其豪迈倔强的性格和执着北伐的热情，使他难以在主和派当政的官场立足。41 岁后多次被罢官或离职，最终隐居山乡，68 岁去世。

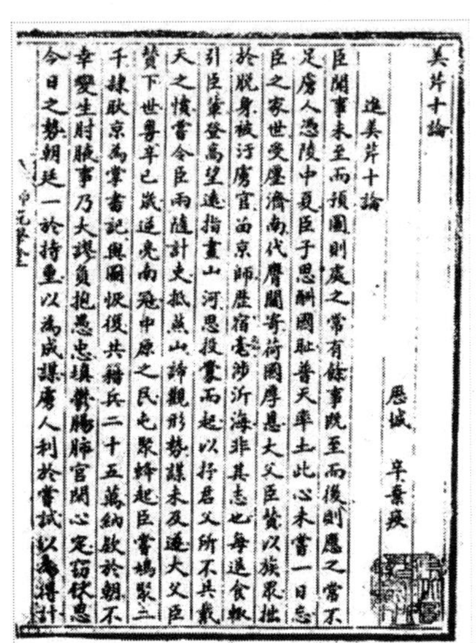

美芹十論

進美芹十論　愚誠　辛棄疾

臣聞事未至而預圖則處之常有餘事既至而後圖則應之常不足虜人憑陵中夏臣子思酬國恥普天率土此心未嘗一日忘臣之家世受廛濟南代膺閫寄荷國厚恩大父臣贊以族衆拙於脫身被汙虜官留京師歷宿亳涉沂海非其志也每退食輒引臣輩登高望遠指畫山河思投釁而起以紓君父所不共戴天之憤嘗令臣兩隨計吏抵燕山諦觀形勢謀未及遂大父臣贊下世粵辛巳歲逆亮南寇中原之民屯聚蜂起臣嘗鳩衆二千隸耿京為掌書記與圖恢復共籍兵二十五萬納款於朝不幸變生肘腋事乃大謬負抱愚忠填鬱腸肺官閑心定竊伏思念今日之勢朝廷一於持重以為成謀虜人利於嘗試以為得計

《美芹十论》

《美芹十论》是辛弃疾献给南宋孝宗赵昚（1127—1194）的一部策论。在这部策论中，他详细分析了敌我双方的形势，指出了金国内忧外患的困境，揭露了敌人虚张声势的实质，并从审势、察情、观衅、自治、守淮、屯田、致勇、防微、久任、详战等十个方面，条陈了抗金战守之策。在十论中，他先“三言虏人之弊”，后“七言朝廷之所当行”，把“朝廷之所当行”建立在“虏人之弊”的基础之上。这说明，他十分重视战争中的调查研究，并以此作为战争行动的前提，体现了他的远见卓识和雄才大略。

以下【原文】，节录自辛弃疾《美芹十论》，胡亚魁、杨静译注，广州，中山大学出版社，2012；【注释】和【今译】，也参考了上述著作。

【原文、注释和今译】

【原文之一】美芹十论·引论

臣[1]闻事未至而预图[2]，则处[3]之常有余；事既至而后计，则应[4]之常不足。虏人[5]凭陵中夏[6]，臣子思酬[7]国耻，普天率土[8]，此心未尝一日忘。……

……臣虽至愚至陋[9]，何能有知，徒以忠愤所激，不能自已[10]，以为今日虏人实有弊之可乘，而朝廷上策惟预备[11]乃为无患。故罄竭精恳[12]，不自忖量，撰成御戎十论，名曰美芹[13]。其三言虏人之弊，其七言朝廷之所当行。先审[14]其势，次察[15]其情，复观其衅[16]，则敌人之虚实吾既详之矣，然后以其七说次第[17]而用之，虏固在吾目中。……

【注释】

(1) 臣：作者在皇帝面前的自称。 (2) 预图：预先的图谋。 (3) 处：处理，安排，治理。 (4) 应：应对，应付。 (5) 虏人：古代对北方外族的贬称。 (6) 凭陵中夏：凭陵，侵犯；中夏，华夏。 (7) 酬：报。 (8) 普天率土：普天，整个天下；率土，四海之内。 (9) 陋：卑下、陋微，自谦之词。 (10) 不能自已：不能控制自己。 (11) 预备：预先防备。 (12) 罄竭精恳：罄竭，用完，竭尽；精恳，专一诚恳。 (13) 美芹：芹，芹菜。对人谦称所赠东西不好，称“献芹”。这里是借献芹的典故，表达自谦之意。 (14) 审：审，审悉，详细了解。 (15) 察：仔细看，调查研究。 (16) 观其衅：观，观察，审察；衅，缝隙，裂痕，争端。 (17) 次第：依次，按照顺序或以一定顺序，一个接一个地。

【今译】

据我所知，在事情发生之前预先做好计划，处理起来就会游刃有余；事情发生后再去做计划，应对起来就会力不从心。胡虏侵犯中原，臣子们一直渴望报国雪耻，全天下的人从未有一天忘记这个心愿。……

……我虽愚笨粗陋，没有什么才干，但为忠心愤懑所激，不能不把自己的想法说出来。我以为，如今金人确实有积弊为可乘之机，朝廷的上策是预先防备，做到没有忧患。我竭尽忠恳，自不量力，撰写了御敌的十篇策论，起名“美芹”。其中，三篇分析敌人弊端，七篇论述朝廷应对之策。首先审时度势，其次侦察敌情，再次寻敌破绽。这样，我们就会对敌人的虚实了如指掌，然后按照七种对策依次去做，敌人就在我们的掌握之中了。……

【原文之二】美芹十论·审势

用兵之道，形[1]与势[2]二[3]。不知而一[4]之，则沮[5]于形、眩[6]于势，而胜不可图，且坐受毙矣。何谓形？小大是也。何谓势？虚实是也。土地之广，财赋之多，士马之众，此形也，非势也。形可举以示威，不可用以[7]必胜。……若夫势则不然，有器[8]必可用，有用必可济[9]。……

臣抑闻古之善觇[10]人国者，如良医之切脉，知其受病之处而逆[11]其必殒之期，初不为肥瘠而易其智[12]。……盖国之亡，未有如民怨、嫡庶[13]不定之酷[14]，虏今并有之，欲不亡何待[15]。……

【注释】

(1) 形：客观现实的表现和形态，指军事实力。 (2) 势：态势，指运用军事实力的状态和形势。 (3) 二：两样，有区别。 (4) 一：相同，一样。 (5) 沮：畏惧，恐惧。 (6) 眩：迷惑，迷乱。 (7) 不可用以：不能凭借。 (8) 器：器具。(9) 济：帮助。 (10) 觇：窥探，暗中察看。 (11) 逆：推测。 (12) 易其智：易，改变；智，判断。 (13) 嫡庶：嫡子与庶子。 (14) 酷：严重。 (15) 何待：还等什么？

【今译】

用兵的法则，在于形与势这两个方面。如果不明白而将形与势混为一谈，就会被形吓倒，被势迷惑，胜利就不可图了，甚至可能坐以待毙。什么是形？形就是实力的大小。什么是势？势就是用兵的虚实。土地广袤，财赋充足，士马众多，这些都属于形，而不是势。形可以用来显示威武，但不能凭借它取得必然的胜利。……但势却不同，有了器具必然可以使用，有了可以使用的器具必然有所助益。……

我听说，古代善于窥探别国的人，如同良医诊脉一样，能知道病人得病的部位，推测出他们去世的时间，不会因为初看病人的胖瘦而改变自己的判断。……导致国家灭亡的原因，没有比民怨沸腾和嫡庶不定这两种情况更严重的了，金朝现在这两点都占全了，不亡国还能等待什么？……

【原文之三】美芹十论·察情

两敌相持，无以得其情则疑，疑故易骇[1]，骇而应之必不能详[2]，有以得其情则定[3]，定故不可惑，不可惑而听[4]彼之自扰，则权常[5]在我而敌实受其弊矣。……曰“权然后知轻重，度而后知长短[6]”，定故也。……

……朝廷心定而虑审[7]，何情不可得，何功不可成。不求敌情之知，而观彼虚声诡势[8]以为进退者，非特[9]重困吾力，且失夫制胜之机为可惜。臣故曰：“知敌之情而为之处者，绰绰[10]乎其有余矣。”

【注释】

(1) 骇：恐惧。 (2) 详：审慎。 (3) 定：镇定。 (4) 听：听任。 (5) 权常：权，权宜，变通，不依常规；常，正常，恒久，不变。 (6) 权然后知轻重，度而后知长短：出自《孟子·梁惠王上》。权，衡量，比较；度，度量，计算。 (7) 虑审：虑，思虑，谋划；审，审悉，详细观察。 (8) 虚声诡势：虚假的声音，欺诈的态势。 (9) 非特：非但，不仅，不但。 (10) 绰绰：宽裕。

【今译】

两军相持之时，无法知道对方情况就会产生疑虑，心中有疑虑就容易产生恐惧，一旦有了恐惧，应对起来就必然不能审慎行事；能够知道对方情况就会镇定，镇定就不会被迷惑，不被迷惑就可任凭对方自己扰乱自己，这样变与不变的主动权就掌握在我方手中，而敌人就会受到损害了。……孟子曾经说过："权衡后知轻重，度量后知长短。"这是确定无疑的。……

……朝廷应镇定下来仔细考虑和观察，什么情况了解不到，什么事情不能办成。不去想办法了解敌情，而只看敌人虚假、欺诈的态势就来决定自己的进退，不仅会束缚自己的手脚，而且会失去克敌制胜的良机，这样就太可惜了。所以，我认为："了解敌人情况之后再采取相应对策，这样对付敌人就会游刃有余了。"

【原文之四】美芹十论·观衅

自古天下离合之势常系(1)乎民心，民心叛服(2)之由实基于喜怒。喜怒之方形(3)，视之若未有休戚(4)，喜怒之既积(5)，离合始决而不可制(6)矣。……

今而观之，中原之民业(7)尝叛虏，虏人必不能释然(8)于其心，而吾民亦岂能自安而无疑乎？……

……孟子曰："为汤武驱民者，桀与纣也(9)。"臣亦谓今之中原离合之衅(10)已开，虏人不动则已，诚动焉，是特为陛下驱民而已。惟静以待之，彼不亡何待！

【注释】

(1) 系：关联。 (2) 叛服：反叛或顺服。 (3) 方形：方，才，刚刚；形，表现，出现，显现。 (4) 休戚：喜乐和忧虑，此处指有利的和不利的遭遇。 (5) 既积：既，已经，完毕；积，聚集，累积。 (6) 制：限定，约束，管束，遏制。 (7) 业：已经。 (8) 释然：疑虑、嫌隙等消释后心中平静的样子。 (9) 为汤武驱民者，桀与纣也：出自《孟子·离娄上》。意思是，把民众驱赶到商汤、周武王那边的人，是夏桀和殷纣。 (10) 衅：缝隙，空隙。

【今译】

自古以来，天下分合的大势常与民心向背联系在一起，民心反叛与顺服基于他们的喜怒。喜怒刚刚形成时，看起来似乎没有什么利害关系；喜怒之情积聚久了，天下分合的大势就已决定而无法遏制了！……

现在看来，中原百姓曾经反叛过金人，金人必然不会放心，因而我们的百姓怎能安心而无疑虑呢？……

……孟子曾经说过："把百姓赶到商汤、周武王那边的人，是夏桀与商纣。"我认为，现在决定中原归属的缝隙已经打开，金人不行动则已，只要有行动，就不过是把百姓赶向陛下这里而已。我们只要静静等待就行了，他们不灭亡还等到什么时候呢？

【点评】

辛弃疾十分重视战争中的调查研究，他在《美芹十论》前三论中，专门论述了抗金战争中的调查研究问题，其主要思想如下：

（1）战争中的调查研究十分重要。“事未至而预图，则处之常有余；事既至而后计，则应之常不足。”战争中的“预图”，首先就是调查研究。只有通过调查研究，掌握了敌我双方的情况，才能做好“预图”，做到“处之常有余”。否则，就会“应之常不足”。

（2）战争行动应以对敌情的调查为基础。只有先了解“虏之弊”，才能决定“朝廷之所当行”。《美芹十论》，“其三言虏人之弊，其七言朝廷之所当行。先审其势，次察其情，复观其衅，则敌人之虚实吾既详之矣，然后以其七说次第而用之，虏固在吾目中”。

（3）战争中的调查研究必须“形”“势”并重。“用兵之道，形与势二。”“何谓形？小大是也。何谓势？虚实是也。”在“势”中，“民怨”和“嫡庶”（即嫡子与庶子之间的矛盾和斗争）非常重要。如果民怨沸腾、嫡庶不定，“国之亡”就不可避免。

（4）调查研究是掌握主动权的关键。“两敌相持，无以得其情则疑，疑故易骇，骇而应之必不能详，有以得其情则定，定故不可惑，不可惑而听彼之自扰，则权常在我而敌实受其弊矣。”这说明，“有以得其情”是“权常在我”的关键所在。

（5）调查研究是掌握敌情、克敌制胜的根本方法。“权然后知轻重，度而后知长短。”通过权衡、度量等不同调查方法，就可知道敌人的轻重和长短。“知敌之情”之后再采取相应对策，克敌制胜就会“绰绰乎其有余矣”。

（6）调查民心向背可判断战争胜负。“自古天下离合之势常系乎民心。”孟子曰：“为汤武驱民者，桀与纣也。”“今之中原离合之衅已开，虏人不动则已，诚动焉，是特为陛下驱民而已。”因此，通过调查掌握民心向背，就可判断战争的胜负。

文武异道，上马能领兵、下马能著述的文武全才，在中国历史上可谓凤毛麟角，十分罕见。辛弃疾不仅是一位英勇抗金的民族英雄，而且是一位豪放派爱国词人和军事理论家。因此，辛弃疾不愧为中国古代史上十分罕见的文武全才。

撰稿人：水延凯

“欲折衷天下之义理，必尽考详天下之事物而后不谬”

【简介】

本篇原文，摘自叶适的《叶适集》和《习学记言序目》。

叶适（1150—1223），号水心居士，字正则，世称水心先生，温州永嘉人，南宋思想家、文学家和政治评论家。幼年家中贫困，15 岁开始教书为生，28 岁中进士，历任观察推官、太学博士、尚书左选郎、知泉州、兵部侍郎等职。叶适对内主张精兵简政，减轻捐税，对外力主抗金，反对和议。开禧三年（1207），抗金派首领韩侂胄被诛，57 岁的叶适受牵连削职，退出政界，返回温州，定居水心，悉心讲学和著述。嘉定十六年（1223）去世，享年 73 岁。

叶适画像

《叶适集》是叶适的《水心文集》和《水心别集》两部著作的合编，刘公纯、王孝鱼、李哲夫点校，由中华书局于 1961 年 12 月出版。《叶适集》“目录”前有中国当代史学家吕振羽撰写的《论叶适思想》，叶适的学生、宋朝诗人赵汝譡撰写的《水心文集序》，明朝名臣王直撰写的《黎刻水心文集序》和《黎刻水心文集跋》，以及《宋史本传》，最后是李哲夫的“编校说明”。《叶适集》选用最好的底本进行点校，具有很高的文献资料价值。

叶适的《习学记言序目》亦称《习学纪言》，是对阅读经史等书时研究心得的记述性学术著作，共50卷，其中：经14卷，史25卷，诸子7卷，宋文鉴4卷。它是叶适被夺官免职返回原籍永嘉城外水心村后的晚年之作。

《水心先生文集》书影

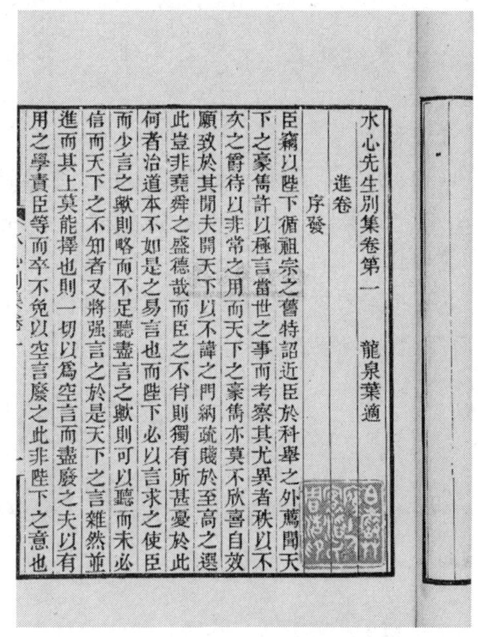

水心先生別集卷第一　龍泉葉適

進卷

序發

臣竊以陛下循祖宗之舊特詔近臣於科舉之外薦聞天下之豪儁許以極言當世之事而考察其尤異者秩以不次之爵待以非常之用而天下之豪儁亦莫不欣喜自效願致於其間夫開天下以不諱之門納疏賤於至高之選此豈非堯舜之盛德哉而臣之不肖則獨有所甚憂於此何者治道本不如是之易言也而陛下必以言求之使臣而少言之歟則略而不足聽盡言之歟則可以聽而未必信而天下之不知者又將强言之於是天下之言雜然並進而其上莫能擇也則一切以爲空言而盡廢之夫以有用之學責臣等而卒不免以空言廢之此非陛下之意也

《水心先生别集》书影

以下【原文】，节录自《叶适集》，刘公纯、王孝鱼、李哲夫点校，北京，中华书局，1961；叶适《习学记言序目》，北京，中华书局，1977。

【原文、注释和今译】

【原文之一】水心文集·题周子实所录

……古人多识(1)前言往行(2)，谓之畜德(3)。近世以心通性达(4)为学，而见闻(5)几废，为其不能畜德也。然可以畜而犹废之，狭而不充，为德之病矣……

【注释】

(1) 识：知也，认识，赏识。 (2) 前言往行：指前代圣贤的言行。 (3) 畜德：畜，培养，积聚；德，道德，德行。指修积德行。 (4) 心通性达：指内心贯通，具备心性修养。 (5) 见闻：眼睛所看见、耳朵所听到的事物。

【今译】

……古代人大多赏识、学习前代圣贤的言行，认为这是修积德行。近代以贯通内心和修养心性为做学问，而几乎废弃了用眼睛观察、用耳朵听闻事物，认为它们不能修积德行。然而，废弃可修积德行的见闻，狭隘地不去充实见闻，这是德行的病态啊……

【原文之二】水心文集·题姚令威西溪集

……夫欲折衷[1]天下之义理[2]，必尽考详天下之事物而后不谬[3]。

【注释】

（1）折衷：调和太过与不及，使之得当合理，公正，公平。（2）义理：大义之理，道德公理。（3）谬：错误的，不合情理的。

【今译】

……要想获得正确的思想或理论，必须详尽考察天下事物，然后才能得出正确结论而不致出现谬误。

【原文之三】水心别集·总义

……无验[1]于事者其言不合[2]，无考[3]于器[4]者其道不化[5]，论高而实违，是又不可也。

【注释】

（1）验：检查，检验。（2）合：符合，适合。（3）考：检查，察考。（4）器：物周为器，用具的总称。（5）化：性质或形态改变，此处指教化。

【今译】

……没有经过实践检验的说法不一定符合实际，没有经过事物考证的学说不一定适于教化，高谈阔论而违背事实，是不可信的论断。

【原文之四】水心别集·诗

……夫形[1]于天地之间者，物[2]也；皆一而有不同者，物之情[3]也；因其不同而听[4]之，不失其所以一者，物之理[5]也……

【注释】

（1）形：实体，形体。（2）物：事物，物体，物品，物质，人以外的具体的东西。（3）情：本性，实情，感情，情绪，外界事物所引起的喜、怒、爱、憎、哀、惧等心理状态。（4）听：听凭，接受。（5）理：事物的规律，是非得失的标准。

【今译】

……天地之间的一切实体，都是物质；实体形态各不相同，这是物质的本性；实体任凭其形态不同，但仍不失为物质，这是物质的规律……

【原文之五】水心别集·大学

……中庸曰："诚[(1)]者物之终始，不诚无物。"是故君子不以须臾[(2)]离物也。夫其若是，则知之至者，皆物格之验也。有一不知，是吾不与物皆至也；物之至我，其缓急不相应者，吾格[(3)]之不诚也。

【注释】

(1) 诚：信也，真心，诚恳。 (2) 须臾：片刻，一会儿。 (3) 格：推究，感通，量度，衡量，调查。

【今译】

……中庸曰："诚恳必须贯穿认识事物的始终，没有诚恳就不能认识事物。"所以，君子的认识一刻也不能离开事物。如果这样，那么获得知识的过程，就是推究、调查事物获得验证的过程。对一事物不了解，那是因为自己对这一事物还没有认真推究、调查；一事物对我来说，还不相适应、不能致知，那是因为我对该事物的推究、调查不真诚，不认真。

【原文之六】水心别集·法度总论一

夫观古人之所以为国[(1)]，非必遽效[(2)]之也。故观众器[(3)]者为良匠，观众方[(4)]者为良医，尽观而后自为之，故无泥古[(5)]之失而有合道[(6)]之功。

【注释】

(1) 为国：为，做，治理。指治理国家。 (2) 遽效：遽，立刻，马上；效，仿效，效果。指马上仿效，立刻见到效果。 (3) 器：器物，器械，器皿。 (4) 方：这里指药方。 (5) 泥古：拘泥于古制而不知变通。 (6) 合道：符合道理、道德、法则、规律。

【今译】

观察古人治理国家的经验，不是拿来马上仿效的。观察众多器物才能成为良匠，观察众多药方才能成为良医，尽可能观察之后再治理国家，才能不拘泥于古人治理国家的做法，才能获得符合客观规律的功效。

【原文之七】习学记言序目·孟子

……按《洪范》[(1)]，耳目之官不思而为聪明[(2)]，自外入以成其内[(3)]也；思曰睿[(4)]，自内出以成其外[(5)]也。故聪入作哲[(6)]，明入作谋[(7)]，睿出作圣[(8)]，貌[(9)]言[(10)]亦自内出而成于外。古人未有不内外交相成[(11)]而至于圣贤，故尧舜皆备诸德，而以聪明为首。

【注释】

(1)《洪范》:《尚书·周书》中的篇名，相传为箕子向周武王陈述的“天地之大法”，是研究中国古代哲学、政治思想的重要文献。 (2) 聪明：聪，察也，听觉灵敏；明，照也，能够看清事物。指耳聪目明。 (3) 自外入以成其内：从外面进入而形成于内部的耳聪目明。 (4) 睿：智也，明也，睿智，深明，通达。 (5) 自内出以成其外：从内部产生而形成于外部的知识、智慧。 (6) 哲：智也，聪明，有智慧。(7) 谋：商议，谋划，计谋。 (8) 圣：通也，通达事理，精通一事，对某门学问、技艺有特高成就的人，圣人。 (9) 貌：面容，相貌，容貌，神态，面部神情。(10) 言：心声也，口之利也，讲话，说话，语言。 (11) 内外交相成：耳聪目明自外入以成其内，思睿自内出以成其外，二者交互作用，沟通心与物的联系，叫作“内外交相成”。

【今译】

……按照《洪范》的说法，耳目之官不思考而能耳聪目明，是从外入内而形成的；思考而达到睿智，是从内出外而形成的。所以，听觉灵敏而形成智慧，视觉清晰而形成计谋，思虑睿智而通达事理，容貌、语言也是从内部产生而形成于外的。自古以来，没有不懂得自外入内与自内出外二者交互作用的圣贤，尧舜都具备这样的德行，在二者交互作用中，首要的是自外入内的耳聪目明。

【点评】

(1) 在哲学上，叶适认为，“形于天地之间者，物也”，物质是天地间的普遍存在。物质是统一性与多样性的统一，是物质的本性和规律。君子一刻也不能离开事物。实事求是应该贯穿认识事物的始终，没有实事求是就不能认识客观事物。人们获得的知识，都是通过对事物进行调查研究获得验证的结果；如果对事物没有认识，或者认识不正确，那是因为对事物的调查研究不真诚、不认真。

(2) 在认识论上，叶适强调“必尽考详天下之事物”，而后才能获得正确理论。没有经过实践检验，没有经过事实证明的理论，就不是一种可信的、符合实际的理论。叶适认为，获得知识是“内外交相成”的过程，必须“以聪明为首”，耳目与思虑并用，耳目获得见闻，思虑获得义理；前者自外入内，后者自内出外，二者交互作用，沟通心与物的联系，才能获得对外在事物的认识。

(3) 在国家治理上，叶适反对急于求成，反对照搬照抄前代圣贤的言行。他批评当时许多人以冥思苦想做学问的方法，几乎废弃了耳闻目睹的实地调查与研究。他主张尽可能地用自己的眼睛观察事物，用自己的耳朵听闻社会呼声，然后再采取适当的对策。他认为，只有这样才能不拘泥于古人治理国家的做法，才能获得符合客观规律的治理结果。

(4) 叶适在政治上是一名失败者。他对外力主抗金，反对和议；对内主张扶持商贾，反对重本抑末。在软弱、腐败的南宋朝廷，叶适的主张不仅未被采纳，反受韩侂胄案牵连，被夺职奉祠长达十三年。但是，叶适在学术上是一位成功者。他重典章，重经济，重致用，倡改革，讲义理，主张功利之学，反对空谈，对朱熹学说提出系统批评，撰有《水心先生文集》《水心先生别集》《习学记言序目》等著作，成为永嘉学派的集大成者。

撰稿人：娄章胜、水延凯

“狱事莫重于大辟，大辟莫重于初情，初情莫重于检验”

【简介】

宋慈画像

本篇原文，摘自宋慈的《洗冤集录》。

宋慈（1186—1249），字惠父，建阳（今福建省南平市）人，父宋巩曾任广州节度推官（掌管刑狱），家境小康。他从小受学于父，10岁从学朱熹的高足吴稚，20岁进京入太学，32岁中乙科进士，授浙江鄞县县尉，遇父病未赴任。41岁任江西省信丰县主簿，始走上仕途。46岁任长汀知县。52岁任邵武军（今属福建省）通判。53岁任毗陵（常州市及附近地区的古称）郡守。54岁任司农丞知赣州。55岁提点广东刑狱，8个月处理案件200多个，后移任江西提点刑狱。60岁任常州知州，后转任广西提点刑狱。62岁任直秘阁、湖南提点刑狱使。是年冬，撰成《洗冤集录》。63岁任宝谟阁直学士。64岁升任焕章阁直学士、广州知州与广东经略安抚使。他忽患头晕病，仍参加祭孔典礼，不久逝世于广州官寓。

《洗冤集录》，又名《洗冤录》《宋提刑洗冤集录》，共5卷53篇。卷一为检尸的法令、检复总说和疑难杂说上半部分；卷二为疑难杂说下半部分和检尸的顺序、方法，包括初检、复检、验尸、妇人及小儿尸、尸体的四时变动、验未埋葬尸、坏烂尸和无凭检验等；卷三为验骨、论沿身骨脉及要害去处、自缢、被打勒死假作自缢死及溺死；卷四为各种死因的鉴别，包括验他物及手足伤死、自刑、杀伤、尸首异处、火死、汤泼死、服毒、病死等；卷五为各种死因鉴别，包括验罪囚死、受杖死、跌死、塌压死、雷震死、虎咬死、蛇虫伤死、酒食醉饱死、醉饱后踏死、筑踏内损死、男子作过死、发冢、验邻县尸，以及辟秽方、救死方、验状说等。《洗冤集录》是中国古代第一部系统论述司法检验原则与方法的专著，对后世法医实践和著作影响巨大，并深受世界法医界重视，先后被译成多种文字出版。最早在1779年由法国人节译介绍，1855年英国医生哈兰（W. A. Harland）的英译本在香港出版，1863年荷兰人格里兹（C. F. M. Grijs）在巴达维亚出版荷兰译本，1924年汉学家翟理思（H. A. Giles）在伦敦出版第二种英译本，1999 年德田隆、西丸与一出版了日译本。现共有英、法、荷、德、韩、日、俄、匈八国语言版本，对世界各国法医学的发展影响深远。

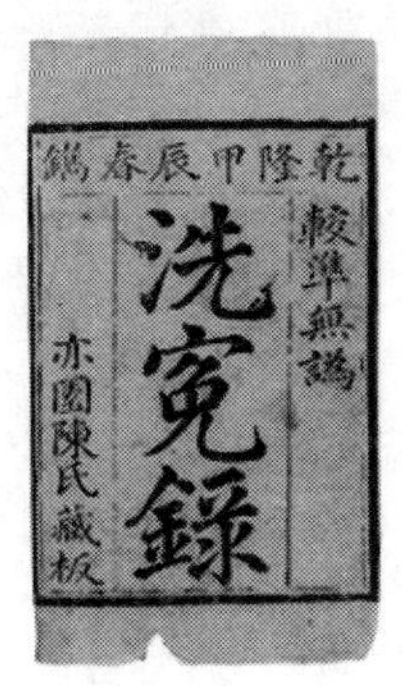

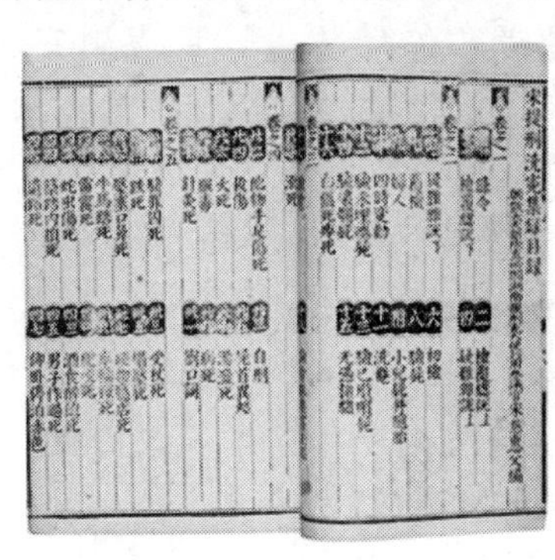

《洗冤录》

以下【原文】，节录自宋慈《洗冤集录译注》，高随捷、祝林森译注，上海，上海古籍出版社，2008；【注释】和【今译】，也参考了上述著作。

【原文、注释和今译】

【原文之一】洗冤集录序

狱事[1]莫重于大辟[2]，大辟莫重于初情，初情莫重于检验。盖死生出入之权舆[3]，幽枉屈伸之机括[4]，于是乎决[5]。法中所以通差今佐理掾者[6]，谨之至也。年来州县悉以委之初官[7]，付之右选[8]。更历未深，骤然尝试，重以仵作[9]之欺伪，吏胥之奸巧，虚幻变化，茫不可诘[10]。纵有敏者[11]，一心两目，亦无所用其智，而况遥望而弗亲，掩鼻而不屑者哉。慈四叨臬寄[12]，他无寸长，独于狱案审之又审，不敢萌一毫慢易心。若灼然[13]知其为欺，则亟与驳下；或疑信未决，必反复深思，惟恐率然[14]而行，死者虚被涝漉[15]。每念狱情之失，多起于发端之差，定验之误，皆原于历试之浅，遂博采近世所传诸书，自《内恕录》以下凡数家，会而粹之，厘而正之[16]，增以己见，总为一编，名曰《洗冤集录》。刊于湖南宪治，示我同寅[17]，使得参验互考，如医师讨论古法，脉络表里，先已洞澈[18]，一旦按此以施针砭[19]，发无不中，则其洗冤泽物，当与起死回生同一功用矣。

淳祐丁未嘉平[20]节前十日，朝散大夫新除直秘阁、湖南提刑、充大使行府参议官宋慈惠父序。

贤士大夫或有得于见闻及亲所历涉出于此集之外者，切望片纸录赐，以广未备。慈拜禀。

【注释】

（1）狱事：有关刑狱之事。指案件。　（2）大辟：死刑。有诛、杀、斩、孥戮等。（3）权舆：萌芽，开始。　（4）幽枉屈伸之机括：幽，囚禁；枉，冤屈；屈伸，弯曲与伸直，引申为进退；机括，泛指机械发动、开启的部分，引申为处理事务的权柄、关键。（5）于是乎决：于是乎，连词，表承接；决，决断，决定。（6）佐理掾者：佐理，辅佐治理；掾者，佐助的人，后为副官、属员的通称。亦指协助长官治事的副职。（7）初官：新任官员。（8）右选：宋代吏部侍郎分左右选，右选负责武官的选授。这里指武官。（9）仵作：又称行人。古代官府中检验死伤的差役，亦称以代人殓葬为业的人。（10）茫不可诘：茫，茫然；诘，追问，问罪。指茫然而不知如何追问。（11）敏者：敏捷、干练的人。（12）四叨臬寄：叨，承受；臬，刑法，法度，这里指主管司法的官员；寄，寄任。指四次担任提点刑狱司工作。（13）灼然：明白，清楚。（14）率然：轻率，不慎重。（15）滂漉：本意指物体浸润其中，此处指不必要的翻动检验。（16）会而粹之，厘而正之：会粹，汇集，聚集；厘正，整理，改正。指汇集精华，去其谬误。（17）同寅：同僚，在同一个部门当官的人。（18）洞澈：彻底地理解，通达事理。（19）针砭：针，古代一种针刺疗法；砭，古代治病的石头针。比喻指出错误，劝人改正。（20）淳祐丁未嘉平：淳祐丁未，南宋理宗淳祐七年，公元 1247 年；嘉平，阴历十二月。

【今译】

审理案件最严重的结果莫过于判处死刑，判处死刑最重要的是弄清案件真相，弄清案件真相最要紧的是做好伤病、尸体的检验。因为被告的生死存亡、出罪入罪的最初依据、蒙冤昭雪的关键，都取决于此。法律中对于传达法令、选拔司法官员的规定，是十分谨慎的！近年来，许多州县把检验工作交给新任官员，托付给武职官吏。这些官员资历不深，突然尝试检验工作，再遇上仵作欺瞒作假，衙门小吏居中捣鬼，使案情变得扑朔迷离，模糊不清，往往茫然而不知如何追问。纵使是干练的官员，仅凭一个脑袋两只眼睛，也很难把聪明才智发挥出来，更何况那些远远望着而不亲自察看、用手捂着鼻子而不重视实地检验的官吏呢！我宋慈四次在外地担任提点刑狱官，其他方面一无所长，唯独对于狱案慎之又慎，不敢有一丝一毫的马虎。如果发现案情中存在欺诈，就立即发回，责成负责官吏重新调查；如果有谜团尚未解开，则必定反复深思，唯恐贸然而行，让死者被不必要地翻动检验。每当我思考狱情出现的误判，大多起始于调查初期的偏差、检验判定的失误，其根源在于检验官员资历过浅，经验不足。于是，我就广泛搜集近世流传的各种法医学书籍，将《内恕录》以后的各种著作都搜集起来，汇集、汲取其中的精华，整理、改正其中的谬误，增补上自己的见解，汇编成一本著作，名曰《洗冤集录》。此书在湖南提点刑狱任所刊刻出版后，被展示给我的同僚阅读，让他们互相参验考证，如同医师学习古代医术一样，在诊治病人之前，事先透彻掌握人体内外脉络，此后只要按此方法治疗，则没有不见效的。这部著作，就其洗清冤屈、恩泽众人的功能来说，当与医生治病救人、起死回生的功用是完全一样的。

南宋理宗淳祐七年腊月除夕前十日，朝散大夫新除直秘阁、湖南提刑、充大使行府参议官宋慈（字惠父）序。

各位贤良士大夫读完此书，如有所见所闻及亲身经历而本书尚未采集的检验方法或经验，恳切希望以片纸记录下来惠赐于我，以便扩充尚未完备的部分。宋慈拜托、禀告。

【原文之二】洗冤集录·检复总说上

凡检验承牒[(1)]之后，不可接见在近官员、秀才、术人[(2)]、僧道，以防奸欺，及招词诉[(3)]。仍未得凿[(4)]定日时于牒，前到地头约度程限[(5)]，方可书凿，庶免稽迟[(6)]。仍约束行吏等人，不得少离官员，恐有乞觅[(7)]。遇夜，行吏须要勒令供状[(8)]，方可止宿。

【注释】

(1) 牒：公文，文书。 (2) 术人：以炼丹、降妖、算命、面相等为职业的人。 (3) 诉：倾吐，控告。 (4) 凿：明确，真实。 (5) 约度程限：约，大略；度，度量；程限，进程的限度，规定的程式和限度。 (6) 稽迟：耽误，拖延。 (7) 乞觅：乞，向人求讨；觅，找，寻求。 (8) 供状：自陈事实的字据，书面保证。

【今译】

检验官员接到验尸公文之后，不可再接见案发地附近的官员、秀才、术人、和尚、道士，以防被他们的奸谋欺骗，以及招致当事人上诉指控。如请求验尸公文上没有明确去检验的时间，则应根据到达尸体现场的实际路程估计所需要的时间，才可写明验尸时间，以防拖拉耽搁。并且要约束行人、吏役等人员，不允许其擅自离开检验官的身边，防止索贿舞弊等行为发生。到了夜间，行人、吏役要以书面做出保证，才可在外住宿。

【原文之三】洗冤集录·检复总说下

近年诸路宪司[(1)]行下，每于初、复检官内，就差一员兼体究[(2)]。凡体究者，必须先唤集邻保，反复审问。如归一，则合款供；或见闻参差，则令各供一款。或并责行凶人供吐大略，一并缴申本县及宪司，县狱凭此审勘，宪司凭此详复。或小有差互，皆受重责。簿、尉既无刑禁，邻里多已惊奔，若凭吏卒开口，即是私意。须是多方体访[(3)]，务令参会归一[(4)]。切不可凭一二人口说，便以为信，及备三两纸供状，谓可塞责。况其中不识字者，多出吏人代书；其邻证内，或又与凶身是亲故，及暗受买嘱符合者，不可不察。

【注释】

(1) 宪司：宪，法也；司，官署的名称。指司法机关。 (2) 体究：察访调查，分析研究，即判案前的调查研究工作。 (3) 体访：指察访。 (4) 参会归一：参，检验，探究，领悟；会，会合，聚合；归，归属，归纳；一，统一、专一。指探究、分析，综合、归纳，去伪存真，互相参证，从而得出判断的方法。

【今译】

近年来各路司法机关向下发文规定，经常在初检、复检官员中，委派一人兼做判案前的调查研究工作。凡承担判案前调查研究工作的人，必须先召集邻居、保甲，反复审问。如果他们的证词基本一致，就可汇成一份供状；如果他们的见闻参差不一，就应让他们各写供状。或者同时责令凶犯供述大概情况，一起呈报本县和上级司法机关，县审判官凭这些材料审理勘察，上级司法机关也凭这些材料详细批复。如果这些材料稍有差错，有关人员就会受到重责。主簿、县尉对滥用刑罚没有禁令，邻居百姓多数也已惊慌逃跑，如果仅凭吏卒的说法（那么是不可靠的），（因为）那只是他们个人的意见（不能盲目轻信）。必须多方体察、访问，务必使各方面材料参会归一，相互参证，得出一个正确结论。千万不可单凭一两个人的口述，便以为真实可信，或取得两三张供词，便以为可以敷衍塞责。况且证人中有不识字的，其供词多为吏人代写；而邻居、证人中又可能有凶犯的亲戚朋友，以及暗中被收买的作伪证者。对于这些情况，检验官员不可以不仔细审查。

【原文之四】洗冤集录·初检

初检尸有无伤损讫[(1)]，就验处衬簟[(2)]尸首在物上，复以物盖。候毕，周围用灰印，记有若干枚，交与守尸弓手[(3)]、耆[(4)]正副、邻人看守，责状附案，交与复检。免至被人残害伤损尸首也。若是疑难检验，仍不得远去，防（要）［复］检异同。

【注释】

（1）讫：完结，终了。（2）衬簟：衬，垫，衬垫；簟，竹席。（3）弓手：古时维持地方治安的兵勇射手。（4）耆（qí）：师长，长者，六十岁以上的人。

【今译】

尸体初次检验后，无论有无损伤，都应在验尸的地方铺垫竹席，将尸体安放在席子上，再用东西盖好。这些事做完后，在周围盖上石灰印，记下石灰印有多少枚，交给守尸的弓手、正副耆长、邻人看守，责令他们立下字据附在案卷里，交给复检官。以免发生尸首再被人残害的事。如果是疑难检验，初检官不能远离尸体，以防复检时发生与初检不一致的情况。

【原文之五】洗冤集录·复检

与前检无异，方可保明具申[(1)]。万一致命处不明，痕损不同，如以药死作病死之类，不可概举[(2)]。前检受弊，复检者乌[(3)]可不究心察之，恐有连累矣。

检得与前验些小不同，迁就改正；果有大段违戾[(4)]，不可依随。更再三审问干系等人，如众称可变，方据检得异同事理[(5)]供申。不可据己见，便变易。

【注释】

（1）保明具申：保，保证，负责；明，清楚，明白；具，具备，完备；申，陈述，说明。指清楚明白地得出结论备文上报。（2）概举：概，蔽，遮盖；举，向上列举。（3）乌：无，没有，怎么。（4）戾：违背，罪过。（5）事理：事物或事情的道理。

【今译】

复检与初检没有不同的情况，才可清楚地得出结论备文上报。复检时，万一致命部位不清楚，损伤情况不一样，比如将用药毒死作为病死之类，不可遮盖、马虎上报。（如果）初检者受贿舞弊，复检的人怎么可以不用心审查呢？（否则）恐怕自己也会受连累啊！

复检结果与初检只有细微不同，可以迁就改正；如果有重大出入，不可依从随同。更需再三审问案件的关系人，只有大家都说可以改变，才可以根据复检结果与初检不同的事实、理由一并拟文上报。决不能根据一己之见，就变更改动。

【点评】

从社会调查视角来看《洗冤集录》，其可贵之处在于：

（1）强调狱事莫重于“检验”。宋慈对狱事有一套基本程序，即：亲临现场—亲自检验—查明死因—寻找证据—擒获真凶。其中，亲自检验是关键一环，这种最直接、最真实的现场调查，是正确处理狱事的基础和前提。

（2）检验要防“差误”，防“欺奸”。宋慈处理狱事强调“谨之至”，既要防“更历未深”“定验之误”，更要防“仵作之欺伪，吏胥之奸巧”，以及“凶身亲故”和“作伪证者”的“奸欺”。只有如此，才能做到实事求是。

（3）定检“须是多方体访，务令参会归一”。宋慈要求，“凡体究者，必须先唤集邻保，反复审问”，“切不可凭一二人口说，便以为信”，必须多方体察、访问，务必使各方面材料参会归一，相互参证，得出一个正确结论。

（4）《洗冤集录》是对自春秋战国到南宋时期中国古代法医学理论与司法检验的经验总结。它既“博采近世所传诸书”，“会而粹之，厘而正之”，又“增以己见”，“使得参验互考”，实是文献调查与实践经验相结合的产物。

（5）《洗冤集录》是中国乃至世界上第一部法医学专著，比西方的同类著作——意大利医生费德罗（1550—1630）的《医生的报告》早350多年。书中特别强调现场检验的重要性，其中许多论述至今仍有重要参考价值。

撰稿人：娄章胜、马世琪

“方量毕，以地及色参定肥瘠而分五等，以定税则”

【简介】

脱脱画像

本篇原文，摘自脱脱、阿鲁图的《宋史》。

脱脱（1314—1355），亦作托克托、脱脱帖木儿，蔑里乞氏，字大用，哈萨克蔑儿乞部人。他出身于贵族家庭，自幼养在伯父、元朝大臣伯颜家中。稍长，就学于名儒吴直方，深受儒学影响，用“古人嘉言善行，服之终身”要求自己。21 岁入仕，先后任同知宣政院事、同知枢密院事、御史大夫。27 岁时，在皇帝的支持下发动了驱逐伯颜独揽大权的政变，后任中书右丞相，大刀阔斧地废除伯颜“旧政”，推行一系列新政，史称“更化”。30 岁任三史都总裁官，主持编著《辽史》《宋史》《金史》。31 岁因病辞相，后随被弹劾的父亲去了甘肃。34 岁父病逝后回京师。35 岁任太傅，负责东宫事务。36 岁复出为中书右丞相，37 岁发行新钞“至正交钞”，派贾鲁治理黄河，成绩卓著，赢得民心，被赞誉为“贤相”。至正十五年（1355），在修黄河民工起义和统治阶级内斗的双重打击下，被革职流放云南，后被中书平章政事哈麻假传惠宗诏令自尽，年仅 42 岁。他的去世，被看成是元朝走向灭亡的转折点。

阿鲁图（生卒年待考），蒙古阿儿剌部人，元至正四年（1344）农历五月脱脱因病辞职后，接任中书右丞相，并接替其主持编纂辽、金、宋三史的工作，特别是《宋史》的编纂。阿鲁图虽不识汉字，但为编纂工作提供了财政、政策和史料方面的巨大支持，使三史中最后完成的《宋史》得以在两年半时间内完成。由少数民族编纂完成的《宋史》，从某种程度上成为中国历史上民族大融合的佐证。

《宋史》全书 496 卷，约 500 万字。其中《本纪》47 卷，《志》162 卷，《表》32 卷，《列传》255 卷，是二十四史中最庞大的一部史书。《志》有天文、五行、律历、地理、河渠、礼、乐、仪卫、舆服、选举、职官、食货、兵、刑、艺文等 15 志，占全书的 1/4，其中《职官志》《食货志》《兵志》叙述之详，为二十四史仅见。《食货志》共 14 卷，约 24 万字，分上下两部。上部有 11 目：农田、方田、赋税、布帛、和籴、漕运、屯田、常平、义仓、役法上下、赈恤。下部有 13 目：会计、钱币、会子、盐上中下、茶上下、酒、阬冶、矾、香附、商税、市易、均输、互市舶法。二十四史中有“食货志”的仅十三史，宋史有关内容之丰富，在这十三史中是无与伦比的。

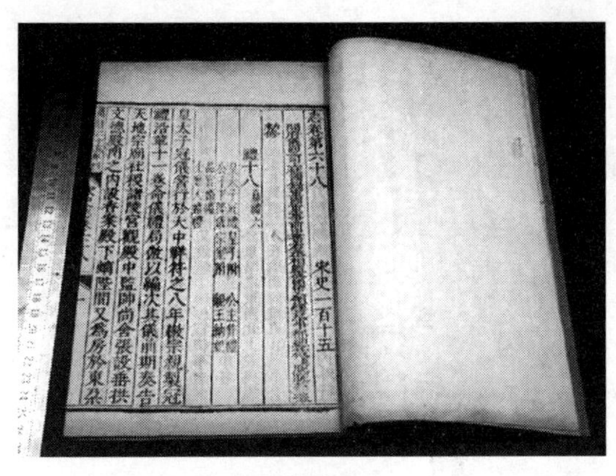

《宋史》

以下【原文】，节录自《宋史》，北京，中华书局，1999；【注释】和【今译】，也参考了上述著作。

【原文、注释和今译】

【原文之一】宋史·志第一百二十七·食货上二·方田（之一）

方田　神宗[1]患天赋不均，熙宁五年[2]，重修定方田[3]法，诏司农以方田均税条约并式颁之天下。以东西南北各千步[4]，当四十一顷六十六亩一百六十步，为一方；岁以九月，县委令、佐分地计量，随陂原平泽[5]而定其地，因赤淤黑垆[6]而辨其色；方量毕，以地及色参定肥瘠而分五等，以定税则；至明年三月毕，揭以示民，一季无讼，即书户帖[7]，连庄帐[8]付之，以为地符[9]。

【注释】

(1) 神宗：赵顼（1048—1085)，北宋第六位皇帝，治平四年（1067）继位，元丰八年（1085）病逝，享年 38 岁。 (2) 熙宁五年：公元 1072 年。 (3) 方田：方田均税法的简称，指清丈土地，规定赋额，均平负担，增加税收的一种措施。北宋仁宗景祐五年至嘉祐年间（1034—1063）曾试行此法，但三试三罢。神宗继位后，王安石在执政期间坚决推行此法。 (4) 千步：步，长度单位名称，一步等于五市尺，千步即等于五千尺或五百丈。北宋方田法规定五百平方丈为一方，按一亩等于六十平方丈计算，正好等于文中所指亩积。 (5) 陂原平泽：陂，斜坡，山坡；原，同“塬”，四边陡、顶上平的高地；平，平地；泽，沼泽，湖泽。 (6) 赤淤黑垆：赤淤，红色淤泥；黑垆，黑色硬土。 (7) 户帖：古代写在布帛上的字叫帖，一般为官府文书、公文。这里指住户名册，名簿。 (8) 庄帐：庄，庄园，住宅；帐，同“账”，账簿，账本。 (9) 地符：符，信也；指契约，一种盖有官府印信的下行公文。地符，地契。

【今译】

方田　　神宗怕朝廷税赋不均，于熙宁五年重新修订了方田法，诏令司农寺把方田均税条约正式向全国公布。以东西南北各一千步，等于四十一顷六十六亩一百六十步，作为一方；每年从九月开始，县里委派县令及以下官佐负责划分地段进行丈量，按照山坡、高地、平原、沼泽来确定地势，依据红色淤积土、黑色硬土等颜色来辨别土色；丈量完毕后，依据地势和土色，参照土壤肥瘠程度将土地分为五个等级，以此来确定税则；到第二年三月结束全部工作后，张榜公布，告示百姓，一个季度内没有纠纷、诉讼，就可填写住户名册，连同住宅账簿一起交给户主，作为地契。

【原文之二】宋史·志第一百二十七·食货上二·方田（之二）

宣和元年[(1)]，臣僚言：“方量官惮于跋履[(2)]，并不躬亲，行缠拍埄[(3)]、验定土色，一付之胥吏[(4)]。致御史台[(5)]受诉[(6)]，有二百余亩方为二十亩者，有二顷九十六亩方为一十七亩者，虔[(7)]之瑞金县是也。有租税十有三钱而增至二贯二百者，有租税二十七钱则增至一贯四百五十者，虔之会昌县者是也。望诏常平使[(8)]者检察。”……

【注释】

(1) 宣和元年：公元 1119 年。 (2) 惮于跋履：惮，畏惧，害怕；跋履，经历，跋涉。 (3) 行缠拍埄：缠，绳索；埄，立于田角的土质界标。指牵拉绳索，拍土为埄。 (4) 胥吏：掌管案卷、文书的小吏。 (5) 御史台：古代监察官署的名称，御史治事的地方。 (6) 受诉：接受诉讼。 (7) 虔：虔州，今江西省赣州市。 (8) 常平使：古代官名，主管均天下之货，抑制兼并，宣通壅滞。

【今译】

宣和元年，有官员上书说：“负责丈量土地的官员惧怕跑腿，并不亲自动手去做，诸如拉绳量地，拍定土埄，查验并确定土壤成色，统统交给手下的小吏去干。致使御史台接到许多诉讼，指控他们有的把二百余亩土地丈量为二十亩，有的把二顷九十六亩土地丈量为十七亩，虔州的瑞金县就是这样的。还有的把十三文钱的租税增至二贯二百文钱，有的把租税二十七文钱增至一贯四百五十文钱，虔州的会昌县就是这样的。希望诏令常平使对此种情况加以检察。”

【原文之三】宋史·志第一百二十七·食货上二·赋税（之一）

宋制岁赋[(1)]，其类有五：曰公田之赋，凡田之在官，赋民耕而收其租者是也。曰民田之赋，百姓各得专之者是也。曰城郭之赋，宅税、地税之类是也。曰丁口之赋，百姓岁输身丁钱米是也。曰杂变之赋，牛革、蚕盐之类，随其所出，变而输[(2)]之是也。岁赋之物，其类有四：曰谷，曰帛，曰金、铁，曰物产是也。谷之品七：一曰粟，二曰稻，三曰麦，四曰黍，五曰穄[(3)]，六曰菽[(4)]，七曰杂子。帛之品十：一曰罗，二曰绫，三曰绢，四曰纱，五曰絁[5]，六曰䌷，七曰杂折，八曰丝线，九曰绵，十曰布葛[6]。金铁之品四：一曰金，二曰银，三曰铁、镴[7]，四曰铜、铁钱。物产之品六：一曰六畜，二曰齿、革、翎毛，三曰茶、盐，四曰竹木、麻草、刍莱[8]，五曰果、药、油、纸、薪、炭、漆、蜡，六曰杂物。其输有常处，而以有余补不足，则移此输彼，移近输远，谓之"支移"。其入有常物，而一时所须则变而取之，使其直[9]轻重相当，谓之"折变"。其输之迟速，视收成早暮而宽为之期，所以纾[10]民力。诸州岁奏户帐，具载其丁口，男夫二十为丁，六十为老。

【注释】

(1) 岁赋：岁，年；赋，税也。指每年征收的税赋。 (2) 输：运输，缴纳。(3) 穄（jì）：穄子，不黏的黍类，又名"糜（méi）子"。 (4) 菽：豆的总称。(5) 絁：粗䌷，绢的别称。 (6) 布葛：即葛布，用葛的纤维织成的布，可做夏季服装等。 (7) 镴：铅和锡的合金，可用于焊接金属，亦可用于制造器物。 (8) 刍莱：刍，喂牲畜的草；莱，藜，田废而生的草。 (9) 直：价值，代价。 (10) 纾：缓和，宽舒。

【今译】

宋朝的税赋制度有五类：一是公田税赋，凡田亩为官府所有，由百姓耕种而收其租者就属于这一类。二是民田税赋，由百姓独自所有和耕种者就属于这一类。三是城郭税赋，如宅税、地税等就属于这一类。四是丁口税赋，百姓每年缴纳人口、壮丁钱米就属于这一类。五是物产税赋，如牛革、蚕、盐之类，随着当地产出折变而缴纳的就属于这一类。每年缴纳税赋的物品有四类：一是谷物，二是布帛，三是金、铁，四是各种物产。谷物有七种：一是粟，二是稻，三是麦，四是黍，五是糜子，六是豆类，七是其他谷物。布帛有十种：一是罗，二是绫，三是绢，四是纱，五是粗䌷，六是䌷，七是其他织物，八是丝线，九是绵，十是葛布。金铁有四种：一是金，二是银，三是铁、铅锡合金，四是铜、铁钱。物产有六种：一是六畜，二是牙齿、皮革、羽毛，三是茶、盐，四是竹木、麻草、喂牲畜的草藜，五是果、药、油、纸、薪、炭、漆、蜡，六是其他物产。百姓缴纳的正常税赋，可以用有余补不足，可转移此种税赋为彼种税赋，转移近期税赋为远期税赋，称为"支移"。百姓缴纳的正常物品，可根据当时需要变更为使用价值轻重相当的物品后再收取，称为"折变"。税赋缴纳的快慢，根据物产收成的早晚来确定比较宽余的日期，以缓和百姓的压力。各州每年都要上报户册，户册上要详尽记载本州的壮丁和人口数，男子二十岁为壮丁，六十岁为老人。

【原文之四】宋史·志第一百二十七·食货上二·赋税（之二）

自唐以来，民计田输赋[1]外，增取他物，复折为赋，为之"杂变"，亦渭之"沿纳"。而名品烦细，其类不一。官司[2]岁附[3]帐籍，并缘[4]侵扰，民以为患。明道[5]中，帝躬耕籍田[6]，因诏三司以类并合。于是悉除[7]诸名品，并为一物，夏秋岁入，第[8]分粗细二色，百姓便之。

【注释】

(1) 计田输赋：计算田亩数缴纳税赋。 (2) 官司：官，官府；司，职掌，主管，机构。 (3) 岁附：每年附带。 (4) 并缘：缘，因由。指合并因由。 (5) 明道：宋仁宗年号，公元 1032—1033 年。 (6) 躬耕籍田：躬耕，亲自耕种；籍田，天子亲耕之田。 (7) 悉除：悉，尽，全；除，去掉。 (8) 第：次第，次序。

【今译】

自唐朝以来，百姓除按田亩数缴纳田赋外，增收其他物产还要折合为税赋的一部分，这部分叫作“杂变”，也叫作“沿纳”。“杂变”的名目烦细，种类不一。官府每年附带增加账册簿籍，趁机侵扰百姓，百姓认为是灾祸。明道年间，宋仁宗亲自参加耕田仪式，诏令三司按类归并这些“杂变”。于是各种名目的“杂变”全部废除，合并为一种税赋，夏秋两季征收，只分为粗细两等，百姓感到十分方便。

【原文之五】宋史·志第一百二十七·食货上二·赋税（之三）

时天下户口类多不实，虽尝立法比较钩考[(1)]，岁终会其数，按籍隐括[(2)]脱漏，定赏罚之格[(3)]，然蔡攸[(4)]等计德、霸二州户口之数，率[(5)]三户四口，则户版讹隐[(6)]，不待校[(7)]而知。乃诏诸路凡奏户口，令提刑司及提举常平司参考保奏。而终莫能拯[(8)]其弊，故租税亦不得而均焉。

【注释】

(1) 钩考：钩，研究，探寻；考，推求，研究。 (2) 隐括：隐含包括。 (3) 格：范式，标准。 (4) 蔡攸：字居安，蔡京长子，宋徽宗、钦宗时宰相。 (5) 率：平均。 (6) 讹隐：讹，差错，讹诈；隐，隐瞒。 (7) 校：校正。 (8) 拯：拯救。

【今译】

当时全国户口数大多不符合实际，虽曾制定方法进行比较核对，年终汇总数字，根据簿籍校正脱漏，规定出奖惩办法，但蔡攸等人计算德州和霸州的户口数时，平均是三户人家四口人，这就说明户籍存在错伪隐匿，不用校正也可以知道了。于是诏令各路，凡是上报户口，必须经过提刑司和提举常平司的参考保奏。但是，始终未能消除其中的弊病，所以租税负担也做不到平均。

【点评】

(1) 中国古代的赋税制度，经历了一个由“舍地税人”到“舍人税地”的发展过程。唐德宗建中元年（780）推行的两税法，“唯以资产为宗，不以丁身为本”，改变了自战国以来以人丁为主的赋税制度。它不仅拓宽了税源，增加了朝廷财政收入，而且在一定程度上减轻了广大贫苦人民的税赋负担，同时简化了税目和手续，对于解放生产力、促进社会经济的恢复发展起到了积极作用。由于两税法体现了税基由人丁向财产、税目由多到少、手续由繁到简、征收由实物到货币的赋税发展规律，因而宋、元、明、清皆随之采用。

（2）然而，在两税法下，土地买卖合法，土地兼并盛行，富人往往勒逼贫民卖地而不移税，致使贫民无力缴纳，只有逃亡，土地集中达到前所未有的程度。同时，两税法中户税税额以钱计算，市面上钱币流通量不足，因而出现了重钱轻物现象，农民不得不贱卖谷物、绢帛及其他产品以缴纳税钱，这又大大增加了农民负担，极大阻碍了经济社会发展。到北宋年间，上述问题日益严重，因而出现了“神宗患天赋不均，熙宁五年，重修定方田法，诏司农以方田均税条约并式颁之天下”的历史事实。

（3）方田法，就是实地丈量土地的直接调查方法。通过实地丈量，查出了大量隐漏田产，限制了土地兼并，增加了税收。在实施方田法的过程中，两浙、福建等农业经济较发达地区，为了防止漏报、瞒报，将各户土地、山塘逐块核实，标明其面积、坐落，绘制成图，这种图连接起来形似鱼鳞，称“鱼鳞图”，把“鱼鳞图”结集成册，称“鱼鳞图册”。这是土地调查方法的一项重要发展。南宋绍兴十四年（1144），又推广经界法，即以乡为单位丈量土地，划分田亩等级，并按田亩形状、四至、土壤、亩数及等级编造成册，官府据此征税。虽然由于豪强势家反对，方田法、鱼鳞图册和经界法等方法，在宋朝屡行屡罢，终未能广泛推行，但却为在以后朝代的应用和发展奠定了基础。

（4）宣和年间，瑞金县“把二百余亩土地丈量为二十亩”，“把二顷九十六亩土地丈量为十七亩”；会昌县“把十三文钱的租税增至二贯二百文钱”，“把二十七文钱的租税增至一贯四百五十文钱”；“蔡攸等人计算德州和霸州的户口数时，平均是三户人家四口人”。可见当时，不仅田亩调查严重失实，而且“全国户口数大多不符合实际”。这些历史事实说明，一方面，朝廷十分重视田亩调查和户口调查；另一方面，贪官污吏、豪强富户千方百计抵制、破坏田亩调查和户口调查。田亩和户口调查，既是最古老的社会调查项目，也是斗争最激烈的调查项目。

撰稿人：娄章胜、马世琪

“上自坟典，下及传奇，凡有相关，靡不备采”[①]

【简介】

本篇原文，摘自李时珍的《本草纲目》。

李时珍（1518—1593），字东璧，自号濒湖山人，湖广黄州府蕲州（今湖北省蕲春县）人，他家世代从医，祖父是走方郎中，父亲是当地名医。李时珍性格刚直纯真，从小体弱多病，经父亲医药调理逐渐康复，自幼对医学有浓厚兴趣。14 岁中秀才，后多次参加乡试均以失败告终。23 岁弃科考随父行医。经父亲言传身教，为患者治好了许多疑难杂症，成为一名颇有声望的郎中。33 岁时，因治好了富顺王朱厚焜儿子的病而医名大显，被武昌楚王朱英裣聘为王府“奉祠正”，兼管良医所事务。41 岁被推荐到京城太医院任职。在楚王府特别是太医院期间，他饱览了许多重要医学古籍，还有机会出入寿药房、御药库，见识和研究了许多珍贵药材和外国贡献的药物，大大开阔了眼界，对日后编撰《本草纲目》有很大帮助。当时，嘉靖皇帝迷信方士，太医院被一些庸医弄得乌烟瘴气，他不愿同流合污，一年多后便辞职回乡。

李时珍画像

李时珍在阅读古典医籍和行医过程中，发现古代本草书中存在不少错误，从 31 岁起就决心重新编纂一部本草书籍。43 岁辞去太医院之职回到家乡后，李时珍就立即着手编写《本草纲目》。他不仅博览群书，先后参阅过 800 余种历代医药学著作，而且穿

① 王世贞．本草纲目序//李时珍．本草纲目．2 版．王育杰整理．北京：人民卫生出版社，2012.

上草鞋，背起药筐，带着徒弟庞宪和儿子建元，遍访名医宿儒，寻觅民间验方，远涉深山旷野，观察和采集药物标本，足迹遍及湖、广、赣、苏、皖等地。经过近 30 年的不懈奋斗，在继承和总结历代本草学成就的基础上，结合自己长期实践积累的知识和经验，他终于在 61 岁时编成了《本草纲目》。但是，为了出版《本草纲目》，年老的李时珍常年奔波于武昌与当时中国的出版中心南京之间，由于长期辛苦劳累，他终于病倒了，76 岁时病卒于家中。临终前，他嘱咐家人将《本草纲目》书稿进献朝廷，借助朝廷力量传布于世。李时珍最大的遗憾是去世前仍未见到刻印发行的《本草纲目》，然而，他作为那个时代无可争辩的伟大医药学家和科学家的历史功绩，却永垂青史！

《本草纲目》是一部药物学著作，采用“目随纲举”的体例编写，故名“纲目”。它以《证类本草》为蓝本加以变革。全书 52 卷，190 多万字，将药物分为 16 部，60 类，载有药物 1 892 种，其中新增药物 374 种，辑录了涉及内、外、妇、儿、五官等科医方 11 096 个，其中新方 8 000 多个。此外，附有药物形态图 1 160 幅。其中，卷一至卷二为序例，相当于总论，叙述本草要籍与药性理论。卷三至卷四为“百病主治药”，沿用《证类本草》“诸病通用药”旧例，以病原为纲罗列主治药名及主要功效，相当于一部临证用药手册。卷五至卷五十二为各论，以部为“纲”，以类为“目”，计分水、火、土、金石、草、谷、菜、果、木、服器、虫、鳞、介、禽、兽、人 16 部，按“从微至巨”“从贱至贵”的顺序安排，既便于检索，又体现生物进化思想。部之下为 60 类，各类中常将许多同科属生物排列在一起。各药“标名为纲，列释为目”，每一药名下列 8 个项目：“释名”，列举别名，解释命名意义；“集解”，介绍药物出产、形态、采收等；“辨疑”（或“正误”），类集诸家之说，辨析纠正药物疑误；“修治”，论述炮炙方法；“气味”“主治”“发明”，阐述药性理论，提示用药要点，其下每多作者个人见解；“附方”，以病为题，附列相关方剂。

无论是从严密的科学分类、庞大的药物数量、丰富的各科药方来看，还是从生动、流畅的文笔来说，《本草纲目》都远远超过古代任何一部医药学著作。可以说，《本草纲目》是对中国汉族传统药物学和医学的重要总结，李时珍则是中国汉族传统医药学的集大成者。万历二十四年（1596），《本草纲目》在南京刊行，后流传到日本，并被译成法、德、英、拉丁、俄、朝鲜等 10 多种文字，对世界药物学、植物学的发展产生了积极影响。著名英国科学史家李约瑟把李时珍与伽利略相提并论，生物进化论创始人达尔文更是盛赞《本草纲目》为“1596 年出版的中国百科全书”。

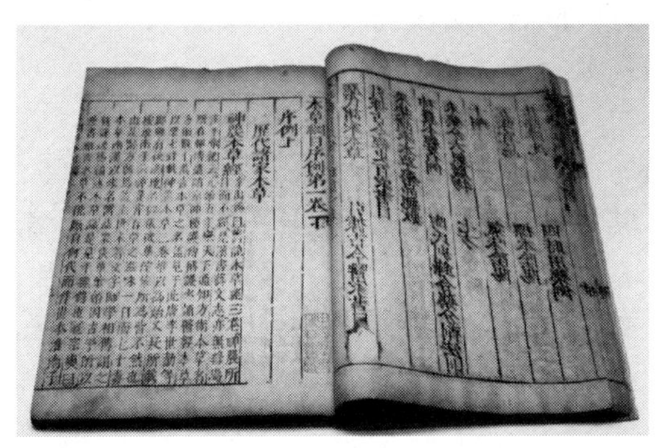

《本草纲目》

以下【原文】，节录自李时珍《本草纲目》（金陵版排印本），第 2 版，王育杰整理，北京，人民卫生出版社，2012；【注释】也参考了上述著作。

【原文、注释和今译】

【原文之一】本草纲目·凡例

《神农本草》[(1)]三卷，三百六十种，分上、中、下三品。梁·陶弘景[(2)]增药一倍，随品附入[(3)]。唐、宋重修[(4)]，各有增附，或并或退，品目虽存，旧额淆混，义意俱失。今通列一十六部为纲，六十类为目[(5)]，各以类从。三品书名，俱注各药之下，一览可知，免寻索也。

…………

诸家本草，重复者删去，疑误者辨正，采其精粹，各以人名书于诸款之下，不没其实，且是非有归也。

…………

唐、宋本所无，金、元、我明诸医所用者，增入三十九种。时珍续补三百七十四种。虽曰医家药品，其考释性理，实吾儒格物之学[(6)]，可裨《尔雅》《诗疏》之缺。

…………

【注释】

(1)《神农本草》：指《神农本草经》，中国古代第一部本草著作，成书于汉代。全书载有 365 种药物，按三品分类。上品 120 种，无毒，多服久服不伤人；中品 120 种，或无毒，或有毒；下品 125 种，多有毒，不可久服。 (2) 陶弘景：南北朝时梁朝道士，医药学家。著《本草经集注》，增加新药 365 种，为原书的两倍。首创药物分类法，按玉石、草、木、虫兽、果菜、米食、有名未用七项分类，每类中仍列三品。(3) 随品附入：指按照三品原则将它们编入其中。 (4) 唐、宋重修：指唐代重修的《唐本草》，宋代重修的《开宝本草》《证类本草》等。所载药物，屡有加、分，分类方法也有所改进。 (5) 一十六部为纲，六十类为目：《本草纲目》创立的分类法。详见《本草纲目·总目》。 (6) 格物之学：格物，调查研究，推究事物的道理。指调查研究的学问。

【今译】

《神农本草》三卷本，记载了三百六十种药，分为上、中、下三品。南北朝时期梁朝的医药学家陶弘景在其中增药一倍，仍按上、中、下三品编入其中。唐、宋时期重新修订，各种药物都有增附，或合并或删减，虽然原分类目录还存在，但旧的分类已经混淆，意义和用法都丧失了。现今全部采取“一十六部为纲，六十类为目”的分类法，每种药物按类划分。上中下三品的名称，在每种药物下都书写清楚，一看就明白，可避免寻找索取。

…………

对于各家本草书籍，重复的就删去，有疑问、有错误的就加以辨明和改正，采纳其中的精粹，各种药物都将原作者名书写于各款之下，不埋没它的真实情况，而且是非也有了归属。

…………

唐、宋本草书籍没有，而金、元、明医者使用的药物，增加了三十九种。李时珍继续增补药物三百七十四种。这些新增药物，虽说是医家使用的药品，但其性能、药理的考证和解释，实是我们这些读书人调查研究的成果，它可弥补《尔雅》《诗疏》的缺陷。

…………

【原文之二】本草纲目·序例上

历代诸家本草

神农本草经 ……

名医别录 ……

…………

引据古今医家书目

〔时珍曰〕自陶弘景以下，唐、宋诸本草引用医书，凡八十四家，而唐慎微[(1)]居多。时珍今所引，除旧本外，凡二百七十六家。……

引据古今经史百家书目

〔时珍曰〕自陶弘景、唐、宋已下所引用者，凡一百五十一家。时珍今所引用者，除旧本外，凡四百四十家。……

采集诸家本草药品总数

神农本草经三百四十七种……

陶弘景名医别录三百六种……

…………

李时珍本草纲目三百七十四种……

神农本经名例

…………

有单行者[(2)]，有相须者[(3)]，有相使者[(4)]，有相畏者[(5)]，有相恶者[(6)]，有相反者[(7)]，有相杀者[(8)]。……〔时珍曰〕药有七情[(9)]：独行者，单方不用辅也。相须者，同类不可离也。如人参、甘草、黄檗、知母之类。相使者，我之佐使也。相恶者，夺我之能也。相畏者，受彼之制也。相反者，两不相合也。相杀者，制彼之毒也。

【注释】

(1) 唐慎微（1056—1136）：字审元，成都华阳人，北宋蜀中著名医家、药物学家。 (2) 单行者：指用一种药物治病，不与其他药物发生关系。 (3) 相须者：指两种性能相类的药物同用，互相依赖，以增强作用。 (4) 相使者：指诸药并用时，以一种药为主，其他药物成为此药的辅佐，以提高药效。 (5) 相畏者：指此药同彼药合用，则此药可抑制、减弱全部和部分有害成分。（6）相恶者：指一种药能减弱另一种药的效用，二者相互排斥。（7）相反者：指两种药物性味相反，不可同用，否则会产生毒性或副作用。（8）相杀者：指一种药物能消除另一种药物的毒性。（9）药有七情：是《神农本草经》的观点，讲药物之间的七种相互关系，李时珍对此做了精辟的阐述。

【今译】

历代诸家本草

神农本草经 ……

名医别录 ……

…………

引据古今医家书目

〔时珍曰〕自陶弘景以下，唐、宋诸本草引用医书，共八十四家，而以北宋唐慎微的居多。时珍今所引，除旧本外，共二百七十六家。……

引据古今经史百家书目

〔时珍曰〕自陶弘景、唐、宋以下所引用者，共一百五十一家。时珍今所引用者，除旧本外，共四百四十家。……

采集诸家本草药品总数

神农本草经三百四十七种……

陶弘景名医别录三百六种……

…………

李时珍本草纲目三百七十四种……

神农本经名例

…………

有单行者，有相须者，有相使者，有相畏者，有相恶者，有相反者，有相杀者……〔时珍曰〕草药的相互关系有七种：单行者，只用一种药治病，不需其他药辅助。相须者，两种药在治疗中互相依赖，可增强作用，如人参、甘草、黄檗、知母之类。相使者，以一种药为主，其他药为辅，像吃饭时用菜佐食一样，可提高药效。相恶者，一种药减少另一种药的疗效，二者相互排斥。相畏者，一种药与另一种药合用，可抑制、减弱全部和部分有害成分。相反者，两种药性味相反，不可同用，否则会产生毒性或副作用。相杀者，一种药能消除另一种药的毒性。

【原文之三】本草纲目·草部·曼陀罗花

［释名］ ……

［集解］ 〔时珍曰〕曼陀罗[1]生北土，人家亦栽之。春生夏长，独茎直上，高四五尺，生不旁引，绿茎碧叶，叶如茄叶。八月开白花，凡六瓣，状如牵牛花而大。攒花中坼，骈叶外包，而朝开夜合。结实圆而有丁拐[2]，中有小子。八月采花，九月采实。

【注释】

(1) 曼陀罗：在以前的本草著作中，没有详细记载，只是偶尔提到它的功用，对其形态和特性，少有人知。李时珍通过多次民间访问、采集、实验，终于得到确认。此花属茄科，为一年生草本植物，花、叶、种子均可入药。曼陀罗，梵语音译。果实表面多刺，成熟时由深绿色变为淡褐色。功能为平喘、止痛，有毒，可作为麻醉剂、镇静剂。为中医全身麻醉主药。　(2) 丁拐：丁，小的立方体；拐，转折，弯曲处，角。

【今译】

［释名］　……

［集解］　〔时珍曰〕曼陀罗生长在北方，普通人家也有栽种。春天播种夏天成长，一根茎笔直向上生长，高度约四五尺（明代计量单位），生长时不向旁边延伸，绿色的茎，青绿色的叶，叶子的形状像茄子的叶子。八月开白色花朵，一般是六瓣，形状像牵牛花但比它大。花瓣紧凑，从中间开始弯折，骈叶从外面包裹，早上开放夜晚闭合。结的果实为圆形，有弯曲拐刺，里面有籽。八月采集花朵，九月采集果实。

【原文之四】本草纲目·鳞部·白花蛇

［释名］　……

［集解］　……〔时珍曰〕花蛇，湖、蜀皆有，今惟以蕲蛇擅名。然蕲地亦不多得，市肆所货、官司所取者，皆自江南兴国州诸山中来。其蛇龙头虎口，黑质白花，胁(1)有二十四个方胜文(2)，腹有念珠斑(3)，口有四长牙，尾上有一佛指甲(4)，长一二分，肠行如连珠。多在石南藤(5)上食其花叶，人以此寻获。先撒沙土一把，则蟠(6)而不动。以叉取之，用绳悬起，劙刀(7)破腹去肠物，则反尾洗涤其腹，盖护创尔。乃以竹支足，屈曲盘起，扎缚炕干。出蕲地者，虽干枯而眼光不陷，他处者则否矣。故罗愿尔雅翼(8)云：蛇死目皆闭，惟蕲州花蛇目开。

【注释】

(1) 胁：两膀也，腋下肋骨所在的部分。　(2) 方胜文：疑为方胜纹。方胜是古代妇女的饰物，方胜纹是汉族传统寓意纹样。指蕲蛇背部两侧各有黑褐色与浅棕色组成的菱形大斑纹（24 个∧形），“∧”形的顶端在背中线（脊柱）相连或略交错，习称“方胜纹”。　(3) 念珠斑：僧人念经，手持珠串，称念珠。白花蛇腹部斑纹呈念珠形。(4) 佛指甲：佛像指甲甚长，故称长指甲为佛指甲。白蛇花尾部有一片长甲片，甚锋利。　(5) 石南藤：多年生木本植物。常绿灌木，白花蛇喜食其花叶。　(6) 蟠：屈曲，环绕，盘伏。　(7) 劙（lí）刀：劙，割，劈。指锋利的小刀。　(8) 尔雅翼：宋代罗愿作，分别诠释草、木、鸟、兽、虫、鱼六类动植物的性状、特征。

【今译】

［释名］　……

［集解］　……〔时珍曰〕花蛇，湖北、四川都有，现今以蕲州花蛇最有名。然而蕲州本地花蛇也不容易得到。市场店铺里、官府所获取的花蛇，都是在江南兴国州群

山中捕获的。这种蛇头似龙，口像虎，黑色体质，白色花纹，两膀有二十四条方胜纹，腹部有僧人念珠般的纹路，蛇口有四颗长牙，尾巴上有一佛指样的锋利甲片，长约一二分，蛇身蠕动起来时像是一串连缀的珠子。这种蛇多在石楠藤上吃它的花叶，人们就依靠花蛇的这种特性寻获它。捕蛇人先用一把沙土洒向花蛇，它就蜷曲成一团不动了，这时用叉子叉住蛇，用绳子把它悬挂起来，用锋利小刀开肠破肚，除去腹部内脏，用蛇尾洗涤蛇腹，因为这样可以保护它的创口。然后用竹片支撑起整条蛇，弯曲地盘起来，绑扎好烘干。蕲州产出的蛇，虽然干枯但蛇眼不会凹陷，其他地方出产的花蛇则不会这样。所以宋代罗愿的《尔雅翼》说：一般的蛇死后眼睛都是闭着的，唯独蕲州花蛇眼睛是睁开的。

【点评】

(1) 批判继承历代本草，吸取诸家精华，修补各类误漏。《本草纲目》引据古今医家书目，除旧本外，凡 276 家，引据古今经史百家书目，除旧本外，凡 440 家，合计参阅过 700 余种历代著作。此外，通过查阅文献书简，李时珍还记载了来自天竺、大食、南洋、胡人、蕃人及由梵文典籍、佛经中得到的医药知识。对于所有这些文献，李时珍不是照搬照抄，而是取其精华，修补误漏，真正做到了批判继承。《本草纲目》中保存了中国 16 世纪以前大量医药学文献，其中有的原书已佚失，有关资料只可从本书中得以窥见。《本草纲目》实是对中国汉族传统医药学的重要总结，李时珍则是中国汉族传统医药学的集大成者。

(2) 广泛拜访名医宿儒，寻觅民间验方，采集药物标本。李时珍 43 岁辞太医院职回家乡后，为编著《本草纲目》，不仅博览群书，而且带着徒弟庞宪和儿子建元，遍访名医宿儒，寻觅民间验方，采集药物标本，足迹遍及湖、广、赣、苏、皖等地。《本草纲目》首次新增内、外、妇、儿、五官等科新方 8 000 多个，新药 374 种。“如磨刀水、潦水、桑柴火、艾火、锁阳、山柰、土茯苓、番木鳖、金柑、樟脑、蝎虎、狗蝇、白蜡、水蛇、狗宝、秋虫之类，并今方所用，而古本则无；三七、地罗、九仙子、蜘蛛香、猪腰子、勾金皮之类，皆方物土苴，而稗官不载”，就是最好的证明。

(3) 深入实地观察实验，考证药物性能，探求治病药理。李时珍在对药物的亲自观察和实验上，取得了很大成功。例如，曼陀罗的植物形态、生长周期、采集方法等，是他多次到民间访问、采集后逐渐知晓的。至于曼陀罗的麻醉作用，则是通过“割疮炙火”手术前，给病人服用曼陀罗药物，让其失去知觉而证实的。又如，李时珍青年时曾对蕲蛇做过实地考察，并根据考察结果写成了《蕲蛇传》。由于蕲蛇有祛风湿、治疗关节疼痛和半身不遂等疗效，州官逼着百姓冒生命危险去捉蛇。李时珍曾数次冒险爬上盛产蕲蛇的龙峰山去观察、研究蕲蛇的生理形态、生活习性、捕捉和加工方法，并通过实验研究其药用价值。

(4) 反复研究大胆创新，创新分类方法，规范叙述格式。《本草纲目》突破了历代本草学沿用已久的上中下三品分类法，建立了以“部”为纲、以“类”为目的新型分类法，将全部药物分为水、火、土、金石、草、谷、菜、果、木、服器、虫、鳞、介、禽、兽、人等16部，每部之前均有简要论述；各部之下再分若干类，如草部分为山草、芳草、隰草、毒草、蔓草、水草、石草、苔类、杂草等11类，共计60类。这种分类方法，以及在每种药下设置释名、集解、辨疑或正误、修治、气味、主治、发明、附方等8个栏目的规范叙述格式，都是李时珍长期反复研究、大胆创新的丰硕成果。

总之，《本草纲目》这部到16世纪为止中国最系统、最完整、最科学的医药学巨著，是李时珍运用文献调查、登门访问、实地观察、亲身实验等方法所做的长达30年（31～61岁）的调查研究的结晶。李时珍在撰写《本草纲目》的过程中表现出来的坚韧不拔、实事求是、勤于实践、勇于创新的精神和品质，是值得充分肯定和认真学习的。

撰稿人：娄章胜、水延凯

“天工人其代之”及“开物成务”

【简介】

本篇原文，摘自宋应星的《天工开物》。

宋应星（1587—约1666），字长庚，江西奉新人，科学家。他出身于一个没落官僚地主家庭，曾祖宋景官至工部尚书，精通工程技术，到其父宋国霖时已家道中落。他自幼聪明好学，记忆力惊人，有过目不忘之才。稍长，考入县学，熟读经史和诸子百家，深受张载唯物主义自然观影响，对天文学、声学、农学及工艺制造有很大兴趣。28岁，与兄同中举人。29～45岁，五次赴京会试均告失败。47岁任江西分宜教谕，51岁升福建汀州府推官，53岁任期未满辞官归里，56岁任亳州知州，57岁时清兵入关辞官返乡。晚年拒不出仕，过着隐居生活，在贫困中挣扎，约卒于1666年。

宋应星画像

宋应星热爱科学，特别重视实用技术，对农业、手工业许多领域的生产和技术做过广泛、深入的调查、研究和实践，积累了丰富的科技知识和生产经验。他在任江西分宜教谕期间，利用业余时间，编撰了科技巨著《天工开物》。该书按“‘贵五谷而贱金玉’之义”分为上、中、下三卷十八篇：上卷六篇，主要论述粮食，衣服，染色，谷物加工，食盐，制糖、养蜂的方法和技术；中卷七篇，主要论述砖、瓦、陶瓷制作，金属物件铸造，船舶、车辆制作，铁器和铜器的锤锻，石灰、煤炭等非金属矿的生产，植物油脂的提取，造纸的方法和技术等；下卷五篇，主要论述金属开采和冶炼，兵器制造，墨和颜料制作，酿酒，珠宝玉石开采的方法和技术等。书中附插图 123 幅，具有极高的科学价值和实用价值。

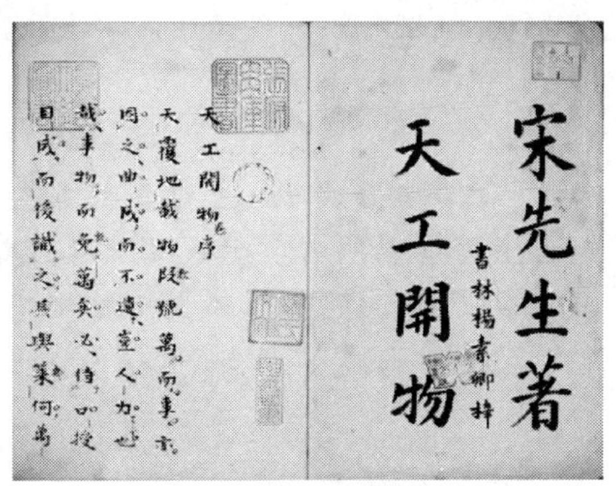

《天工开物》

以下【原文】，节录自宋应星《天工开物》，潘吉星译注，上海，上海古籍出版社，2008；【注释】和【今译】，也参考了上述著作。

【原文、注释和今译】

【原文之一】天工开物序

天覆地载，物数号[(1)]万，而事亦因之，曲成[(2)]而不遗，岂人力也哉。……世有聪明博物者，稠人[(3)]推焉。乃枣梨之花未赏[(4)]，而臆度“楚萍[(5)]”；釜鬵[(6)]之范鲜经，而侈谈“莒鼎[(7)]”；画工好图鬼魅而恶犬马，即郑侨[(8)]、晋华[(9)]足为烈哉？

…………

年来著书一种，名曰《天工开物[(10)]》卷。伤[(11)]哉贫也，欲购奇考证，而乏洛下之资[(12)]；欲招致同人商略赝真，而缺陈思之馆[(13)]。随其孤陋见闻，藏诸方寸[(14)]而写之，岂有当哉？

【注释】

(1) 号：扬言，宣称，号称。 (2) 曲成：曲，多方面，详尽；成，成功，完成。(3) 稠人：众人。 (4) 赏：玩赏，欣赏。 (5) 楚萍：典出《孔子家语·致思第八》，言楚昭王（前 515—前 489 年在位）见江中红色圆状物，不知为何物，遣人问孔子。孔子说，此乃萍实，可食，唯霸者可得。 (6) 釜鬵（zèng）：釜，古代的一种锅，上置甑以蒸煮；鬵，古同“甑”。 (7) 莒鼎：古代莒国（今山东省莒县）铸的烹煮用的器物。 (8) 郑侨：公孙侨（约前 598—前 522），字子产，春秋时郑国政治家。(9) 晋华：张华（232—300），字茂先，西晋大臣，文学家。 (10) 天工开物：取自《尚书·皋陶谟》“天工人其代之”及《周易·系辞上》“开物成务”。作者将二词合用，赋予新的含义——“以自然力配合人工技巧从自然界开发物产”，以此展现其技术哲学思想。（11）伤：悲哀，遗憾。（12）乏洛下之资：《三国志·魏书·夏侯玄》注引《魏略》载蒋济语：“洛中（洛阳）市买，一钱不足则不行。”此处指无钱。（13）缺陈思之馆：指曹操之子陈思王曹植（192—232）延请文人学士之宾馆。（14）方寸：一平方寸，指心思、心神。

【今译】

天地之间，物以万计，世上之事物多得很，要想制造种类齐全的物品而没有遗漏，岂是人力所能做到的？……世上有些聪明博学者，颇受众人推崇。可是，连枣、梨之花都分不清，却主观臆测“楚萍”；连铸锅甑子都少接触，却侈谈“莒鼎”；画家好图抹鬼怪，却不愿画犬马，这等人纵有郑国公孙侨、西晋张华那样的名声，又有什么值得夸耀的呢？

…………

近年来笔者著书一种，名为《天工开物》。遗憾的是本人家境贫寒，想购买珍贵的书物来加以考证，却缺乏足够的钱财；想邀请同道者共同商讨、鉴别真伪，又没有合适的场所。只好凭自己的孤陋见闻和藏在心里的知识来写作，怎么能做到完全恰当呢？

【原文之二】天工开物·乃粒(1)第一·稻

湿种之期，最早者春分以前，……最迟者后于清明。凡播种先以稻、麦稿(2)包浸数日。俟其生芽，撒于田中，生出寸许，其名曰秧。秧生三十日即拔起分栽。若田逢旱干、水溢，不可插秧。秧过期老而长节，即栽于亩中，生谷数粒结果而已。凡秧田一亩所生秧，供移栽二十五亩。

…………

吴郡(3)力田者以锄代耜(4)，不借牛力。愚见(5)贫农之家，会计(6)牛值与水草之资、窃盗死病之变，不若人力亦便。假如有牛者供办十亩，无牛用锄而勤者半之(7)，既已无牛，则秋获之后田中无复刍牧(8)之患，而菽、麦、麻、蔬诸种纷纷可种。以再获偿(9)半荒之亩，似亦相当也。

【注释】

（1）乃粒：此词出自《尚书·益稷》：“烝民乃粒，万邦作乂。”此处“乃粒”指谷物，并以此命名本章。意思是民众有粮吃，天下才能太平。（2）稿：谷类植物的茎秆。（3）吴郡：今苏州一带。（4）耜：即耒耜（lěi sì）。耜，似锹，用以翻土；耒是耜上的弯木柄。古代一种像犁的翻土农具，也用作农具的统称。（5）愚见：愚昧的见解，作者自谦之词。（6）会计：这里指计算、核算。（7）半之：一半。（8）刍牧：放牲畜吃草。（9）偿：补偿。

【今译】

浸稻种的日期，最早在春分以前，……最晚在清明以后。播种时，先以稻秆或麦秆包住种子在水里浸泡几天。待种子生芽后，播撒在田里，芽长到一寸多高时叫作秧。稻秧长到三十天后，就应拔起来分栽。稻田遇到干旱或积水过多的时候，都不能插秧。

秧超过育秧期而没有插到田里，就成了老秧，就要长节。这种老秧即使栽到田里，也只能长几粒谷，而不会结更多的谷物。一亩秧田育出的秧，可供移栽二十五亩田。

…………

苏州一带农民用锄代替犁，而不凭借牛力。依笔者愚见，（是因为）贫苦农家核算了买牛、借牛和水草的花费，牛被盗或死、生病的花费，发现还不如用人力便宜和方便。假如有牛的人家耕种十亩田，没有牛而用锄、勤快劳动的人家耕种五亩田，既然无牛，秋收后田里就无须考虑饲草、放牧问题，而豆、麦、麻、菜等尽可种植。用豆、麦、麻、菜的收获来补偿少耕种五亩田的损失，似乎也算得失相当。

【原文之三】天工开物·甘嗜(1)第四·造白糖

造冰糖者，将白糖煎化，蛋青澄去浮滓，候视火色。将新青竹破成篾片，寸斩撒入其中。经过一宵，即成天然冰块。造狮、象、人物等，质料精粗由人。凡冰糖(2)有五品(3)，“石山”为上，“团枝”次之，“瓮鉴”次之，“小颗”又次，“沙脚”为下。

【注释】

(1) 甘嗜：此词出自《尚书·五子之歌》：“太康失邦……甘酒嗜音。”汉人刘熙《释名》云：“五味调和，须之而成，乃可甘嗜也。”甘嗜，即爱好甜味，此处指制糖酿蜜或泛指制糖。 (2) 冰糖：诸本作白糖，似指冰糖，今改。 (3) 五品：指“石山”“团枝”“瓮鉴”“小颗”“沙脚”五类。这种按结晶形状的分类，见于宋人王灼的《糖霜谱》。

【今译】

制造冰糖时，将白砂糖加热融化，用鸡蛋清澄清并除去表面上的浮渣，要注意适当控制火候。将新鲜青竹破成篾片，截成一寸长撒入糖液之中。经过一夜，就凝结成天然冰块那样的冰糖。制作成狮子、象及人物等形状的糖，糖质的精粗可由人自主决定。冰糖可分为五等，“石山”是上等，“团枝”次之，“瓮鉴”又次之，“小颗”再次之，“沙脚”是下等。

【原文之四】天工开物·膏液第五·油品

凡胡麻与蓖麻子、樟树子，每石得油四十斤。莱菔子(1)每石得油二十七斤（甘美异常，益人五脏）。芸苔子(2)每石得油三十斤，其耨勤而地沃、榨法精到者，仍得四十斤（陈历一年，则空内而无油）。……桐子仁每石得油三十三斤。柏子(3)分打时，皮油得二十斤、水油得十五斤。混打时共得三十三斤（此须绝净者）。冬青子每石得油十二斤。黄豆每石得油九斤（吴下(4)取油食后，以其饼充豕(5)粮）。菘菜子(6)每石得油三十斤……棉花子每百斤得油七斤（初出甚黑浊，澄半月清甚）。苋菜子每石得油三十斤（味甚甘美，嫌性冷滑）。亚麻、大麻仁每石得油二十余斤。此其大端(7)，其他未穷究试验，与夫一方已试而他方未知者，尚有待云。

【注释】

(1) 莱菔子：别名萝卜子、芦菔子、萝白子、菜头子。 (2) 芸苔子：别名油菜籽。(3) 桕子：乌桕子。 (4) 吴下：今天江苏省南部、浙江省北部地区。 (5) 豕：猪。(6) 菘菜子：白菜子。 (7) 大端：大抵、大概。

【今译】

用芝麻、蓖麻子、樟树子榨油，每石可得油四十斤。萝卜子每石得油二十七斤(味甘美异常，益人五脏)。油菜子每石得油三十斤，如果除草勤快、土地肥沃、榨法精到，可得油四十斤（要是放置一年，则子实内空而无油)。……桐子仁每石得油三十三斤。乌桕子子实与外壳分开榨油时，可得皮油二十斤、水油十五斤。混在一起榨油，共得三十三斤（此须子皮很干净)。冬青子每石得油十二斤。黄豆每石得油九斤（吴下地区取油食用后，豆饼充作猪饲料)。白菜子每石得油三十斤……棉子每百斤得油七斤（刚出油时色黑且浊，放半月后便会澄清)。苋菜子每石得油三十斤(味甚甘美，但嫌性清凉滑润)。亚麻、大麻仁每石得油二十余斤。这些都是大致情况，其他未做穷究试验，或者有的地方做过试验而其他地方不知道，尚待进一步查考。

【原文之五】天工开物·乃服[1]第六·蚕种、蚕浴、种忌、种类

……凡茧色唯黄、白二种，川、陕、晋、豫有黄无白，嘉、湖[2]有白无黄。若将白雄配黄雌，则其嗣[3]变成褐茧。

……今寒家[4]有将早雄配晚雌者，幻[5]出嘉种，一异也。

【注释】

(1) 乃服：即衣服。 (2) 嘉、湖：嘉兴、湖州。 (3) 嗣：子孙，后代。 (4) 寒家：贫寒卑微的人家。 (5) 幻：奇异地变化。

【今译】

……蚕茧有黄、白两种颜色，四川、陕西、山西、河南只有黄茧没有白茧，嘉兴、湖州只有白茧没有黄茧。如果将白茧蚕雄蛾与黄茧蚕雌蛾交配，则其后代就会变成褐色茧。

……现在贫寒人家将一化性蚕雄蛾与二化性蚕雌蛾交配，奇异地培育出良种，是令人惊讶的。

【原文之六】天工开物·燔石[1]第十二·砒石[2]

凡烧砒时，立者必于上风十余丈外。下风所近，草木皆死。烧砒之人经两载即改徙，否则须发尽落。此物生人食过分厘立死。然每岁千万金钱速售不滞者，以晋地菽、麦必用拌种，且驱田中黄鼠害。宁、绍郡[3]稻田必用蘸秧根，则丰收也。不然，火药[4]与染铜[5]需用能几何哉！

【注释】

(1) 燔石：烧石。此处指非金属矿石的烧炼。 (2) 砒石：又名信石，砷矿石。(3) 宁、绍郡：浙江宁波府、绍兴府。 (4) 火药：宋代以来，火药配方中常加入少量砒霜，制成毒烟火药。 (5) 染铜：将砒霜等物与铜烧炼成白铜等铜合金。

【今译】

烧制砒霜时，操作人员必须站在上风十多丈以外的地方。下风所及的地方，草木都会死去。烧制砒霜的人员经过两年后一定要改行，否则胡须和头发都会全部脱落。此物人只要吃一点点就会立即死亡。然而，每年都有价值千万金钱的砒霜被迅速售出而不滞销，这是因为山西等地种豆、麦必须用砒霜拌种，而且还用它来驱除田中的黄鼠害。浙江宁波、绍兴一带的稻田必须用砒霜蘸秧根，以确保水稻丰收。不然的话，仅仅制造火药与炼白铜，能需要多少砒霜呢！

【原文之七】天工开物·舟车第十五·杂舟

三吴浪船[(1)]：凡浙西、平江[(2)]纵横七百里内，尽是深沟，小水湾环，浪船（最小者名曰塘船）以万亿[(3)]计。其舟行人贵贱来往，以代马车、扉履[(4)]。舟即小者，必造窗户堂房，质料多用杉木。人物载其中，不可偏重一石，偏即欹侧[(5)]，故俗名“天平船”。此舟来往七百里内，或好逸便者[(6)]径买[(7)]，北达通、津[(8)]。只有镇江一横渡，俟风静涉过。又渡青江浦，溯黄河浅水二百里，则入闸河安稳路矣。至长江上流风浪，则没世[(9)]避而不经也。浪船行力在梢后，巨橹一枝，两三人推轧[(10)]前走，或持缱簟[(11)]。至于风篷，则小席如掌，所不恃[(12)]也。

【注释】

(1) 三吴浪船：三吴，指吴郡、吴兴郡和会稽郡，泛指长江下游江南一带；浪船，亦称塘船、天平船，运送客货的船只。 (2) 平江：指平江府，今苏州、上海等地区。(3) 万亿：古代指十万，泛指极大的数目。 (4) 扉履：扉，像门扇的东西；履，鞋，步伐，践踩。这里指步行。 (5) 欹侧：倾斜，歪斜。 (6) 好逸便者：图安逸、讨方便的人。 (7) 径买：径，经过。这里指租用。 (8) 通、津：通州、天津。 (9) 没世：终身。 (10) 推轧：推，推移，向前移动；轧，辗，翻来覆去地。 (11) 缱簟(tán)：缱，拉船用的绳索；簟，纤索。 (12) 恃：支撑，依靠。

【今译】

三吴浪船：在浙江西部到平江府之间纵横七百里内，尽是深沟和弯曲的小河，上面行驶的浪船（最小的叫作塘船）多得以十万计。乘船的人不分地位高低、来往于何地，都用船代替车马和步行。即使是小船，也都建造有窗户的堂房，材料多是杉木。客人与货物载入其中，船两边不能有超过一石的偏重，否则船就要倾斜，所以俗称为“天平船”。这种船，一般往来于浙江西部与苏州七百里间，间或有些图安逸、讨方便的人租用这种船，一直向北可到达通州、天津。沿途只有镇江要横渡一次长江，待江面风平浪静时渡过。另外，还要渡过运河上的青江浦，沿黄河浅水逆行二百里，进入大运河的闸口，此后就是安稳的航程了。长江上游风大浪急，浪船是永远避而不去的。

浪船的动力在船尾，有一支巨桨，由两三人摇桨推动船前进，或用纤绳在岸边牵拉而行。至于风帆，如同巴掌大的小席，是不能依靠它的。

【原文之八】天工开物·佳兵(1)第十六·火器

西洋炮：熟铜铸就，圆形若铜鼓。引放时半里之内人马受惊死……红夷炮(2)：铸铁为之，身长丈许，用以守城。中藏铁弹并火药数斗，飞激(3)二里，膺(4)其锋(5)者为齑粉(6)。凡炮爇(7)引内灼(8)时，先往后坐千钧(9)力，其位须墙抵住，墙崩者其常。

【注释】

(1) 佳兵：出自老子《道德经》第三十一章："夫佳兵者，不祥之器。"此处指武器。 (2) 红夷炮：指明代仿制荷兰造前装式金属火炮。 (3) 飞激：指炮弹激飞。 (4) 膺：接受，承当，被击中。 (5) 锋：器物的尖锐部分。 (6) 齑（jī）粉：碎成粉屑，指粉身碎骨。 (7) 炮爇：炮，烧；爇，点燃；炮、爇皆指燃烧。 (8) 灼：烧，炙。 (9) 千钧：三十斤为一钧，千钧即三万斤，形容器物之重或力量之大。

【今译】

西洋炮：是用熟铜铸成的，呈铜鼓那样的圆形。放炮时，半里之内马就会受惊而死……红夷炮：用铁铸成，炮身长约一丈，用以守城。炮膛里装有几斗铁弹和火药，炮弹可激飞二里，被击中的东西马上就会成为碎粉。大炮引爆时，首先会产生很大的后坐力，因此炮位必须有墙抵住，墙被后坐力崩塌是常见的现象。

【点评】

《天工开物》的主要贡献在于：

(1) 提出了先进的技术哲学思想。作者赋予"天工开物"新的含义："天工"，指与人类行为相对应的天然形成的自然力；"开物"，指人类根据自然界万物之理来制造人类所需物品的人力和技艺。这样，就把人与天（自然界）、人力与天工（人类技艺与自然力）结合了起来，强调人工技艺必须适应自然力、从自然界中开发物产。例如，他在"膏液第五"中说："草木果实中蕴藏着油脂，但不会自动流出，要人们利用水火之力，凭借木榨压榨和石磨碾磨，才能倾注而出油。"① 显然，这是一种朴素唯物主义自然观与主观能动性相结合的技术哲学思想。在宋应星所处的16—17世纪，这种技术哲学思想是十分先进、难能可贵的。

(2) 总结了前人科学技术成果。中国古代科学技术发达，早在《天工开物》以前，就有许多重要的科学技术著作。例如，中国古代的五大农书（汉代的《氾胜之书》、北魏的《齐民要术》、宋代的《陈敷农书》、元代的《王祯农书》和明代的《农政全书》），以及《天工开物》以前的工艺、建筑、武器制造等方面的书籍，如春秋战国的《考工

---

① 宋应星．天工开物．潘吉星，译注．上海：上海古籍出版社，2008：70.

记》，南北朝的《古今刀剑录》，唐代的《工艺六法》，五代的《漆经》，宋代的《木经》《营造法式》《武经总要》《糖霜谱》《酒经》《墨谱》《梦溪笔谈》，明代的《武备志》《本草纲目》《新制诸器图说》等，《天工开物》均有所涉及。此外，它还在船舶、冶铸、武器制造等方面，介绍、借鉴了国外一些近代技术，这在此前科技著作中是很少见的。

（3）记述了广泛的实地调查见闻。宋应星在《天工开物序》中说：我有幸生活在这圣明极盛之世，从云南坐车可到达东北辽阳，岭南官吏和商人可漫游到河北。在这方圆万里的广阔天地里，不是有许多事物都可以见闻吗？事实上，他五次赴京会试途中，足迹遍及江西、湖北、安徽、浙江、江苏、山东、河南、河北等省的城镇和乡村，还曾到过广东、四川和山西。他实地观察过许多农田和手工作坊，访问过许多农夫和工匠，了解到许多生产技术及其操作过程，并做了详细记录，为他日后编撰《天工开物》打下了坚实基础。宋应星在《乃粒第一》中说的“愚见贫农之家，会计牛值与水草之资、窃盗死病之变，不若人力亦便”，很可能是他在苏州一带实地调查的见闻。

（4）概括了大量实验研究结论。宋应星在许多生产环节做过大量技术实验。例如，他在《膏液第五》中对各类子实的出油率，以及油脂的性状、味道、色泽，直至油饼用途，都做了详尽说明。没有多次亲身实践或实验，是不可能做到如此周密的。又如，“秧生三十日即拔起分栽”“秧田一亩所生秧，供移栽二十五亩”的具体数据，养蚕技术中“白雄配黄雌，则其嗣变成褐茧”“早雄配晚雌者，幻出嘉种”的杂交技术，更只能产生于反复实践或实验的过程之中。宋应星 47 岁出任江西分宜教谕，50 岁《天工开物》初刊问世，没有长期实地调查和实验的充分准备，是不可能在如此短的时期内完成这一科技巨著的。

（5）《天工开物》是对中国古代各种生产技术的系统总结，是一部综合性的科学技术著作，也是世界上第一部关于农业和手工业生产的综合性著作。其中，关于黄茧蚕同白茧蚕杂交培育出褐茧蚕、“早雄”和“晚雌”杂交培育出“嘉种”的记载，比法国同类记录早 200 多年。17 世纪末，《天工开物》流传到日本，受到高度评价；1869 年，被译成法文介绍到西方。英国著名科学史学家李约瑟称宋应星为“中国的狄德罗”，《天工开物》是“17 世纪早期的重要工业技术著作”。

撰稿人：娄章胜、水延凯

“积累莫返之害”与“黄宗羲定律”

【简介】

本篇原文，摘自黄宗羲的《明夷待访录》。

黄宗羲（1610—1695），字太冲、德冰，号南雷，别号梨洲山人，学者称“梨洲先生”，汉族，浙江余姚人，明末清初经学家、史学家、思想家、教育家。父黄尊素，东林党人，受酷刑而死。他少时从学刘宗周，20 岁参加复社，32 岁科考名落孙山，回到余姚，明末反对宦官专政，清初组织抗清，失败后返家隐居。43 岁开始讲学、著书。53～69 岁，在慈溪、绍兴、宁波、海宁等地设馆讲学，多次拒绝仕清。70 岁后停止讲学，悉力著述，85 岁逝世。

黄宗羲博学多才，思想深邃，经史百家、天文、算术、乐律，以及释、道无不研究。在政治思想方面，他提出了“天下为主，君为客”“天下之治乱，不在一姓之兴亡，而在万民之忧乐”的民主观念，主张以“天下之法”取代皇帝的“一家之法”，是一位从“民本”立场出发的对君主专制制度的抨击者。他与陕西李颙、直隶容城孙奇逢并称“海内三大鸿儒”，与弟黄宗炎、黄宗会号称“浙东三黄”，与顾炎武、方以智、王夫之、朱舜水并称“明末清初五大家”，被誉为“中国思想启蒙之父”，对后世反专制斗争影响深远。他一生著述 50 余种，300 多卷，其中最重要的是《明儒学案》《明夷待访录》《大统历推法》《四明山志》等。

黄宗羲画像

《明夷待访录》成书于 1663 年，是中国政治思想史上一部具有启蒙性质的批判君主专制的名著。“明夷”是《周易》中的一卦，其爻辞曰：“明夷于飞垂其翼，君子于行三日不食。人攸往，主人有言。”所谓“明夷”，是指有智慧的人处在患难境地；所谓“待访”，是指等待后代明君来采访、采纳。该书有论文 21 篇，它们是：《原君》《原臣》《原法》《置相》《学校》《取士上》《取士下》《建都》《方镇》《田制一》《田制二》《田制三》《兵制一》《兵制二》《兵制三》《财计一》《财计二》《财计三》《胥吏》《奄臣上》《奄臣下》。它们通过对历史的深刻反思，总结了秦汉以来特别是明代的历史教训，批判了封建君主专制制度，提出了“天下为主，君为客”等观念，具有鲜明的民主色彩和启蒙性质。该书在清朝被长期查禁，直至清末才重见天日，受到谭嗣同、梁启超等人的重视和赞许，被梁启超称为“人类文化之一高贵产品”。

《明夷待访录》

以下【原文】，节录自黄宗羲《明夷待访录》，段志强译注，北京，中华书局，2011；【注释】和【今译】，也参考了上述著作。

【原文、注释和今译】

【原文之一】明夷待访录·原君

……古者以天下为主，君为客[1]，凡君之所毕世而经营者，为天下也。今也以君为主，天下为客，凡天下之无地[2]而得安宁者，为君也。是以其未得之[3]也，屠毒天下之肝脑，离散天下之子女，以博我一人之产业，曾不惨然[4]，曰“我固为子孙创业也”。其既得之也，敲剥天下之骨髓，离散天下之子女，以奉我一人之淫乐，视为当然，曰“此我产业之花息[5]也”。然则为天下之大害者，君而已矣。向使无君，人各得自私也，人各得自利也。呜呼！岂设君之道固如是乎[6]？

【注释】

(1) 天下为主，君为客：此二句中的“主”，指本体；“客”，指附属。 (2) 无地：无，没有；地，地方。指没有一处地方。 (3) 其未得之：其，指君主；未得，尚未得到；之，指天下。 (4) 曾不惨然：曾，乃，竟；惨然，忧戚，哀伤，悲痛。指竟然毫不悲伤。 (5) 花息：利息。 (6) 岂设君之道固如是乎：岂，难道；设君之道，设立君主的道理；固，原来；如是，如此；乎，表示疑问。

【今译】

……古时候以天下为本位，君主为附属，君主毕生经营都是为了天下。而现在以君主为本位，天下为附属，天下没有一处地方可以得到安宁，这都是由于有了君主。在尚未得到天下的时候，杀戮天下百姓，离散天下男女，以博得自己一个人的产业——君位，从不感到凄惨，并且说："我不过是为子孙创业罢了。"在得到天下之后，残酷盘剥天下百姓，无情拆散天下男女，以供奉自己一个人淫乐，还把它看作理所当然，而且说："这是我的产业——君位的利息。"然而造成天下大害的，就是君主啊！如果没有君主，人们还可维护自己的私利，现在有了君主，连私利也保不住了。呜呼！难道这就是设置君主的理由吗？

【原文之二】明夷待访录·田制一

……古者井田养民[1]，其田皆上[2]之田也。自秦而后，民所自有之田也。上既不能养民，使民自养，又从而赋之，虽三十而税，较之于古亦未尝为轻也。

至于后世，不能深原其本末[3]，以为什一而税，古之法也，……然则什而税一，名为古法，其不合于古法甚矣。而兵兴之世，又不能守其什一者，其赋之于民，不任田而任用[4]，以一时之用制[5]天下之赋，后王因[6]之。后王既衰，又以其时之用制天下之赋，而后王又因之。呜呼！吾见天下之赋日增，而后之为民者日困于前。

【注释】

(1) 养民：养，养育，供养；民，民众，百姓。 (2) 上：君主，皇帝。 (3) 深原其本末：深，深入，深刻；原，起源，根本，根由；其，赋税；本末，事物的根本和细节，事情的原委与经过。 (4) 不任田而任用：任，任凭，听凭。指不任凭田产，而任凭使用、花费钱财。 (5) 制：制定，规定。 (6) 因：依，顺着，沿袭。

【今译】

……古时候实行井田制度以养育民众，其土地都属于君主所有。自秦朝以后，土地都是民众私有。君主不但不能养育民众，而使民众自己养活自己，还要征税，虽说是三十税一，但较之于古代的赋税，也未尝轻啊。

到了后世，不了解赋税制度的根源和始末，误以为什一而税，就是古代的赋税制度，……然而，十而税一名为古代赋税制度，其实与古代赋税制度相距甚远。至于兴兵打仗的乱世，统治者连什一之税也不能遵守，他们对百姓征收赋税，不是根据土地产出，而是根据朝廷开支，以朝廷一时支出来确定天下之赋税，后世君主因袭这一做法。后世君主衰败以后，又以那时的支出来确定天下的赋税，而后世君主的后世又因袭这一做法。呜呼！我看到天下百姓的赋税会越来越重，而后世天下百姓的生活也会越来越穷。

【原文之三】明夷待访录·田制三

或问井田可复，既得闻命矣。若夫定税则如何而后可？曰：斯民之苦暴税久矣，有积累莫返之害，有所税非所出之害，有田土无等第之害。

何谓积累莫返之害？三代之贡、助、彻[1]，止税田土而已。魏晋有户调[2]之名，有田者出租赋，有户者出布帛，田之外复有户矣。唐初立租、庸、调之法[3]，有田则有租，有户则有调，有身则有庸，租出谷，庸出绢，调出缯纩[4]布麻，户之外复有丁矣。杨炎变为两税[5]，人无丁中[6]，以贫富为差，虽租、庸、调之名浑然不见，其实并庸、调而入于租也。相沿至宋，未尝减庸、调于租内，而复敛丁身钱米[7]。后世安之，谓两税，租也，丁身，庸、调也，岂知其为重出之赋乎？使庸、调之名不去，何至是耶！故杨炎之利于一时者少，而害于后世者大矣。

有明两税、丁口而外，有力差、有银差[8]，盖十年而一值。嘉靖末行一条鞭法[9]，通府州县十岁中夏税、秋粮存留、起运之额[10]，均徭、里甲、土贡、雇募、加银[11]之例，一条总征之，使一年而出者分为十年，及至所值之年一如余年，是银、力二差又并入于两税也；未几而里甲之值年者，杂役仍复纷然。其后又安之，谓条鞭，两税也；杂役，值年之差也，岂知其为重出之差乎？使银差、力差之名不去，何至是耶！故条鞭之利于一时者少，而害于后世者大矣。万历间，旧饷五百万，其末年加新饷九百万，崇祯间又增练饷七百三十万，倪元璐为户部[12]，合三饷为一，是新饷、练饷又并入于两税也。至今日以为两税固然，岂知其所以亡天下者之在斯乎？使练饷、新饷之名不改，或者顾名而思义，未可知也。此又元璐不学无术之过也。嗟乎！税额之积累至此，民之得有其生也亦无几矣。今欲定税，须反积累以前而为之制。授田于民，以什一为则；未授之田，以二十一为则。其户口则以为出兵养兵之赋，国用自无不足，又何事于暴税乎！

何谓所税非所出之害？古者任土作贡[13]，……故赋谷米，田之所自出也；赋布帛，丁之所自为也。……

……夫以钱为赋，陆贽尚曰“所供非所业，所业非所供”[14]，以为不可，而况以银为赋乎！天下之银既竭，凶年田之所出不足以上供；丰年田之所出足以上供，折而为银，则仍不足以上供也，无乃使民岁岁皆凶年乎？天与民以丰年而上复夺之，是有天下者之以斯民为雠也。……

何谓田土无等第之害？《周礼·大司徒》……是九则定赋之外，先王又细为之等第也。今民间田士之价，悬殊不啻二十倍，而有司之征收，画以一则，至使不毛之地岁抱空租，亦有岁岁耕种，而所出之息不偿牛种[15]。小民但知其为瘠土，向若如古法休一岁、二岁，未始非沃土矣。官府之催科[16]不暇，虽欲易之，恶得而易之？何怪夫土力之日竭乎！吾见有百亩之田而不足当数十亩之用者，是不易之为害也。

【注释】

(1) 贡、助、彻：《孟子·滕文公上》曰：“夏后氏五十而贡，殷人七十而助，周人百亩而彻，其实皆什一也。”这是说，夏代以五十亩为单位贡，商代以七十亩为单位助，周代以一百亩为单位彻，其实质都是十分取一。 (2) 户调：魏晋的户税制度，即以户为单位征税。 (3) 租、庸、调之法：唐初的赋税制度。租，指田租，有田则有租；庸，指力役，有丁则有庸；调，指户调，有户则有调，调随乡土所产而纳（以绢物为主）。 (4) 缯纩（zèng kuàng)：丝织品和丝绵的合称。 (5) 杨炎变为两税：杨炎（727—781)，唐德宗时的宰相。建中元年（780)，建议废除租庸调制，创立并推行两税法。 (6) 丁中：唐以男子满十六岁为中，满二十一岁为丁。 (7) 丁身钱米：

指向男丁征收的钱和米，称丁身钱、丁身米。（8）有力差、有银差：力差，指力役、劳役；银差，指出银以代差役。（9）一条鞭法：把各州县的田赋、徭役及其他杂征总为一条，合并征收银两，按亩折算缴纳。这样简化了税制，方便了征收，使地方官员难以作弊，增加了朝廷财政收入。（10）夏税、秋粮、存留、起运之额：夏税、秋粮，指两税法中夏、秋两季缴纳的赋税；存留、起运之额，指留于地方使用的部分和解送朝廷的部分。（11）均徭、里甲、土贡、雇募、加银：均徭，按民户丁粮多寡而派充的杂役；里甲，一种徭役的名称；土贡，贡于朝廷的土产；雇募，雇人代役的银钱；加银，赋税正额之外的附加税。（12）倪元璐为户部：崇祯十六年（1643），倪元璐（1593—1644）任户部尚书，明亡自缢。（13）任土作贡：出自《尚书·禹贡》，指根据土地的具体情况，确定贡赋的品种和数量。（14）"所供非所业，所业非所供"：指缴纳的赋税不是自己生产的产品，自己生产的产品不能用来缴纳赋税。（15）牛种：耕牛和种子。（16）催科：催收赋税。

【今译】

或许有人会说，我同意你井田可以恢复的看法，那么赋税应该怎么确定呢？我认为，民众受苛捐杂税之害已很久了，有积累莫返之害，有所税非所出之害，有田土无等第之害。

什么是积累莫返之害？夏商周三代的贡法、助法、彻法，只是对土地征税。魏、晋时出现了户调，有土地的人缴纳租赋，有户头的人缴纳布帛，征税对象除土地外增加了人户。唐初实行租、庸、调制度，有土地要交租，有户头要交调，有丁身要交庸，租缴纳粮食，庸缴纳绢，调缴纳丝绵布麻，征税对象在人户之外又增加了丁身。杨炎对赋役制度进行改革，实行两税法，人丁不分是否成年，以贫富程度为定税标准，虽不再用租、庸、调名称，但其实是把庸、调合并到租里面去了。一直沿用到宋代，没有在租里减掉庸、调，却又开始按人丁加征钱米。后世也不觉得有什么不妥，还说两税是租，丁身钱米是庸、调，又怎知这是重复征税呢？假如当初没有取消庸、调名目，又怎么会导致这样的后果呢？所以杨炎的改革，对当时有那么一点小利，对后世却有很大的害处。

明代的赋役，除两税和丁口银外，还有力差和银差，大致每十年轮值一次。嘉靖末年开始实行一条鞭法，所有州县地方十年中的夏税、秋粮，包括留存地方的和解送朝廷的额度，以及均徭、里甲、土贡、雇募、加银等杂项，合并为一项征收，使一年缴纳的分为十年，到轮值那一年也同其他年份一样，这样，力差和银差又并入了两税之中。没过几年，到里甲轮值之年，各种杂役仍重复纷纷下派。其后，又成为定例，说一条鞭征收的只是两税，而杂役是轮值之年应当服的徭役，又怎知这是重复征发的差役呢？假如当初不取消银差和力差的名目，又何以至此！所以说，一条鞭法对当时有一点小利，对后世却有很大危害。万历年间，军饷额度本来是五百万两，其末年加征新饷九百万两，崇祯年间又增练饷七百三十万两，倪元璐任户部尚书后，将三饷合而为一，其实是把新饷、练饷合并到两税之中。到今天大家都觉得两税本来就是这样，怎么知道明代灭亡的原因就在此处呢！假如练饷、新饷的名称不取消，或许大家还能顾名而思义，也未可知。这又是倪元璐不学无术的过错啊！唉！税额逐渐积累到这种地步，民众还能生存下去吗！现在如果要确定赋税，必须回到赋税积累增加之前的情况，以之作为标准。国家分配给民众的土地，以十税一为准；不是国家分配的土地，以二十税一为准。对户头和人口所征的赋税用作养兵和作战，这样国家用度不会不足，又何须征收重税呢！

什么是所税非所出之害？古代根据土地的出产来确定贡赋的品种和数量，……所以赋税征收粮食，是土地出产的，赋税征收布帛，是百姓生产的。……

……对于征收钱币作为赋税，陆贽批评说“缴纳的赋税不是自己生产的，自己生产的不能用于缴纳赋税”，认为不可行，更何况以征收白银作为赋税呢！天下白银都集中到官府手中，灾年土地出产不足以缴纳赋税，丰年土地出产足以缴纳赋税，但折成白银后，仍然不够上缴，这不是使民众年年过灾年吗！老天爷给百姓过个丰年，却被官府剥夺了，这是统治者将民众当成仇人啊。……

什么是田土无等第之害？《周礼·大司徒》……（将土地）分九等定税赋之外，古代先王又细分等级。现在民间土地的价格，相差不止二十倍，但官府征收税赋，却全无分别，甚至不毛之地每年也要缴纳租税，也有的土地虽然每年耕种，但出产不能补偿耕牛和种子的成本。普通百姓只知道土地贫瘠，倘若能像古代那样休耕一两年，未必就不是沃土。可是连官府催收租税都应付不过来，即使想休耕，又怎么可能呢！怎能责怪土地肥力日趋枯竭呢！我知道有一百亩地的产出还抵不上几十亩的，就是不能休耕造成的。

【点评】

（1）《明夷待访录》的底色是民本思想。黄宗羲在《原君》中，借“古者以天下为主，君为客”，来批判“今也以君为主，天下为客”的现实。他指出，现实社会之为君者，“以我之大私为天下之公”，实乃“为天下之大害”。他在《原臣》中指出，臣之责任，乃“为天下，非为君也；为万民，非为一姓也”。他早在300年前就大呼天下平民“为主，君为客”，与卢梭《社会契约论》（1762年首版）中主权在民的思想如出一辙，但却早了近100年。因此，有人盛赞《明夷待访录》是中国的“人权宣言”，黄宗羲则被誉为中国近代启蒙思想之父。

（2）在赋税问题上，黄宗羲在《明夷待访录·田制一》中指出，十而税一其实与古法相距甚远。然而，在兴兵打仗的乱世，统治者连什一之税也不遵守，他们征收赋税，不是根据土地产出，而是根据朝廷开支，以朝廷支出需要来确定天下的赋税，后世君主以及后世君主的后世都因袭而用，致使百姓赋税负担日益沉重，后世百姓的生活也一代比一代更穷。黄宗羲的这一看法，既是他对卷帙浩繁的历史文献进行广泛研究的结论，又是他对贫苦百姓现实生活进行深入调查的产物，更是他民本思想在赋税问题上的集中体现。

（3）黄宗羲在《明夷待访录·田制三》中说，人民受苛捐杂税之害已很久了，他具体列举了苛捐杂税的三大害，即“积累莫返之害”“所税非所出之害”“田土无等第之害”。特别是他归纳的“积累莫返之害”，从夏商周三代的贡法、助法、彻法讲起，一直讲到唐的“租、庸、调制”和“两税法”，揭示出封建时代每一次税费改革都是

“利于一时者少，而害于后世者大”的本质，充分体现了他从“民本”观点出发，对封建君主专制制度通过税赋对百姓巧取豪夺的行为进行的抨击。显然，这是他对税费改革历史与现实进行长期调查研究的结晶。

（4）现代学者秦晖在他的论文《并税式改革与“黄宗羲定律”》中，把“积累莫返之害”称为“黄宗羲定律”。2003 年 3 月 6 日第十届全国人民代表大会期间，温家宝总理在参加湖北省人大代表讨论时表示，历史上每次税费改革，农民负担在下降一段时间后都会涨到一个比改革前更高的水平，走进“黄宗羲定律”怪圈。同时，他郑重表示，“共产党人……一定能够走出‘黄宗羲定律’怪圈”。2005 年，十届全国人大常委会第十九次会议通过决议：从 2006 年 1 月 1 日起，全国废除农业税。这一决议使已征收 2 600 多年的农业税成为历史，从而彻底打破了“黄宗羲定律”的怪圈。

撰稿人：娄章胜、水延凯

“采铜于山”和“稽之于道里徒步之下”

【简介】

本篇原文，摘自顾炎武的《天下郡国利病书》和《日知录》。

顾炎武（1613—1682），本名绛，别名继坤，后改名炎武，被尊为亭林先生，南直隶昆山人，思想家、史学家。顾氏为江东望族，他一生大体可分为三个阶段。第一阶段为31岁清军入关前。顾炎武幼年受到良好教育，14岁取得诸生资格，此后屡试不中；27岁弃绝科举之路，遍览历代史乘、郡县志、文集、章奏，辑录其中资料，开始

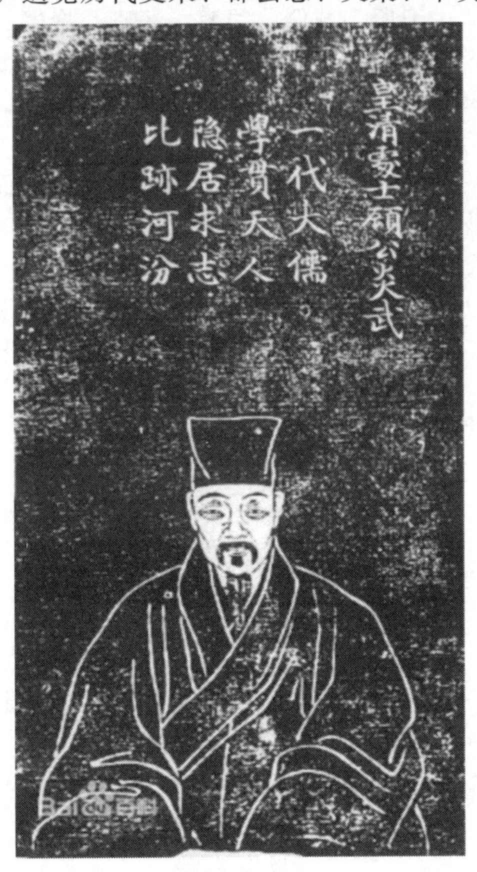

顾炎武石刻像

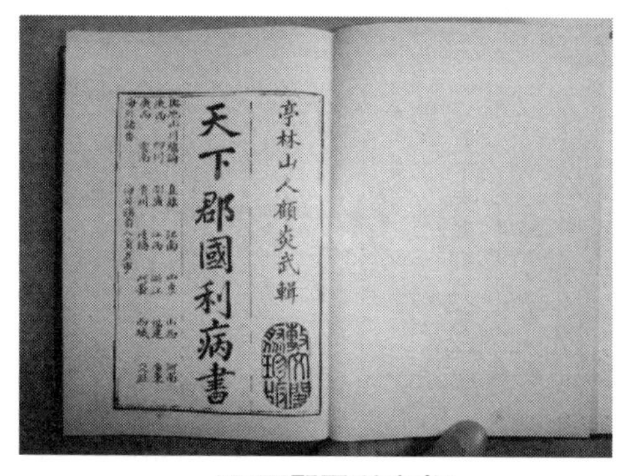

《天下郡国利病书》

撰述《天下郡国利病书》；30 岁以捐纳成为当时最高学府——国子监监生。第二阶段为 32 岁至 44 岁期间。先投南明抗清，奔走于各抗清力量之间，后因家族风波，往来于吴、会一带；42 岁陷入牢狱之灾；43 岁出狱后考察北中国山川形势，以结交各地抗清志士，徐图复明大业；44 岁晋谒明孝陵，然后返回昆山，变卖家产出走。第三阶段为 44 岁后的 20 多年间。曾四谒孝陵，六谒思陵，累拒仕清，孑然一身，游踪不定，足迹遍及山东、河北、山西、河南，结识了许多志同道合的朋友，“往来曲折二三万里，所览书又得万余卷”；晚年定居陕西华阴，1682 年 2 月，在山西曲沃友人家去世，享年 69 岁。其主要著作有《肇域志》《天下郡国利病书》《日知录》《亭林诗文集》等。

《天下郡国利病书》是一部记载明代各地社会政治经济状况的历史地理著作。顾炎武从 27 岁起搜集各种古籍中的有关资料，直至康熙初年（1662）近 50 岁编定成书，后不断增改，终未定稿。全书 120 卷，先叙舆地山川总论，次叙南北直隶、十三布政使司；以讲述郡国利病贯穿全书，重点辑录了兵防、赋税、水利三方面内容。书中有关全国各地的形势、险要、卫所、城堡、关寨、岛礁、烽堠、民兵、巡司、马政、草场、兵力配备、粮草供应、屯田，以及有关农民起义和其他社会动乱等的资料十分详细。顾炎武还对其中所载山川要塞、风土民情做了许多实地考察，以正得失。因此，该书是研究明代社会政治经济的一部重要史籍。

《日知录》是顾炎武三十余年“稽古有得，随时札记，久而类次成书”的大型学术札记，是“平生之志与业皆在其中”的一部著作。康熙九年（1670）首刻，32 卷本有条目 1 019 条，其篇幅长短不拘，最长者《苏淞二府田赋之重》有 5 000 多字，最短者《召杀》仅有 9 字。该书以明道、救世为宗旨，内容广博，涉及经义、史学、官方、吏治、财赋、典礼、舆地、艺文等八个方面，皆探其原委，考正得失，论据精详，文理通达。其中“礼义廉耻，是谓四维”“国家兴亡，匹夫有责”等名言警句，慷慨激昂，传诵广泛，激励着一代代中国士庶。清初学者潘耒在《日知录序》中评价说：“先生非一世之人，此书非一世之书”。

《日知录》

以下【原文】，节录自顾炎武《天下郡国利病书》，黄坤等校点，上海，上海古籍出版社，2012；顾炎武《日知录集释》，黄汝成集释、栾保羣校注，杭州，浙江古籍出版社，2013。【注释】，也参考了上述著作。

【原文、注释和今译】

【原文之一】天下郡国利病书·福建备录·癸酉志原载寺租议

寺租(1)之由，访之故老，其说不同：或云前代给僧之田；或云檀越(2)舍施入寺；或云二者之外又有民户拨寄(3)之田，盖先年僧粮概免杂差(4)，故诡寄僧户(5)，日久为业，此亦有之。但此后来之弊，其间未必尽然。然自国初(6)以至于今二百余年，僧惟管租而不管田，田土民间得相买卖，惟寺租不敢埋没，有田者输租(7)，取租者纳粮，其来非一日矣。所以拖欠钱粮者，盖以一僧入寺，举家父子兄弟群聚而食，耗费已多。又因粮差(8)浩重，辄(9)将租谷减价，预先典(10)与富民或田户，但济目前之急，不顾日后之虑，然及官司追并(11)，楚挞(12)万状，不敢亏累田户者，以分定(13)故也。近者军门过听(14)，以此田多系势豪占掌，欲重加追征以固抑之，而承委官员失于奉行，辄将田户拘扰，重复科派。甚至奸僧(15)倚称四六名色(16)，将无米肥租私隐入已，止存瘦田，将租虚估亩数，令民倍纳。不知此田多是民间小户置买，如龙溪、南靖等处，民田带僧租者，十居三四，岂可尽谓豪民？设有占掌，僧家岂肯忍受？且如海澄等处，僧田一亩，民间置买多者十余两，少者亦七八两，岁收稻谷，乡斗止七八石，与佃户均分一半，得谷四石，内除纳僧租一石七斗，止存谷二石有零，所获无多。特以生长此地，当耕此田耳，而乃欲令其倍纳军饷，在富民犹不能堪，在贫民何啻剜肉？如近年之事，民田一亩，值银七八两者，纳饷至十余两，往往相率欲弃田逃走，其不酿成大患者幸也。今虽设法调停，定价征纳，然窃思田户纳银三钱与纳僧租一石有零，其价亦颇相当，但粮差未知何人供纳，且其间乡斗得官斗七八升者有之，得四五升者亦有之，斗色不齐，是又难于折算。及粮差不完，其势非再取于民，必再取于僧。既取之民，又取之僧，重征横敛，将何时而已也？近该本府知府罗□悯念僧民重困，欲将饷银再减一钱，征纳稍宽，未奉明示。

【注释】

(1) 寺租：寺庙土地出租所收取的钱或实物。　(2) 檀（tán）越：施主。　(3) 拨寄：托付。　(4) 先年僧粮概免杂差：明朝初年，寺田仅纳粮米，概免零杂差役。　(5) 僧户：僧房的门户。　(6) 国初：明朝初年。　(7) 输租：缴纳租税。　(8) 粮差：差，派遣。指派遣的粮食。　(9) 辄：总是，就。　(10) 典：抵押，活买活卖，到期可以赎。　(11) 官司追并：官司，官府；追，追究，催逼；并，一齐，合并。指官府一齐催逼。　(12) 楚挞：鞭打，杖打。　(13) 分定：人生命分有定，不能强求。(14) 军门过听：军门，清代对提督的尊称；过听，误听，误信。　(15) 奸僧：奸，阴险，虚伪，狡诈。指狡诈的僧人。　(16) 名色：事物的名称。

【今译】

关于寺租的来由，（我）访问了一些长者，说法不同：有的说，是前代给予僧人的田；有的说，是施主舍施给寺里的；有的说，除上述二者之外，还有民户托付的田。因为明朝初年，寺田仅纳粮米，概免零杂差役，而民田赋役负担较重，所以有的民户把田亩虚假托付给僧户，久而久之就成了寺田。这种做法的弊端，当时并未全部被了解。然而，从明朝初年至今已二百多年，僧人只管寺租不管寺田，田土民间可以互相买卖，但寺租不能没有着落，种田者缴纳田租，取租者缴纳税粮，这种做法已经有一段时间了。所以，拖欠钱粮者往往以一人入寺为僧，然后举家父子兄弟群聚到寺里吃饭，致使寺里消耗大增。又因派遣粮食任务繁重，总得将寺租数额降低，预先抵押给富民或田户，以求解眼前之急，而不顾及遗留下的后患。然而，等到官府催逼派遣粮米时，僧人以人生命定为理由，无论被怎样鞭打，都不敢亏欠田户，不得不竭力筹办缴纳。近来提督误听、误信，以为这些寺田多为豪强势力所占有或掌控，想加重追征以坚决抑制他们，然而承办官吏大都阳奉阴违，总是逮捕、骚扰一般田户，给他们重复科派粮米。甚至一些狡诈僧人倚称四六名色，私自隐瞒无米肥租并纳入自己腰包，只剩下一些瘦田，用田租来虚估亩数，令民户加倍纳粮。他们哪里知道，这些寺田大多是民间小户置买，例如龙溪、南靖等处，民田带僧租者，十居三四，怎么能说都是豪民呢？假若豪民占掌，收不到寺租，僧家怎么会忍受呢？而且，如福建海澄一带的寺庙田地（指所有权），民间购买这样一亩田地（指经营权），多的要十余两银子，少的也要七八两，每年可收的稻谷，以当地的斗来称量不过七八石。如果出租给佃户耕种（指耕种权），与佃户均分一半（即收地租一半），则能够得谷四石，除缴纳僧租一石七斗外，田户只得谷二石多一点，所获有限。只因生长在此地，当然只能耕种此田，如果令其成倍缴纳军饷，即使富民也不堪重负，对于贫民来说岂止是剜肉？如近年的事情，民田一亩，值银七八两，纳饷至十余两，民户无法承受，只得互相串联弃田逃走，这尚未酿成大患已是万幸了。现今虽设法调停，定价征纳，然而我暗自思量，田户纳银三钱与纳僧租一石有零，其价值颇为相当，但粮差负担不知由何人供纳，而且乡间的斗折合官方的斗有七八升的，也有四五升的，斗的标准不统一，很难折算。如果粮差没有完成，势必不是再取于民，就是再取于僧。既取之于民，又取之于僧，重征横敛，到什么时候为止呢？近来本府知府罗某，怜悯、惦记僧民重征的困难，想将饷银再减一钱，征纳时间稍稍宽容一点，但尚未接到上面的明确指示。

【原文之二】日知录·苏松二府田赋之重

丘濬[1]《大学衍义补》卷二四曰："韩愈谓'赋出天下，而江南居十九'。以今观之，浙东西又居江南十九，而苏、松、常、嘉、湖五府又居两浙十九也。考洪武中，天下夏税秋粮以石计者总二千九百四十三万余，而浙江布政司二百七十五万二千余，苏州府二百八十万九千余，松江府一百二十万九千余，常州府五十五万二千余。是此一藩三府之地，其田租比天下为重，其粮额比天下为多。今国家都燕[2]，岁漕江南米四百余万石以实京师。而此五府者，几居江西、湖广、南直隶之半。臣窃以苏州一府计之，以准其余。苏州一府七县，其垦田九万六千五百六顷，居天下八百四十九万六千余顷田数之中，而出二百八十万九千石税粮于天下二千九百四十余万石岁额之内。其科征之重，民力之竭，可知也已。”

…………

吴中[3]之民，有田者什一，为人佃作者十九。其亩甚窄，而凡沟渠道路皆并其税于田之中，岁仅秋禾一熟，一亩之收不能至三石，少者不过一石有余。而私租之重者至一石二三斗，少亦八九斗。佃人竭一岁之力，粪壅[4]工作，一亩之费可一缗[5]，而收成之日，所得不过数斗，至有今日完租而明日乞贷者。故既减粮额，即当禁限私租，上田不得过八斗，如此则贫者渐富，而富者亦不至于贫。《元史·成宗纪》：至元三十一年十月辛巳，江浙行省臣言：“陛下即位之初，诏蠲[6]今岁田租十分之三。然江南与江北异，贫者佃富人之田，岁输其租。今所蠲特及田主，其佃民输租如故，则是恩及富室，而不被及于贫民也。宜令佃民当输田主者，亦如所蠲之数。”从之。大德八年正月己未诏：“江南佃户，私租太重，以十分为率，普减二分，永为定例。”前一事为特恩之蠲，后一事为永额之减，而皆所以宽其佃户也。是则厚下之政，前代已有行之者。汉武帝时董仲舒言：“或耕豪民之田，见税什五。”唐德宗时陆贽言：“今京畿[7]之内，每田一亩，官税五升，而私家收租有亩至一石者，是二十倍于官税也。降及中第，租犹半之。夫土地，王者之所有。耕稼，农夫之所为。而兼并之徒，居然受利。望令凡所占田，约为条限，裁减租价，务利贫人。”仲舒所言则今之分租[8]，贽所言则今之包租[9]也，然犹谓之“豪民”，谓之“兼并之徒”，宋已下则公然号为“田主”矣。

【注释】

(1) 丘濬（1420/1421—1495）：字仲深，号深庵，广东琼山府（今海南省海口市琼山区）人，明代政治家和思想家。 (2) 燕：燕山，在河北省和北京市。这里指当时以北京为国都。 (3) 吴中：古称吴县，位于太湖之滨，是闻名遐迩的“鱼米之乡”。 (4) 壅：壅积，堆积，遮盖。 (5) 缗：古代穿铜钱用的绳子，古代计量单位，一缗就是一串铜钱，一般为一千文。 (6) 蠲（juān）：除去，免除。 (7) 京畿：指京都及其附近的地方。 (8) 分租：中国古代的地租采用分成制，地租率一般是五成。 (9) 包租：不管年成丰歉，佃户都要按照规定数额交租，叫作包租。

【今译】

丘濬在《大学衍义补》卷二四中说：“韩愈说‘赋出天下，而江南居十分之九’。今天来看，浙东浙西又占江南十分之九，而苏、松、常、嘉、湖五府又占两浙十分之九。据考证，洪武中年，全国夏税秋粮总计二千九百四十三万余石，而浙江布政司二百七十五万二千余石，苏州府二百八十万九千余石，松江府一百二十万九千余石，常州府五十五万二千余石。这一藩三府之地，其田租比普天之下为重，其粮额比普天之下为多。今国家定都北京，每年漕运江南米四百余万石以充实京师。而此五府承担的粮额，几乎占据江西、湖广、南直隶的一半。我以苏州一府计算，作为标准来衡量其余。苏州一府七县，耕种的田亩为九万六千五百六顷，在普天之下的八百四十九万六千余顷田亩之中（仅占1.14%），而每年缴纳税粮二百八十万九千石，在普天之下每年缴纳的二千九百四十余万石税粮之内（占9.55%）。其课征之沉重，民力之枯竭，可想而知了。”

…………

吴县民户，有田者占十分之一，为人佃种者占十分之九。吴县田亩面积狭窄，所有沟渠道路面积都归并在纳税的田亩之中。每年只有秋禾一熟，一亩之收不过三石，少者不过一石多。而私租之重者达一石二三斗，少者也要八九斗。佃农竭尽一年之力，施用很多粪肥，一亩费用达一缗钱，而收成所得不过数斗，以至于有的佃户今天交完租粮，明天就要乞讨借贷。所以，朝廷既要减少税粮数额，又要禁限私租数额，上等田不得超过八斗，只有这样贫者才有可能逐渐富裕起来，富者也不致贫穷下去。据《元史·成宗纪》记载，至元三十一年（1294）十月辛巳，江浙行省臣言："陛下即位之初，下诏免除今岁田租十分之三。然而，江南与江北不同，贫者佃富人之田，每年缴纳田租。今岁下诏的免除只涉及田主，而佃户缴纳田租仍与过去一样，这是恩及富室，而没有覆盖到贫民。陛下应该下令佃户缴纳田主的田租，也如所减免的数额一样。"成宗从之。大德八年（1304）正月己未，诏曰："江南佃户，私租太重，以十分为比值，比过去减少二分，并以此作为永久定例。"前一事为特例之减免，后一事为永久之减免，都是为了宽待佃户。这种厚待下民的政策，前朝已有先例。汉武帝时的经学家董仲舒说："农民有时不得不租种富豪的田亩，产量的十分之五（即一半）要用于交地租。"唐德宗时的翰林学士陆贽说："现在京城周围，每亩地的官税为五升，而私家土豪收租为每亩一石，是官税的二十倍。应降到中等，田租减至一半。因为，这土地，是王者所有；耕种，是农夫所为。而兼并之徒，居然从中获利。望陛下命令，所有地主以条约为限，裁减田租，务求有利于贫穷之人。"董仲舒所讲的，就是今天的分租；陆贽所讲的，则是今天的包租，他们所说的"豪民""兼并之徒"，宋代以后则称为"田主"。

【原文之三】日知录·召杀

巧(1)召杀(2)，忮(3)召杀，吝(4)召杀。

【注释】

（1）巧：巧诈，巧言，巧辩，巧言令色。（2）杀：戮，杀害，厮杀，火并。（3）忮：嫉妒。（4）吝：吝惜，吝骄（吝啬而骄傲）。

【今译】

巧诈会招致杀身之祸，嫉妒会招致杀身之祸，非分贪求会招致杀身之祸。

【点评】

（1）顾炎武生活在明末清初乱世，目击时世艰难，一生辗转奔波，行万里路，读万卷书。顾炎武认为，做学问应以经世致用为目的。"天下兴亡，匹夫有责"是他的至理名言。"炎武之学，大抵主于敛华就实。"他反对"皆求之于典籍文字之间，而不稽之于道里徒步之下”，创立了学与行、治学与经世为一体的治学方法，被誉为清学“开山始祖”。他撰写的《天下郡国利病书》《日知录》等著作，就是他广泛调查与研究的产物。

（2）顾炎武把创作《日知录》比作“采铜于山”，即用铜矿石，而不用二手废铜。他说，这个时代的人写书，就像这时代的人铸钱。古人铸钱都是采铜于山，今人则买旧钱作废铜铸钱。这样铸出的钱，既粗恶，又把古人的传世之宝毁坏了，两边都没好处。顾炎武著述《日知录》，不仅注重收集第一手资料，而且要探其原委，考正得失，这种踏实严谨的治学态度，值得继承和发扬。

（3）顾炎武在《天下郡国利病书·福建备录·癸酉志原载寺租议》中，对寺租的由来、历史与现实、提督的误听误信与承办官吏的阳奉阴违、官府的重征横敛与贫苦田户的弃田逃走等现象进行了描述；在《日知录》中，长达5 000多字的《苏松二府田赋之重》（以苏州府占全国1.14%的垦田却承担9.55%税粮的数据来说明“其科征之重，民力之竭”），其陈述、论证、数据都非常具体、非常有说服力。显然，这是顾炎武既深究于“典籍文字之间”，又“稽之于道里徒步之下”“采铜于山”的结果。

撰稿人：娄章胜、水延凯

“入天下之声色而研其理者，人之道也”

【简介】

王夫之画像

本篇原文，摘自王夫之的《读四书大全说》。

王夫之（1619—1692），字而农，号姜斋，学者称船山先生，湖广衡州府衡阳县（今湖南省衡阳市）人，明清之际三大思想家之一。他 3 岁随兄学习，“自少喜从人间问四方事，至于江山险要、士马食货、典制沿革，皆极意研究”[①]。13 岁中秀才，此后多次乡试落第，19 岁就读于长沙岳麓书院，23 岁中湖广乡试第五名。25～37 岁，投入抗清斗争，常流亡于广西、湖南一带，边教书，边写作。37 岁返回衡阳，借友人藏书开展研究。晚年隐居于石船山，著书立说，直到 73 岁去世。撰有《老子衍》（1655）、《黄书》（1656）、《家世节录》（1658）、《读四书大全说》（1665）、《春秋家说》（1668）、《庄子通》（1679）、《周易内传》（1686）、《尚书引义》（1689）、《读通鉴论》（1691）、《宋论》（1691）等著作。

《读四书大全说》是王夫之对《四书大全》中的唯心主义哲学进行批判，并阐述他自己的唯物主义观点的著作。《四书大全》是明永乐年间胡广等以朱熹《四书章句集注》为基础，广收宋元以来程朱派学者对“四书”的解释而汇编成的一部著作。王夫之通过评判此书，深入研究了宋明理学，考辨了各家异同，围绕理气关系、道器关系、心物关系、知行关系，以及理欲关系、理势关系等宋明时期长期争论的问题，阐述了自己的哲学思想。在知行关系上，王夫之批评了朱熹把知和行“分为两节”，以及“知先于行”“知先行后”的观点。王夫之指出，在认识过程中，总是行先知后，行是基础，居于主导地位，“知有不统行，而行必统知”；但知行终始不相离，知中有行、行中有知，二者“并进而有功”。

---

① 王夫之．读通鉴论：第 1 册．北京：中华书局，1975：前言 1.

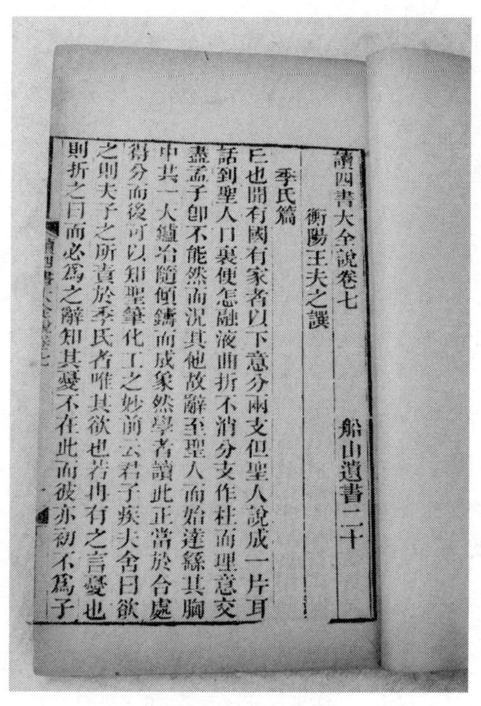
讀四書大全說卷七　　船山遺書二十
衡陽王夫之譔
季氏篇
已也聞有國有家者以下意分兩支但聖人說成一片耳
話到聖人口裏便怎融液曲折不消分支作柱而理意交
盡孟子即不能然而况其他故辭至聖人而始達緣其胸
中共一大爐冶隨傾鑄而成象然學者讀此正當於合處
得分而後可以知聖筆化工之妙前云君子疾夫舍曰欲
之則夫子之所責於季氏者唯其欲也若冉有之言憂也
則折之曰而必為之辭知其憂不在此而彼亦初不為子

《读四书大全说》

以下【原文】，节录自王夫之《船山全书·第六册·读四书大全说》，第 2 版，长沙，岳麓书社，2011。

【原文、注释和今译】

【原文之一】读四书大全说·大学·圣经

朱子[1]说“格物[2]、致知[3]只是一事，非今日格物，明日又致知”，此是就者两条目发出大端[4]道理，非竟混致知、格物为一也。……

…………

……孟子曰：“梓匠轮舆[5]，能与人规矩[6]，不能使人巧[7]。”规矩者物也，可格者也；巧者非物也，知也，不可格者也。巧固在规矩之中，故曰“致知在格物”；规矩之中无巧，则格物、致知亦自为二，而不可偏废矣。

大抵格物之功[8]，心官[9]与耳目[10]均用，学问[11]为主，而思辨[12]辅之，所思所辨者皆其所学问之事。致知之功则唯在心官，思辨为主，而学问辅之，所学问者乃以决其思辨之疑。“致知在格物”，以耳目资心之用而使有所循[13]也，非耳目全操心之权而心可废也。朱门诸子[14]，唯不知此，反贻鹅湖之笑[15]。……呜呼！以此为致知，恐古人小学之所不暇[16]，而况大学乎？

【注释】

(1) 朱子：朱熹（1130—1200），南宋理学家、思想家、哲学家。 (2) 格物：格，作为动词，指推究、调查、衡量；物，物体，事物。指感知事物。 (3) 致知：致，求取，获得；知，知识，智慧。指获取知识。 (4) 大端：大抵，大概。 (5) 梓匠轮舆：梓匠，木工；轮舆，制车轮和木箱的人。泛指有手艺的人。 (6) 规矩：规，画圆形的工具；矩，画直角或方形的工具。规矩，指画圆画方的工具，转意为法则、规定、规则、方法。 (7) 巧：技巧，机巧。 (8) 功：功夫。 (9) 心官：古人以为心是思维器官。 (10) 耳目：感知器官。 (11) 学问：即学与问，这里指阅读、听取、询问、访问等感知过程。 (12) 思辨：思考辨析，不依实际经验的思考。实际上是指思维过程。 (13) 循：遵守，遵循。 (14) 朱门诸子：诸子，诸君。指朱熹的弟子们。 (15) 反贻鹅湖之笑：贻，遗留，留下；鹅湖之笑，缘于鹅湖之会。鹅湖之会是吕祖谦为调和朱熹“理学”和陆九渊“心学”理论分歧，于南宋淳熙二年（1175）在信州（今江西省上饶市铅山县鹅湖镇）鹅湖寺举行的一次著名的哲学辩论会。反贻鹅湖之笑，指反而留下哲学上的笑话。 (16) 不暇：不及。

【今译】

朱熹说“格物（感知事物）、致知（获取知识）是一回事，不是今日格物，明日又致知”，这是就它们两者大概而言的，而不是把致知、格物混为一谈。……

…………

……孟子曰：“制造木器轮车的木匠，能够把画圆画方的工具和方法传授给他人，但不可能使他人自然获得做木工的技巧。”因为，画圆画方的工具和方法是具体事物，可以直接感知；技巧不是具体事物，而是知识、智慧，不能直接感知。技巧蕴含在工具和方法之中，所以说“获取知识在于感知事物”；但是，工具和方法不可能使人自然获得技巧。因此，格物（感知事物）、致知（获取知识）是两回事，二者不可偏废。

大致而言，格物（感知事物）的过程，心官（思维器官）与耳目（感觉器官）都要使用，而以学问（感知过程）为主，思辨（思维过程）为辅，思考辨析的都是感觉到的事物。致知（获取知识）的过程，则靠思维器官，以思辨（思维过程）为主，学问（感知过程）为辅，所感知的事物用于解决思考辨析中的疑惑。“致知（获取知识）在格物（感知事物）”，以感觉器官协助思维器官使其有所遵循，而不是以感觉器官代替思维器官，废除思维器官。朱熹的弟子们，恰恰不知道这个道理，因而在哲学上留下了大笑话。……悲哀啊！这样理解致知，恐怕连古人的小学都不及，怎谈得上大学呢？

【原文之二】读四书大全说·大学·传第六章

先儒分致知格物属知[1]，诚意以下[2]属行[3]，是通将大学分作两节。大分段处且如此说，若逐项下手工夫，则致知格物亦有行，诚意以下至平天下亦无不有知。

格致有行者，如人学弈棋[4]相似，但终日打谱[5]，亦不能尽达杀活之机[6]；必亦与人对弈，而后谱中谱外之理，皆有以悉喻[7]其故。且方其进着心力去打谱[8]，已早属力行矣。

盖天下之事，固因豫立[9]，而亦无先知完了方才去行之理。

【注释】

(1) 知：知识，学问。　(2) 诚意以下：儒学“三纲八目”中的“八目”是：格物、致知、诚意、正心、修身、齐家、治国、平天下。诚意以下，是指“诚意”之后的“正心、修身、齐家、治国、平天下”。　(3) 行：行动，实践。　(4) 学弈棋：指学习下围棋。　(5) 打谱：打，玩耍；谱，记录棋局等的符号或图形。打谱，是指按照棋谱演练下棋的方法。　(6) 不能尽达杀活之机：尽达，尽可能达到；杀活，即死生，下棋时的杀着与活路；机，技巧。指不可能全部掌握下棋时杀着与活路的各种技巧和方法。　(7) 悉喻：悉，详尽；喻，明白，了解。　(8) 方其进着心力去打谱：方，正在；着，助词，表示动作、状态的持续；心力，精神和体力。指正在用持续的精神和体力按照棋谱演练下棋的方法。　(9) 豫立：豫，通“预”，预先，事先；立，建立，成立。指有预先的计划、安排，才能成立。

【今译】

古代儒者，把致知、格物划入知识的范围，把诚意、正心、修身、齐家、治国、平天下划入行动的范围，这是将大学里的“八目”分作两段，是就总体分段而言的，假若逐项分析，那么致知、格物中也有行动，诚意以下至平天下也无不有知识。

格物、致知中的行动，与人们学习下围棋相似，即使整天按照棋谱演练下棋方法，也不可能全部掌握下棋时杀着与活路的各种机巧和方法；必须经常与其他棋手面对面地下围棋，然后才能详尽知晓棋谱之中和棋谱之外的各种道理、技巧和方法。况且，持续耗费精神和体力按照棋谱演练下棋本身，早已属于竭力行动了。

天下的事情，固然因预而立，但也没有事先完全知晓然后才去行动的道理。

【原文之三】读四书大全说·论语·季氏篇

耳有聪[1]，目有明[2]，心思[3]有睿知[4]，入天下之声色而研其理[5]者，人之道[6]也。聪必历于声而始辨，明必择[7]于色而始晰，心出思而得之，不思则不得也。岂[8]蓦然[9]有闻，瞥然[10]有见，心不待[11]思，洞洞辉辉[12]，如萤乍曜[13]之得为生知哉！果尔[14]，则天下之生知，无若禽兽。故羔雏[15]之能亲其母，不可谓之孝，唯其天光乍露[16]，而于己无得[17]也。今乃曰生而知之者，不待学而能，是羔雏贤于野人[18]，而野人贤于君子矣。

【注释】

(1) 聪：听觉。　(2) 明：视觉。　(3) 思：思想，智力。　(4) 睿知：明智通达。　(5) 理：事物的规律、道理，是非得失的标准、根据。　(6) 道：法则，规律，方向，途径。　(7) 择：挑拣，挑选。　(8) 岂：助词，表示反诘（哪里，如何，怎么，难道）　(9) 蓦然：忽然，猛然。　(10) 瞥然：一下子。　(11) 不待：不必，不用，不等，不想，用不着。　(12) 洞洞辉辉：洞洞，混合，贯通貌；辉辉，显赫，光耀貌，光泽，润泽。（13）如萤乍曜：萤，萤火虫，比喻微弱的亮光；乍，短暂，忽然；曜，照耀，明亮。（14）果尔：果然如此。（15）羔雏：出生不久的小羊。（16）天光乍露：天光，原意为日光，天空的光辉，这里指天性；乍，忽然；露，表现，显现。（17）无得：没有知识。（18）野人：山野之人、粗野之人、未开化的人。

【今译】

耳有听觉，目有视觉，思维器官能思考问题、明智通达。进入世界万物声色之中去探寻事物的规律，这是人们认识世界的根本途径。听觉必须听到声音才能辨别，视觉必须看到颜色才能明晰，思维器官必须思考才能得到知识，不思考就不能得到知识。怎么可能突然有耳闻，一下子看见，用不着思考就能清楚明白、融会贯通事理，如同萤火虫生来就一闪一闪地发出微弱亮光呢！假若果真如此，人也是生而知之，岂不与禽兽一样。出生不久的小羊羔就能亲近其母，这不能说是孝，只是其天性的显露，而不是有什么孝的知识。现在竟有人说人生而知之，不用学习就能够认知，这无异于说出生不久的小羊羔胜过山野之人，而山野之人胜过有才有德的人。

【点评】

（1）王夫之指出，格物、致知有联系，但不是一回事，而是两回事，二者不可偏废。格物过程，心官与耳目并用，而以学问为主，思辨为辅，思辨的都是感知的事物；致知过程，也是心官与耳目并用，而以思辨为主，学问为辅，所感知的事物决定着思辨的方向。王夫之说的“心官”与“耳目”，实际上是指思维器官和感知器官；“学问”与“思辨”，实际上是指感知过程与思维过程。这就把人的认识过程分成了两个阶段，即运用感觉器官的感性认识阶段和运用思维器官的理性认识阶段，从而极大丰富和发展了中国古代的知行学说。

（2）王夫之认为，“知”与“行”是不能截然分开的。儒家把致知、格物划入“知”的范畴，把诚意、正心、修身、齐家、治国、平天下划入“行”的范畴，这是就“八目”总体分段而言的。事实上，致知、格物中也有“行”，诚意、正心、修身、齐家、治国、平天下中也有“知”。他以学围棋打谱为例，说明人们只有经常与其他棋手面对面地下围棋（即“行”），然后才能详尽知晓棋谱内外的各种道理、技巧和方法（即“知”）。他还指出，天下的事情，固然因预而立，但也没有事先全“知”然后才去“行”的道理。

（3）王夫之批判“人生而知之”的说法。他指出，听觉必须听到声音才能辨别，视觉必须看到颜色才能明晰，思维器官必须思考才能得到知识。人的认识是在认知、实践的过程中获得的，而不是天生的。人们只有进入世界万物声色之中去，才能探寻到事物的规律，这是人们认识世界的根本途径。他指出，出生不久的小羊羔就能亲近其母，那只是其天性的显露，而不是有什么孝的知识。假若人也是生而知之，岂不与禽兽一样吗？

（4）王夫之是明末清初三大思想家之一。他在思想领域的贡献，表现在哲学、文学、历史学等方面，其中哲学成就最为突出。王夫之的哲学思想，主要包括五个方面：一是气一元论的世界观。二是行先知后的知行学说。三是名与实的辩证思维。四是理势合一的历史观。五是性日生而日成的人性论。他的行先知后学说，把中国古代知行学说向朴素唯物主义认识论方向推进了一大步，从而为古代社会调查奠定了坚实的理论基础。

撰稿人：娄章胜、水延凯

“鱼鳞册为经”，“黄册为纬，赋役之法定焉”

【简介】

本篇原文，摘自张廷玉、万斯同、潘耒的《明史》。

张廷玉（1672—1755），字衡臣，号砚斋，安徽桐城人。祖孙三代，侍值内廷，颇受康、雍、乾三帝青睐。29岁考中进士，被选为庶吉士，入翰林院学习。33岁入值南书房，40岁任日讲起居注官。50岁任吏部左侍郎。51～64岁任礼部尚书、户部尚书、吏部尚书、保和殿大学士（内阁首辅）、首席军机大臣等职，雍正帝遗诏他日后配享太庙。晚年，因多次请求致仕，引起乾隆不满，被罢官职，取消配享太庙的殊荣。84岁卒于家中，乾隆帝最终仍遵雍正遗诏，命其配享太庙，这是清朝唯一一位享受此项殊荣的汉臣。学术上，他兼管翰林院多年，先后任《亲征平定朔北方略》纂修官，《省方盛典》《圣祖实录》副总裁官，《四朝国史》《大清会典》《世宗实录》和《玉牒》总裁官，《明史》也由他最终定稿。

张廷玉画像

万斯同（1638—1702），浙江鄞县人，字季野，号石园。他幼年聪慧异常，17岁受业于黄宗羲，精史学，尤爱明史研究。康熙十七年（1678），清廷诏黄宗羲修《明史》，被拒绝。朝中大臣便举万斯同为博学鸿词科，他坚辞不就。后大学士徐元文任修《明史》总裁，又举荐他，黄宗羲觉得修《明史》事关重大，有万斯同参加可以放心。当时，凡入史馆者可授七品以上俸禄，但万斯同赴京只寓居徐元文家，不受官职和俸禄，以布衣身份入馆修《明史》，担任实际上的主编，前后达19年。后来，他主编的500卷本《明史稿》被删改编辑成332卷的《明史》，万斯同虽未署名，但身为一代史家的他仍被历史记录了下来。

潘耒（1646—1708），字次耕，一字稼堂、南村，吴江（今江苏省苏州市）人。他自幼聪颖，曾师从徐枋、顾炎武，博通经史、历算、音韵学。33岁举博学鸿词科，以布衣身份就任翰林院检讨，参与编纂《明史》，主纂其中《食货志》6卷，又被康熙简拔为日讲起居注官，终因浮躁降职，后因母忧归，遂不复出。50岁在福建建阳刻成顾炎武的《日知录》32卷本行世。58岁时，康熙赐复原官，坚辞不受。著有《类音》《遂初堂诗集》《遂初堂文集》《遂初堂别集》等。

《明史》是一部纪传体断代史，二十四史中的最后一部。《明史》的修纂可谓一波三折。清顺治二年（1645）设明史馆，因政局未稳定，未能开展。康熙四年（1665），重开明史馆，因纂《清世祖实录》而停止。康熙十八年（1679），以徐元文为监修，才真正开始修明史。最后于乾隆四年（1739）由张廷玉定稿，前后历时 95 年，是官修史书中历时最长的一部。《明史》共 332 卷，其中本纪 24 卷，志 75 卷，列传 220 卷，表 13 卷，记载了自明太祖朱元璋洪武元年（1368）至明思宗朱由检崇祯十七年（1644）计 277 年的历史。

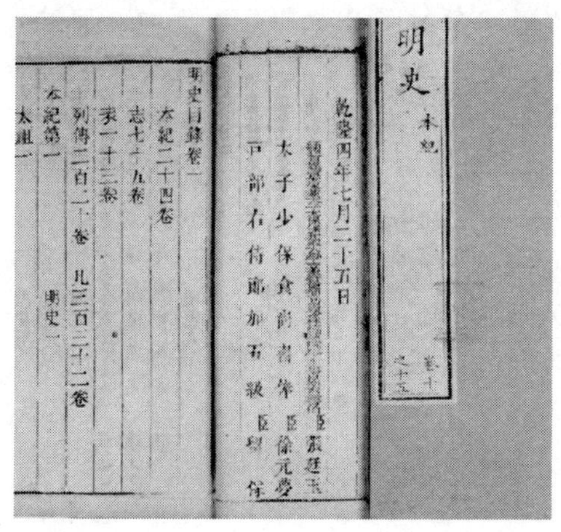

《明史》

清代著名学者赵翼在《廿二史札记》卷三十一中说："近代诸史，自欧阳公《五代史》外，《辽史》简略，《宋史》繁芜，《元史》草率，惟《金史》行文雅洁，叙事简括，稍为可观，然未有如《明史》之完善者。"《明史·食货志》堪称《明史》中最杰出的部分，其中虽不无误解和遗漏，但在中国历代《食货志》中，它不仅体系完整，而且逻辑严谨、内容丰富，地位甚重，具有巨大价值。

以下【原文】，节录自《明史》，北京，中华书局，2000；【注释】，也参考了上述著作。

【原文、注释和今译】

【原文之一】明史·志第五十三·食货一（之一）

户口　田制

太祖[1]籍天下户口，置户帖、户籍，具书名、岁、居地。籍上户部，帖给之民。有司岁计其登耗[2]以闻。及郊祀[3]，中书省以户籍陈坛下，荐之天，祭毕而藏之。洪武十四年[4]诏天下编赋役黄册，以一百十户为一里，推丁粮多者十户为长，馀百户为十甲，甲凡十人。岁役里长一人，甲首一人，董[5]一里一甲之事。先后以丁粮多寡为序，凡十年一周，曰排年。在城曰坊，近城曰厢，乡都曰里。里编为册，册首总为一图。鳏寡孤独不任役者，附十甲后为畸零[6]。僧道给度牒[7]，有田者编册如民科，无田者亦为畸零。每十年有司更定其册，以丁粮增减而升降之。册凡四：一上户部，其三则布政司[8]、府、县各存一焉。上户部者，册面黄纸，故谓之黄册。年终进呈，送后湖东西二库庋藏[9]之。岁命户科给事中一人、御史二人、户部主事四人厘校讹舛[10]。其后黄册只具文，有司征税、编徭，则自为一册，曰白册云。

凡户三等[11]：曰民，曰军，曰匠。民有儒，有医，有阴阳[12]。军有校尉，有力士，弓、铺兵。匠有厨役、裁缝、马船之类。濒海有盐灶[13]。寺有僧，观有道士。毕以其业著籍。人户以籍为断，禁数姓合户附籍。漏口、脱户，许自实。里设老人，选年高为众所服者，导民善，平乡里争讼。其人户避徭役者曰逃户。年饥或避兵他徙者曰流民。有故而出侨于外者曰附籍。朝廷所移民曰移徙。

…………

户口之数，增减不一，其可考者，洪武二十六年[14]，天下户一千六十五万二千八百七十[15]，口六千五十四万五千八百十二。弘治四年[16]，户九百十一万三千四百四十六，口五千三百二十八万一千一百五十八。万历六年[17]，户一千六十二万一千四百三十六，口六千六十九万二千八百五十六。太祖当兵燹[18]之后，户口顾极盛。其后承平日久，反不及焉。靖难兵起[19]，淮以北鞠为茂草[20]，其时民数反增于前[21]。后乃递减，至天顺间为最衰[22]。成、弘继盛[23]，正德以后又减[24]。户口所以减者，周忱[25]谓："投倚于豪门，或冒匠窜两京，或冒引贾四方，举家舟居，莫可踪迹也。"而要之，户口增减，由于政令张弛。故宣宗[26]尝与群臣论历代户口，以为"其盛也，本于休养生息，其衰也，由土木兵戎"，殆笃论云。

【注释】

(1) 太祖：朱元璋（1328—1398），字国瑞，原名重八，濠州钟离人（今安徽省凤阳县），明朝开国皇帝。 (2) 登耗：登记新添人口及除去死亡人口。 (3) 郊祀：帝王在郊外祭祀天地的典礼。 (4) 洪武十四年：公元 1381 年。 (5) 董：监督管理。(6) 畸零：整数以外零余之数。 (7) 度牒：发给僧尼证明身份的文件。 (8) 布政司：明朝时承宣布政使的辖区，是国家一级行政区，简称"布政使司""布政司""藩司"，不称"行省"。 (9) 庋（guǐ）藏：庋，置放器物的架子。指收藏。 (10) 厘校讹舛（é chuǎn）：厘，治理，整理；校，查对，订正；讹舛，错误。 (11) 等：种、类。 (12) 阴阳：专门替人占卜、看风水、择日等的人。 (13) 盐灶：灶，用砖石等砌成，用于烹煮食物。盐灶即烧盐的灶，这里指烧盐的人。 (14) 洪武二十六年：公元 1393 年。 (15) 天下户一千六十五万二千八百七十：原作"天下户一千六百五万二千八百六十"，据诸司职掌户部民科、《明会典》卷十九改。 (16) 弘治四年：公元 1491 年。 (17) 万历六年：公元 1578 年。 (18) 兵燹（xiǎn）：燹，野火。指因战乱所造成的焚烧、破坏。 (19) 靖难兵起：指建文元年（1399）燕王朱棣以"靖难"——清君侧为名举兵，持续约四年的内战。 (20) 鞠为茂草：鞠，通"鞠"。鞠为茂草，谓杂草塞道，形容衰败荒芜的景象。 (21) 民数反增于前：户数从洪武末年（1398）的 10 626 000 余户，增至永乐元年（1403）的 11 415 829 户。(22) 天顺间为最衰：天顺七年（1463）仅为 9 385 213 户，但称其"最衰"似言过其实。（23）成、弘继盛：成、弘，指成化（1465—1487）、弘治（1488—1505）两个年号。弘治十八年（1505），户数增至 12 972 974 户。（24）正德以后又减：正德元年（1506），户数突然减为 9 151 773 户。（25）周忱（Chén，1381—1453）：字恂如，号双崖，江西省吉水县人，明朝前期名臣，以善理财知名。（26）宣宗：朱瞻基（1399—1435），明朝第五位皇帝，1425—1435 年在位。

【今译】

户口　田制

明太祖朱元璋登记天下户口，设置户帖、户籍，上面书写姓名、年龄、居住地址等内容。户籍上报给户部，户帖发给民众。官员每年计算新添人口和死亡人口并予以上报。到皇帝在郊外举行祭祀天地典礼时，中书省就把户籍陈放在祭坛之下，进献给上天，祭祀典礼结束后就收藏起来。洪武十四年，朱元璋命令全国编制征收赋税和徭役的黄册，以一百一十户为一里，推举壮丁粮食多的十户为长，其余一百户分为十甲，每甲十户。管理者由男性成年人担任，里长一人，甲首一人，监督管理一里一甲的事务。任职的先后以壮丁粮食多寡为顺序，每十年为一个周期，称为排年。在城镇称为坊，在城郊称为厢，在乡村称为里。每一里编为一册，册的前面列一总图。鳏寡孤独不服劳役者，作为余数附在十甲后面。僧人道士给予证明其身份的文书，其中有田地者如民众一样编册，无田地者列在十甲后面为余数。每十年官员更改、确定赋役册籍一次，根据壮丁粮食的增减而升降。赋役册籍共四份：一份上呈户部，另三份由布政司、府、县各存一份。上呈户部的，册面为黄纸，故称之为黄册。年终进呈，送南京后湖（今玄武湖）东西二库收藏。每年命令户科给事中一人、御史二人、户部主事四人负责整理、订正赋役册籍中的错误。其后，只书写黄册中的文字，作为官员征收赋税、派使徭役的根据，它自成一册，称为白册。

户籍分为三类：民户，军户，匠户。民户中有读书的人，有治病的人，有从事占卜、看风水的人。军户中有校官尉官，有力士，有弓箭手和巡逻士兵。匠户中有做饭的、做衣服的、马夫船夫之类。沿海地区还有煮盐的人。寺里有僧人，观里有道士。完全根据每个人从事的职业来书写其户籍类别。人户按簿籍作为决断依据，禁止不同姓氏的人一同登记为一户或附籍。遗漏的人口、脱落的民户，允许自己如实重新填报。里设置老人，推选年长有威望者担任，负责劝导民众为善，平息乡里争讼。那些逃避徭役者称为逃户。那些逃避饥荒或战乱而迁徙的人称为流民。因一定原因而侨居外地者称为附籍。朝廷组织的移民称为移徙。

…………

户口数目，多少不一，其有据可考的是，洪武二十六年，全国有一千零六十五万二千八百七十户，六千零五十四万五千八百一十二人。弘治四年，有九百一十一万三千四百四十六户，五千三百二十八万一千一百五十八人。万历六年，有一千零六十二万一千四百三十六户，六千零六十九万二千八百五十六人。太祖时期在战乱之后，户口却很兴盛。其后天下太平时间长久，民数反而赶不上。燕王朱棣平定祸难起兵，淮河以北地区杂草塞道，那时民数反而比以前增加。后来递减，到天顺年间为最少。成化、弘治年间又继续增加，正德年间（1506—1521）又逐渐减少。对于户口减少，善于理财的名臣周忱说："投靠于豪门，或冒充匠人流窜于两京，或冒失引领商贾到各地，或举家居住在舟船上，不知道其踪迹。”要而言之，户口增减，主要取决于政令的松紧。已故的明宣宗曾与群臣讨论历代户口问题，认为“户口兴盛，根本在于休养生息，户口衰落，则由于大兴土木或发生战乱”，这大概是最真实的看法。

【原文之二】明史·志第五十三·食货一（之二）

明土田之制，凡二等：曰官田，曰民田。初，官田皆宋、元时入官田地。厥后有还官田，没官田，断入官田，学田，皇庄，牧马草场，城堧苜蓿地[1]，牲地，园陵坟地，公占隙地，诸王、公主、勋戚、大臣、内监、寺观赐乞[2]庄田，百官职田，边臣养廉田，军、民、商屯田，通谓之官田。其余为民田。

……洪武二十年[3]命国子生[4]武淳等分行州县，随粮定区[5]。区设粮长[6]四人，量度田亩方圆，次以字号，悉书主名及田之丈尺[7]，编类为册，状如鱼鳞，号曰鱼鳞图册[8]。先是，诏天下编黄册，以户为主，详具旧管、新收、开除、实在之数为四柱式[9]。而鱼鳞图册以土田为主，诸原坂、坟衍、下隰、沃瘠、沙卤[10]之别毕具。鱼鳞册为经[11]，土田之讼质焉。黄册为纬[12]，赋役之法定焉。凡质卖田土，备书税粮科则[13]，官为籍记之，毋令产去税存以为民害。……二十六年核天下土田，总八百五十万七千六百二十三顷，盖骎骎[14]无弃土矣。

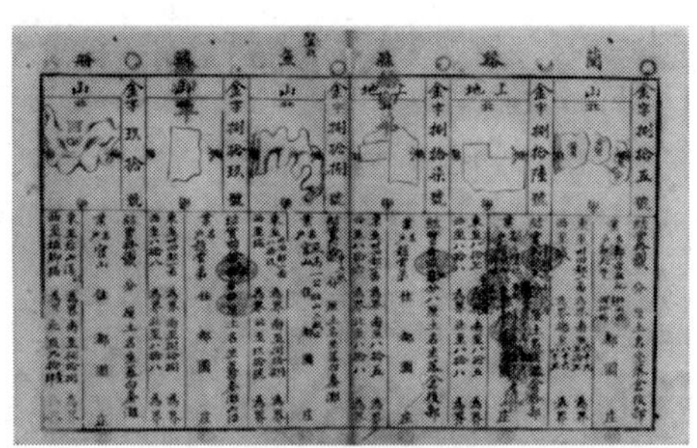

兰溪县鱼鳞图册

凡田以近郭[15]为上地，迤远[16]为中地、下地。五尺为步，步二百四十为亩，亩百为顷。……弘治十五年[17]，天下土田止四百二十二万八千五十八顷，官田视民田得七之一。……万历六年[18]，帝用大学士张居正[19]议，天下田亩通行丈量，限三载竣事。……总计田数七百一万三千九百七十六顷，视弘治时赢三百万顷。然居正尚综核[20]，颇以溢额[21]为功。有司争改小弓[22]以求田多，或掊克[23]见田以充虚额。北直隶、湖广、大同、宣府，遂先后按溢额田增赋云。

【注释】

（1）城堧（ruán）苜蓿地：堧，余地，隙地。明代城廓附近的牧地，种植苜蓿以供内厩养马。（2）赐乞：赐予。（3）洪武二十年：公元1387年。（4）国子生：指国子监肄业的学生，一般为官员子弟。（5）随粮定区：意为“随其税粮多寡，定为几区”。明初以税额一万石为单位，将纳粮一万石的地区设定为一区。（6）区设粮长：明初在江南地区首先设置此制度，从富户中选任，负责赋税征收和解送等事务。《明史·食货二·赋役》载："粮长者，太祖时，令田多者为之，督其乡赋税。"（7）田之丈尺：《明太祖实录》洪武二十年（1387）二月戊子条"田之丈尺"后接"四至"，即四个方向的边界。（8）鱼鳞图册：宋代开始编制，元代在江南地区广为使用，明洪武二十年前先在浙江、江西等地编成，后在山东、河南、湖广等地编制。这种土地账簿，在发生土地诉讼时可用作判决依据。（9）四柱式：亦称四柱法，是我国古代清算账目的一种结算方法。它由"旧管""新收""开除""实在"四柱构成。其中，"旧管"为前回登记的数字，"新收"为新增加的数额，"开除"为减少的数额，"实在"为现在登记的数字。它们分别相当于现代会计中的"期初结存""本期收入""本期支出""期末结存"。（10）原坂、坟衍、下隰、沃瘠、沙卤：原坂，平地和山地；坟衍，水边高地和平坦之地；下隰，低地和湿地；沃瘠，肥沃的土地和贫瘠的土地；沙卤，沙荒地和盐碱地。（11）鱼鳞册为经：经纬，织物的竖线和横线。织布时，竖线是固定的，横线则来往穿梭。鱼鳞册登记的土地，其位置是不变的，故称为经。（12）黄册为纬：黄册按户登记的人口及土地财产等情况，其数量是不断变化的，故称为纬。（13）科则：缴纳赋役的项目等级或公事的条规。（14）骎骎：迅疾的样子，比喻时间过得很快，形容事物日趋进步强大。（15）近郭：郭，城外围着城的墙。近郭，城的近郊。（16）瓲远：瓲，延伸。瓲远，远处。（17）弘治十五年：公元 1502 年。（18）万历六年：公元 1578 年。（19）张居正（1525—1582）：字叔大，号太岳，湖广荆州卫（今湖北省荆州市）人，万历时期的内阁首辅，辅佐神宗开创"万历新政"，史称"张居正改革"。（20）综核：综聚而考核。（21）溢额：超额。（22）小弓：古时丈量地亩用的器具和计算单位。与大弓之比为四比五。宋赵令畤《侯鲭录》卷四："一大弓长五肘，小弓长四肘。"（23）掊克：不贤良的人，以苛税聚敛财物。

【今译】

明朝的田亩制度有两种：一是官田，一是民田。明朝初期，官田都是宋朝、元朝时就有的官田。其后，还有归还的田，没收的田，断决的田，学田，皇庄，牧马草场，城附近种苜蓿的地，放牧地，园陵坟地，公占隙地，赐予诸王、公主、勋戚、大臣、内监、寺观的庄田，百官职田，边臣养廉田，军、民、商屯田，所有这些都称为官田。其余为民田。

……洪武二十年，太祖命令国子生武淳等分别巡行州县，随税粮多寡划定区域。区设粮长四人，负责测量田亩数量及图形，编以字号顺序，全部书写户主姓名、田地面积和四至边界，按类编制成册，形状如同鱼鳞，故称为鱼鳞图册。在此之前，太祖命令天下编制黄册，以户口为主，按照四柱法详细记载期初结存、本期收入、本期支出、期末结存的数字。而鱼鳞图册以田地为主，分别写明平原山地、水边高地和平地、低地和湿地、肥沃地和贫瘠地、沙荒地和盐碱地等各种土地类别。鱼鳞册类似稳定的经线，有关田地的诉讼可以它为根据评判。黄册类似于变动的纬线，赋税、徭役的种类和数量都是根据它确定的。凡是典卖田地，都要详细记载缴纳赋役的项目和等级，官府都要造册登记，不让田产已去而赋税仍存以致祸害民众。……二十六年（1393）核查天下土田，总计八百五十万七千六百二十三顷，很快就没有遗弃的土地了。

凡田地以城郭附近的为上等地，边远的为中等地、下等地。计算土地面积，以五尺为步，二百四十步为亩，百亩为顷。……弘治十五年，天下土田仅四百二十二万八千零五十八顷，官田比照民田为七分之一。……万历六年，神宗采用大学士张居正的建议，丈量天下的田亩，限三年完成。……总计田数七百零一万三千九百七十六顷，比照弘治时增加三百万顷。然而，张居正崇尚综合核算，偏向于以超额为成绩。于是官员们争相改大弓为小弓，以求测量出更多田亩，或者用不贤良的小人来测量田土，以便填写虚假数额。北直隶、湖广、大同、宣府，就是这样先后按超额田亩数来增加赋税的。

【点评】

上述史料说明，明朝的人口、田亩调查有很大进步，其主要表现是：

（1）整顿户籍，编制黄册。元末民不聊生，流民四窜，由于长期战乱，户口和土地册籍流失，社会管理一片混乱。明初，朱元璋一方面采取轻徭薄赋政策，大力恢复社会生产；另一方面命令中书省和户部整顿户籍，把全国户籍分为民户、军户、匠户三类，不惜调动军队到各地调查户口，编制户帖、户籍。洪武十四年，更命令全国编制征收赋役的黄册，规定一式四份：一份上呈户部，另由布政司、府、县各存一份。上呈户部的黄册，送南京后湖黄册库收藏，作为征收赋税、派使徭役的根据。经过户籍整顿，确立了里甲制度，编制了赋役黄册，从而使赋役征收工作走上了正轨，保证了朝廷正常运转和社会稳定。

（2）清丈土地，编制鱼鳞图册。在整顿户籍、编制黄册的同时，还开展了丈量土地、编造鱼鳞图册的工作。鱼鳞图册是丈量、核实田地后的文字与形象记录，包括业主姓名、田地名称、面积、形状、四至、土质等内容，记录、绘制完成后，将总图与分图编订成册，成为征收赋役和买卖土地的根据。编制黄册和鱼鳞图册，二者相辅相成，前者以户口为主，后者以土地为主，它们共同成为朝廷征收赋税、徭役的基础，因而封建统治者极其重视它们。清丈土地，绘制鱼鳞图册，比编制黄册费时费力，明朝只进行过两次，一次在洪武年间，一次在万历年间，因而鱼鳞图册比黄册要少得多，也珍贵得多。

（3）编制黄册和鱼鳞图册，往往伴随着严重的斗争。由于黄册和鱼鳞图册的编制直接涉及朝廷、州县官吏和民间各阶层的利益，因而围绕清查户口、清丈土地工作，各种势力明争暗斗。理财名臣周忱曾说过："投倚于豪门，或冒匠窜两京，或冒引贾四方，举家舟居，莫可踪迹也。"万历年间丈量土地中出现的"有司争改小弓以求田多，或掊克见田以充虚额。北直隶、湖广、大同、宣府，遂先后按溢额田增赋云"，就是这种斗争的具体表现。然而，从根本上说，户口增减，是"由于政令张弛"。正如宣宗与群臣论历代户口时所说的："其盛也，本于休养生息，其衰也，由土木兵戎。"这就是对历史经验的总结。

撰稿人：娄章胜、水延凯

“轻骑遍历所部，延访父老，察时事所宜兴革”

【简介】

本篇原文，摘自张廷玉等编撰的《明史》，有关张廷玉等人和《明史》的简况，本书第 304 页和第 305 页已有介绍，这里不再重复。

于谦画像

以下【原文】，节录自《明史》，北京，中华书局，2000；【注释】，也参考了上述著作。

【原文、注释和今译】

【原文之一】明史·列传第五十八·于谦（之一）

于谦[1]，字廷益，钱塘人。……举永乐十九年[2]进士。

宣德初[3]，授御史。……

出按[4]江西，雪冤囚数百。疏奏陕西诸处官校[5]为民害，诏遣御史捕之。帝知谦可大任，会[6]增设各部右侍郎为直省巡抚，乃手书谦名授吏部，超迁[7]兵部右侍郎，巡抚河南、山西。谦至官[8]，轻骑遍历所部，延访[9]父老，察时事所宜兴革，即具疏[10]言之。一岁凡数上，小有水旱，辄[11]上闻。

【注释】

(1) 于谦（1398—1457）：字廷益，号节庵，汉族，杭州府钱塘县（今浙江省杭州市上城区）人，明朝名臣、民族英雄。 (2) 永乐十九年：永乐，明成祖朱棣的年号，共22年（1403—1424）。永乐十九年，公元1421年。 (3) 宣德初：宣德，明宣宗朱瞻基的年号，共10年（1426—1435）。宣德初，是指公元1426年。 (4) 按：按察使，职官名，唐置，明清为省级司法长官，掌刑名按劾之事。 (5) 官校：官，文官；校，武官。 (6) 会：恰好，正好。 (7) 超迁：越级迁升。 (8) 至官：到任。(9) 延访：延，延接，引进接待；访，访问，拜访。 (10) 具疏：具，古同“俱”，意为全，都；疏，奏疏，分条说明的文字。 (11) 辄：就。

【今译】

于谦，字廷益，杭州府钱塘县人。……永乐十九年登进士第。

宣德初年，被授予主管纠察的御史官职。……

不久，（于谦）出任江西按察使，昭雪蒙冤的囚徒达数百人。他上书说，陕西一些地方文武官员祸害百姓，皇上应该派遣御史去逮捕他们。宣宗知道于谦可以担当大任，正好这时各部右侍郎增设为直省巡抚，宣宗便亲笔写下于谦的名字交给吏部，越级提升于谦为兵部右侍郎，巡抚河南、山西。于谦到任后，轻装简从，骑着一匹瘦马，迅速遍巡其所管辖的区域，广泛接见和走访父老乡亲，实地考察哪些事务应该兴办、哪些事务应该革除，并且马上全部上书提出建议。他一年多次上奏，稍有水旱灾害，即报告皇上。

【原文之二】明史·列传第五十八·于谦（之二）

正统六年[1]疏言：“今河南、山西积谷各数百万。请以每岁三月，令府州县报缺食下户，随分支给。先菽秫[2]，次黍麦，次稻，俟秋成偿[3]官。而免其老疾及贫不能偿者。州县吏秩满[4]当迁，预备粮有未足，不听[5]离任。仍令风宪官[6]以时稽察。”诏行之。河南近河处[7]，时有冲决。谦令厚筑堤障，计里置亭，亭有长，责以督率修缮。并令种树凿井，榆柳夹路，道无渴者。大同孤悬塞外，按山西者不及至，奏别设御史治之。尽夺镇将私垦田为官屯，以资边用。威惠流行，太行伏盗皆避匿。

【注释】

(1) 正统六年：正统，明英宗朱祁镇的年号，共14年（1436—1449）。正统六年，公元1441年。 (2) 菽秫：菽，豆类的总称；秫，黏高粱。 (3) 偿：归还，补还。(4) 秩满：秩，古代官吏的俸禄；秩满，官员任职届满。 (5) 听：听凭，任凭。

(6) 风宪官：负责监察执行法纪的官吏。　(7) 近河处：黄河沿岸。

【今译】

正统六年，（于谦）上书说："现在河南、山西都积蓄了数百万斤粮食。请在每年三月，令府州县上报缺少食物的下等民户，然后按份额借支给他们粮食，先给豆类和高粱，其次给小米和麦子，最后给稻谷，等秋收后偿还。年老有病以及贫困而无力偿还的则给予免除。州县官吏任期届满应当升迁的，如果预备粮不足，则不能离任。还要命令负责监察执行法纪的官吏经常监察。"英宗下令施行。河南黄河沿岸，经常被洪水冲开缺口。于谦下令加厚建筑堤坝，每个乡里都要设亭，亭设亭长，负责督促、率领修缮堤坝。又命令百姓种树挖井，夹路种植榆树和柳树，这样行人就不再受渴了。大同孤悬于塞外，按抚山西的官员很难顾及，于谦奏请另设御史治理。他还把镇边将领私垦的田地全部收为官家屯田，以资助边防开支。于谦的恩威广泛流行，致使潜伏在太行山的盗贼都不敢露面。

【原文之三】明史·列传第五十八·于谦（之三）

初，三杨[(1)]在政府，雅[(2)]重谦。谦所奏，朝上夕报可，皆三杨主持。而谦每议事京师，空橐以入，诸权贵人不能无望[(3)]。及是，三杨已前卒，太监王振[(4)]方用事[(5)]，适有御史姓名类谦者，尝忤[(6)]振。谦入朝，荐参政王来、孙原贞自代。通政使李锡阿[(7)]振指，劾谦以久不迁怨望，擅举人自代。下法司论死，系狱三月。已而[(8)]振知其误，得释，左迁[(9)]大理寺少卿。山西、河南吏民伏阙[(10)]上书，请留谦者以千数，周、晋诸王亦言之，乃复命谦巡抚。时山东、陕西流民就食河南者二十余万，谦请发河南、怀庆二府积粟以振。又奏令布政使年富[(11)]安集其众，授田给牛种，使里老司察之。前后在任十九年，丁内外艰[(12)]，皆令归治丧，旋起复。

【注释】

(1) 三杨：永乐二十二年（1424），明仁宗朱高炽即位后，选用贤臣，任命杨士奇、杨荣、杨溥辅政，史称"三杨"。　(2) 雅：极，甚。　(3) 不能无望：无望，绝望。指因"不能无望"，而产生怨恨。　(4) 王振：蔚州（今河北省蔚县）人，自阉入宫，入宫后讨得宣宗皇帝喜欢，服侍皇太子也就是后来的英宗皇帝，英宗即位后，掌司礼监，劝皇帝以重典治理。正统七年（1442）太皇太后死，王振勾结内外官僚，擅作威福，大兴土木，诛杀正直官员，公卿大臣争相攀附。正统十四年（1449），瓦剌大举入侵，王振鼓动皇帝亲征，致全军覆没，英宗被俘，王振被杀。史称王振"狡黠"，是明朝第一代专权太监。　(5) 用事：当权执政。　(6) 忤：忤逆，不顺从。(7) 阿：曲从，迎合。　(8) 已而：不久，后来。　(9) 左迁：古人以右为上，左迁就是降职。　(10) 伏阙：伏，俯伏，趴下，下跪；阙，皇帝居处，借指朝廷。(11) 年富（1395—1464）：字大有，安徽省怀远县（今安徽省蚌埠市淮上区）人。本来姓严，明洪武初上报户籍，因"年"与"严"音近，附版籍（户口册）为"年"，遂以年姓。经明成祖至宪宗六朝，历任官吏科给事中、陕西左参政、河南右布政使、右副都御史兼大同巡抚、兵部右侍郎兼山东巡抚、户部尚书等职。不论在哪里，他都清廉刚正，始终不渝，是一代名臣。 (12) 丁内外艰：遭遇父母之丧。

【今译】

当初，杨士奇、杨荣、杨溥三贤臣（以下简称“三杨”）主持政府工作，很器重于谦。于谦所上的奏章，早晨递上去，傍晚便可批回，这都是因为三杨的主持。而于谦每次进京议事，总是空囊而去，权贵们因无受贿指望而不能不怨恨他。到这时，三杨已相继去世，太监王振正在弄权，正好有个御史的名字像于谦，他曾经忤逆过王振。于谦进京朝拜时，推荐参政王来、孙原贞代替自己。通政使李锡迎合王振的指使，弹劾于谦，说他因为久不升迁而有抱怨，擅自推荐别人来代替自己。于谦被逮捕到法司，判了死罪，在狱中关了三个月。后来王振知道弄错了人，于谦才得以释放，被降为大理寺少卿。山西、河南官民上千人跪在宫门外上书，请求挽留于谦。周王、晋王等也为于谦说话，于是英宗重新任命于谦为巡抚。当时山东、陕西流民到河南谋生的达二十余万，于谦请求将河南、怀庆两府储存的粮食拿出来赈济。又上奏，请皇上命令布政使年富安定聚合民众，授予他们田地、耕牛和种子，并让里老监督他们。于谦在此任职前后十九年，其间先后遭遇父母亲去世，英宗都让他回家治丧，随后便令他重返职位。

【原文之四】明史·列传第五十八·于谦（之四）

十三年[(1)]以兵部左侍郎召。明年秋，也先[(2)]大入寇，王振挟帝亲征。谦与尚书邝埜[(3)]极谏，不听。……及驾陷土木[(4)]，京师大震，……侍讲徐珵[(5)]言……当南迁。谦厉声曰：“言南迁者，可斩也。京师天下根本，一动则大事去矣，独不见宋南渡事[(6)]乎!”王是其言，守议乃定。……

…………

初，也先深入，……叛阉喜宁[(7)]嗾使邀大臣迎驾，索金帛以万万计，……帝不许，也先气益沮。庚申，寇窥德胜门。谦令亨[(8)]设伏空舍，遣数骑诱敌。敌以万骑来薄[(9)]，副总兵范广发火器，伏起齐击之。也先弟孛罗、平章卯那孩中炮死。……相持五日，也先……知终弗可得志，又闻勤王[(10)]师且至，恐断其归路，遂拥上皇[(11)]由良乡西去。谦调诸将追击，至关而还。

【注释】

(1) 十三年：指正统十三年，公元 1448 年。 (2) 也先：绰罗斯·也先（? —1455)，第二十八代蒙古大汗，明正统四年（1439）成为瓦剌首领，以明拒绝贸易为由进攻明朝，在“土木之变”（1449）中打败明军，俘虏了明英宗并包围北京，后围攻不成，退回蒙古，并释回明英宗。 (3) 邝埜（Kuàng Yě，1385—1449)：字孟质，湖广宜章县（今湖南省宜章县）人，正统十年（1445）任兵部尚书，正统十四年（1449）劝阻英宗亲征，不听，后死于土木之变的乱军之中。 (4) 土木：即土木堡，坐落于居庸关至大同长城一线的内侧，是长城防御系统组成部分。 (5) 徐珵：即徐有贞（1407—1472)，初名珵，字元玉，南直隶吴县（今江苏省苏州市）人，明中期内阁首辅，土木之变后曾建议南迁，遭到朝野一致谴责。 (6) 宋南渡事：公元 1127 年，北宋为金国所灭，宋钦宗弟弟赵构逃往南方，被推举为皇帝（宋高宗），迁都临安，史称南宋。成千上万的中原官员及民众像潮水一样仓皇向南逃亡，史称“南渡”。（7）喜宁：女真人，明正统年间的太监，在土木堡被俘后叛变，沦为叛徒。（8）亨：石亨（？—1460），陕西渭南（今渭南市）人，明朝将领，景泰八年（1457）发动夺门之变，拥立朱祁镇复辟，得以权倾朝野。后因培植党羽，干预朝政，被罢官治罪，瘐死于狱中。（9）薄：通“博”，搏击，追击。（10）勤王：王室有难，起兵救援靖乱。（11）上皇：明英宗朱祁镇（1427—1464），土木之变后，其弟郕王朱祁钰登基称帝，遥尊英宗为太上皇。

【今译】

（正统）十三年，于谦召为兵部左侍郎。第二年秋天，也先大举入侵，王振挟英宗亲征。于谦与尚书邝埜极力劝谏，英宗不听。……到英宗在土木堡被俘时，京师大为震惊，……侍郎徐珵说……应当南迁。于谦厉声说道：“提议南迁者应当斩首！京师是天下根本，只要一动大事就完了，难道忘了宋朝南渡的旧事吗？”郕王同意他的观点，守城决议便定了下来。……

…………

当初，也先深入内地，……叛徒阉官喜宁教唆也先，让朝廷派大臣迎接太上皇圣驾，索要金帛以万万计，……明代宗不许。也先锐气进一步受挫。十月二十九日，敌人窥视德胜门。于谦令石亨在空房中设伏兵，然后派几名骑兵去诱敌。敌人用一万骑兵追击，副总兵范广引发火器，伏兵四起杀敌。也先弟弟孛罗、平章卯那孩都中炮而死。……双方相持五天，也先……知道终究不能达到目的，又听说起兵救援京师的队伍即将到来，恐断了归路，便拥着太上皇从良乡向西逃去。于谦调遣将领追击，一直追到长城关口才返回。

【原文之五】明史·列传第五十八·于谦（之五）

帝知谦深[(1)]，所论奏无不从者。……谦具实对，无所隐，不避嫌怨。由是诸不任职者[(2)]皆怨，而用弗如谦者，亦往往嫉之。比[(3)]寇初退，……诸御史以深文[(4)]弹劾者屡矣……

…………

景泰八年[(5)]正月壬午，亨与吉祥、有贞等既迎上皇复位，……即执谦与大学士王文下狱。诬谦……更立东宫，……谋迎立襄王子。……坐以谋逆，处极刑。……

……及籍没[(6)]，家无余资，独正室鐍钥[(7)]甚固。启视，则上赐蟒衣、剑器也。死之日，阴霾四合，天下冤之。……

谦既死，而亨党陈汝言[(8)]代为兵部尚书。未一年败，赃累巨万。……是年，有贞为亨所中[(9)]，戍金齿[(10)]。又数年，亨亦下狱死，吉祥谋反族诛，谦事白。

【注释】

（1）深：深刻，深远，深谋远虑。（2）不任职者：任职，称职。不任职者，即不称职者。（3）比：及，等到。（4）深文：引用严苛、含意深远或艰奥的文章。

(5) 景泰八年：景泰是明朝第七位皇帝明代宗朱祁钰的年号。景泰八年，公元 1457 年。 (6) 及籍没：及，等到；籍没，登记并没收家产。 (7) 鐍钥：锁和钥匙。 (8) 亨党陈汝言：陈汝言为正统七年（1442）壬戌科进士，官至兵部郎中。极为奸佞、阴险狡诈、贪腐卑鄙。石亨杀害于谦时，陈汝言逢迎趋附于石亨，因此称心如意地被石亨举荐，取代于谦担任了兵部侍郎，后晋升为尚书。后来，陈汝言贪赃枉法的罪行被揭发，被逮捕下狱、抄家，家中搜查出金帛、宝物达千万之巨。 (9) 中：受到，遭受，中毒，中计。 (10) 金齿：指“金齿白夷”聚居地。

【今译】

明代宗知道于谦深谋远虑，凡他所论奏的无不听从。……于谦都据实回答，毫无隐瞒，不避嫌疑和仇怨。因此那些不称职的人都恨他，而官职不如于谦的，也往往妒忌他。等到敌寇刚刚退走，……御史们多次以苛刻的言辞弹劾于谦……

…………

景泰八年正月十九日，石亨与曹吉祥、徐有贞等迎接太上皇复位……立即将于谦和大学士王文逮捕入狱。诬告于谦……阴谋更换太子，……图谋迎立襄王的儿子。……判于谦犯了谋反罪，处以极刑。……

……等到抄他家时，发现他家无余财，唯独正室锁得坚固。打开一看，则是皇帝赐给的绣有蟒蛇形状的袍衣、剑器等。他死的那天，阴霾密布，天下人都认为他冤枉。……

于谦死后，石亨的党羽陈汝言代为兵部尚书。不到一年就被革职，查获的赃物达数十百万。……这一年，徐有贞被石亨中伤，被派遣去边疆戍守。又过了几年，石亨也被下狱，死于狱中，曹吉祥以谋反罪被灭族，于谦的冤案大白于天下。

【点评】

(1) 宣德初年，于谦巡抚江西。在短短的一年中，他以民为本，处处为百姓排忧解难，经常深入民间，微服私访，了解社情民意，先后平反、昭雪冤狱数百起。由于他敢于伸张正义，惩治贪官奸吏，从不徇私情，将作恶多端的权贵就地正法，因此深受百姓爱戴。江西百姓把他比作北宋大清官包拯，说他像包龙图一样公正无私，称他为“于龙图”。

(2) 宣德五年（1430），中原连年大旱，山西、河南灾情尤为严重，宣宗派遣年仅 33 岁的于谦出任山西、河南巡抚，直到正统十三年（1448），于谦在河南、山西任巡抚长达 19 年。在此期间，他轻装简从，骑一匹瘦马，迅速遍巡其所管辖的区域，走访父老乡亲，体察社情民意，及时缓解百姓困苦。例如，他下令各州县设置“平仓”和“义仓”，以便灾年及时救济灾民或借贷给他们；在各地开设“惠民药局”，以方便百姓买药、治病；每年冬春组织百姓修筑黄河大堤，植树、凿井，预防黄汛和干旱；还把镇守将领私自开垦的田地全部收为官屯，用以资助边防经费……他的恩威遍布山西、河南，以至太行山的盗贼都逃跑或隐藏了起来。

(3) 正统十四年（1449）秋天，也先大举入侵，王振挟英宗亲征。土木之变后，英宗兵败被俘，于谦以大局为重，力排南迁之议，坚请固守，升任兵部尚书。明代宗即位，于谦更从实际出发，整饬兵备，部署要害，亲自督战，率师二十二万，列阵北京九门外，抵御瓦剌大军。也先挟英宗逼和，于谦以“社稷为重，君为轻”，不许。也先无隙可乘，被迫释放英宗。和议后，于谦仍积极备战，挑选京军精锐分十团营操练，又遣兵出关屯守，边境得以安宁。

总之，于谦时时以民众利益为根本，处处为百姓排忧解难，经常是便服一套、布鞋一双、瘦马一匹，行走于乡里，调查于民间，这是他获得显著政绩，成为廉吏能臣的一个根本原因。

撰稿人：水延凯、水迎波

巧治权贵，冒死实谏，严查恩公，力行清丈

【简介】

本篇原文，摘引自张廷玉等编撰的《明史》，有关张廷玉等人和《明史》的简况，本书第304页和第305页已有介绍，这里不再重复。

海瑞画像

以下【原文】，节录自《明史》，北京，中华书局，2000；【注释】，也参考了上述著作。

【原文、注释和今译】

【原文之一】明史·列传第一百十四·海瑞（之一）

海瑞[1]，字汝贤，琼山人。……识者壮之[2]。……迁淳安知县。布袍脱粟[3]，令老仆艺蔬[4]自给。总督胡宗宪[5]……子过淳安，怒驿吏，倒悬之。瑞曰："曩胡公按部[6]，令所过毋供张。今其行装盛，必非胡公子。"发橐金[7]数千，纳之库，驰告宗宪，宗宪无以罪。都御史鄢懋卿[8]行部过，供具甚薄，抗言邑小不足容车马。懋卿恚[9]甚。然素闻瑞名，为敛威去……

【注释】

(1) 海瑞（1514—1587）：字汝贤，号刚峰，琼山（今海南省）人，35岁乡试中举，后任福建南平教谕。44岁升任浙江淳安知县。历任州判官、户部主事、兵部主事、

两京通政、右佥都御史等职。他仕途坎坷，屡受排挤，因批评皇帝入狱；后复职，仍刚直不阿，秉公执法，打击豪强，兴修水利，有“海青天”之美誉。（2）识者壮之：识者，有见识的人；壮之，有勇气，有力量。（3）布袍脱粟：布袍，布制的长袍，泛指布做的衣服；脱粟，粗粮，只脱去谷皮的粗米。（4）艺蔬：艺，种植。指种植蔬菜。（5）胡宗宪（1512—1565）：字汝贞，号梅林，祖籍安徽绩溪，出身锦衣卫世家，27岁中进士，29岁任山东青州府益都县县令，累迁浙江巡按御史，为官二十余年，忠心为国，抗倭有力，官至兵部尚书和都察院右都御史。（6）曩胡公按部：曩，以往，从前；胡公，胡宗宪；按部，巡视部属。（7）橐（tuó）金：橐，口袋。指装在袋中的金银。（8）鄢懋卿（生卒年不详）：字景卿，丰城（今江西省丰城市）人。嘉靖二十年进士，由行人擢御史，累进左副都御史。附严嵩，得为总理两浙、两淮、长芦、河东四盐运司盐政。（9）恚（huì）：愤怒。

【今译】

海瑞，字汝贤，海南琼山人。……有识之士认为他很有骨气。……（他）调任淳安知县，穿布袍吃粗粟，让老仆种蔬菜自给。总督胡宗宪……的儿子路过淳安，恼恨驿吏招待不周，将他倒吊起来。海瑞说：“以往胡公巡视部属，命令途经各地不要铺张供给。现在他的行装华丽，必定不是胡公的儿子。”就把从其袋中发现的几千两银子没收，缴进府库，并飞马报告胡宗宪，胡宗宪无法怪罪他。都御史鄢懋卿巡视路过淳安，海瑞供给很简单，并抗争说小镇不能容纳车马。鄢懋卿非常恼恨，然而素闻海瑞的声名，只好收敛威风离去……

【原文之二】明史·列传第一百十四·海瑞（之二）

时世宗[1]享国日久，不视朝，深居西苑，专意斋醮[2]。督抚大吏争上符瑞[3]，礼官辄[4]表贺。廷臣自杨最[5]、杨爵[6]得罪后，无敢言时政者。四十五年二月，瑞独上疏曰：

…………

且陛下之误多矣，其大端在于斋醮。……自古圣贤垂训，修身立命曰“顺受其正[7]”矣，未闻有所谓长生之说。尧、舜、禹、汤、文、武圣之盛也，未能久世[8]，下之亦未见方外士自汉、唐、宋至今存者。陛下受术于陶仲文[9]，以师称之。仲文则既死矣，彼不长生，而陛下何独求之？至于仙桃天药，怪妄尤甚。……桃必采而后得，药必制而后成。今无故获此二物，是有足而行耶？曰“天赐者”，有手执而付之耶？此左右奸人，造为妄诞以欺陛下，而陛下误信之，以为实然，过矣。

…………

帝得疏，大怒，抵之地，顾左右曰：“趣执之，无使得遁[10]！”宦官黄锦在侧曰：“此人素有痴名。闻其上疏时，自知触忤[11]当死，市一棺，诀妻子，待罪于朝，僮仆亦奔散无留者，是不遁也。”帝默然。少顷复取读之，日再三，为感动太息，留中者数月。尝曰：“此人可方比干[12]，第朕非纣[13]耳。”会帝有疾，烦懑不乐，召阁臣徐阶[14]议内禅[15]，因曰：“海瑞言俱是。朕今病久，安能视事。”又曰：“朕不自谨惜[16]，致此疾困。使朕能出御便殿，岂受此人诟詈[17]耶？”遂逮瑞下诏狱，究主使者。寻移刑部，论死。狱上，仍留中。户部司务何以尚[18]者，揣帝无杀瑞意，疏请释之。帝怒，命锦衣卫[19]杖之百，锢诏狱[20]，昼夜搒讯。越二月，帝崩，穆宗立，两人并获释。

【注释】

(1) 世宗：明世宗朱厚熜（1507—1567），明朝第十一位皇帝，1521—1567 年在位，年号嘉靖。他早期英明苛察，严以驭官，宽以治民，整顿朝纲，减轻赋役，重振国政，开创了嘉靖中兴的局面。后期崇信道教，宠信严嵩等人，导致朝政腐败，长期不理朝政，迷信方士，浪费民力，最终激起农民起义，60 岁去世。 (2) 斋醮：斋，祭祀前或典礼前清心洁身；醮，设坛念经做法事。指设坛祈福。 (3) 符瑞：吉祥的征兆。 (4) 辄：总是。 (5) 杨最（1472—1540）：字殿之，四川射洪县人，工部主事，以直谏著称于世。他直言进谏世宗不要迷信方士，世宗大怒，立即将杨最关进监狱，重施杖刑，杖刑还没有结束，杨最就死了。 (6) 杨爵（1493—1549）：字伯修，陕西富平县人，1529 年进士，授行人，擢御史。1541 年天旱，世宗日夕建斋醮，经年不朝，爵上疏极谏，立下诏狱，历 5 年得释；抵家甫 10 日，又被逮系狱，3 年始还。(7) 顺受其正：顺应自然的正常法则。 (8) 久世：久世不终，长生不死。 (9) 陶仲文（1475—1560）：原名典真，湖北黄冈人，喜好神仙方术，深得世宗信任。 (10) 趣执之，无使得遁：趣，古同“促”，催促，急促；遁，逃跑，逃走。意赶快抓住他，不要让他逃跑了。 (11) 触忤：冒犯。 (12) 比干：商代贵族，纣王叔父，官少师。相传因屡谏纣王，被剖心而死。 (13) 纣：中国商代最后的君主，相传是暴君。 (14) 徐阶（1503—1583）：字子升，号少湖，松江府华亭县（今上海市松江区）人，嘉靖朝后期任内阁首辅，谨慎以待，善合帝意，故久安于位。 (15) 内禅：在世袭制下，君主将君位禅让给家族里的人，称“内禅”。 (16) 谨惜：谨慎爱惜。 (17) 诟詈：辱骂，责骂。 (18) 何以尚（1526—1597）：字仁甫，广西兴业县人，历任江西建昌县儒学教谕、户部主事、南京大理寺丞、鸿胪寺卿等职，海瑞被逮捕入狱后，与海瑞来往密切，经常谈论时政，针砭时弊，他上疏奏请释放海瑞，结果也触怒了嘉靖帝，被打一百杖，禁闭于监狱中。 (19) 锦衣卫：明太祖时始设立的护卫皇宫的亲军，权力极广，兼理侦察、逮捕、审讯之事，是明代的一个特务机构。 (20) 锢诏狱：锢，禁闭；诏狱，奉皇帝命令拘捕犯人的监狱。

【今译】

当时世宗在位已久，不理朝政，深居西苑，专心致意于斋祭。督抚大吏争相呈献吉祥符瑞，礼官动辄上表祝贺。朝廷大臣自从杨最、杨爵被治罪以后，没有敢讲当时政务的。嘉靖四十五年（1566）二月，海瑞单独上书说：

…………

陛下的失误很多，其中最大的失误是斋祭。……自古圣贤传下训诫，修身立命应该“顺应自然的正常法则”，没有听到长生不死的说法。尧、舜、禹、汤、文、武是最圣贤的人，都没有能够长命于世，他们之后也没有出现方士从汉、唐、宋一直活到现在的。陛下接受陶仲文的方术，称他为老师。陶仲文却已经死了，他不能长生，唯独陛下能求长生吗？至于仙桃天药，更加怪诞荒谬。……桃必须采摘才能得到，药必须焙制才能成功，现在无缘无故得到这两种东西，是它们用脚走来的吗？说是天赐之物，难道能让人用手拿着给您吗？这是您左右的奸诈之人，编造出荒诞说法欺骗陛下，陛下错误地相信了，认为是真的，这是过失啊！

…………

世宗接到奏章，非常恼怒，扔到地上，环视左右的人喊道："赶快抓住他，不要让他逃跑了！"宦官黄锦在旁边说："这人素有痴名。听说他上奏章时，自知冒犯皇上该当死罪，就买了一副棺材，告别妻儿，正在朝廷等候治罪，僮仆也都逃散了，没有人留下，他不会逃离的。"世宗沉默不语。过一会又取奏章阅读，一天读好几遍，被它感动而叹息，将奏章留在中宫几个月。世宗曾说："此人可与比干相比拟，但我不是商纣啊！"适逢世宗有疾在身，心中郁闷，很不愉快，就召见内阁大臣徐阶商议传位的事，说："海瑞所讲的都是实话。我现已久病，怎么能巡视朝廷事务呢？"又说："我自己不谨慎爱惜，招致这场病患。假使我能到便殿去，怎么会遭此人辱骂呢？"于是逮捕海瑞投入诏狱，追究主使人。后移交刑部，判处死罪。但案宗上报后，世宗一直把案宗留在手中。户部司务何以尚揣摩皇帝无杀海瑞之意，就上书请求释放他。世宗发怒，命令锦衣卫将何以尚杖击百次，也禁锢在诏狱，昼夜棒击审讯。过了两个月，世宗去世，穆宗即位，两人都被释放了。

【原文之三】明史·列传第一百十四·海瑞（之三）

历两京[(1)]左、右通政。三年[(2)]夏，以右佥都御史[(3)]巡抚应天十府[(4)]。属吏惮其威[(5)]，墨者[(6)]多自免去。有势家朱丹[(7)]其门，闻瑞至，黝[(8)]之。中人[(9)]监织造者，为减舆从[(10)]。瑞锐意兴革，请浚吴淞、白茆，通流入海，民赖其利。素疾[(11)]大户兼并，力摧豪强，抚穷弱。贫民田入于富室者，率夺还之。徐阶罢相里居，按问其家无少贷[(12)]。下令飙发凌厉[(13)]，所司惴惴[(14)]奉行，豪有力者[(15)]至窜他郡以避。

【注释】

(1) 两京：明朝的两京，分别为南京和京师（即北京）。两个都城各设一套中央机构，彼此独立，各不统署。 (2) 三年：指隆庆三年，即公元1569年。 (3) 右佥都御史：官名，明代都察院置左右佥都御史，略次于左右副都御史。 (4) 应天十府：指应天、苏州、常州、镇江、松江、徽州、天平、宁国、安庆、池州十府及广德州，多为江南富庶的鱼米之乡。 (5) 属吏惮其威：属吏，下属官吏；惮，怕，畏惧；威，威风，威严。 (6) 墨者：贪污、不廉洁者。 (7) 朱丹：红色。 (8) 黝：黑色。 (9) 中人：宦官。 (10) 舆从：马车前后的侍从。 (11) 素疾：素，向来；疾，厌恶，憎恨。 (12) 贷：宽恕，饶恕。 (13) 飙发凌厉：飙发，迅猛发生；凌厉，意气昂扬，气势猛烈。 (14) 惴惴：恐惧的样子。 (15) 豪有力者：豪，豪强；有力者，有势力者。

【今译】

（海瑞）历任两京左、右通政。隆庆三年（1569）夏，以右佥都御史身份巡视安抚应天等十个府，下属官吏害怕他的威严，有劣迹的人大都自动免职。有势力的人家原来用朱丹漆门，听说海瑞要来，改漆成黑色。监理纺织营造的宦官，也减少了随从。

海瑞锐意革故鼎新，奏请疏浚吴淞、白茆，让河水畅流入海，百姓因此受益。他向来痛恨大户兼并土地，极力折损豪强，安抚贫穷羸弱的百姓。贫民田地被富户兼并的，一概替他们夺回。徐阶罢免相位居住乡里，海瑞一样查问其家里的情况而不宽免。他的命令雷霆万钧，有司惶恐奉行，许多有势力的豪强都逃往他郡去躲避。

【原文之四】明史·列传第一百十四·海瑞（之四）

瑞生平为学(1)，以刚为主，因自号刚峰，天下称刚峰先生。尝言："欲天下治安，必行井田(2)。不得已而限田(3)，又不得已而均税(4)，尚可存古人遗意。"故自为县以至巡抚，所至力行清丈(5)，颁一条鞭法(6)。意主于利民，而行事不能无偏云。

【注释】

(1) 为学：做学问。 (2) 井田：井田制。 (3) 限田：限田制。 (4) 均税：均税制。 (5) 清丈：清丈土地。 (6) 一条鞭法：明嘉靖时期确立的赋税及徭役制度，它把各州县的田赋、徭役以及其他杂征总为一条，合并征收银两，按亩折算缴纳。这样，简化了税制，方便了征收，抑制了作弊，增加了朝廷的财政收入。"一条鞭法"上承唐代的"两税法"，下启清代的"摊丁入亩"，是中国历史上具有深远历史影响的一次社会变革。它既是明代社会矛盾激化下的被动之举，又是古代商品经济发展到一定程度的主动选择。

【今译】

海瑞生平做学问，以刚强为主，因为他自号刚峰，天下人称他为刚峰先生。他曾说："想天下治理平安，必须推行井田制。不得已就推行限田制，再不行就实行均税制，尚可保存古人的遗志。"所以，从任县令到任巡抚，他都致力于清丈田亩，颁行一条鞭法。他的主要目的在于利民，不过行事不能说没有偏颇。

【点评】

海瑞何以能令土豪劣绅、贪官污吏胆战心惊，令封疆大吏、朝廷权臣无可奈何，甚至令嘉靖皇帝也欲杀不能？

(1) 他有一颗为国为民的赤诚之心。无论是巧治总督公子、婉拒都御史驾，还是从任县令到任巡抚，到处兴利除害、清理积案、明断疑案，以及种菜自给、清丈土地，等等，海瑞都是在为国、为民服务。甚至"骂"皇帝，也是为了激励皇帝"翻然悔悟，日御正朝"，其赤诚之心，苍天可鉴。

(2) 他有一双明察秋毫的锐利之眼。海瑞任淳安县令时间不长，巡抚应天更只有短短十个月，他之所以能在短时间内做出显著政绩，是与他重视社会调查分不开的。他亲百姓、接地气，经常微服私访，因而有了一双明察秋毫的锐利之眼，这是他能较快、较准抓住和解决当时当地主要矛盾的重要前提。

(3) 他有一副不计生死的无畏之胆。海瑞不仅敢严厉惩治土豪劣绅、贪官污吏的劣迹，而且敢于巧妙还击封疆大吏、朝廷权臣的奢求，甚至公然数落皇帝的过失，这在当时被认为是惊天动地“大罪”“死罪”。这一切，皆源于海瑞的赤诚之心、锐利之眼，以及一副无私无畏之胆。

（4）他有一个大智若愚的机灵之脑。宦官黄锦说：海瑞“素有痴名”，其实他是大智若愚。有异曲同工之妙的“巧治总督公子”与“婉挡都御史驾”，让封疆大吏、朝廷高官也无可奈何。他带棺上疏，更有“人不畏死，奈何以死惧之”的深义，嘉靖皇帝欲杀之却不忍、不能的事实说明，他的这一招还真灵。

这说明，通过社会调查，锻炼出一双明察秋毫的锐利之眼，无疑是海瑞能如此高强，真正成为“刚峰”的一个重要原因。

撰稿人：水延凯、水迎波

“亲坐小舟密往各处察看”，“实为先前所不及料”

【简介】

本篇原文，摘自林则徐的《林则徐全集》。

林则徐（1785—1850），字元抚，福建侯官（今福州市区）人，政治家、思想家。他童年贫苦，父为教书先生，家口众多，甚至三餐难继。他自幼受到良好教育，4 岁入书塾，12 岁选为佾生，13 岁中秀才，19 岁中举人，26 岁中进士，踏上仕途。他从政 40 年，先后在 14 省担任多种官职，为官一地，造福一方，政绩斐然，获得“林青天”美称。他官至一品，曾四任总督（湖广总督、陕甘总督和云贵总督），两任钦差大臣。在任广州禁烟钦差大臣期间，以“虎门销烟”的壮举，打击了帝国主义侵略，大长了中国人民志气，被称为中国历史上第一位反击帝国主义侵略的“民族英雄”。他略通英、葡两种外语，主张“师夷之长技以制夷”，是中国近代传播西方文化、促进西学东渐的先驱之一，被称为“睁眼看世界第一人”。“林青天”“民族英雄”“睁眼看世界第一人”这三个美称，是对他 40 年从政功绩最简明的总结和概括。

林则徐画像

《林则徐全集》，由福建省政协委员倡议，在福建省新闻出版局和海峡文艺出版社支持下，于1996年8月成立编委会，经6年多努力，于2002年10月编辑成书，由海峡文艺出版社出版。全书按文体分为奏折、文录、诗词、信札、日记、译编六卷，共十册。其中，第一至四册为奏折卷（包括1820—1850年的奏折1 233件），第五册为文录卷（1798—1850年），第六册为诗词卷（1814—1850年），第七、八册为信札卷（1811—1850年），第九册为日记卷（1812—1845年），第十册为译编卷（这些译著虽非林则徐自译，但均为林则徐主持、经林则徐润色而译出的，因而也被收录）。

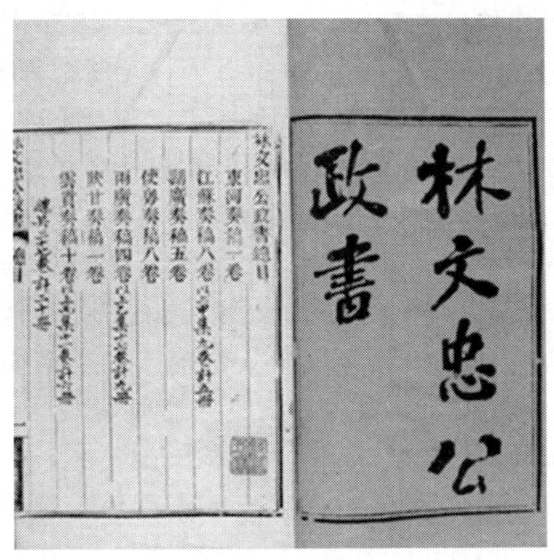

《林文忠公政书》

以下【原文】，节录自《林则徐全集》第一册《奏折》，林则徐全集编辑委员会编，福州，海峡文艺出版社，2002。

【原文与注释】

【原文】江苏阴雨连绵田稻歉收情形片

（道光十三年十一月十三日，1833年12月23日）

再，江苏连年灾歉，民情竭蹶[1]异常，望岁之心人人急切，今夏雨旸[2]调顺，满拟得一丰收，稍补从前积歉。乃自七月间江潮盛涨，沿江各县业已被水成灾。其时苏、松等属棉稻青葱，犹冀以江南之盈补江北之绌。盖本省漕赋[3]在江北仅十之一，而江南居十之九，故苏、松等属秋收关系尤重。惟所种俱系晚稻，成熟最迟，秋分后稻始扬花，偏值风雨阴寒，遂多秀而不实，然大概犹不失为中稔[4]。迨九月以后，仍复晴少雨多，昼则雾气迷濛，夜则霜威严重，虽已结成颗粒，仅得半浆。乡农传说暗荒[5]，臣初犹未信，当于立冬前后，亲坐小舟密往各处察看，见其一穗所结多属空稃，半熟之禾变成焦黑，实为先前所不及料。然犹盼望晴霁[6]，庶可收晒上砻[7]，不意十月以来，滂沱不止，更有迅雷闪电，昼夜数番，自江宁以至苏、松，见闻如一。臣率属虔诚祈祷，悚惧滋深[8]，虽中间偶尔见晴，而阳光熹微[9]，不敌连旬甚雨。在田未刈[10]

之稻，难免被淹，即已刈者，欲晒无从，亦多发芽霉烂。乡民以熏笼烘焙[11]，勉强试砻，而米粒已酥，上砻即碎，是以业田之户至今未得收租。

臣先因钦奉谕旨，新漕提前赶办。当经钦遵严饬各属，勒令先具限结[12]，将何日开仓，何日征完，何日兑足开行，登载结内，并声明“如有逾期，愿甘参办”字样呈送；如不具限状，即系才力不能胜任，立予撤参，不使恋栈贻误。各属尚皆具结遵办。然赋从租出，租未收纳，赋自何来？当此情形屡变之余，实深焦灼。

又各属沙地只宜种植木棉，男妇纺织为生者十居五六，连岁棉荒歇业，生计维艰。今年早花已被风摇，而晚棉结铃尚旺，如得暄晴天气，犹可收之桑榆[13]，乃以雨雾风霜，青苞腐脱，计收成仅只一二分。小民纺织无资，率皆停机坐食。且节候已交冬至，即赶紧种麦，犹恐过时，况又雨雪纷乘，至今未已，田皆积水，难种春花。接济无资，民情更形窘迫。此在臣奏报秋灾以后歉象加增，日甚一日之情形也。

地方官以秋灾不出九月，不许妄报，原系遵守定例，然值连阴苦雨，人心难免惶惶，外县城乡不无抢掠滋闹之事。臣饬委[14]文武大员分投弹压，现已安静。除宝山乡民因补报歉收挤至县署一案，另折奏明严拿提审[15]外，其余情节较轻例不应奏者，亦当随案照例惩办，以戢刁风[16]。惟据续报歉收情形，勘明属实，不得不照续被灾伤之例酌请缓征。

正在缮折具奏间，承准军机大臣字寄：“钦奉上谕：‘近来江苏等省几于无岁不缓，无年不赈，国家经费有常，岂容以展缓旷典，年复一年，视为相沿成例！’并奉上谕：‘该督抚等不肯为国任怨，不以国计为亟[17]，是国家徒有加惠之名，而百姓无受惠之实，无非不堪下吏私充囊橐[18]，大吏只知博取声誉。’等因。钦此。”臣跪诵之下，兢懔惭惶[19]，莫能言状。

伏念臣渥[20]蒙恩遇，任重封圻[21]，且居此财赋最繁之地，乃不能修明政事，感召和甘，致地方屡有偏灾，极知经费有常而不得不为赈恤蠲[22]缓之请，抚衷循省[23]，已无时不汗背靦颜。乃蒙皇上不加严谴，训敕周详，但有人心，皆当如何感愧！况臣受恩深重，何敢自昧天良？若避怨沽名，不以国计为亟，则无以仰对君父，即为覆载[24]之所不容。臣虽至愚，何忍出此？即如上年臣到苏之后，秋成仅六分有余，而苏、松等四府一州于征兑新漕之外，尚带运十一年留漕二十万石，合计米数将及一百八十万，为历来所未有之多。原因天庾[25]正供，不敢不竭力筹办。其辛卯年地丁[26]，督同藩司陈銮催提严紧，亦于奏销前埽[27]数全完，业经专折奏蒙圣鉴在案。窃维尽职之道，原以国计为最先，而国计与民生实相维系，朝廷之度支积贮无一不出于民，故下恤民生正所以上筹国计，所谓民惟邦本也。本年江潮之盛涨，系由黔、蜀、湖广、江西、安徽各省大水并入长江，其破圩淹灌之处，原不止上元等六县，臣所请抚恤，第举其最重者而言。仰蒙圣上天恩，准给口粮，灾黎感沦肌髓[28]。嗣[29]经官绅捐资抚恤，臣即复行奏请毋庸动项[30]，惟将所发上元、江宁、句容、江浦、仪征五县银两，留为大赈之需。其丹徒一县捐项已有五万余两，并足以敷赈济，当将前发之银提回司库。凡此稍可节省之处，均不敢轻费帑金[31]。惟于灾分较重，捐项又难猝[32]集之区，则不得不酌给例赈。臣等另折请拨之十三万两，系分给十二县卫军民，虽地方广而户口多，亦只得撙节[33]动拨。此外无非倡率劝捐，以冀随时接济。惟频年以来屡劝捐输，即绅富之家实亦力疲难继。查道光三年大灾，通省捐至一百九十五万余两，至道光十一年，灾分与前相埒[34]，仅能捐至一百四十二万余两。其余各年捐项较绌，此时闾阎[35]匮乏，劝谕愈难，然睹此待哺灾黎，要不能不勉筹推解。臣与督臣督率司道等，各先捐廉倡导，以冀官绅富户观感乐施。凡此情形，皆入所共闻共睹。如果不肖州县捏灾冒赈[36]，地方刁生[37]劣监[38]岂肯不为举发？而绅富之家又安肯听其劝谕，捐资助赈至再至三？且捏灾而转自捐廉，似亦无此愚妄之州县也。至请缓之举，只能缓其目前，仍须征于异日，非如蠲免之项虑有侵吞。州县之于钱漕未有不愿征而愿缓者，至必不得已而请缓，且年复一年，则地方凋敝情形早已难逃圣鉴，然臣初亦不料其凋敝之一至于是！

今漕务濒于决裂，时刻可虞[39]，臣不得不将现在实情为我皇上密陈梗概。查苏、松、常、镇、太仓四府一州之地，延袤[40]仅五百余里，岁征地丁、漕项正耗额银二百数十万两，漕白正耗米一百五十余万石，又漕赠、行月、南屯、局恤等米三十余万石，比较浙省征粮多至一倍，较江西则三倍，较湖广且十余倍不止。在米贱之年，一百八九十万之米即合银五百数十万两，若米少价昂，则暗增一二百万两而人不觉。况有一石之米即有一石之费，逐层推计，无非百姓膏脂。民间终岁勤动，每亩所收，除完纳钱漕外，丰年亦仅余数斗。自道光三年水灾以来，岁无上稔，十一年又经大水，民力愈见拮据。是以近年漕欠最多，州县买米垫完，留串待征，谓之槽尾，此即亏空之一端，曾经臣缕晰奏闻，然其势已不可禁止矣。臣上冬督办漕务，将新旧一并交帮，嗣因震泽县知县张亨衢办漕迟误，奏参革审，而漕米仍设法起运，不任短少，皆因正供紧要，办理不敢从宽也。今岁秋禾约收已逊去年，兹复节节受伤，甚至发芽霉烂，询之老农云：现在纵能即晴，赶晾糟朽之谷，每亩比之上年已少收五六斗。就苏州一府额田六百万亩计之，即已少米三百余万石。合之四府一州，短少之米有不堪设想者。民间积歉已久，盖藏本极空虚，当此秋成之余，粮价日昂，实从来所未见，来岁青黄不接，不知更当何如？小民口食无资，而欲强其完纳，即追呼敲扑，法令亦有时而穷。前此漕船临开，间有缺米，州县尚能买补。近且累中加累，告贷无门，今冬情形，不但无垫米之银，更恐无可买之米。至曩[41]时苏、松之繁富，由于百货之流通，挹彼注兹[42]，尚堪补救。近年以来，不独江苏屡歉，即邻近各省亦连被偏灾，布匹丝绸销售稀少，权子母者[43]即无可牟之利，任筋力者遂无可趁之工。故此次虽系勘不成灾，其实困苦之情，竟与全灾无异。臣惟有一面多劝捐资，妥为安抚；一面督同道府州县，将漕务设法筹办，总不使借口耽延。但本年已请缓征之处，尚不过十分中之二分有余，此外常、镇等处亦已纷纷续禀。臣覆其情形，略轻者无不先行驳饬[44]。但天时如此，日后情形如何，臣实不敢预料！昼见阴霾之象，自省愆尤[45]；宵闻风雨之声，难安寝席。并与督臣陶澍书函往复，于捐赈办漕等事，思艰图易，反复筹商，楮墨[46]之间不禁声泪俱下！倘从此即能晴霁，歉象尚不至更加；如其不然，臣惟有再行据实奏闻，仰求训示遵办。

大江南北，为各省通衢，且中外仕宦最多，一切实情难瞒众人耳目，臣如捏饰[47]，非无可以举发之人。我圣主子惠黎元，恩施无已，正恐一夫不获，是以查核[48]务严，但民间困苦颠连，尚非语言所能尽。本年糟务，自须极力督办，而睹此景象，时时恐滋事端。至京仓储蓄情形，臣本未能深悉，倘通盘筹画，有可暂纾民力之处，总求恩出自上，多宽一分追呼，即多培一分元气。天心与圣心相应，定见祥和普被，屡见绥丰(49)，长使国计民生悉致饶裕。臣不胜延颈颂祷之至！

谨将现办灾歉委无捏报缘由，沥忱(50)附片具奏，伏乞皇上圣鉴。谨奏。

十四年正月初九朱批："另有旨。"

（录自《林则徐集·奏稿》）

【注释】

(1) 竭蹶：行步颠仆，比喻力有不逮，勉强支持。 (2) 旸：晴天，太阳升起。(3) 漕赋：漕，通过水道转运粮食。指漕粮税赋。 (4) 稔：谷熟，庄稼成熟。(5) 暗荒：暗，不明显。指不显著的灾荒。 (6) 霁：雨雪停止，天放晴。 (7) 砻：一种用于去掉稻壳的农具。 (8) 悚惧滋深：悚惧，恐惧、害怕；滋，更加，愈益。指更加恐惧。 (9) 熹微：天刚亮，阳光微薄的样子。 (10) 刈：割（草或谷类）。(11) 熏笼烘焙：熏笼，一种覆罩在炉上，供薰香、烘物或取暖的竹笼；烘焙，用火烘干。 (12) 具限结：旧时官吏表示自己负责的文件，即保证书。 (13) 桑榆：桑树与榆树，日落时光照桑榆树端，以指日暮，此处指事犹未晚，尚可补救。 (14) 饬委：饬，命令，告诫，谨慎；委，委托，委派，委任。 (15) 严拿提审：拿，持，这里指捉拿，捕捉；提审，提出犯人进行审讯。 (16) 以戢刁风：戢，收敛，停止；刁风，邪恶的风气。指遏制邪恶的风气。 (17) 亟：急切。 (18) 囊橐：盛物的袋子，大称囊，小称橐。引申为隐藏、包庇。 (19) 兢懔惭惶：兢，小心，谨慎；懔，畏惧；惭惶，惭愧惶恐。 (20) 渥：深厚。 (21) 圻：同"垠"，边际，方千里之地。 (22) 蠲：免除。 (23) 抚衷循省：抚，用手按着；衷，内心，忠诚；循，遵循；省，察看，自省。 (24) 覆载：指天地。《礼记·中庸》："天之所覆，地之所载。"比喻范围广大无所不包或恩泽普遍。 (25) 天庾：露天谷仓，国家粮库。(26) 辛卯年地丁：辛卯年，公元1831年；地丁，地租与人口税的合称。 (27) 埽：同"扫"。 (28) 肌髓：肌，肌肉，肌肤；髓，骨髓，精髓。 (29) 嗣：接续，继承。 (30) 项：钱款，经费，款项。 (31) 帑金：指国家库藏的钱币。 (32) 猝：突然。 (33) 撙节：节省，节约。 (34) 埒：等同。 (35) 闾阎：乡里，亦泛指民间。 (36) 捏灾冒赈：捏，假造，虚构；冒，假冒，贪污。指假造灾情，贪污赈物。(37) 刁生：刁，狡猾，无赖；生，后生。 (38) 劣监：劣，低劣，顽皮，乖巧；监，监督、主管的人。 (39) 虞：忧虑，忧患。 (40) 延袤：绵亘，绵延伸展，长度和广度，引申为面积。 (41) 曩：以往，从前，过去的。 (42) 挹彼注兹：把液体从一个容器中舀出，倒入另一个容器。引申为以有余弥补不足。 (43) 权子母者：谓国家铸钱，以重币为母，轻币为子，权其轻重而使行，有利于民。后遂称以资本经营或借贷生息为"权子母"。权子母者，实指放贷生息者。 (44) 驳饬：驳，驳斥，批驳；饬，告诫，整顿。指驳斥告诫。 (45) 愆尤：罪过，过失。 (46) 楮墨：纸与墨。借指诗文或书画。 (47) 饰：假托，遮掩，掩饰。 (48) 查核：查，考察，检查；核，仔细地对照考察。 (49) 绥丰：绥，安抚，绥靖；丰，丰盛，丰裕。 (50) 沥忱：沥，竭尽全力，呕心沥血；忱，真诚，至诚，赤诚。

【点评】

（1）单衔上疏惊朝野。林则徐接任江苏巡抚后，面对水旱灾情不断，百姓流离失所、衣食无着的惨状，决定与两江总督陶澍联名奏报灾情，请求缓征漕赋，拨发赈粮。不料，奏折还没写完，道光帝来了圣旨，严厉斥责“近来江苏等省几于无岁不缓，无年不赈，……年复一年，视为相沿成例”！并暗指陶、林不为国家分忧，甚而中饱私囊、沽名钓誉。如果此时上奏缓赈，大有抗旨之嫌，轻则丢乌纱，重则掉脑袋，后果十分严重。陶澍怕杀身之祸而退缩了，林则徐却毅然单衔上疏，挥笔写就长达 3 000 多字的奏折，如实反映灾区惨状。幸运的是，道光帝密令陶澍复查，在陶澍的支持下，最终准了林则徐的奏请！林则徐单衔上疏的消息，在江苏甚至全国产生了巨大影响，“疏稿争相传抄，远迩为之纸贵。小民闻之，皆嗟叹聚泣，庆更生”。

（2）实地踏勘为黎民。林则徐单衔上疏的勇气和底气，一方面来自他“苟利国家生死以，岂因祸福避趋之”的献身精神，另一方面来自他深入基层，深入民间，深入田间地头实地访问、踏勘灾情的求实精神和做法。“乡农传说暗荒，臣初犹未信，当于立冬前后，亲坐小舟密往各处察看，见其一穗所结多属空稃，半熟之禾变成焦黑，实为先前所不及料。”这就是他亲自踏勘的生动写照。“在田未刈之稻，难免被淹，即已刈者，……亦多发芽霉烂。乡民以熏笼烘焙，勉强试砻，而米粒已酥，上砻即碎……”没有实地调查，就不可能知道得这么具体。《林则徐全集》中大量奏折的内容说明，他十分注重调查研究，总是把体察社情、了解民意当成为官者最重要的工作之一。这正是他政绩斐然，为官一地，造福一方，处处为民办实事，得到万民景仰的根本原因之一。

（3）献身实干终其生。林则徐从政为官四十年，先后在十四个省担任重要官职。在长期为官生涯中，他把“民惟邦本”思想付诸从政实践，时时处处重民、恤民、亲民、爱民，一生为民办实事，办好事。他本着“苟利国家生死以，岂因祸福避趋之”的献身精神，“无一事不认真，无一事无良法”，注重调查研究，从实际出发，政绩斐然，真正做到了为官一地，造福一方，因而获得了“林青天”的美称。虽然林则徐的民本思想、献身精神和实干作风，挽救不了清王朝覆灭的命运，但是，他一丝不苟、殚精竭虑干成的每一件实事、好事，都给国家、给百姓带来了实实在在的利益，确是不可否认的。可以说，林则徐从政为官的一生，是为国家、为百姓献身的一生，实干的一生。

撰稿人：娄章胜、水延凯

第四部分
清末和民国时期

“产茶区域之初次调查”和“秘鲁华工之调查”

【简介】

本篇原文，摘自容闳的《西学东渐记》。

容闳（1828—1912），原名光照，号纯甫，英文名 Yung Wing，中国近代教育家、外交家和社会活动家。1828 年秋，容闳出生在广东省香山县南屏村（今珠海市南屏镇）一贫困农家。1835 年，随父前往澳门，入读马礼逊学校。1842 年，随校迁往香港。1847 年，随因病回国的校长勃朗赴美留学。1852 年，入籍美国。1854 年，以优异成绩毕业于耶鲁大学，后立即返回中国。

容闳

回国后，容闳曾先后在广州、香港、上海任职。1859 年，在上海宝顺洋行经营丝茶。1860 年，曾前往太平天国占领的天京（今江苏省南京市）考察。1863—1864 年，受曾国藩委派赴美采购机器，为中国第一个洋务企业——江南机器制造总局购回 100 多种机器。1869 年，向曾国藩建议派学生赴美留学，经清廷批准在 1870—1873 年期间每年派 30 名学生赴美留学，直至 1881 年清政府撤回留学生为止。由于对洋务派失望，1882—1894 年侨居美国。1894 年甲午战争爆发后，经与张之洞联系回国效力，但提出的种种兴国方案均被否决。1898 年 6 月，光绪帝颁发“明定国是”诏书，容闳积极参与变法活动，9 月失败后潜逃出京，避居上海。此后，积极参与以孙中山为首的革命活动。1911 年武昌起义成功，他欢呼推翻帝制的伟大胜利，详述自己的观点。1912 年元旦，孙中山就任临时政府大总统，第二天便写信给容闳，邀他归国担任要职，并寄去自己的近照。然而，此时容闳已身染重病，4 月 21 日逝世于美国康涅狄格州哈特福德城寓所，终年 84 岁。

《西学东渐记》是容闳晚年用英文撰写的一部自传体回忆录，全书包括钟叔河撰《容闳与“西学东渐”》、自序、22 章和附录，约 150 千字。第 1～5 章的标题是“幼稚时代”“小学时代”“初游美国”“中学时代”“大学时代”；第 6～9 章的标题是“学成归国”“入世谋生”“经商之阅历”“产茶区域之初次调查”；第 10～19 章的标题是“太平军中之访察”“对太平军战争之观感”“太平县产茶地之旅行”“与曾文正之谈话”“购办机器”“第二次归国”“予之教育计划”“经理留学事务所”“秘鲁华工之调查”“留学事务所之终局”；第 20～22 章的标题是“北京之行与悼亡”“末次之归国”“戊戌政变”。该书是容闳回顾自己一生以“西学东渐”之志、寻“维新中国”之路却屡遭磨难的曲折历程，饱含着他对祖国命运前途的忧虑和瞩望。

《西学东渐记》（*My Life in China and America*）初版

1981 年湖南人民出版社《西学东渐记》第一版

以下【原文】，节录自容闳《西学东渐记》，徐风石等译，钟叔河导读、标点，北京，三联书店，2011。

【原文】

【原文之一】自序

本书前五章缕述我赴美国前的早期教育，以及到美国后的继续学习……

第六章从我出国八年后重返中国开始。……我的爱国精神和对同胞的热爱都不曾衰减；正好相反，这些都由于同情心而更加强了。因此，接下去的几章专门用来阐述我苦心孤诣地完成派遣留学生的计划：这是我对中国的永恒热爱的表现，也是我认为改革和复兴中国的最为切实可行的办法。

随着中国留学事务所的突然撤销和已经成为中国现代教育先行者的一百二十名留学生的召回，我的教育事业也从而告终了。

1872 年那批留学生的仅存者中，有几人由于艰苦努力，勤奋不懈，终能跻身于中国重要的经世之才的前列。而且正是由于他们，原先的留学事务所也复活了，虽然形式上已有变更。……

1909 年 11 月于康涅狄格州哈特福德阿特伍德街 16 号

【原文之二】产茶区域之初次调查

1859 年 3 月 11 日，予等乘一小艇，俗名“无锡快”者，由沪出发，从事于产茶各区域之调查。……

予等舟行三日，至杭州。杭州为浙江省垣，……全城面积，可三四英方里。……城之西有湖曰西湖，为著名名胜。……钱塘江亦在城西，去城约二英里。……当十二、三世纪时，宋代君主曾建都于此，故杭州之名著于历史。……

3 月 15 日，予等离杭州，溯钱塘江而上。有地名江口，……河中帆樯林立，商船无虑千数，……舟中以板隔成小室，室各设床榻以备乘客之需。若遇装货时，则此隔扇及床榻可以拆卸，腾出空地以容货物。全舟若装配完全，上盖以穹形之篷，乃成圆筒式，状如一大雪茄。此类船多航行杭州、常山间。……常山为浙省繁盛商埠。江西境亦有巨埠曰玉山，与常山相去仅五十华里。……两省分界处，有石制牌坊，……有四大字曰“两省通衢”……而此两省通衢，苦力运货，……每日不下数千人。……

于扬子江中，行舟可直达……荆州。全航路之长，约三千英里，六七省之商务赖以交通。设中国无欧西各国之干涉，得完全行使其主权，则扬子江开浚后，其利益实未可限量，予敢云全世界中人必有三分之一分此幸福也。彼西人者何不与中国以时机，俾得自行解决其国内问题耶？又如工人问题，自有欧西之汽船、电气及各种机械输入中国以来，中国工界乃大受其影响，生计事业几已十夺其九。非谓不当输入中国，第当逐渐推行，……不宜骤然尽夺其所业也。

…………

翌日由七龙首途……下午泊于兰溪……兰溪亦浙省大市场，两湖所产之“工夫茶”，咸集此间，由此经杭州以至上海。……予等因阻雨，在兰溪小住半日。……遂于夜半十二钟时复行，至衢州。……在衢州旅馆中一宿，即趱赴萧山（当作常山）。……抵萧山后，旋复乘肩舆赴玉山。……既过玉山，已行入江西境界。此新航路乃向西北行，顺流而下，掠鄱阳湖南岸而至南昌。……

既过南昌，航路则转向西南，趋湘潭〔予等最后之目的地〕。……迨 4 月 15 日之晨，乃抵湘潭。湘潭亦中国内地商埠之巨者。……湘潭及广州间，商务异常繁盛。交通皆以陆，劳动工人肩货往来于南风岭者，不下十万人。……迨后外洋机械输入，复经国际战争及通商立约等事，……不仅扰乱中国工业制度，且于将来全国之经济、实业、政治上，皆有莫大影响也。

予等乃各依其所指定之地点，分往各处收买生茶，以备运往上海。装箱留湘潭约十日。十日后，拟更赴湖北之荆州，以调查华容地方所产之黄丝。

4月26日，离湘潭北行，……遂过洞庭湖，渡扬子江，入荆河口，以达华容。计离湘潭后，水程十日，所经处尚有太平景象。……抵华容后，……寄榻于某丝行中。……有地方保甲二人，来询旅客姓名职业。行主……为予等代述来意，……遂满意而去，……不复来相扰矣。予既宣布来意，旋有无数商人，送种种黄丝来，以备选购。是日得各种丝样，约六十五磅，装运上海。

两星期后，……准备归计。……5月26日离华容，于6月5日抵汉口，寓一中国旅馆中。……有委员三人来查询，一如在华容时。示以在华容所购之黄丝，及其包皮上所盖……沿途税卡之戳。彼等……遂去，不复相扰。

汉口当时尚未通商，惟此事已经提议，不久且实行。……1856年，太平军占据武昌时，汉口、汉阳亦同时失陷。以是汉口之一部，尽被焚毁，顿成一片焦土。当予至时，商业已渐恢复，被焚之区，亦从新建筑。……若以今日（1909年）之汉口言之，沿岸一带，货栈林立，居屋栉比，类皆壮丽之西式建筑，大有欧西景象，非昔比矣。故在今日中国之有汉口，殆如美国之有芝加哥及圣路易二城。予知不久汉口之商业发达，居民繁盛，必将驾芝加哥、圣路易而上之。予等勾留数日，遂重渡扬子江，趋聂家市产黑茶之地。

6月30日离汉口，7月4日至聂家市及杨柳洞（译音）〔当系羊楼洞，在湖北咸宁境内〕，于此二处，勾留月余。于黑茶之制造及其装运出口之方法，知之甚悉。……究印度所以夺我茶业利权之故，初非以印茶用机器制造，而华茶用人工制造之相差。盖产茶之土地不同，茶之性质，遂亦因之而异。……印茶烈而浓，华茶香而美。故美国、俄国及欧洲各国上流社会之善品茶者，皆嗜中国茶叶；惟劳动工人及寻常百姓，乃好印茶，味浓亦值廉也。

8月下旬，所事既毕，共乘一湖南民船以归。船中满载装箱之茶，以备运沪。于8月29日，重临汉口，……自扬子江顺流而下，至九江，过鄱阳湖。……9月21日抵杭州。……9月30日抵上海。溯自3月以迄10月，凡历七阅月之旅行，借此机缘，予得略知内地人民经太平军乱后之状况。凡所历沿途各地，大半皆为太平军或官军所驻扎者，外状似尚平静。……

惟有一事，令予生无穷之感慨。予素阅中国记载及旅行日记等书，莫不谓中国人口之众，甲于全球。故予意中国当无地不有人烟稠密之相。乃今所见者，则大抵皆居民稀少，与予夙昔所怀想者，大不相符，是则最足以激刺予之脑筋者也。此种荒凉景象，以予所经之浙江、江西、湖南、湖北四省为尤甚。当予游历时，为春夏两季，正五谷播种、农事方殷之际，田间陌上，理应有多数之驴马牛畜，曳锄相接。乃情形反是，良可怪也。

【原文之三】秘鲁华工之调查

1873年春，予以谋输入一种新式军械于中国，曾归国一行。……

予在津经理军械贸易时，直督告予，谓有秘鲁专使来此，拟与中国订约，招募华工赴秘鲁。命予往谒专使，与之谈判此事。予奉命往见，秘鲁专使颜色极和霁，历言华工在秘鲁营业若何发达，秘鲁政府若何优待，工资之厚为中国所绝无。故彼甚愿中政府速与秘鲁订约，鼓励多数华工赴秘鲁，俾此贫困之华人，咸得获此良好机会，以各谋其生活云云。……予于华工之事，所见已多，深知此中真相。因以质直之辞告之曰："贩卖华工，在澳门……已数见不鲜。此多数同胞……被人拐诱，即被禁囚室中不令出。及运奴之船至，乃释出驱之登船。登船后即迫其签字，订做工之约，或赴古巴，或赴秘鲁。抵埠登岸后，列华工于市场，若货物之拍卖，出价高者得之。既被卖出，则当对其新主人，再签字另立一合同，订明做工年限。……年限将满时，主人必强迫其重签新约，直欲令华工终身为其奴隶而后已。以故行时，每于中途演出可骇之惨剧。华工……不胜悲愤，辄于船至大洋……时，群起暴动以反抗。力即不足，宁全体投海以自尽。……凡此可惊可怖之事，皆予所亲闻亲见者。予今明白告君，……不惟不能助君，且当力阻总督，劝其毋与秘鲁订约，而为此大背人道之贸易也。"

秘鲁专使闻予言，大为失望，初时和颜悦色之假面具，猝然收去，代以满面怒容。……语毕，遽兴辞而出。……予即报命直督，告以与秘使谈判之言。总督谓予曰："汝此次返国大佳，……今予即命汝至秘鲁一行，以调查彼中华工实在之情形。汝其速返哈特福德，部署一切，以备启行。"

予勉奉命返至哈特福德，……行时有二友为予伴，一为吐依曲尔牧师……一为开洛克博士……予至秘鲁，以迅速之手段，三阅月内即调查完竣，一切报告皆已造齐。……予之报告书乃……寄李文忠，以文忠时方掌外交事务也。

予报告书中，另附有二十四张摄影。凡华工背部受笞、被烙斑斑之伤痕，令人不忍目睹者，予乃借此摄影，一一呈现于世人之目中。予摄此影，皆于夜中秘密为之。……秘鲁华工之工场，直一牲畜场。场中种种野蛮之举动，残暴无复人理，摄影特其一斑耳。有此确凿证据，无论口若悬河，当亦无辩护之余地。

彼秘鲁所派之专使，……初犹坚不承认予之报告，斥为……毫无事实可据。然予已预防其出此，故于报告中密请总督暂秘摄影之片……俟彼理穷词遁，专以"无证据"为言时，然后再出此影以示之……总督果从予言，秘使出不意睹此真确可据之摄影，乃噤不能声，垂头丧气而去。自予报告秘鲁调查情形，政府遂以华工出洋著为禁令。"猪仔"之祸，乃不如前此甚矣。

【点评】

（1）容闳是中国第一个毕业于美国耶鲁大学的留学生，学业优秀。他赴美留学回国后，先同情太平天国，后寄希望于洋务运动和维新变法，最后走向支持孙中山的革命运动。在洋务运动时期，他促成并经理了两件大事：一是1863—1864年期间，负责赴美购买机器，促进了江南机器制造总局的建成；二是1871—1881年期间，促成清廷成立"幼童出洋肄业局"，在1871年至1874年4年间组织120名幼童官费赴美留学，并负责孩子们在美的教育，开了中国官派留学事业之先河，是中国留学生事业的先驱，被誉为"中国留学生之父"。在中国近代西学东渐、洋务运动、维新变法和辛亥革命中，容闳都做出了不可磨灭的贡献。

（2）1859 年 3—10 月，容闳赴浙、赣、湘、鄂四省实地调查，不仅考察了四省的山水景色、交通运输、茶叶生产与制作等自然、经济状况，而且沿途了解社会景象和变迁，特别关注有关太平军的各种信息。不难看出，容闳的这次实地调查，直接目的虽是为宝顺公司到产茶区去购买茶叶，并到华容购买黄丝，但根本目的却是"借此机缘，予得略知内地人民经太平军乱后之状况"，以探寻"维新中国"之路。容闳在舟行扬子江时提出的假设和疑问如"设中国无欧西各国之干涉，得完全行使其主权，……其利益实未可限量……彼西人者何不与中国以时机，俾得自行解决其国内问题耶"，调查结束时所表示的"令予生无穷之感慨"，"予意中国当无地不有人烟稠密之象。乃今所见者，则大抵皆居民稀少……此种荒凉景象，以予所经之……四省为尤甚"，以及一年后与"二美教士"和"一中国人曰曾兰生"一起"作金陵游，探太平军内幕"，都是容闳探寻"维新中国"之路的最好证明。

（3）1873 年，容闳受总督派遣，赴秘鲁考察华工状况。他经过深入调查，掌握了大量事实，证明华工在秘鲁受到惨无人道的虐待，并拍摄了 24 张华工受虐照片，有力揭穿了秘鲁专使所谓华工在秘鲁受优待的谎言，从而有效遏制了中国的"'猪仔'之祸"。对于这次调查的性质，有学者认为，"秘鲁华工之调查"，"通篇充满了'讯''供''禀''口供''禀词'等字样，俨然是一篇司法调查书。无论是从形式上，……还是从内容上……都不能被称为社会调查"①。我们认为，这种看法是不正确的。因为，"司法调查"也是社会调查的一种类型，即社会调查在司法领域里的应用。尽管文中有"'讯''供''禀''口供''禀词'等字样"，但是，它们并不能改变一个基本事实，即：容闳与被调查华工之间的关系，是调查者与被调查者的关系，而不是审讯者与被审讯者的关系。

（4）总体而言，容闳的四省调查和秘鲁调查，虽不十分"专业"，但无疑受到了西方近代社会调查方法的影响。正因如此，陈翰笙教授把容闳秘鲁调查的记录称为"调查报告"②。从一定意义上说，容闳很可能是中国最早使用西方近代社会调查方法的第一人，这两份调查记录则可能是中国人使用西方近代社会调查方法的最早的调查报告。

撰稿人：水迎波、水延凯

① 李章鹏．现代社会调查在中国的兴起 1897—1937．北京：中国人民大学，2006：19.
② 陈翰笙．华工出国史料汇编：第 1 辑　中国官文书选辑．北京：中华书局，1985：579.

“一切必要的消息都可以从海关那里得到”

【简介】

本篇原文，摘自中国海关编制的《海关十年报告》。

罗伯特·赫德（Robert Hart，1835—1911），生于英国北爱尔兰，1853 年毕业于贝尔法斯特女王大学。1854 年春加入英外交部驻中国领事团队，5 月到中国任英国驻宁波领事馆翻译。1858 年，被调到英法联军占领下的广州。1859 年，辞去领事馆职务，参加中国海关工作，任广州粤海关副税务司。1861 年，代理李泰国（N. Lay，1833—1898）任上海海关总税务司。1863 年 11 月李泰国去职，28 岁的赫德正式任上海海关总税务司。1864 年，清廷加按察使衔，成为清朝正三品的大员。

罗伯特·赫德

1865 年，总税务署从上海迁到北京，从此赫德在北京居住了 40 多年。1869 年晋升布政使，官阶从二品。1889 年，升为正一品。1908 年 4 月 13 日，73 岁的赫德休假离职回国，直至 1911 年 9 月病逝于英国的白金汉郡，享年 76 岁，清廷追授他为太子太保。赫德在华任职半个世纪，任内创建了税收、统计、浚港、检疫等一套海关管理制度和邮政系统。根据赫德指令，“1864 年各海关曾编印了一些本关贸易统计，从 1866 年开始这项工作集中于上海进行。……1873 年又进一步成立了造册处，负责印刷各口

《上海近代社会经济发展概况（1882—1931）——〈海关十年报告〉译编》

贸易统计季报和年报”[①]，还“编辑出版了《1863—1872十年间之通商各口贸易统计》……这是海关造册处编辑出版的第一部《十年报告》（Decennial Reports）”[②]。此后，该报告在1882—1931年期间出版过5期。

《海关十年报告》，是由中国海关编制的一种十年一期的综合性报告。每期报告以各关为单位，其内容除同海关业务有关的贸易、关税等情况外，对海关所在地区的工业、农业、商业、交通运输、政治、军事、财政金融、人口、文化教育、医疗卫生、邮政等社会情况，均有所记述或统计。

以下【原文】，节录自《上海近代社会经济发展概况（1882—1931）——〈海关十年报告〉译编》（以下简称“《海关十年报告》”），徐雪筠等译编，张仲礼校订，上海，上海社会科学院出版社，1985。

【原文】

【原文之一】海关十年报告之一（1882—1891）

（一）简短的回顾

…………

从1882年年初起，每一步似乎在走下坡路：税收减少，贸易值下降，没有盈利，市面普遍不佳。

1883年情况更为恶化。……更糟的是，外事纠纷迭起，法国在南部边境的行动[③]开始导致政局不安定。

1884年，法国的军事行动正在全力进行。这次军事行动被法国官方称为报复行动，但从通常观点来看，与战争并无区别。……

1885年开始时情况不佳。港口几乎被封锁，……直到春天，突如其来的和平才一扫这种气氛。……到年底局势已更为平静，……贸易值总数字逐步上升，到1891年，上海的贸易值已达到165 000 000海关两，征收到的税款也达到近7 000 000海关两的空前数字。……

（二）外贸

…………

① 中国海关学会．赫德与旧中国海关论文选．北京：中国海关出版社，2004：158-159.

② 章宏伟．海关造册处初步研究//朱诚如，王天有．明清论丛：第4辑．北京：紫禁城出版社，2003：387，398.

③ 指1883—1884年的中法战争，下同。——引者注

（三）税收

…………

（四）鸦片

为了……表明十年间外国鸦片的贸易情况，我编制了下列……表格……

年份	数量（担）	价值（海关两）	年份	数量（担）	价值（海关两）
1882	45 245.98	18 776 624	1887	40 561.51	14 244 361
1883	46 178.02	17 367 739	1888	38 432.62	14 407 218
1884	42 385.35	16 325 703	1889	34 557.98	12 800 688
1885	41 495.88	15 628 531	1890	36 538.42	12 522 923
1886	42 042.40	15 426 450	1891	37 163.46	12 392 853

…………

……外国鸦片消费量的减少，是由于土产鸦片供应的增加……

…………

……现在运到上海的各种土产鸦片的总数是10 000担，其中75%是砀山鸦片，15%是四川鸦片，10%是土浆，即未加工的鸦片浆。后一种鸦片主要来自浙江省的台州和象山。……

（五）货币与金融

…………

（六）贸易额

…………

（七）（八）租界与人口

……十年中，在洋泾浜北面的租界中，外国人口增长了约74%，在1880年外国居民为2 197人，而1890年为3 821人。……

中国人的增长……56%。在1880年是107 812人，到1890年达168 129人……

…………

（九）疏浚工程

…………

（十）灯塔与浮标

…………

（十一）流行病、船难

…………

（十二）接待活动

…………

（十三）至（十九）

略〔原文如此——译者注〕

（二十）关栈

…………

（二十一）制造业、内河航运

…………

(二十二) 至 (二十五)

略〔原文如此——译者注〕

(二十六) 上海的未来

无论上海将来会是怎样的……，没有迹象表明它将是一个衰落的城市。……现在，中国人最大的商业机构几乎都设在这里，地产在不断涨价，新的建筑物正在四面八方建造起来。……将来，上海大概不会再提供象过去那样给外国资本投资的有利机会，人们就不应该感到奇怪了。

…………

总而言之，我认为上海的未来要靠中国、中国人和他们的利益，外国人跟着他们跑将是明智的。

海关税务司裴式楷（R. E. Bredon），1891 年 12 月 31 日于上海海关

【原文之二】海关十年报告之三（1902—1911）

(一) 贸易与航运

本港贸易的总趋势是稳定地增长。……1911 年进口和出口总值为 484 202 222 海关两，比 1902 年的 346 122 864 海关两，增长约 30%〔应为 40%——译者注〕。

……最明显的特点就是日本在此地的贸易与航运中所占的比重有了巨大的增长。1902 年的总吨数为 11 812 535 吨，其中英国占 48%，日本占 14%，德国占 14%，中国占 15%。1911 年总吨数增长很多，达到 18 179 472 吨，比例也有了变化，……英国 40%，日本 22%，德国 9%，中国 17%。……

…………

(二) 税收

…………

(三) 鸦片

鸦片贸易正朝着受到限制和被逐步禁止的方向发展。……最早禁止种植罂粟的法令颁布于 1906 年 9 月，……上海县城内的所有鸦片窝已于 1907 年 6 月 20 日关闭。……租界内，25%的鸦片烟铺通过抽签被选定于 1908 年 7 月 1 日关闭。……

…………

……过去在上海用来贮存鸦片的四艘鸦片趸船，1910 年终于被废弃了。1911 年 5 月 8 日，中英订立了《禁烟条约》。……鸦片价格再次上升到前所未有的水平，在某些情况下能获得大量的赢利。……

…………

(四) 货币与金融

…………

(五) 人口

最近一次人口普查是在 1910 年 10 月 15 日由工部局主持的，普查结果于 1910 年 12 月 7 日公布。……现在“公共租界”范围内的人口数，自 1905 年正式人口普查以来，外国人约增加 2 000 人（13 536 人与 11 497 人之比），而中国人增加 35 000 人

（488 005 人与 452 716 人之比）。这些数字不包括法租界，……那里约有 1 000 个外国人和 10 万个中国人。

根据中国当局所提供的人口普查数字，上海县城内外人口数为 215 000 人，闸北地区为 23 000 人，此外在紧靠这里的 13 个镇和浦东的 7 个镇还有居民约 355 000 人。这些人口合计数约 60 万，加上公共租界和法租界地区的人口，全部居民可达 125 万人左右。

…………

（六）水路、港口、航道

…………

（七）航行信号灯与辅助设备

…………

（八）邮政与电报

…………

（九）市政当局与省谘议局

（1）市政当局——在中国的城镇中，第一个市政机关是 1905 年 8 月在上海县城成立的。……这个机构成员人数总数 33 人，当选后任期两年，他们中每年有一半人退职。选举采用无记名投票，选举权限于上海的常住居民，年龄不小于 25 岁，并有一定的财产条件。……市政机关的工作由三个部门组成，即警察局、民政局和工程局或公共工程局。……

…………

（2）省谘议局——南京是江苏省谘议局所在地。在上海只有一个区自治会，同本省的其他主要城镇一样，从那些联合的成员中最后选出省议会代表。

……1909 年 12 月来自各省谘议局的议员……在上海集会，……向皇上请愿召开国会。他们的请愿于 1910 年 1 月 20 日被拒绝。

1911 年 11 月 3 日整个上海行政区急忙公开宣称它是革命的。在中华共和政府名义下也出现了军政府，该政府的地方首脑……，被称为“中华民国民政总长”〔应为“沪军都督府民政总长”，指李平书即李钟珏——译者注〕。以后被任命的另一个官员则称为“中华民国军政府〔应为沪军政府——译者注〕将军和沪军都督”〔指陈其美——译者注〕。以上两项任命都已通知外国租界的工部局和公董局。

（十）司法与警察

（1）司法……领事团接管了公共租界的会审公廨，并由领事任命推事或留任原有推事。……

本期在中国建立了美国地方初审法院。第一任法官任期始于 1907 年 1 月 2 日。

1908 年 9 月香港总督宣告，中国和朝鲜最高法院的法官将每年两次访问香港，并在此开庭审判上诉案件。……

（2）警察……目前总计约 1 850 人，包括 8 名外国警察，250 名外国巡捕和 540 名印度巡捕，其余是中国人。……

一座按照外国制度办的监狱已在本市开设。

（十一）农业

…………

(十二) 矿藏与矿物

…………

(十三) 制造业

…………

……上海和浦东现在有14个大的棉纺织厂……其中英国4个，德国1个，日本3个，其余的由中国人经营。14个工厂中，6个厂从事纺纱和织布的生产，即英国2个厂、日本3个厂、中国1个厂。所有这些工厂的纱锭数总计达40万锭以上，织布机2 500台。……还有4个厂专事纺纱，……有纱锭数近10万枚……估计棉纺厂每100枚纱锭用4名工人，织布厂是每对织机用3名工人。

…………

(十四) 铁路与道路

…………

(十五) 教育

自义和团动乱以来，……反对西式教育的人几乎不见了。……所有最初的教科书必须从西方资料中一字字地翻译过来或……改编。……最早倡导向西方知识学习的无疑地是教会学校。……大部分用本国话写的出版物都译自英国的原著，而近来大部分都是根据美国作品编译的。……美国教会作出的努力不限于使人们信教，它还试图接受更广泛的任务，即在生活的各个方面——道德、宗教、社会、经济和政治等方面——努力增加中华民族的福利。……

…………

……在上海本地也有一所在虹口的圣芳济学堂；在这个省份内有288所寄宿学校——150所男子学校（学生9 263人）、138所女子学校（学生6 653人）。1911年开办一所新的德语学校。……

(十六) 市政与卫生的改进、博物馆、医院

…………

(十七) 移民出境与移居

…………

(十八) 价格、工资

…………

(十九) 饥荒、水灾、瘟疫、霍乱及其他流行病

…………

(二十) 陆军与海军的变化

…………

(二十一) 中国报界

…………

海关税务司　墨贤里（H. F. Merrill），1912年3月31日于上海海关

【原文之三】海关十年报告之四（1912—1921）

（一）贸易与航运

1912—1921这十年发生了一系列历史事件。……尽管发生了辛亥革命和嗣后持续不断的国内动乱、第一次世界大战及其产生的各种后果、来势凶猛的汇率波动、两次全国性的抵制日货运动和其它影响较小的事件，十年来上海的贸易记录却是一个大增长、大发展的记录。

这一时期，包括进口、出口、转口和常关贸易在内的上海贸易总值如下：

（单位：海关两）

年份	总值	鸦片	净值（即减去鸦片后的贸易净值）
1912	527 622 552	33 934 778	493 687 774
……	……	……	……
1918	691 140 381	24 982	691 115 399
……	……	……	……
1921	1 044 891 149	—	1 044 891 149

…………

……贸易总值增长了一倍，而商品价格仅上涨50%……，物价上涨虽使贸易的增长……比实际上大得多，但上海实际对外贸易额的扩展确是很大的。

…………

（二）税收

…………

（三）鸦片

…………

（四）货币与金融

…………

（五）人口

…………

……1921年终上海地区的总人口大致可估计如下：

<table>
<tr><td>外国人：公共租界
法租界</td><td>24 300
3 700</td><td>28 000</td><td>中国人：公共租界
法租界
中国地界</td><td>800 000
156 000
566 000</td><td>1 522 000</td></tr>
<tr><td colspan="6">总计 1 550 000</td></tr>
</table>

…………

……1921年终日本领事馆统计的日本人人数超过16 000人。

1920年终正式公布的在上海的外国人人口组成情况如下：

日本	英国	美国	俄国	葡萄牙	印度	法国	其他国家	合计
10 521	6 385	2 813	1 476	1 382	954	846	2 492	26 869

…………

（六）水路、港口、航道

…………

（七）航行信号灯与辅助设备

…………

（八）邮政与电报

…………

（九）市政当局与省议会

…………

（十）司法与警察、监狱

…………

（十一）农业

…………

（十二）矿藏与矿物

…………

（十三）制造业

…………

（十四）道路与铁路

…………

（十五）教育

…………

……十年来上海教育界最引人注目的大事当推学生运动的兴起。有声有色的1919年学生大罢课引起了全世界的关注。……

…………

……中国的学生运动确实有了极不寻常的发展。世界上没有哪一个国家的在校学生参与国家大事能象中国学生那样齐心一致，目标鲜明，并取得那样巨大的成功。……这充分表明一种新生的极易激动人心的力量——自觉的民族自豪感和国家兴亡、匹夫有责的情感——正在日后将成为中国政界、商界领导者的青少年一代之中兴起。

…………

（十六）市政与卫生的改进、博物馆、医院

…………

（十七）移民出境与移居

…………

（十八）物价、工资

…………

(十九) 饥荒、水灾、瘟疫、霍乱及其他流行病

…………

(二十) 陆军与海军的变化、内战

在第一次革命〔指辛亥革命——译者注〕和以后全国动荡的年代里，……国内其它城市不同程度地都在兵荒马乱、盗匪横行的情况下度日。上海几乎完全没有这种痛苦的经历，其原因，……最主要的还是上海有外国租界及其强有力的行政机构、它们对动荡的局势所采取的独立态度和它们严守中立的决心。……

现把十年来的军政大事，逐年叙述如下：

……（此处叙述了1912—1921年的38件军政大事，略——引者注）

综观以上的记述，可以说，无论从全球或是从上海来看，在十年来发生的重大历史事件中，上海扮演的角色始终是旁观者而不是直接参与者。上海……各界，都主张协调与和解，主张维护事关人类文明前途的重大经济事务。

(二十一) 中国报界

第一家中国报纸大约在五十年前即已问世。……但报纸作为遍及全国的一项事业，则在辛亥革命之后。今天，……估计全国现有4 000多种日报。

…………

遗憾的是，中国报纸尚未树立应有的责任感。报纸上有关国内外新闻的报道不真实。真正持论公允或掌握情况的报纸为数极少。……上海持论公允、报道正确的报纸，为数也不多，大多数报纸都受政治后台的约束。……

…………

(二十二) 革命与清朝的覆亡

几千年来一直是东方专制政体……的中国，在不到几个月的时间里实现了共和政体，这确实是历史上一件最惊人的大事。

从1911年10月9日汉口……第一颗炸弹爆炸之时开始，局势……迅猛地发展。次日，主张共和的领袖们立即发动武装起义，……全国……大多数省市不发一枪就向革命党人投诚了。

…………

虽然接踵而来的国内混战几乎毁了这场伟大运动的全部成果，……但民主思想却在中国人民心中留下了不可磨灭的印象。人民将永远把……这场惊天动地的起义，看作是世界历史上的一件意义十分重大的大事。

…………

……1911年10月10日武昌起义的时候，上海就已卷入共和活动的浪潮中。……

攻占上海的准备工作在迅速进行。民军与当地警察和上海县……的安排也很快地谈妥。事变实际上在1911年11月3日爆发，并取得了完全的胜利。

…………

南北和约早在11月初就在武昌协商拟订，双方达成了一系列停战协定。……

……12月26日，名闻世界的革命党领袖孙中山博士抵沪，……12月29日选举他为中华民国临时政府总统。……1912年1月1日宣誓就职。……

…………

袁世凯认为南京政府的成立破坏了上海和谈……的协议。唐绍仪引咎辞职，一时南北交战的险象又复重现。

…………

……上海和谈表面虽告中断，但实际上袁与伍廷芳之间始终保持联系……

自 1 月底以来，袁世凯就积极活动迫使清帝逊位。1 月 30 日，隆裕太后……无可奈何地决定逊位。……清帝逊位的条件十分优厚，岁用极丰。……这样，1912 年 2 月 12 日，大清皇朝宣告结束……

孙中山博士鉴于北军难于驾驭，对袁世凯的才能似乎也有充分信心，便以罕见的推让精神，辞去临时总统的职位，并大力推荐袁担任新的联合政府的元首。袁世凯于是成了国家的第一号人物。

这样，2 月 15 日，袁世凯当选为总统。……

（二十三）通州

…………

海关税务司　戈登·洛德（E. Gordon Lowder），1921 年 12 月 31 日于上海海关

【点评】

（1）赫德担任晚清海关总税务司长达半个世纪之久（1861—1911）。对于赫德的历史地位和作用应该一分为二地来看：一方面，赫德在任内不仅把英国近代的调查、统计、检疫、税收、海关管理等方法和制度传入中国，而且创建了一整套海关管理的调查、统计、税收、浚港、检疫等制度，并通过他主持的海关创建了中国近代的邮政系统。这对于中国近代海关制度和邮政系统的建设具有重要意义，值得肯定。另一方面，赫德虽为清廷重臣，却不忘为大英帝国效劳。他把利用自身地位掌握的资料，既提供给清政府，又送给英国政府。李鸿章的一位英国顾问曾坦白承认，“英国在中国的使馆过去与现在一样，都没有情报组织，这方面的费用……被节省下来了，即一切必要的消息都可以从海关那里得到”[①]。这说明，赫德掌控的中国海关，事实上成了英国政府在华的一个重要情报机构，这正是英国政府对中国国情的掌握往往超过清廷的一个重要原因。

（2）对《海关十年报告》的作用和意义也应该一分为二地来看：一方面，它“对中国当时的政治、经济、文化教育、宗教信仰、自然灾害等诸多方面进行了详尽的调查，例如，人口方面有各地区的人口数量、男女比例及受教育情况、在中国各地从事贸易及其他活动的外国人的数量等，人民生活方面有工人的收入状况、居民消费水平、物价等，中国近现代历史上的重大事件，如甲午战争、义和团运动、辛亥革命、日本侵华等对中国各地区经济社会的影响，都有详细记述”[②]。这对于研究当时的中国国情

① 丁名楠，等．帝国主义侵华史：第 1 卷．北京：人民出版社，1973：201.

② 章宏伟．海关造册处初步研究//朱诚如，王天有．明清论丛：第 4 辑．北京：紫禁城出版社，2003：387，398.

具有重要意义和参考价值。另一方面，由于《海关十年报告》时间跨度较长，每篇《海关十年报告》的选材范畴与内容都因时、因地、因撰写人而异，许多历史事实、数据、日期、人名、机构称谓等方面的记载难免有错讹之处，尤其是编纂者都是外籍人士，都采取西方的立场、观点、方法看待问题，因而对许多历史事件和问题的看法并不客观、公允，这是值得高度注意的。

（3）应该特别指出的是：《海关十年报告之一（1882—1891）》中，“（十三）至（十九）略〔原文如此——译者注〕”“（二十二）至（二十五）略〔原文如此——译者注〕”等原文，很可能是只向英国政府汇报，而不对清廷、不对外公开的内容。《海关十年报告之一（1882—1891）》“（十五）教育”中说，“美国教会作出的努力不限于使人们信教，它还试图接受更广泛的任务，即在生活的各个方面——道德、宗教、社会、经济和政治等方面”。这说明，美国教会所办的教育，虽在客观上对中国现代教育发展起到了一定的促进作用，但其“更广泛的任务”却是在政治、经济、文化、社会、宗教等方面输出西方价值观，培养亲西方的中国精英群体。

撰稿人：水迎波、水延凯

"察其习尚，访其政教，考其风俗利病得失盛衰之由"

【简介】

郑观应

本篇原文，摘自郑观应的《盛世危言》。

郑观应（1842—1922），本名官应，字正翔，号陶斋，别号杞忧生，晚年自号罗浮偫鹤山人，广东香山县（今中山市）三乡镇雍陌村人，实业家、教育家、启蒙思想家和热忱的爱国者。他出生在一个知识分子家庭，自小受到良好教育，16 岁童子试未中，奉父命到上海学习经商。17 岁在上海入外商洋行工作，学习英文。18 岁成为英国宝顺洋行买办。26 岁，与别人合伙经营茶栈及轮船公司等。31 岁，完成《救世揭要》。32 岁，任扬州宝记盐务总理，已成为富商和经验丰富的企业家。33 岁，任英商太古轮船公司总理。38 岁离开太古公司，编订《易言》，提出"商战"思想。同年，受李鸿章委托任上海机器织布局总办。39 岁，任上海电报分局总办。41 岁，任轮船招商局总办。42 岁，为轮船招商局经营不善及员工中饱私囊等所累，身心俱疲，退居澳门，潜心著述。49 岁，出任开平煤矿粤局总办。51 岁，任招商局帮办。52 岁，完成《盛世危言》。54 岁，任汉阳铁厂总办。55 岁，兼任粤汉铁路总董。57 岁，兼任吉林矿务公司驻沪总董。59 岁，任北洋大臣、直隶总督。64 岁，被推举为粤汉铁路有限公司总办。67 岁，三入招商局任董事。次年，受盛宣怀委托整顿轮船招商局。69 岁，武昌起义爆发后自川回沪。郑观应晚年信道，民国建立后除关注发展教育事业外，修道几乎成了其最后时光的全部。1922 年逝于上海，享年 80 岁。

《盛世危言》是郑观应 42 岁隐居澳门后，经过多年努力，在《救世揭要》和《易言》基础上完成的一部中国思想界较早认真思考从传统社会向现代社会转变的著作。1892 年《盛世危言》问世，正值中日甲午战争一触即发之时。据说，曾有人将该书推荐给光绪，光绪阅后下旨"饬总署刷印二千部，分送臣工阅看"。当时国内民族危机感极重，洋务运动干将张之洞对该书的评价是："上而以此辅世，可为良药之方；下而以此储才，可作金针之度。”此后，国内各书坊先后重印 20 余次，发行达十余万部，成为科举士子必读的参考书籍。其后，郑观应根据中国形势变化一再增补此书，58 岁时编成 8 卷本《盛世危言增订新编》。由此可见，《盛世危言》乃中日甲午战争前后著名的政治改良论著。

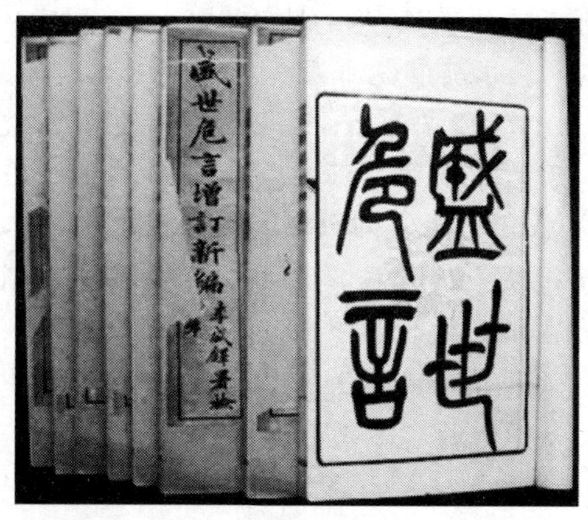

《盛世危言》

以下【原文】，节录自《郑观应集·盛世危言》，夏东元编，北京，中华书局，2013。

【原文与注释】

【原文之一】盛世危言·彭序

《盛世危言》一书，香山郑陶斋观察所著也。陶斋原名官应，少倜傥[1]有奇志，尚气节。庚申之变[2]，目击时艰，遂弃举业[3]，学西人语言文字，隐于商，日与西人游，足迹半天下。考究各国政治得失利病，凡有关于安内攘外之说者，随手笔录，积年累月，成若干篇，皆时务切要之言。……

甲申[4]冬日衡阳彭玉麟[5]序于海南军次

【注释】

(1) 倜傥：卓越豪迈，洒脱不受约束的样子。 (2) 庚申之变：指 1860 年在中国发生的英法联军占领北京、火烧圆明园、咸丰皇帝逃往承德避暑山庄、被迫与列强签订不平等的《北京条约》等重大事件。 (3) 举业：指应科举考试。 (4) 甲申：清同治十年，公元 1884 年。 (5) 彭玉麟（1816—1890）：字雪琴，号退省庵主人、吟香外史，祖籍衡州府衡阳县（今衡阳市衡阳县渣江镇），生于安徽省安庆府（今安庆市），清代政治家、军事家、书画家，与曾国藩、左宗棠并称“大清三杰”，三人又与胡林翼并称“中兴四大名臣”，湘军水师创建者、中国近代海军奠基人，官至两江总督兼南洋通商大臣，兵部尚书，封一等轻车都尉。

【原文之二】盛世危言·自序

…………

六十年来，万国通商，中外汲汲[(1)]，然言维新，言守旧，言洋务，言海防，或是古而非今，或逐末而亡本[(2)]。求其洞见本原[(3)]，深明大略者有几人哉？孙子曰："知己知彼，百战百胜。"此言虽小，可以喻大。应虽不敏，幼猎书史，长业贸迁。愤彼族之要求，惜中朝[(4)]之失策。于是学西文，涉重洋，日与彼都人士交接，察其习尚，访其政教，考其风俗利病得失盛衰之由。乃知其治乱之源，富强之本，不尽在船坚炮利，而在议院上下同心，教养得法。兴学校，广书院，重技艺，别考课，使人尽其才。讲农学，利水道，化瘠土为良田，使地尽其利。造铁路，设电线，薄税敛，保商务，使物畅其流。凡司其事者，必素精[(5)]其事：为文官者必出自仕学院；为武官者必出自武学堂；有升迁而无更调，各擅所长，名副其实。……

…………

蒙向与中外达人哲士[(6)]游，每于耳酣酒热之余，侧闻绪论[(7)]，多关安危大计，且时阅中外日报所论安内攘外之道，有触于怀，随笔札记。历年既久，积若干篇，犹虑择焉不精，语焉未详，待质高明以定去取。……

…………

光绪十八年[(8)]岁次壬辰暮春之初，罗浮山人香山郑观应自序于五羊城[(9)]居易山房。

【注释】

(1) 汲汲：形容努力进取、永不松懈的样子；恭敬谨慎，不敢懈怠。 (2) 逐末而亡本：古以农耕为本，工商为末。指追逐工商，舍弃农耕。比喻做事不注意根本，而只抓细枝末节。 (3) 洞见本原：洞见，明察，清楚地看到，透彻了解，见解高明；本原，根源，根本原因。 (4) 中朝：朝中，泛指中国。 (5) 素精：素，素质，素养；精，精明，完美。 (6) 达人哲士：达人，通达事理、明德辨义的人，性格乐观、开朗的人；哲士，智者，聪明智慧的人。 (7) 绪论：绪，绪谈，绪语，叙述；论，议论，谈论，讨论。 (8) 光绪十八年：公元1892年。 (9) 五羊城：广州。

【原文之三】盛世危言·商战上

自中外通商以来，彼族动肆横逆，我民日受欺凌，凡有血气，孰不欲结发厉戈[(1)]，求与彼决一战哉。于是购铁舰，建炮台，造枪械，制水雷，设海军，操陆阵，讲求战事不遗余力，以为而今而后庶几水栗而山詟[(2)]乎。而彼族乃哑哑[(3)]然窃笑其旁也。何则？彼之谋我，噬膏血匪噬皮毛[(4)]，攻资财不攻兵阵，方且以聘盟为阴谋，借和约为兵刃。迨至精华销竭，已成枯腊，则举之如发蒙[(5)]耳。故兵之并吞祸人易觉，商之掊克[(6)]敝国无形。我之商务一日不兴，则彼之贪谋亦一日不辍[(7)]。纵令猛将如云，舟师林立，而彼族谈笑而来，鼓舞而去，称心餍[(8)]欲，孰得而谁何之哉？吾故得以一言断之曰："习兵战不如习商战。"

然欲知商战，则商务得失不可不通盘筹画，而确知其消长盈虚也。孙子曰："知彼知己，百战百胜。"请先就我之受害者，缕析言之，大宗有二：一则曰鸦片每年约耗银三千三百万两，一则曰棉纱、棉布两种每年约共耗银五千三百万两。此尽人而知为巨款者也。不知鸦片之外又有杂货，约共耗银三千五百万，如：洋药水、药丸、药粉、洋烟丝、吕宋烟、夏湾拿烟、俄国美国纸卷烟、鼻烟、洋酒、火腿、羊肉脯、洋饼饵、洋糖、洋盐、洋果干、洋水果、咖啡，其零星莫可指名者尤夥。此食物之凡[9]为我害者也。洋布之外，又有洋绸、洋缎、洋呢、洋羽毛、洋漳绒、洋羽纱、洋被、洋毯、洋毡、洋手巾、洋花边、洋钮扣、洋针、洋线、洋伞、洋灯、洋纸、洋钉、洋画、洋笔、洋墨水、洋颜料、洋皮箱箧、洋磁、洋牙刷、洋牙粉、洋胰、洋火、洋油，其零星莫可指名者亦夥，此用物之凡为我害者也。外此更有电气灯、自来水、照相玻璃、大小镜片、铅铜铁锡煤斤、马口铁、洋木器、洋钟表、日规、寒暑表，一切玩好奇淫[10]之具，种类殊繁，指不胜屈。此又杂物之凡为我害者也。

以上各种类皆畅行各口，销入内地，人置家备，弃旧翻新，耗我资财，何可悉数。是彼族善于商战之效既如此，而就我夺回之利益数之，大宗亦有二：曰丝，曰茶。计其盛时，丝价值四千余万两，今则减至三千七八百万两。茶价值三千五百余万两，今仅一千万两。杂货约计共值二千九百万两。罄[11]所得丝茶全价，尚不能敌鸦片、洋布全数，况今日茶有印度、锡兰、日本之争，丝有意大利、法兰西、东洋之抵，衰竭可立待乎！次则北直[12]之草帽辫、驼毛、羊皮、灰鼠，南中之大黄、麝香、药料、宁绸、杭缎及旧磁器，彼族零星贩去，饰为玩好而已。更赖出洋佣工[13]暗收利权少许，然亦万千中之十百耳，近且为其摈绝[14]，进退路穷。是我之不善于商战之弊又如此。总计彼我出入，合中国之所得尚未能敌其鸦片、洋布二宗，其他百孔千疮，数千余万金之亏耗胥[15]归无着，何怪乎中国之日惫哉。

更有绝大漏卮[16]一项，则洋钱是也。彼以折色之银，易我十成之货，既受暗亏，且即以钱易银，虚长洋价，换我足宝，行市晌变[17]又遭明折。似此层层剥削，节节欺绐[18]，再阅百十年，中国之膏血既罄，遂成羸瘠瘫病[19]之夫，纵有坚甲利兵，畴能驱赤身枵腹[20]之人，而使之当前锋、冒白刃哉？

夫所谓通者，往来之谓也。若止有来而无往，则彼通而我塞矣。商者交易之谓也。若既出赢而入绌[21]，则彼受商益而我受商损矣。知其通塞损益[22]，而后商战可操胜算也。独是商务之盛衰，不仅关物产之多寡，尤必视工艺之巧拙，有工以翼商，则拙者可巧，粗者可精。借楚材以为晋用[23]，以所恶而投其所好，则可以彼国物产仍渔彼利。若有商无工，纵令地不爱宝，十八省物产日丰，徒弃已利以资彼用而已。……

…………

商务之纲目，首在振兴丝、茶二业，……以争印、日之权。弛令广种烟土，……此与鸦片战者一也。广购新机，自织各色布匹，……此与洋布战者二也。购机器织绒毡……等物，炼湖沙造玻璃器皿，……此与诸用物战者三也。上海造纸，关东卷烟，……此与诸食物战者四也。……种植玫瑰等香花，制造香水洋胰等物，此与各种零星货物战者五也。六在遍开五金、煤矿……。七在广制煤油，自造火柴……。整顿磁器厂务，……此足以战其玩好珍奇者八。以杭、宁之机法，仿织外国绉绸，……此足以战其零星杂货者九。……各关鼓铸金、银钱也，……行之市间，既无各色锭银，自不得不通用钱币。我既能办理一律，彼讵能势不从同，则又可战彼洋钱，而与之工力悉敌者十也。

…………

考日本东瀛一岛国耳，土产无多，年来效法泰西[24]力求振作，凡外来货物悉令地方官极力讲求，招商集股，设局制造，如有亏耗设法弥补，一切章程听商自主，有保护而绝侵挠，用能百废具举。所出绒布各色货物，不但足供内用，且可运出外洋，并能影射洋货而来售于我。查通商综核表，计十三年中共耗我二千九百余万元。光绪四年至七年[25]，此四年中日本与各国通商进出货价相抵外，日本亏二十二万七千元。光绪八年至十三年[26]，此六年进出相抵，日本赢五千二百八十万元。前后相殊如此，商战之明效可见矣。……夫日本商务既事事以中国为前车，处处借西邻为先导。我为其拙，彼形其巧[27]。西人创其难，彼袭其易[28]。弹丸小国，正未可谓应变无人，我何不反经为权[29]，转而相师，用因为革[30]，舍短从长，以我之地大物博、人多财广，驾而上之犹反手[31]耳。

夫如是则中国行将独擅亚洲之利权，而徐及于天下。国既富矣，兵奚不强？窃恐既富且强，我纵欲邀彼一战，而彼族且怡色下气[32]，讲信修睦，绝不敢轻发难端矣。此之谓决胜于商战。

【注释】

(1) 结发厉戈：结发，束发，指初成年时；厉，磨，使锋利；戈，泛指兵器。(2) 庶几水栗而山詟（zhé）：庶几，表示希望的语气词，或许可以；水栗而山詟，指成语陆詟水栗，出自《后汉书·班彪列传》："殊方别区，界绝而不邻，自孝武所不能征，孝宣所不能臣，莫不陆詟水栗，奔走而来宾。"詟，惧怕；栗，哆嗦，发抖。意指声威远播，水陆四方莫不畏惧而归服。(3) 咥咥（xì）：笑或讥笑的样子。(4) 噬（shì）膏血匪噬皮毛：噬，咬，吞；膏血，脂肪和血液，比喻经过劳苦努力，所获得的利益；匪，不，不是。(5) 发蒙：犯糊涂，弄不清楚。(6) 掊克（póu kè）：聚敛，搜括，以苛税聚敛财物。(7) 不辍：不停止，继续不断。(8) 餍：吃饱，满足（多指私欲）。(9) 凡：皆也。(10) 玩好奇淫：玩好，玩弄嗜好的物品；奇，奇特，奇异，新奇；淫，放纵，恣肆。(11) 罄：器中空也，引申为用尽，消耗殆尽。(12) 北直：指北直隶，即直隶于京师的地区，相当于今北京市、天津市、河北省大部和河南省、山东省的小部分地区。为区别于直隶于南京地区的南直隶，故称为北直隶，简称北直。(13) 出洋佣工：出洋，出国，到国外去；佣工，受雇为人做工的人。(14) 摈绝：摈，排除，抛弃；绝，断绝，穷尽。(15) 胥：全，都。(16) 漏卮（zhī）：卮，古代盛酒的器皿。指有漏洞的盛酒器，比喻酒量大，没有限度。(17) 眴（xuàn）变：眴，同"眩"，目眩。指千变万化，令人目眩。(18) 欺绐：绐，古同"诒"，欺骗，欺诈。(19) 羸痿癃（lóng）病：羸，瘦弱；痿，肢体麻木；癃，足不能行。指衰老病弱。(20) 枵腹（xiāo fù）：空着肚子。(21) 出赢而入绌：赢，有余利，获利，盈余；绌，不足，亏损。指出赢、入亏。(22) 通塞损益：通塞，境遇的通顺与滞塞；损益，亏与盈，减与增。(23) 借楚材以为晋用：楚材晋用，楚国人才为晋国所用，比喻人才外流。这里则是指引进人才。(24) 泰西：西洋，旧时对西方国家的称呼。(25)光绪四年至七年：公元1878—1881年。(26)光绪八年至十三年：公元1882—1887年。(27)我为其拙，彼形其巧：拙，同“黜”，罢免，革除；巧，巧妙，精妙。我国成为日本革除的对象，日本则相形表现出精巧。(28)西人创其难，彼袭其易：西洋人创新艰难，日本人抄袭容易。(29)反经为权：违反常规，采取权宜之计。(30)用因为革：因革，因袭沿革。指用因袭的办法来变革。(31)反手：翻转手掌，比喻事情的容易。(32)怡色下气：怡色，和悦的容色；下气，态度恭顺，平心静气。形容气色和悦，态度恭顺。

【点评】

(1)《盛世危言》以“富强救国”为宗旨，明确指出国弱民穷的根源在于专制政治，提出了从政治、经济、教育、舆论、司法等方面进行全面改造的方案。在政治上，主张建立议会，实行立宪政体，公开传媒；在经济上，主张组建民间工商团体，发展现代工业，开展“商战”；在教育上，提出了从基础教育到高等教育的新见解；在司法上，主张学习西方宽严有制，取外而酌中等。它实际上是一个全面学习西方的纲领。蔡元培曾评价说：“以西制为质，而集古籍及近世利病发挥之。时之言变法者，条目略具矣。”事实上，《盛世危言》的见解和主张，是1898年戊戌变法的重要思想基础之一。

(2)《盛世危言》从何而来？郑观应在《盛世危言·自序》中说，自己“学西文，涉重洋，日与彼都人士交接，察其习尚，访其政教，考其风俗利病得失盛衰之由”，“蒙向与中外达人哲士游，每于耳酣酒热之余，侧闻绪论，多关安危大计，且时阅中外日报所论安内攘外之道，有触于怀，随笔札记”。彭玉麟也说，《盛世危言》是郑观应“目击时艰，遂弃举业，学西人语言文字，隐于商，日与西人游，足迹半天下。考究各国政治得失利病，凡有关于安内攘外之说者，随手笔录，积年累月”而成。显然，没有“察”“访”“考”“闻”“阅”，而且“足迹半天下”“随手笔录，积年累月”，就没有《盛世危言》。这就是说，《盛世危言》是郑观应广泛实地调查和长期认真研究的结晶。

(3)郑观应是中国近代史上从事实业开拓、经营、管理的实业家，又是中国近代思想史上较早涉及经济、政治、文化、社会等问题的启蒙思想家。作为近代实业家，他的启蒙思想使其实业活动超出经济范畴，具有较开阔的视野、较理性的思维和较明晰的目标；作为启蒙思想家，他的实业活动又为其启蒙思想提供了较广泛的实践、较深入的观察和较坚实的基础。郑观应认为，西方列强的“商战”比“兵战”更隐蔽，更具有危害性，因而主张“习兵战不如习商战”。他的“商战”思想，虽比“购铁舰，建炮台，造枪械，制水雷，设海军”的洋务派略高一筹，但在西方列强统治下是根本不可能取胜的。晚年，郑观应既反对革命，又反对袁世凯称帝、张勋复辟和军阀混战，最终只能在痴迷于修道中离世。

撰稿人：李　勤、水延凯

“政府必须实知国中情形”，“然后能兴之除之”

【简介】

本篇原文，摘自梁启超的《梁启超全集》。

梁启超（1873—1929），男，汉族，广东新会（现广东省江门市新会区）人，字卓如，一字任甫，号任公，又号饮冰室主人、中国之新民、自由斋主人，中国近代思想家、政治家、教育家、史学家、文学家。他 11 岁中秀才，16 岁中举人，17 岁结识康有为，从此走上改良维新之路。22 岁与其师康有为一起发动“公车上书”运动，25 岁成为戊戌变法领袖之一。变法失败以后，东渡日本，政治上走向保守，主张君主立宪。辛亥革命后，梁启超结束 14 年流亡回国，一度入袁世凯政府，任司法总长。后反对袁世凯称帝、张勋复辟，43 岁经我国香港、越南到广西，参加护国运动，44 岁加入段祺瑞政府。从段政府辞职后，他结束了从政生涯，转向从事文教和学术活动。45 岁赴欧洲了解西方社会，回国后宣扬西方文明破产，主张用东方文明拯救世界。此后，潜心著述。56 岁因病去世。

梁启超

《梁启超全集》，张岱年、戴逸等为顾问，张品兴主编，由北京出版社于 1999 年出版。全书分为 10 册、21 卷，千万字之巨。这部《梁启超全集》，以林志钧 20 世纪 30 年代编辑的《饮冰室合集》为底本，重新标点；依体裁、内容划分类别，分时论、学术文章、诗论诗话、诗词创作、戏剧小说、碑帖、年谱、游记、书信等部分，以著作、文章为主，按年代为序，重新编辑而成，还刊登了相当部分从未发表过的书信等文字，弥足珍贵；是一部内容比较完备的梁启超著作集。

《饮冰室合集》

以下【原文】，节录自《梁启超全集》，北京，北京出版社，1999。

【原文与注释】

【原文之一】国民浅训[1]

第八章　调查登录

尚有一要事为政府所必须举办，而人民切不可惊疑者，则调查登录是也。人民既责望政府替我等兴利除害，然政府必须实知国中情形，知利与害之所在。然后能兴之除之，则调查其最要矣，必调查地势，然后知交通之便不便。某处道路宜开辟，某处河流宜挑浚，某处设防，保护良善，某处置站，利便行人，必调查土宜。然后知某处某种矿产当开采，某处某种农业当改良，某处某种工艺当提倡，必调查田亩宅地，然后能免豪强侵占之弊。立赋税公平之准，必调查户籍婚姻死生，然后选举可得行。保甲可得举，义务教育可得施，征兵可得办。而人事屡有变迁，尤须随时登录。财产买卖移转则有登录，商业商标则有登录，工艺新法则有登录，住居移徙婚姻生死则有登录。凡次之类，皆令政府得以周知民情，编为统计，以定施政之标准。而人民亦因此得以蒙政府之切实保护，意至善也。但我人民向来有一种偏见，自己家内情形，总不愿外人知悉。一旦闻官府指明调查，动辄滋生疑虑，务为掩匿，甚则造作谣言以阻进行。夫以前此贪官污吏，专务鱼肉吾民。每借事端，恣其骚扰。民之疑虑，本无足怪。若到政府确有实心办事之时，则人民亦当坦怀相见，然后上下乃能通气。须知应当调查之事件，本非烦苛，尤非盘诘人家阴私之事。我有子女，并非私生，何故怕人知道。我有田产，并非私占，又何故怕人知道。若无故自惊，欺矇隐匿，反使原有正当之权利，将来不能得正当之保护。后悔何及。吾愿我人民先明白此中道理，开怀待命，其办理地方自治之绅耆，届时尤当协力相助以利进行，则国利民福，皆于是乎在矣。

【注释】

(1)《国民浅训》：《梁启超全集》第四册第十卷《欧游心影录（1916—1920）》的一部分。该文是梁启超1916年遭袁世凯通缉，在赴越南途中躲入荒山，奋战三天三夜的“扶病疾书之作”，当年5月由商务印书馆印刷、发行。全书13章，约2万字。第一章，何故爱国；第二章，国体之由来；第三章，何谓立宪；第四章，自治；第五章，自治（续）；第六章，租税及公债；第七章，征兵；第八章，调查登录；第九章，乡土观念与对外观念；第十章，公共心；第十一章，自由平等真解；第十二章，不健全之爱国论；第十三章，我国之前途。这里是第八章“调查登录”的全文。

【原文之二】历史统计学[(1)]

历史统计学，是用统计学的法则，拿数目字来整理史料推论史迹。这个名称，是我和我几位朋友们杜撰的。严格的说：应该名为“史学上之统计的研究法”。因贪省便，姑用今名。但我们确信他是研究历史一种好方法，而且在中国史学界尤为相宜。我们正在那里陆续试验，成绩很是不坏。所以我愿意把我们所拟的方法介绍诸君，盼望多得些同志共同做去。

我们为什么想用这种方法研究历史呢？我们以为：欲知历史真相，决不能单看台面上几个大人物几桩大事件便算完结；最要的是看出全个社会的活动变化。全个社会的活动变化，要集积起来比较一番才能看见。往往有很小的事，平常人绝不注意者，一旦把他同类的全搜集起来，分别部居一研究，便可以发现出极新奇的现象而且发明出极有价值的原则。比方我们看见一两只蝴蝶，算得什么呢？一旦到了动物学者的手里，成千成万的蝴蝶标本聚拢起来，综合一番，分析一番，便成绝大学问。我们做史学的人对于史料之搜集整理，也是如此。

统计学的作用，是要“观其大较[(2)]”。换句话说：是专要看各种事物的平均状况，拉匀了算总账。近来这种技术应用到各方面，种种统计表出来；我们想研究那件事，只要拿他的专门统计表一看，真相立刻了然。所以“统计年鉴”等类之出版物，真算得绝好的现代社会史。假如古代也有这种东西传下来，我们便根据着他看出许多历史上“大较”的真相，然后究其所以然之故，岂非快事！这种现成饭固然没得给我们，但我们用自己的努力，也许有许多方面能弥补这种缺憾来。

用统计方法治史，也许是中国人最初发明。《史记》的“表”是模仿那“旁行斜上[(3)]”的《周谱[(4)]》。《周谱》这部书，今虽失传，想来该是西纪前三四百年人做的。后来历代正史都有表，给我们留下种种好资料和好方法。可惜范围还太窄，许多我们想知道“大较”的事件，都没有用表的形式排列出来。到清初，有位顾栋高[(5)]先生著成一部五十卷的《春秋大事表》，把全部《左传》拆碎了，从各方面分析研究，很有统计学的精神。我从小读过这部书，实在爱他不过。常常想：我几时能有工夫，定要把全部二十四史照他样子按着我自己所要研究的目的分类做一部《通表》才算快事哩！我这个心愿，怀抱了二十多年；但我很惭愧，到今日还没有动手。

我想：我们中国的史学家做这件事，便宜极了。因为我们纸片上的史料是丰富不过的。一切别史杂史文集笔记之类且不必说，就以一部二十四史而论，真算得文献宝藏。就学校里头学历史的学生看，固然恨他“浩如烟海”，就我们专门做史学的人看，真不能不感谢我们先辈给我们留下这大份遗产。我们只要肯在里头爬梳(6)，什么宝贝都可以发见出来。

以上把这种学问的理论大略说明了，下面要说我们着手的试验及其成绩。

我多年想做一张表，将二十四史里头的人物分类：学者，文学家，政治家，军人，大盗……等等，每人看他本传第一句“某某地方人也”；因此研究某个时代多产某种人，某个地方多产某种人。……丁文江先生……说：先且不必分类，只要把正史上有传的人的籍贯列下来再说。他自己便干起来了。现在……只是把几个统一的朝代——汉唐宋明做成了，编出一张很有趣的“历史人物之地理分配表”如下：

历史人物之地理分配表①

	前汉		后汉		汉		唐		北宋		南宋		宋		明	
省别	人数	%	人数	%	人数	%	人数	%	人数	%	人数	%	人数	%	人数	%
陕西																
直隶																
……																
……																
外族																
总计	208		457		665		1 149		1 461		604		2 065		1 771	

这张表的体例，是将《汉书》、《后汉书》、《新唐书》、《宋史》、《明史》中有传的人都列出，调查他们的籍贯，分配现今各省。再拿所有的列传总数，按照各省人数，列出百分比例。例如两汉通共六百六十五篇传，河南人二百零九，占百分之三十一零四三；山东人一百一十八，占百分之十七零七五；湖南人只有两个，占百分之三厘；福建人只有一个，占百分之一厘五。广东、云南、贵州一个也没有。……我们在这表中，可以看出几个原则：

（一）帝都所在地人物往往特多。……

（二）南北升降之迹甚显著。……

（三）原则上升降皆以渐；然亦有突进者。……

（四）此外尤有一最显著之现象，则人物分配日趋平均。……

诸君想想：像这样粗枝大叶的一张表，我们已经可以从这里头发现出四个原则来，而且还能逐个求出他所以然之故，这是何等有趣的事？……青年诸君啊！须知学问的殖民地丰富得很，到处可以容你做哥仑布，只看你有无志气有无耐性罢了。

【注释】

(1) 历史统计学：《梁启超全集》第六册第十四卷《中国历史研究法（1922—

① 略去表中大部分数字。——引者注

1925)》的一部分。（2）大较：大略，大概，大体。（3）旁行斜上：旁行，横向书写；斜上，指上下格中纪事相接。指《史记》年表的格式，后泛指用横向列表编排的各种谱表，或按一定格式书写的文字。（4）周谱：谱，牒也，籍录也，依照事物类别、系统编制的记录、表册。周谱，指周王室的谱录。（5）顾栋高（1679—1759）：字复初，一字震沧，自号左畬（Yú），江苏无锡人，清朝官吏，学者，著有《方儒粹语》《春秋大事表》《毛诗类释》《尚书质疑》等著作。（6）爬梳：抓搔梳理，引申为整理纷乱事物，使之有条理。

【点评】

（1）梁启超在1916年3月写的《国民浅训》“序”中说，该作是他暂避越南（因反对袁世凯称帝、张勋复辟而受迫害）期间撰写的。当时他大病初愈，“阅三日夜，得十三章，……书旨期普及。故以俚文行之，……且信笔所至，不及凝思，意所欲言，未尽百一也。国人知其为播越颠沛中扶病疾书之作，矜此微诚，垂赐卒读，而或得一二受用处，则著者之荣幸”。梁启超在这种情况下撰写《国民浅训》的精神和做法，是令人敬佩的。就第八章“调查登录”而言，他站在“政府”立场上向“人民”说明了两点：一是“调查登录”的意义为“政府必须实知国中情形，知利与害之所在。然后能兴之除之”，“政府得以周知民情，编为统计，以定施政之标准”，因而“调查其最要矣”。二是克服对“官府指明调查”的“偏见”，“协力相助以利进行，则国利民福，皆于是乎在矣”。把“调查登录”作为《国民浅训》的重要内容之一，是值得肯定的。

（2）《历史统计学》，是梁启超1922年11月在东南大学史地学会上的演讲稿。他指出，“欲知历史真相，决不能单看台面上几个大人物几桩大事件便算完结；最要的是看出全个社会的活动变化。……一旦把他同类的全搜集起来，分别部居一研究，便可以发现出极新奇的现象而且发明出极有价值的原则”，统计学的作用，是“观其大较”，“要看各种事物的平均状况”。该文说明，梁启超是中国最早提出“历史统计学”概念并身体力行的学者。《历史统计学》只是他的《中国历史研究法》中的一篇。《中国历史研究法》，则是他毕生从事中国历史调查研究经验的宝贵总结，具有重要的历史意义和现实价值，值得我们认真学习和吸取。

（3）青年梁启超是资产阶级革命的有力代言人。他对封建制度与思想的批判，立论锋利，条理分明，感情奔放，痛快淋漓，是当时最有号召力的政论家。44岁退出政治舞台后，他集中精力于学术研究，广泛涉猎哲学、史学、文学、经学、法学、伦理学、宗教学等领域，成为一位百科全书式的人物，其中以史学研究成绩最为显著。梁启超一生勤奋，著述宏富，在20～56岁的36年间，在被政治活动占去大量时间的情况下，各种著述达1 400多万字，平均每年写作近39万字。主要作品有《少年中国说：论近世国民竞争之大势及中国前途》《中国历史研究法》《中国近三百年学术史》《新民说》《中国文化史》《李鸿章传》《王安石传》《饮冰室合集》《唐代集会总集与诗人群研究》等。

撰稿人：李　勤、水延凯

“要把中国社会的各方面全调查一番”

【简介】

本篇原文，摘自陶孟和的《孟和文存》。

陶孟和

陶孟和（1887—1960），原名履恭，祖籍浙江绍兴，生于天津，父亲是一位塾师。他幼时在近代教育家严修创办的家塾（1904 年改为敬业中学堂，1906 年改称南开学校）就读，半日读四书五经，半日学英文、数学和自然科学知识。陶孟和成绩优异，作为官费生赴日本留学。1906—1910 年，在东京高等师范学校学习历史和地理，与同学杨文洵编译两卷本《中外地理大全》，1916 年由中华书局出版。1910 年，赴英国伦敦政治经济学院学习社会学和经济学。1912 年，与同学梁宇皋合作用英文编撰《中国乡村与城镇生活》一书。1913 年获经济学博士学位，同年归国，任北京高等师范学校教授。1914—1927 年，任北京大学教授、系主任、文学院院长、教务长等职。1926—1934 年，任中华教育文化基金董事会社会调查部（1929 年独立为社会调查所）负责人，致力于社会调查事业。1934 年，社会调查所并入中央研究院社会科学研究所，1945 年后改称中央研究院社会研究所，陶孟和任所长。还曾任第一至四届国民参政会参政员，立法院立法委员。1935 年起，被聘任为中央研究院评议会的评议员，1948 年当选为中央研究院院士。

1949 年春，在陶孟和主导下，原中央研究院社会研究所全部人员及图书资料留在南京。1949 年 10 月起，任中国科学院副院长，兼任社会研究所（1953 年改名为中国科学院经济研究所）所长。1952 年，社会研究所迁往北京，陶孟和辞去所长职务。1955 年 12 月，任中国科学院编译出版委员会主任。陶孟和是中国科学院图书馆创始人，为该院图书馆事业的发展做出了重要贡献。1960 年 4 月，在赴上海参加中国科学院第三次学部会议前因病去世，享年 73 岁。

《孟和文存》，是陶孟和 1925 年在北京出版的一部文章汇编。该书除自序外，汇集了 1914—1923 年十年间陶孟和在《新青年》《新教育》《太平洋》《努力周报》《中华教育界》《教育与职业》等杂志上发表的文章 33 篇，分为 3 卷。这些文章集中讨论了当时的社会问题，体现了他“通过调查改革社会”的主张，较为集中地突显了他关注社会底层问题的态度。

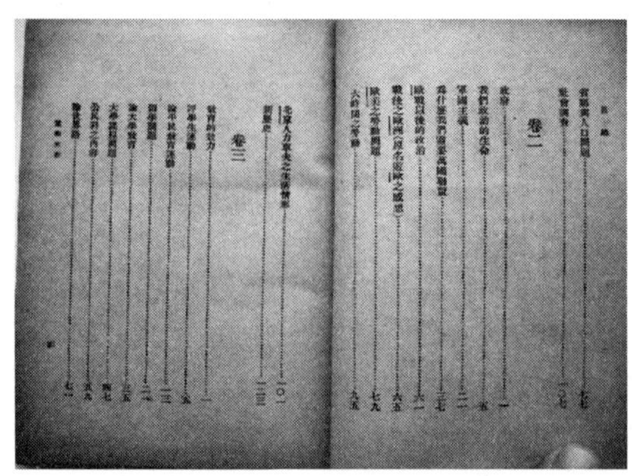

《孟和文存》目录

以下【原文】，节录自陶孟和《孟和文存》，上海，上海书店出版社，2011。

【原文】

【原文之一】社会调查

我向来抱着一种宏愿，要把中国社会的各方面全调查一番。这个调查除了学术上的趣味以外，还有实际的功用。一则可以知道吾国社会的好处，例如家庭生活种种事情，婚丧祭祀种种制度，凡是使人民全体生活良善之点，皆应保存；一则可以寻出吾国社会上种种，凡是使人民不得其所，或阻害人民发达之点，当讲求改良的方法。

追溯发这个愿心，却是很早，六年前（一九一二）的春天，我在伦敦同同学梁君要编纂一部述中国社会生活的书给外国人读。我最初以为凡是中国人，都生长在中国社会里，……把他写出来，当不觉有何困难。然而以后写起来的时候，就觉得个人的经验有限，……所知的社会生活不过是一极小部分。……我在编辑的时候于是不得不稍为依赖古今人所著的书籍，补我的经验不完与记忆不清的地方。然而中国关于社会生活的书籍……论起群盲所崇拜的人物来，说得“天花乱坠”，……觉得文人之笔舞文弄墨，不足凭信。及至论到人民一般的状况，记载又失之过于简单。司马迁的《史记》不得不算一部有价值的史书，然而记述人民一般之真状，资料亦非常缺乏。如其“平准书”曰：

> 汉兴七十余年之间，……民则人给家足，都鄙廪庾皆满。……

所谓“人给家足”，未免太失之空泛。……后人叙述人民一般的事情，都是沿用一种空泛捉摸不着的套语，……未有能详细记载的。

以后我忽然想起……志书。……只见江苏某县志书内载有一条：大意谓该处人民业蚕桑，每日侵晨有贫窭之民植立桥畔待雇，日得工资若干文，不得者皆懊丧归家。……实社会研究之好材料。可惜此类之记载极少。其他志书……不是陈旧套语，就是失之简略。我因此才恍然明白了两件事。一则我们中国人于“生活”……素不注意，素欠研究……一则我们人民是不值什么的，不在话下的。……外国人常好说我们中国重文，所以典籍之多，世界上各国论起数目来都比不上。我以为中国的书籍……都是用铺张扬厉的笔法记些英雄恶霸的故事……有几部书是专描写一般人民的？……我们中国人是一个哑国民。人民的欢乐，人民的冤苦，一般生活的状态，除了些诗歌小说之外，绝少有记出来的。……所谓圣贤豪杰之休戚较诸一般百姓之苦乐重要得多。这种崇拜英雄之理想，就是现在一般愚民希望贤人政治之根源。要知一国之中，不贵在有尧、舜、禹、汤或大彼得、拿破仑，而贵在一般人民都能发达，不必等着枭雄恶霸就可以自治的。……所以研究社会，调查社会上各种现象，有何美点，有何弊病，可以使一般人民全有发展成圣贤之机会，那就用不着“贤人政治”，亦就无“贤人”营私利己之机会了。

我抱着这种希望虽然极久，但是始终没有自身从事调查。三年前，北京青年会设有社会实进会，会员诸君曾调查北京城里人力车夫，当时我就着调查的材料作出一份报告，可以见出人力车是否为一种好职业，其收入是否足供衣食住之资……报告虽不详尽，然……颇可使我们猛省，发同情谋救济的方法。但是现在中国的社会调查我以为乡村调查最为重要。我国以农业为本，人民的大部分全是务农，或作农业副产物的工作。所以农间生活实在是我们现在最切要的一个大问题，较比都市生活所产出种种问题切要得多。中国人住在都市里的人极少，住在乡村里的人极多；要是不研究乡村里生活的状况与技术的情形，分别他们的好处坏处，引导他们向进步的方面发展，成为能自治之国民，而只盼望生在都市里的人受特殊教育，专去治理这些乡村的人，那就是“贤人政治”的思想。这种办法是无益于民，与今日民治的观念凿枘不相入的。所以我们要从事社会调查，应该先从乡村生活农民生活方面着手。

【原文之二】北京人力车夫之生活情形

民国三四年间，北京社会实进会之服务团……调查城内外各区人力车夫职业与生活之情形。该团……托余就所调查之资料，编辑报告，以发明此次调查之结果。……本文叙述简略，缺乏精密的研究，且所述为十年前之情形，与今日物价、货币……种种之情形大不相同，更减损报告在今日之价值。然其中所述之原则犹未磨灭，故存之。

（甲）人力车业之性质

……人力车乃一种运输之方法或交通之器械。……

…………

人力车夫，即竭其一己身体之力量，载运客人（极例外时亦载运货物）以为生活者也。……

…………

人力车之问题不仅为个人或国民经济之问题，实为极重要之社会问题。此种职业乃剥削国民之精力，防害人民之健康，甚且遗害及于后代。此恶不除，全社会之生活被其影响，至于无穷，非过言也。吾人今就调查所得，分析研究，即可知此问题之重要。

（乙）调查中之问题

…………

此次……调查之总数共三〇二人。……北京……人力车夫共二〇八五九人，所调查之数……不过当六十九分之一而已。兹将所调查之结果，分别论述如下。

（一）年龄

查所调查之三〇二人力车夫中，二十至三十岁者不及半数，三十至四十岁者不及三分之一，四十至五十岁者占六分之一，二十岁以下者不过寥寥数人。……人当四十以后，……体力已有渐衰之倾向，若仍任其担负极辛苦易疲劳之工作，实深可怜悯。……日本……已对于年龄老之人力车夫加以取缔矣。

（二）婚姻之状况

所调查之三〇二人中，已婚与未婚者各占其半。但未婚者之中有鳏者十六人……

（三）家庭之依赖者

……三〇二人中只有依赖者三人之家庭不及半数，有大家庭须维持者竟有三分之一。无依赖者而完全为自己谋生活者占极少数。……

（四）收入

大部分人之收入每日为铜元五十一枚乃至八十枚，其收入不及此数或超过此数者占极少数。吾人所宜注意者，……所入车资常为其家庭收入之一部分，或其人收入之一部分，因其家庭或另有财产，或彼自身于拉车以外仍以余暇另营他业。……常见人力车夫衣朽敝之绸缎衣服，行路亦不矫捷，盖即旗人之落魄而流入人力车业者。此类人一旦财产荡尽，……即须完全依人力车业为生活矣。

（五）赁车费

据大部分之报告，赁车费每半日约铜元二十一枚至四十枚。若租赁全日，则费较减。故有时二人共赁车一乘，轮流出外拉车。据余之调查，赁车费依车之情形而定，车新而装饰较华美者与车敝而朽者赁价当然不同。其等级大略如下：(1) 赁全日……者，铜元四十枚至洋四角。(2) 赁半日（早七八时至午后四时）铜元三十枚至洋三角。(3) 赁夜车（晚四时至十二时或翌日早一时）铜元十五枚至三十枚。

…………

（六）生活费

各调查表，关于生活费之数目极不一致，……原因大概不外以下三种：(1) 人力车夫常以自己之伙食费报告调查员，关于其家庭之消费则未算计。(2) 各家庭之人口数目不同，……各家之支出显然有大差别。(3) 一家之中仍有营他业而获得收入者……故……竟有支出之数超过收入者。……由是观之，欲以人力车夫之收入以衡其家庭之所需或其家庭之生活程度，诚大难事。

今若作极概括之计算，则每人每日以铜元十五枚至二十枚即可生活。三口之家，每日所需必须铜元廿五枚乃至四十枚，所谓三口即父母与儿童是也。此数仅为食物之费用……四口之家每日必须铜元六十枚方可糊口。……

（七）净收入或储蓄

由收入减去赁车费及生活费，即为……净收入或储蓄。……总之，人力车夫之储蓄力极薄弱。一方面由于其收入太低，一方面亦由于车夫或其家庭之习惯。北京本地人俗尚奢侈，……由外乡来者较为俭约，……山东人最为俭省。……

但大部分之车夫偶有储蓄则常流于怠惰，或营不道德之生活。……据一粗略之调查称真能刻苦储蓄而且能永久储蓄者不过五分之一耳。夫储蓄之意乃为子女与自己之将来。设无储蓄，则子女无从获教育，自己年老或撄疾病无从获衣食。故……人力车业不特剥削车夫最宝贵之精力，且……又不能为子女谋教育，又不能为自己备将来，岂得谓为好职业哉?

（八）工作时间

所调查之车夫中强半每日劳动七小时至十小时，五分之一则劳动十二至十五小时。人力车夫之工作时间虽长，然要非继续不断者，时时可以休息。……人力车夫工作时间完毕，如何消遣其闲暇之问题颇值研究。……

人力车夫所最喜之消遣为听戏及听说书。好听戏者大概最多，……胜于其他一切娱乐。茶馆之中，说书或讲评词彻晚行之，人力车夫亦多趋之。茶馆取费较廉，……故常至其处消遣。……

赌博亦为人力车夫所最嗜。……彼收入颇优之车夫所以常变为贫困者，大抵皆原因于赌博……

人力车夫所沉溺之消遣最恶者当为嫖妓。……

……京中饮酒者有时似多于他处。余曾调查车夫之不能驰驱，或驰驱而不能耐久者，盖多因饮酒太多之故。……此外关于吸鸦片烟或打吗啡等恶癖未有调查，即调查恐亦难探得实情……

（九）从事人力车业之年数

从事人力车业一年至四年者约占全体三分之二，拉车逾四年以上者为数寥寥。北京用人力车……不过十余年，……此或可用为人力车夫工作少过四年之一种解释。但另一种解释则人力车业至为劳苦，人之能耐此劳苦之劳动者，充其极量亦不过三四年。故……人力车夫未来之职业实为一大问题。……

（十）人力车夫在拉车以前之职业

……其中负贩之小商人与手艺人居大部分，无业者次之，农人又次之。……然此中最奇者即有曾在学校受过教育者八人。……学校教育竟不能使之为有技能之工人，……其功效亦可怜矣。但……亦不能只归罪于教育，社会状况亦与有关系。……有技巧而无工厂需要之，一般稍受教育者又焉不尽沦为苦力哉? 总之，此种问题皆耐人深长思也。

（十一）其他问题

……本地人超过外来人，超过比例约为五分之一。……吾人须知人民之迁徙与季节颇有大关系。例如冬季田中作业告终之后，农人来城镇……以人力车为生者亦必不少……即当农事盛时，倘有水旱之灾，……最易获之人力车业以为生焉。

吸烟之调查，结果吸烟者与不吸烟者各半数。……

识字之调查，结果则识字者与不识字者各居其半。……其识字比例之高出人意外。

（丙）结论

……由理想言之，人力车必须废止，社会中不能再容有此违背人道之运输工具。

但迄于今日，其他新式之交通器尚未设置，……不能贸然将人力车完全废止之。将来……公用汽车或电车能驰驱于北京……，此数万之失业之人力车夫，依然为社会之重大问题，……故吾人于采用新式交通方法之际，必须先谋人力车夫之生计，或授以职业，或预先逐渐减除其数目是也。

今吾人所能致力于改良人力车夫之生活情形者有三端：教以节俭储蓄，为之设备娱乐，并授以有用之技能。

……人力车夫享乐时少，故一旦收入较常时稍多，便尔放纵，不知检点。故最要者即晓以节俭之要，奢侈之害，将一切不必要之耗费概行免除。然此事非仅空谈所能了事，……尤要者厥为储蓄之机关。……现在……大银行家或不屑经营此种小事业，然……可试作此类之试验。……造福于收入低者当不少也。

为人力车夫设备娱乐或奖励无害之娱乐诚一困难问题。……吾人应为人力车夫造出俱乐部一类之游戏场所，为之设备演讲、游戏，如能办理得法，其利益必甚大。……如上等社会中人肯常来……实一明了劳动阶级之最好机会也。

设此种俱乐部果能成立，吾人可更进一步，实施教育之计画，授以手艺及工业制造诸科，使劳力之车夫将来不难为技巧之工人。关于此种普及工业教育之问题，……实为今日中国之急务。其中包括若干问题，兹不赘述。

提高人力车夫之生活，增进其知识与能力，实为吾人之义务。……提高人力车夫即是提高社会，……实为社会全体之问题。……

吾之撰此文，希望各人尽其所能，多少改进为吾人交通上辛苦之同胞，俾其日有进步，将来劳动与生活皆能改善，则此不幸之阶级亦即无劳吾人之研究矣。

【点评】

(1) 陶孟和 1913 年回国后就立志开展社会调查，1918 年更表示“要把中国社会的各方面全调查一番”。1926 年，陶孟和得到中华教育文化基金董事会支持，受聘为该会下设社会调查部主任，并立即组织开展社会调查方法、北京工人生活费、北京郊区农民生活费等研究。经过努力，社会调查部先后完成了三部著作：樊弘的《社会调查方法》(1927)，陶孟和的《北平生活费之分析》(1928)，李景汉的《北平郊外之乡村家庭》(1929)。1929 年，社会调查部改组为独立机构社会调查所后，将调研课题扩展为以农业经济、工业经济、劳动、人口、工人生活费、近代经济史为重点的 10 大类，取得了许多在国内外有重要影响的调研成果。1934 年，社会调查所并入中央研究院社会科学研究所（1945 年改称“中央研究院社会研究所”），抗日战争期间迁至四川南溪李庄，陶孟和继续任所长，继续开展调查研究工作，完成了《抗战损失研究和估计》等重要研究成果。总之，在长达 35 年（1914—1949）的时间内，陶孟和不仅提倡、组织、领导社会调查，而且亲自到北平、天津、江苏、安徽、浙江、河南、陕西、广西、云南、贵州、四川等地参加社会调查，编著出版了《北京人力车夫之生活情形》《北平生活费之分析》《中国社会之研究》《中国劳工生活程度》《社会与教育》《公民教育》《社会问题》《中国之县地方财政》《孟和文存》等著作，培养了一批社会调查人才。可以说，陶孟和是运用西方近代社会调查方法在中国开展社会调查的主要倡导者、组织者和领导者之一。

(2)《社会调查》，是陶孟和1918年3月发表在《新青年》第4卷第3号上的一篇文章，全文不足2 400字，说明了以下几个思想。第一，社会调查除有学术趣味外，还有实际功用：知道社会的好处和问题，讲求改良方法。第二，明白了两件事：中国史书志书，一不研究生活之道，二不重视人民。中国典籍虽多，中国百姓如何生活，却不可得而知。第三，崇拜英雄是贤人政治之根源。要知一国之中，不贵在帝王，而贵在人民。第四，社会调查可以使人民了解社会的优点和弊病，使人民有发展成圣贤的机会，那样就用不着贤人政治了。第五，中国以农业为本，人民中大部分务农，所以乡村调查最为重要，中国从事社会调查应该先从农民生活方面着手。第六，他的宏愿是把中国社会各方面全调查一番。这些思想，对此后的新文化运动和社会调查运动，显然是有重要影响的。

(3)《北京人力车夫之生活情形》，是陶孟和受委托于1925年写的一篇调查报告。该调查是美国传教士步济时（John S. Burgess，1883—1949）在1914—1915年指导北平社会实进会学生完成的。调查问卷由步济时设计，然后由学生通过5种途径搜集资料：一是访问车夫，让他们按问卷回答背景、经济、健康等41个问题，每人给5个铜元做报酬；二是街头观察，记录车夫的年龄、衣着、车况等16个方面的状况；三是到茶馆等车夫休息处，了解车夫的娱乐、爱好等情况；四是到车厂，了解人力车的租赁等情况；五是去警察局、收容所、粥厂等地方了解车夫情况。通过调查，共搜集到302个车夫的情况。最后，陶孟和受委托分析调查资料，撰写调查报告，步济时做补充说明。①

《北京人力车夫之生活情形》的成果是：第一，明确了人力车业之性质及其危害，指出“此恶不除，全社会之生活被其影响，至于无穷”。第二，从年龄、婚姻、家庭、收入、赁车费等11个方面反映了人力车夫的生活状况。第三，得出了两条结论。一是由理想言之，人力车必须废止；二是在采用新式交通方法之前，必须先谋人力车夫之生计。第四，提出了三项建议，即教以节俭储蓄，为之设备娱乐，授以有用之技能。我们认为，北京人力车夫生活状况调查，把人们的视线引向社会底层，关心底层民众的生存状态，并提出改善他们生存状态的建议，是值得充分肯定的。但是，这一调查只停留于表层社会现象，而没有从社会制度、阶级关系上去寻找造成这些社会问题的深层原因及其解决办法，因而其调查结论难免肤浅、空泛，其具体建议既难以付诸实施，又不解决实际问题。

(4) 对于北京人力车夫生活状况调查，许多中国社会学学者认为，它是“近代中国第一个社会调查”②。笔者认为，这种说法是不准确的。因为，西方近代社会调查方法最早传入中国的时间，不是20世纪初期，而是19世纪60年代；最早将之传入中国者，不是美国的传教士或学者，而是清朝任命的上海海关总税务司等英国人；中国近

① 阎明．中国社会学史：一门科学与一个时代．北京：清华大学出版社，2010：20-21.

② 杨雅彬．近代中国社会学：增订本上．北京：中国社会科学出版社，2001：68；中国大百科全书：社会学卷．北京：中国大百科全书出版社，1991：280.

代最早的社会调查，不是北京人力车夫生活状况调查，而是赫德领导的海关调查，包括 1882—1931 年的 5 个《十年报告》。至于中国人自己最早的调查，则很可能是中国留美学生容闳于 1859 年进行的浙、赣、湘、鄂四省茶区实地调查。[①] 因此，就北京人力车夫生活状况调查而言，准确的说法应该是：它是由学者（包括中国学者和在中国机构任职的外籍学者）主持或实施的、运用西方近代社会调查方法进行的、以研究中国社会问题为主要目的的第一个社会调查。

撰稿人：水延凯、赵雪滢

① 水延凯，江立华．中国社会调查简史．北京：中国人民大学出版社，2017：296－308.

“希望弄清作为一国之都的北京的基本社会情况”

【简介】

本篇原文，摘自甘博的《北京的社会调查》。

西德尼·戴维·甘博（Sidney David Gamble，1890—1968），美国社会经济学家、摄影家。1908 年，18 岁的甘博随父母第一次来到中国，深受友人拍摄的四川美景的吸引。1917 年，他在读完美国普林斯顿大学本科并在加州大学伯克利分校获得硕士学位后再次来到中国，深入四川西北边塞，4 个月行程 6 500 公里，拍摄照片 3 000 余幅。此后，他在北京担任基督教青年会调查干事，于 1918 年 9 月至 1919 年 12 月期间主持开展了一项史无前例的北京调查。1919 年年底，他带着大量调查资料回美国进行统计分析和写作，1921 年在纽约出版了 538 页的著述《北京的社会调查》。此后，1924—1927 年、1931—1932 年期间，他又两次旅居中国，除从事基督教青年会的城乡调查外，还参与和资助了晏阳初在华北开展的平民教育运动，并负责组建了燕京大学社会学系，成为该系创建者之一。1932 年后，由于中国政局和中美关系变化，甘博直至 1968 年逝世，未能再来中国。

甘博与他拍摄的四川

甘博一生中多次来中国，在中国生活、工作了多年，先后发表了五部著作：《北京的社会调查》（1921）、《北平市民的家庭生活》（1933）、《定县——华北农村社会》（1954）、《1933 年之前华北乡村的社会、政治和经济活动》（1963）和《定县秧歌选》（1970），并拍摄了由 5 000 幅黑白照片、彩色幻灯片和数小时 16 毫米电影胶片组成的有关中国 20 世纪初期的极其珍贵的图像、影像资料。

《北京的社会调查》（*Peking*，*A Social Survey*），原为英文。21 世纪初，本书在北京市政府的支持和资助下，由陈愉秉等译、邢文军等译审，于 2010 年在北京中国书店出版。全书分为上、下两册，692 页，58 万字，除序言和前言外，分为：导言和结论、历史、地理、政府、人口、健康、教育、商业、娱乐、社会罪恶、贫困和慈善事业、监狱、灯市口地区、我在北京的近邻、教会概览、宗教事务、北京社区服务团等 17 章。另外，有 13 个附录、49 幅黑白照片，以及 38 张地图和图表。《北京的社会调查》比较真实地记录了 20 世纪初北京城的社会、政治和文化生活面貌，在当时被誉为“首次对一座东方城市的社会调查”，“世界上唯一的一本关于中国一个大都市的实况调查”。

PEKING
A SOCIAL SURVEY
SIDNEY D. GAMBLE, M.A.
JOHN STEWART BURGESS, M.A.
G. SHERWOOD EDDY
ROBERT A. WOODS
WITHDRAWN
NEW YORK
GEORGE H. DORAN COMPANY
Scarritt College Library

《北京的社会调查》（英文版）

以下【原文】，节录自甘博《北京的社会调查》，陈愉秉等译，邢文军等译审，北京，中国书店，2010。

【原文】

【原文之一】前言

……有关中国的一般性结论很多，而具体资料却很少。这项调查正是为着弥补具体材料的不足而进行的。怎样才能得到事实呢？采用普通的观察方法只能获得一般性结论。本书采用的调查方法已经成功地应用于美国城市。但是……还从未有人用同样的方法研究东方国家的城市。这种方法能适用于中国吗？人们能正确回答许多提问吗？……这些都是我们……所面临的问题。……

之所以选择北京作为研究对象，因为它是中国的首都，是中国众多生活领域的中心。……上海、汉口、天津以及其他一些开放口岸的人们同外国人的交往要多于北京，但它们很难称作为典型的中国城市。……

……北京调查所需的费用除去100元得之捐助外，其余全部靠私人筹措。尽管如此，在北京基督教青年会和普林斯顿大学中国中心的共同主持下，这项工作终于完成。

在京的外国人对调查……乐于合作，很多中国人非常愿意向我们提供他们生活中的种种细节；政府官员给予种种机会……并允许我们查阅……大部分资料；商人和其他人士回答了无数详细的提问。随着工作的进展，……我们决定扩大调查范围并延长时间，以便把调查全部完成。实地调查开始于1918年9月，至1919年12月结束。

显然，从一开始我们……只能参加一些专门的访谈，因而绝大部分材料都是中国工作人员通过问卷调查的方式取得的。我们很幸运有C. H. 陈和梁载治（Liang Zai Zhi）两位先生作为主要的实地调查人员。陈先生是归国留美学生，在北京经商，和当地实业界有密切的联系。梁先生在教育部供职，熟悉当地的教育情况，并且是《北京指南》的作者，可以给我们提供许多有价值的资料。此外，……我们获许查阅一些政府部门的报告，从中得到许多有关北京市生活的基本统计数据。……

在调查过程中，使用两种语言必然带来问题。……懂英文的中国工作人员和懂中文的外国工作人员有时会为一份调查表上的措辞争论两个小时以上。即便如此，英文措词的涵义仍然不能完整地用中文表达出来。……

这项调查研究的是当前社会的现状，……凡含有历史资料之处我们均依靠对此做过专门研究的人士。下列书籍曾为我们提供了有价值的内容：费韦尔（Favier）的《北京》，姆拉舍（Morache）的《北京和它的居民》、《中国百科全书》、《1919中国年鉴》、1919—1920年《北京先驱者》增刊，托马斯·库克父子公司（Thomas Cook and Sons）的《北京》和《日本帝国铁路指南·中国》……

…………

……我们的问卷调查表已收入书后附录，但愿能对他人有所帮助。调查工作采用的材料大都也可以在罗素·塞治（Russell Sage）基金会调查参考书目所列图书和手册中查到。

…………

西德尼·D. 甘博（S. D. G）

约翰·思迪沃特·伯杰斯（J. S. B）

【原文之二】第一章　导言和结论

中国是一个巨大的问号，也是一个巨大的挑战！对于希望准确了解中国社会的人，它是问号；对于正关注它的变化并准备帮助它沿着可能的最佳途径前进的人，它是挑战。

这个国家正在从古老的帝制转向现代民主，……对于所有准备帮助中国的人，无论他是学生、官员、社会工作者、教育工作者，还是传教士，没有什么比准确而详尽的客观事实和强有力的社会改革方案更重要和更必不可少。

…………

在……着手解决问题之前，必须首先完成两项工作：对具体的事实和环境做科学的分析和调查；针对调查所发现的问题，制定出明确的社会改革方案。

当前的北京和中国存在着两项运动，一项是在知识阶层中开展的文化复兴运动[①]，……另一项是遍及各阶层的基督教运动。……

许多中国的基督教领袖坚信，中国发展基督教的下一重要步骤应当是使基督教的原则更广泛地适用于一般民众的生活领域。

……基督教的力量在于能够把自私的个人改造为乐于奉献的个人，依靠这种力量，国家和各行各业将逐步产生出品格及思想端正的人士，中国社会和国家生活也将因此而自动地得到改造。

…………

我们之所以从事这项调查，是希望弄清作为一国之都的北京的基本社会情况，同时整理出一批有用的资料。这些资料或许有助于文化复兴运动、新教教会和其他运动，有助于那些正以自己的实际行动关注着社会问题的个人。我们还希望制定出一份能够影响北京乃至全中国的社会发展方案。……

【原文之三】调查结果和结论提要

以下各节分别介绍了此次调查的事实和结果、面临的各种问题以及由此得出的结论。

历史

北京有三千年以上的历史，文献表明公元前1121年这里就有城市出现，今天的北京是建在同一位置上的第六座城市。……

地理

北京被城墙分割成五块区域，其中三个由内向外，层层相套。……整座城市占地24.75平方英里。

政府

北京政府是中国的一个谜。许多不同的部门和机构都设在北京，其中包括：民国政府，总统、内阁和国会，京兆及下属……两个县，陆军部下属的步军统领，……市政公所，京师警察厅等。……尽管派系众多，但全城9 789名警察正在高效……工作着，北京堪称东方最佳的治安城市之一。

……中国人太看重官场的位置，许多人怀着谋得一官半职的希望来到北京，据估计这座城市的求职者已超过11万人，而政府部门只有大约5 000个职位。这些……没有被录用的人构成严重的社会问题，……他们……不仅无所事事，还受到大都市邪恶风气熏染。……勒索和腐败制度不断得以助长。

人口

北京市有811 556人，其中男性515 535人（占总人口的63.5%），女性296 921人……男性人口中相当大一部分（61.7%）的年龄在35岁以下。……北京人口的大部分是由移民构成的，……他们为求学、接受职业训练或谋取官职来到这里，因此多数人只身

① 指新文化运动和五四运动，下同。——译注

一人。……

北京的人口密度为每平方英里 33 626 人，……约为美国同等规模城市的三倍。……每平方英里不足 20 000 人的地区……实际上却是农业区。

住在北京使馆区以外的外国人，1917 年的数字为 1 524 人，其中日本人 595 人，美国人 281 人，英国人 230 人。

健康

总的来说，北京人口的健康状况良好。……城里有 46 所医院，1 098 名医生，其中 109 人接受过西医训练。……

根据警方统计数据，人口出生率为 11.8‰……。我们对一组教友家庭和一组城外居民家庭调查显示，他们的出生率分别为 26.5‰和 36.5‰。全城的出生率很可能在 18‰～20‰之间……北京的人口死亡率为 25.8‰，其中男性为 21.6‰，女性为 33.2‰，死亡率的数字要比出生率准确得多。

北京已有现代供水系统，但水价昂贵……大多数北京人使用井水，……有 2 500 名送水人……另有 5 000 人专门收集粪便……

教育

北京……初级中学和高级中学共有在校生 16 879 人，……高出其他城市两倍。学生来自全国每一个省份和几乎每一座大城市。……

中国的现代教育直到 1905 年才真正开始。……

教育的进步对男子来说非常迅速，共有 48 000 名男性成人或儿童在北京各类学校读书。……在校女生只有 7 000 人。……

…………

北京缺乏职业教育和技术教育……

…………

北京……的民众教育体系，与之配套的还有宣讲所、图书馆和报刊阅览室。……

…………

商业

商业行会和劳工行会是北京商业生活的基础，每个行会代表一个行业，包括了该行会所有的雇主和雇员。……与西方理念不同，中国行会组织一般说来并不是为了行业的进步。……行会的力量强大，个人必须顺从。……工人实际上没有流动的自由。……一般来说，行会甚至不允许创新者独立使用自己的发明。

…………

北京是一个十分巨大的金融中心，但近代工业却没有……找到太多的立足点。……中国似乎将背负着许多问题来经历一场工业革命，……但工时过长、童工、剥削等随之而来的问题，将给它带来种种麻烦。

娱乐

…………

逛戏院、摆筵席、听说书、看中国式赛马、在卖唱女子或其他艺人的表演中逍遥，所有这些旧式娱乐活动构成了这座都城世世代代的生活特色。……

…………

全新的娱乐形式多是从西方引进的，如台球、电影、公园等等。一个新的游乐中心——“新世界”也在北京建成，这就是北京的科尼岛。……

…………

社会罪恶

…………

……北京目前有377所妓院，3 130名注册妓女。

……性病在官员和知识阶层中的传播十分突出，到处可以见到放荡生活和多妻制家庭造成的恶果。

…………

贫困和慈善事业

在北京，贫困是仅次于愚昧的最为严重的社会问题。……警方还是把11.95%的人口划入“贫困”或“赤贫”之列。……在城内及周边地区设立了13个粥厂，在冬季向穷人施舍一点热粥。……

…………

监狱

……第一所模范监狱1909年才在北京建立，而现在全城已有四所，可以容纳2 127个犯人，……全国共有监狱39所，可容纳犯人14 085人。……

…………

灯市口地区

北京的社会调查从灯市口区开始。灯市口……小区，周围四条100英尺宽的道路把它和市区其他部分划分开来，区内有店铺、作坊、居民、青年人和老年人、富人和穷人，也有在任何城市都可以见到的各种社会问题。……

根据警方……数据，灯市口区共有居民7 946人。……

…………

教会调查

我们对……信徒家庭进行了调查，……325户家庭共有1 217人，平均每户3.7人。……共有723人（总数的60%）参加教会活动……

…………

宗教事务

北京是中国古代宗教——儒教、佛教、喇嘛教、道教以及伊斯兰教……罗马天主教、希腊正教和新教……的重要中心。

北京有936座神殿和庙宇，其中有一些堪称精华，全国闻名，尤其值得一提的是天坛和孔庙。……这些宗教对民众的控制越来越小。

伊斯兰教在中国的发展已有上千年的历史，……它们在北京建有20座清真寺……据估计目前居住在北京的穆斯林有25 000人。

北京最早的基督教使团是在1293年……创建的。北京各教堂中最引世人注目的是北堂……北堂和其他四处天主教堂共有成员9 744人。……

俄罗斯正教传道团在北京的活动始于1685年，……东正教会……现在它在中国共有信徒5 587人。

新教传教团体从1861年才开始在北京活动，目前……设在北京的22座教堂和礼拜堂共有5 000名成员。

中国人自己也组织起三个独立的教会，共有783名正式成员和120名见习人员。

由传教团体和中国教会兴办的教育事业正在110所学校中展开，……共有7 644名学生。

…………

社区服务团

内左二区的225名志愿工作者组成了社区服务团，……其成员均来自灯市口教会。……1919—1920年期间，服务团……兴办了两所夜校，……设立了两个运动场，……组织80场义务宣传……，开始发展有组织的慈善事业。……

【原文之四】附录十三　问卷调查表

卖淫问题问卷

…………

有关多妻制的问卷

…………

公共图书馆问卷

…………

宣讲所问卷

…………

有关社会机构的问卷

1. 机构名称？地点？

2. 成立日期？由何人建立？

3. 场地？规模？是否有……法律依据？维护费用？用途？

4. 建筑：数量、风格、特征、规模、价值？

5. 被收容者情况：总人数、男子……、女子……、特征（如贫困、生理缺陷、犯罪等）、在该机构平均逗留时间？

6. 管理机构（董事会等等）：（姓名、人数等——引者注，下同）？

7. 财务：（支出、收入）？

8. 有关收容的规定：（被收容的资格、审查手续、何人介绍等）？

9. 有关释放的规定：（离开条件、能否返回、离开时是否提供帮助）？

10. 健康与卫生：（服装、伙食、厕所、浴室、医疗、热水等）？

11. 教育：（授课科目、时数、教员、上学人数等）？

12. 做工：（工种、工时、报酬、指导）？

13. 娱乐：（种类、设施、领导等）？

14. 作息时间如何安排？

15. 道德与宗教：（宗教仪式、道德教育等）？

16. 为特殊人员设立的隔离设施：

17. 房间类型：(单人间、双人间、一家人是否单独住在一处)?
18. 被收容人员档案：(来自何地、收容后的情况等)?
19. 收容机构的效果：(效果、作用)?

【点评】

(1) 甘博在中国生活、工作期间做了五件事：一是，作为基督教青年会干事，传播“基督教福音”，开展“社会再造”活动，希望利用基督教来拯救中国。二是，主持了对北京这座东方大都市的实况调查，并对北京的物价、工资、生活标准、市民家庭生活等情况开展了广泛调查。三是，参与和资助了以晏阳初为首的平民教育运动，成立了以他为主任的社会调查部，在定县生活了 6 个月，直接指导了许多乡村调查活动。四是，参与了燕京大学社会学系的创建活动，与系主任许仕廉教授合作指导学生开展了许多调查活动。五是，用自己的摄影机拍摄了 5 000 幅黑白照片、彩色幻灯片和数小时 16 毫米电影胶片，为中国记录、保存了 20 世纪初期许多极其珍贵的图像。显然，甘博是中国的一位可敬朋友。

(2)《北京的社会调查》是西方学者对北京这座东方古都开展的第一次大规模且成功的调查。甘博在调查过程中，一方面，采用西方近代社会调查方法，努力把实况调查、问卷调查与当时所能找到的各种文献、数据资料结合起来，广泛搜集有关北京的社会信息；另一方面，充分利用各种人际关系，特别是依靠 C. H. 陈和梁载治两位先生在政商两界的人脉，不仅获得了许多商业情况，而且“获许查阅一些政府部门的报告，从中得到许多有关北京市生活的基本统计数据”。《北京的社会调查》附录一至十二中包含了大量资料和数据，共 182 页，相当于全书的 26%。这说明，西方近代社会调查方法与中国重视人际关系国情的密切结合，是《北京的社会调查》在短短一年多时间内取得成功的关键。

(3) 甘博的《北京的社会调查》，从调查的主观愿望（“把自私的个人改造为乐于奉献的个人”）看，是善良的；从对被调查者的态度看，是友好的。但是，从调查的主要目的（“制定出一份能够影响北京乃至全中国的社会发展方案”）看，是不切实际的；从对被调查者的判断（“贫困是仅次于愚昧的最为严重的社会问题”）看，是片面的、表面的；从开出的治理方案（“使基督教的原则更广泛地适用于一般民众的生活领域”）看，更像鸦片一样是有毒的。然而，撇开愿望、态度、目的、判断、方案等主观因素，仅从纯客观的事实和数据看，《北京的社会调查》对于外国人了解中国的北京，对于中国后代人了解 20 世纪初期的首都，却具有不可磨灭的认知价值和研究价值。

撰稿人：水迎波、水延凯

“农村问题底调查研究极感必要，而又至觉困难”

【简介】

本篇原文，摘自黄枯桐的《农村调查》。

黄枯桐（？—1963），谱名植苏，广东省梅州市人。14 岁留学日本，后考入东京帝国大学农林专业。1920 年左右回国，正逢中国掀起赴法勤工俭学的热潮，于是这位已成家的“海归”再次出国，赴法国里昂大学攻读经济学。1924 年回国后，到广东高等师范学校任教，并曾应彭湃邀请到广州农民运动讲习所讲学。1927 年国民革命失败后，因在农民运动讲习所讲学的经历，被迫携家人去往上海租界避风头，同时在浙江大学任教。20 世纪 30 年代，任中山大学农学院院长、教授，广东省临时参议会参议员、议长，《广东农林月报》主编。1949 年中华人民共和国成立后，在中山大学农学院任教。1952 年，转入由多所高校农业相关院系合并成立的华南农学院任教。1963 年去世。①

黄枯桐

《农村调查》是作为“上海特别市政府社会局丛书农业类第一种”出版的。全书 47 页，总篇幅约 2.1 万字。有 5 个标目：（1）农村调查的必要；（2）国势调查；（3）社

① 钟小丰．椿荫堂三俊：见证中国百年变迁．梅州日报，2015－06－12；刘克定．黄药眠评传．广州：华南理工大学出版社，2011.

会调查与农村调查；(4) 农村调查的方法及其项目；(5) 结论。此书于 1928 年 3 月完稿，1929 年 4 月初版面世，由商务印书馆出版、发行。

《农村调查》

以下【原文】，均节录自黄枯桐编《农村调查》，上海，商务印书馆，1929。

【原文与注释】

【原文之一】农村调查底必要

……农村、农民、农业三者是构成各种问题的原素……农村问题……与国家社会在政治经济种种方面，都有密切的连锁关系。故对于农村问题底调查研究极感必要，而又至觉困难。如不明了农村问题底实际，自无从确立政策以解决问题。但欲明了农村问题底实际，则对于农村底内容（包含农民与农业）究竟怎样？不可不加以考察。……若果但凭主观的臆断，随随便便的定些政策拿去解决问题，那就殊属危险的了。……

【原文之二】国势调查

说起国势调查一事，其精密的调查概念，固属到了近代才见发达。但其起源，恐怕是远在古代民族。譬如有些部落底酋长，因为想晓得……军队数目多少而加以调查。……统治者为征收租税起见，想知道他的人民有多少……但是这等初期的国势调查，……不过止是调查人民中之具有特别要素底人数。譬如……调查具有担负租税能力底人数……然于此等情形之下，所行的国势调查，自然不算正确。……正确的国势调查，则在十八世纪，有几个国家才开始实行。如英国最初举行的调查，是在一八〇一年，……现代所有的文明国家均举行国势调查，当初其主要目的，在乎调查人口底增减等情形以作行政底根据；但对其他各种事项，逐渐地亦有了调查统计。社会现象，极其复杂，其间的因果关系，现象底来历与归趋等，都应加考究。故调查统计，自不可止限于人口一事，而当涉及……各种方面，……国势调查底范围，也就不能不扩大。……

【原文之三】社会调查与农村调查

自十八世纪下半期以来，“产业革命”……盛行于欧洲各国，都市……各种社会问题，也就跟着发生出来。社会问题是不可不谋解决的，因此之故，就有实行社会调查底必要。农村问题接着都市的社会问题而起，……故农村调查底实行，比较社会调查为迟。

Charles Booth 氏花了十七年底长时间去调查伦敦市，把所得结果著成《伦敦市民底生活及劳动》……一书。这当可说是近代社会调查底嚆矢[1]。自此以后，欧美各国大小许多都市，俱渐次实行社会调查，以谋各种社会问题底解决……

美国于一九〇八年八月由罗斯福……总统任命组织底“农村生活委员会”……举行了“农村生活向上运动”……研究农村问题，谋农村底振兴。美国底农村调查实与这个委员会有密切关系。……英国亦既由“土地调查委员会”……以研究关于英国农村底社会的及经济的情形……举行了全国的调查。日本自明治维新以后，关于农村调查一事，日见发达。……

【注释】

(1) 嚆矢 (hāo shǐ)：响箭，先闻其声，后见其箭。意为“开端”。

【原文之四】农村调查底方法及其项目

……农村调查底任务，是异常重大，而且因为农村的情形极其繁杂，……要用科学的方法去调查，始得判断其真确的事实，……对于农村底研究，可有两种方法，就是文献的历史的方法……及统计的方法或调查……而于农村调查法，尤不可不加以详细的考究。美国农部底技师 C. W. Thompson，曾在美国社会政治学会底年报上（一九一六年）发表过一篇《农村调查》……底论文，很足供我们的参考；今因手中没有这篇原文，只得根据小野武夫氏的译文，摘要的节译出来。

“农村调查……的目的，第一是在于发见事实。……

“由农村调查得到底材料，足为各种方面底议论底根据，……是于学问上及实际上都属有用的啊。

“农村调查底方法是有种种的。先从调查地域上说来，可以分别为广区域的调查及一地方的调查。……限于一定区域……底研究，则是狭区域的调查。

“农村调查，又得依着调查底范围分别为一般的调查与特殊的调查。一般的调查，是如美国国势调查及各州调查；那在限定的范围内所行的农场经营调查和农产市场底调查之类，则是特殊底调查。……

“论到实地调查的方法，……大体是……两种方法，就是：一是利用现存的资料的；一是由直接的调查去获得材料的。……

“关于调查材料的蒐集，是有分派一定格式底质问要项以征集答复底方法，及由调查者亲自到农村去调查底方法。实际上……是并用这两种方法的。

“…………”

……农村调查，不是草草率率可以成功的。调查底范围、事项、方法、说明等及调查员底品性、技能、种种，都应该深加考虑，并且要有充分的准备才行。

……农村调查底内容即调查项目，是很繁杂的东西。……Gillette 氏举示农村调查底种类，得有一般的调查……部分的调查……科学的调查……及实用的调查……调查项目确是繁杂，然其主要的项目，要不出乎经济的和非经济的两大部分。现在简略地把主要的项目举示于左。

（一）自然的环境……

（二）经济的情况……

（三）人口底状态……

（四）健康及卫生状态……

（五）教育底状况……

（六）娱乐底状态……

（七）社会的政治的各种团体底情形……

（七）心理的状态……①

（八）各种产业底状态……

上面举的（一）（二）（三）（八）四项可说是属于经济的方面的；（四）（五）（六）（七）四项，则属于非经济的方面底事体。……

为供给大家的参考起见，把 Gillette 氏等所列的调查项目，录示于左。

（1）Gillette 氏所列的调查项目。

…………

（2）南京金陵大学卜凯教授……所列的调查项目。

…………

（3）上海特别市市政府农工商局……吴觉农先生编制调查表。……

第一章、村之沿革及住民：——一、沿革。二、住民之分布。三、人口之变迁。

第二章、物理的状态：——一、地势。二、气象。三、土地。四、森林。……

第三章、农业及其他生产业（详见农家逐户经济调查表）……

第四章、农家一般的经济调查（另详农家逐户经济调查表）……

第五章、衣食住：——一、住。二、食。三、衣。

第六章、运输与交通：——一、道路。二、河流。三、输送。四、邮电。五、距离。

第七章、教育：——一、学校。二、教育状态。三、社会教育。四、农谚及歌谣。

第八章、灾害：——一、一般灾况。二、水灾。三、旱灾。四、病虫害。五、家畜之病疫。

第九章、康健及卫生：——一、疾病及流行症。二、生产及死亡。三、卫生思想。四、一般状态。

---

① 有两个（七），原文如此。——引者注

第十章、社会生活：——一、村之组织及规约。……二、村长……之产生方法……[①]…………

第十一章、信仰及风俗：——一、寺院。二、教会。三、医、卜、星、相……

第十二章、其他重要问题……

(4) 日本森贤隆所列的调查项目。……

读者诸君，看了上面所列调查项目，恐怕会感觉到调查事项那样的繁杂吧！……农村调查项目这样的多，可以反射出农村底内容复杂，……故若想明白问题底真相，并谋问题底解决，那么就应该不怕麻烦去实行农村调查……

据我个人所晓得的。广东省……计画实行全省的农业调查……打算用两年底时日，把全省各县调查清楚。但后来……止调查了四十三县（共有九十四县），……各县底调查结果，在民国十四年九月，才由国立广东大学农科学院刊行《广东农业概况调查报告书》，这可说是很有价值底东西。……

【原文之五】结论

既经写了不少的页数了，现在要把关于调查实行上应该设备及应该注意的各种事项，列述于下。

(一) 调查底目的　农村调查，……是想把农村社会现象，调查明白，作改良和建设底张本的。……调查，都是有目的底行为。……要根据调查结果，去谋农村问题底解决。……去谋农村底整个的改良……所谓“农村计划”，是要在实行调查明白了真相之后，始能完全地定出来的。

(二) 调查底机关　……农村调查，因为事项繁杂，须应用专门的知识、技能、花费许多的时日，故我主张设置调查机关，专理其事才能够得到良好的结果。但有应注意的，即是：这种机关，千万不可流于官僚的、形式的、而虚有其表，徒糜公款。……

(三) 调查员底人选　调查底成绩好坏，是和调查员、被调查者及被调查底现象三种分子，有密切的关系。说起调查员底人选问题，……要具有下列几种条件…… (1) 具有温厚笃实底气质；(2) 身体康健，能耐劳苦。(3) 明了调查底旨趣，具备专门的智能；(4) 通晓地方的情形。(5) 有调查底经验。……

(四) 调查区底划定　……规划调查区域底时候，应注意数事。(1) 注意区域底广狭、大小，行适当的划分，以便分配调查员。(2) 区域底境界宜明了，以免……发生重复或遗漏之弊。此可依据其原有的境界或以山河、道路、铁路等不易变动一目了然底东西为境界。

(五) 调查底方法　……农村调查，是要应用科学的方法，统计的方法的。……在统计学上，是以“大量观察法”……为唯一的研究方法……但是观察社会……还有……四种非统计的调查法…… (1) 备忘的数字指示法…… (2) 推计法…… (3) 意见的调查法…… (4) 标本的单个调查法……

…………

① 以及新旧团体、集会、殴斗、娱乐、烟酒、嗜赌、婚嫁、葬祭、乞丐、盗匪等。——引者注

（六）调查底时期　农村调查，宜择适当的时期。就是应在不致妨碍被调查者底业务底时候，和被调查底现象明确底时候去调查。……又季节天时底关系，亦须注意，强风、大雨、大雪、严寒、酷暑等于调查进行上不便或不利的时候，不宜做调查底工作。

（七）调查表及调查簿　调查上为记数和纪事之故，须制备调查表或调查簿，……制作表薄之前，须就调查目的如何，决定调查项目，而项目底分类及多寡等，都要选择妥当。……制作调查表应注意的是：(1) 要能一目了然；(2) 要容易填记；(3) 要便于携带及能够保存……

（八）参考资料底准备　凡于调查进行上有可利用底资料，譬如各种的统计、报告、法规、史乘（乘，春秋时晋国史书的名称，后泛指史籍——引者）、地志、碑记、地图、等等，都要先行或从中蒐集起来，以资参考，可得触类旁通底便利。

（九）调查结果底固定及应注意底事项　调查之后，须把所得的事项，记录起来，这叫做固定……底工作。……固定可有四个原则，就是：(1) 正确；(2) 完全；(3) 整齐。(4) 迅速……

……

调查底时候，往往因为被调查者不明了调查底用意，或无智识，或虚伪，或不信任调查员等故，使调查上发生障碍，不能得到正确完全底结果。为避免这等弊病起见，宜注意次述各事。

(1) 宣传……

(2) 调查员底态度……应该言词恳切，态度温和，博得农民的信任。……

(3) 记录……

(4) 检查……

（十）统计表及图表……

【点评】

(1)《农村调查》所介绍的基本上都是国外农村调查的情况，其中对美国农部技师 C. W. Thompson（C. W. 汤普森）所著《农村调查》的介绍极为详细，篇幅达 5 页多，占全书 47 页的 10%以上；在全书 23 个引文中，国外引文 19 个，占 82.6%。全书中很少看到作者亲自参与农村实地调查的痕迹。因此，我们大体可以认为，《农村调查》是一部介绍国外近代农村社会调查方法的著作。

(2)《农村调查》介绍的国外农村调查方法和调查项目，具有一定参考价值。尤其是上海市政府农工商局吴觉农先生编制的调查表，列举了 12 章、115 个调查项目，比较符合当时中国农村的实际，因而具有较大参考价值。

(3)《农村调查》的贡献在于，它很可能是中国最早的一部比较全面、系统介绍国外近代农村社会调查方法的专著，因而在中国社会调查史，特别是在中国农村社会调查史上具有一定的意义。

撰稿人：水延凯

潮州的习俗——“一部记录旧时代的账薄”

【简介】

本篇原文，摘自杨睿聪的《潮州的习俗》。

杨睿聪（1905—1961），字小绿、慧甫，广东潮州人，民俗学家。父亲杨少山，贡生、诗人，号“渔子”，著有《澹如书室诗集约钞》；母亲卢蕴秀，诗人，号“渔妇”，著有《吟香阁集约钞》。杨睿聪 1905 年生于潮州城区载阳巷，22 岁毕业于中山大学，先到韩山师范执教，1930 年起到潮州金山中学任教，1945 年抗日战争胜利后离职旅居香港，1961 年在香港去世，终年 56 岁。杨睿聪先后出版《潮州的习俗》《潮州俗谜》《明人绝句选》等著作。

《潮州的习俗》，全书除自序、凡例外，共 14 章、60 项，198 页，约 6.2 万字：天候章第一，3 项；时令章第二，2 项；神鬼章第三，11 项；职业章第四，7 项；居处章第五，2 项；器物章第六，4 项；饮食章第七，4 项；形体章第八，3 项；婚嫁章第九，2 项；产育章第十（附童孩），3 项；疾病章第十一，6 项；丧葬章第十二，6 项；植物章第十三，3 项；动物章第十四，4 项。另有 5 处补白。该书从 1927 年开始编辑，1930 年 12 月由支那印社出版。

以下【原文】，节录自李文海任主编，夏明方、黄兴涛任副主编的《民国时期社会调查丛编》（二编）“宗教民族卷”上，福州，福建教育出版社，2014。

【原文与注释】

【原文之一】潮州的习俗・自序

夫𫐄[(1)]者，浑蛋或开倒车之谓也……

…………

我们的“大潮州”自汉唐以来，在表面上虽荣膺了“海滨邹鲁[(2)]”（语见《潮州府志》）、“笃于文行[(3)]”（语见苏轼《潮州韩文公庙碑》）等雅号，然而骨子里的“𫐄”，还是“遵古法制”，“压根儿”就没有改变得丝毫。我在四年前曾经立下一个愿心，想不惮[(4)]麻烦地来替我们的大潮州写下一幅“自画像”——潮州的习俗——使“魑魅魍魍[5]，无所逃形”。至今年暑假，积稿已很不少，复蒙四中附小主任唐舜卿女士供给我好多很有价值的材料，四中诸同事和同学们也热心帮助搜集，于是才给我写成功了。但写后细想起来，自己却觉得好笑。因为我既没有……要说那种“前游如梦，不用胜今昔之感”的可怜话；又不肯……慨古道之沦亡，伤人心之匪古，想做那“障百川而东之，挽狂澜于既倒”的“輥”勾当。不过感觉得这些“輥”透了的物事，怪有味儿，正如考古家之不忍释手的玩味着古代的残存物——石刀，石斧，钟，鼎，戈，戟，陶器，甲骨等——一般。于是手儿一痒，便不由自主地写下……潮州的习俗——来了。

现在……潮州的习俗——行将和世人见面了，我只希望一班看官们，要把它当做一部记录旧时代的账薄看。……如果那班“遗老”、“遗少”、“遗幼”们看了这部东西后，……叹息这是“世衰道微，人心不古”，甚且责备这样“瞎三话四”是挖苦潮州人，……那也只好由他们……说去，实在没有答辩的必要。

近日从何思敬先生所作“民俗学的问题”一文里，……看到 Andrew Lanp 氏对于民俗学的见解……“有一门科学，考古学，收集及比较旧时各民族之物质的遗物，如石斧、石矢之类。有一个研究方式，民俗学，收集及比较旧时代各民族之同样而非物质的遗物：残存的迷信、故事、观念。这些遗物虽存于我们的时代而不是这时代的产物。”此段说话，恰好和我向来的意见完全一样，……所以……我很乐意地把它附引在这序文里，以志这一段文字因缘。

十五，十二，十四夜，脱稿于兰堂东厢——睿聪

【注释】

(1) 輥（hún）：《说文》：“轭輷也。”轭，《说文》：“辕前也。”原意指驾车时套在牲口脖子上的曲木，引申为束缚、控制；輷（qú），车轭两边下伸反曲以夹牲头的部分。 (2) 海滨邹鲁：孔子为鲁人，孟子为邹人，故称文教鼎盛的地方为“邹鲁”。海滨邹鲁，可以理解为沿海文化昌盛之地，《庄子·天下》载：“其在于诗、书、礼、乐者，邹鲁之士，缙绅先生多能明之。”本文中“海滨邹鲁”指潮汕地区，广义上的“海滨邹鲁”则包括潮州、汕头、揭阳、莆田、莆田市仙游县（山中邹鲁）、泉州、漳州、江门市新会、福州、金华（江南邹鲁）、徽州（东南邹鲁）等地。 (3) 笃于文行：笃，忠实，一心一意。指专心于学问研究和品行修养。 (4) 惮：怕，畏惧。 (5) 魑魅魍魉：魑魅，山中精怪；魍魉，水中怪物。魑魅魍魉，指传说中的鬼怪，亦比喻各种各样的坏人。

【原文之二】潮州的习俗·凡例

一　本书自民国十六年开始编辑（原名潮州妈经），因羁于职务，时编时辍。今年暑期，承诸同事、同学们热心帮助，多方搜采，积稿遂多。因抄录成帙，分为十四章，每章复分为若干项，……务使纲举目张，可以省除翻检时的困苦。

一　本书的材料，完全采自民间。有的是事实的记录，有的是相传的谚语。……（本书里的谚语，有一部分系采录卢佚民、林培庐两君在潮州苗圃出版的新苗上所登的潮州农谚，理合声明。）

一 本书所采集的习俗，其范围以潮州十属为限。……

【原文之三】潮州的习俗·天候章第一

“早雨晏晴；晏雨留夜。”（留夜，过夜也）

“春寒有雨；夏寒断滴。”

…………

未到惊蛰，先闻雷声，就要四十天阴暗，而且要下很大很猛的雨，俗谚说：“惊蛰未到雷先鸣，大雨如蛟龙。”

夏至日有雷声，天必下大雨，俗谚说：“夏至响雷，割稻披棕簑。”

…………

“小暑大暑未是暑，立秋处暑正是暑。”

【原文之四】潮州的习俗·时令章第二

如果立春、立夏、立秋等节候是碰着甲子的，那一年必有天灾人祸，俗谚说：“春甲子，牛羊冻死。夏甲子，赤地千里；秋甲子，撑船上市。”

三年的除夜，接连都是廿九天，那就是天下太平；如果都是三十天，那就要天下大乱了。俗谚说：“三年廿九，皇上免粮草，三年三十，走兵逢贼。”又说：“三年无廿九，男妇老幼路上跑。”

【原文之五】潮州的习俗·职业章第四

儿童入学读书……要先在墙壁上贴一张红纸，上面写着：“至圣先师孔夫子之神位”，面前放着一个香炉，桌上设着祭品，叫那要入学的儿童去祭拜。……

…………

农人要希望所种的稻穗多生谷粒，就要把饭添（装饭进碗的器具）斜插饭里，……就是要稻茎像饭添一样斜的意思。

…………

业捕鱼的人，当吃鱼时，于吃完了上面后，不可把鱼翻转来吃下面。因为一犯着了，则在海面捕鱼时，船只就要遭风打覆。

…………

赌馆的银柜上面，要写一个“食”字，那才能够食人家的钱。……

【原文之六】潮州的习俗·居处章第五

新屋建筑完工后，在进去居住之前，要择一个好日子请僧人或道士到屋内诵经，晚间拜灶，拜井，拜大门。还要用大鼎盛着豆油，倒下一些高粱酒在油面上，点起火来，又拿一把叉，叉头插着松香屑，浇油燃烧，敲锣打鼓，在屋内各处舞动，以驱逐鬼魅恶煞，最后逐到池畔或河畔去，把剩余的油倒进水里。这叫“光灯谢上”，俗叫“净油火”。

…………

当人家新建的大厦要升大梁的时候，凡属邻居，都要焚火堆，叫做“留灵”。这样做了，屋里的地灵，就不会被拔去了。

…………

要抵挡房屋前面的恶气煞气，可在门楼的瓦楞上，安放着一块画着八卦的红砖，或一只狮（泥做的），或一个攲[(1)]放着的钵子，和种几株花旺（植物），就能够抵抗它。

【注释】

（1）攲：古通“倚”，斜靠着。

潮州民居

【原文之七】潮州的习俗·器物章第六

逢元旦日不可洗涤衣服，犯着的，这人就要终身永远和人家洗衣服……

…………

缝蚊帐——尤其是新婚用的——应该请一个有福气的老妇人来下剪刀和执针线。当缝蚊帐门时，不可说话，将来挂帐后，蚊子方才不会进去。

替人穿针时，不可替他打线结。如果犯了，将来两家就会不和好了。

…………

兄弟不可同用一个面盆洗脸，犯的要不和睦。

把多柄扫帚或扁担同倚一处，所做的事，在碰凑在一起。

【原文之八】潮州的习俗·饮食章第七

正月初一……早餐时，人人要吃素菜和饭，不论你的喉里怎么样干渴，断不好吃粥和喝饭汤……如果……触犯了这种弊忌，那么将来出街或做客，都要碰着雨；没有娶过妻子的，娶妻的时候，也一定要碰着雨……

…………

五月五日（端午）的中午，必要吃粽（用竹叶包糯米等物的粽），吃粽时要念诀道："食粽，食了正强壮。"若取粽少许贴于小孩额上，愈易见效。

…………

冬至的早晨，各家要做粿和糯米糰，……同时要用香枝把糯米糰插成好多串（每串两枚），拿来插在各处门首和用器上面，以保平安。

十二月除夕，……家家要先挑一缸水和煮一钵白饭，以为压年之用，这叫年饭，意思是说过年尚有吃不尽的饭存蓄着，将来当然没有饥饿的忧虑了。

【原文之九】潮州的习俗·形体章第八

每逢初一或十五，不可剪发，否必有咎[(1)]。

…………

眉毛浓黑或睫毛长的，不论男女，其性欲必强。

…………

耳朵不贴实的，好惹是非。

…………

手掌肌肉柔软的，必贵。

…………

掌纹横断掌心的，男的掌朝纲；女的守空房。

手指有无螺旋纹，和一生的命运很有关系。俗谚说："一螺[(2)]坐端端，二螺走脚皮，三螺有米煮，四螺有米炊，五螺五田庄，六螺扒心肠，七螺七益益，八螺做乞食，九螺九安安，十螺做大官。"又说："十畚箕（即十个手指全没有螺旋纹也），免赚就有钱。"

【注释】

(1) 咎：过失，灾祸。　(2) 螺：也作"脶"，手指上的螺旋式纹理。

【原文之十】潮州的习俗·婚嫁章第九

男女婚事，须由媒人介绍。介绍时，男女两家要各把生辰八字开出来，交由两方的家长拿给占卦先生推算，这叫"合婚"。……

……男家为慎重起见，可叫媒人至女家开取那女子的名字和生辰，写在一张红纸上面，拿来放在灶头，……烧香祷拜。如果在三天内那纸还存在，而且全家人口平安，用物没有损坏，家畜没有毛病，就可以成婚了。

…………

……男女两家皆同意订婚时，最先就要"与亲"，由男家择了一个吉日，取白糖等物，送至女家，同时请一有名望的人到女家"定婚"，女家须设宴款待，并以荖锅[(1)]……回敬，这叫做"与亲"，也叫"嘴与"。

…………

……迎亲的手续，是由男家备了一乘花轿，花轿前有两人提着一对大灯笼并几个吹唢呐和打鼓的吹手；花轿后跟着一两乘轿子，轿子里坐着男家请往迎亲的人（……要有名望而且有福气的），到女家去迎娶新娘。

…………

……女子出嫁前，要择吉日挽面[2]……挽面时，要取裤子一件坐着，取“坐库坐库，将来一世人正有财气。”的意思。又开容所用的水，不可多取，犯者则所嫁的丈夫，必喜饮酒。

…………

女子出嫁前，要择吉日挽面

出嫁……上轿时，她的家人要拿一枝石榴花……向轿里拂扫……以除邪煞，然后才请一位有福的人牵她上轿。上轿时手里要执着鸳鸯蜡一块，乌糖一撮（……用一条面布包裹的），过门后，即递交新郎，放于床头。

…………

男家迎娶的轿子抬新妇出门后，女家须急把大门关闭，则嫁后男家不会来责备新妇的不好。

…………

新妇出轿后，由青娘搀扶着与新郎合拜祖宗并对拜，这是“拜堂”。拜堂后，新郎新妇同坐一桌吃酒饭，……酒饭吃一半时，就须换吃，吃后由青娘搀扶新妇倒行退入洞房。

…………

晚间，新郎要替新妇除去头冠，除后须用手轻按新妇头部，叫做“按落头”，此后新妇就会听受新郎的管束了。

晚间同床时，新郎须把除下的外衣，挂在新妇的衣服上面，将来新妇就不会违反丈夫的管辖。

上床睡觉，新郎要留心把鞋子放置高处或藏起，不可给新妇偷踏着，因为鞋子给新妇踏了，以后就要怕老婆。

【注释】

(1) 荖锅：应作“荖花”，即麻枣。 (2) 挽面：也称绞面、开容，是民间一种传统的美容术。挽面由“梳头嫲”手工操作，取一条坚韧的长线，用嘴咬住一头，再用两手将其扭成剪形，交叉绞动，绞去女子面上的汗毛，以达到美容的目的。

【原文之十一】潮州的习俗·产育章第十

元宵夜，神庙里都摆着泥塑的喜童。要生儿子的，可到庙里去拜求。如果求得，就拿了三枝香并请喜童……回家，安放在房里的桌上，那就能够产育儿子了。（求后如能得子，次年元宵夜，就要买加一倍的喜童，送到庙里归还。）

…………

妇女怀孕，母家须馈送催生蛋。蛋要奇数，且不可送十九个或廿一个。因为十九犯了唔过斗（一斗廿筒，十九不满一斗，即是唔过斗，按潮州的方言，唔过斗是不能平安度过去的意思）的弊忌；廿一犯了三七（三七者，人死后的第三个七天也）的弊忌。

孕妇房里的东西，不可妄动，犯了就会使胎不安。尤忌用钉乱钉墙闪，锯削木器，或修补地方。犯的则生出来的小孩，身体必要残废不全。

…………

产生出来的小孩，如果是男的，家里就要煮蛋二枚给产母吃；如果是女的，就煮蛋一枚，因为生男的吃了两枚蛋，下胎才能够再生一个男的出来。

…………

小孩出生的时辰，如果算命的瞎子先生说他五行欠那一种时，那末，做名时就要用五行所缺的字来做偏旁。如五行缺金的就要取有金字偏旁的“铭”“剑”等字做名，缺水的就要取有水字偏旁的“浔”“源”等字做名便是。

…………

小孩出世满月后，要在睡床下放着一块大石头，说是可以使那小孩有胆量；还要把锯子、仙草、渔网等挂在房门口，说是会辟除邪神恶煞，可保小孩平安。

…………

男童和女童到了十五岁的时候，就要择日出花园，在出花园那一天，要办菜五碗（计鸭一只，蟹一碗，猪肝一碗，龙箭鱼一碗，蛋一碗）和香、烛、银纸、食品等，安放在睡床里拜公婆。……

…………

凡年届十八、十九、廿岁的男女，要到玉上皇帝庙去拜神，同时要办祭品拜祭九皇爷，在廿岁那一年比较隆重一点。

【原文之十二】潮州的习俗·丧葬章第十二

死人断气后，如系男子，必须雇理发匠替他挥发；如系女子，则由她的女儿替她梳头打髻，大媳妇替她缠足。料理清楚后，才着好了衣服入殓。……

…………

一个人死后，家里的人，三餐要拿饭菜去祭灵。早上和晚上，家里的孝妇们要来灵桌旁哭喊死者。直到百天后，才可以把死者的神主香炉送入祠堂的龛里，这叫“上龛”。但也有在做功德后就“上龛”的。

…………

父母死时，做子孙的不可穿鞋着袜，应该跣着双足，衣服也要反穿……

…………

父母死后三天，做儿子的要带孝……一、以麻布一小条，缝成手环一只挂于手腕……二、所穿的鞋，须用麻布包面。三、须穿白色布衣服……冬天穿黑色衣服时，应该于边缘和前后的缝痕处缝以白线。……满三年才可以除去。

父母死后百天内，不可出门。如遇不得已的事故时，头上须戴笠子，身上须穿麻衣，因为孝子是不可见天日的。

…………

死者的棺柩要出发安葬时，柩前须一人持火把引路，一路上并散发银纸于地面，孝子孝孙等须穿孝服，背负神主，手持“千子万孙”的白色小灯笼一对（长子两对），随于柩后。……

…………

想做生基（将来死后的墓地）的，一定要在清明前后十日内起工。别的日子，未经风水先生说好，是万不可以乱做的。

【点评】

（1）关于写作《潮州的习俗》的目的，杨睿聪在《自序》中说：“我在四年前曾经立下一个愿心，想不惮麻烦地来替我们的大潮州写下一幅‘自画像’——潮州的习俗——使‘魑魅魍魉，无所逃形’。”又说，现在“潮州的习俗——行将和世人见面了，我只希望一班看官们，要把它当做一部记录旧时代的账薄看”。这个目的和看法，似乎过于消极。因为，习俗是民众的习惯和风俗——民俗。首先，民俗，哪怕是旧民俗，并不都是“魑魅魍魉”，其中不乏广大民众对长期生活经验和优良传统的科学总结；其次，民俗具有许多积极的社会功能，如认知功能、凝聚功能、历史功能、教育功能、实用功能、娱乐功能等。这正是民俗学能够成为社会科学领域里一门独立学问的原因。

（2）关于写作《潮州的习俗》的方法，杨睿聪在《凡例》中说：“本书的材料，完全采自民间。有的是事实的记录，有的是相传的谚语。”“本书里的谚语，有一部分系采录卢佚民、林培庐两君在潮州苗圃出版的新苗上所登的潮州农谚”。在《自序》中，杨睿聪还说：“至今年暑假，积稿已很不少，复蒙四中附小主任唐舜卿女士供给我好多很有价值的材料，四中诸同事和同学们也热心帮助搜集，于是才给我写成功了。”这两段文字说明：其一，《潮州的习俗》实是事实调查、民间采访和文献调查相结合的产物；其二，在这个过程中，“四中诸同事和同学们”以及“四中附小主任唐舜卿女士”起了重要作用。从这个视角看，《潮州的习俗》实是集体调查研究的结晶。

撰稿人：赵雪滢、水延凯

图书在版编目（CIP）数据

中国社会调查史料选编/水延凯主编．-- 北京：
中国人民大学出版社，2021.3
（中国社会调查史系列）
ISBN 978-7-300-28999-1

Ⅰ.①中… Ⅱ.①水… Ⅲ.①社会调查－史料－汇编
－中国 Ⅳ.①D668

中国版本图书馆 CIP 数据核字（2021）第 017576 号

中国社会调查史系列
中国社会调查史料选编
主　编　水延凯
副主编　娄章胜
Zhongguo Shehui Diaocha Shiliao Xuanbian

出版发行	中国人民大学出版社		
社　　址	北京中关村大街 31 号	**邮政编码**	100080
电　　话	010－62511242（总编室）		010－62511770（质管部）
	010－82501766（邮购部）		010－62514148（门市部）
	010－62515195（发行公司）		010－62515275（盗版举报）
网　　址	http://www.crup.com.cn		
经　　销	新华书店		
印　　刷	北京昌联印刷有限公司		
规　　格	185 mm×260 mm　16 开本	**版　　次**	2021 年 3 月第 1 版
印　　张	25 插页 2	**印　　次**	2021 年 3 月第 1 次印刷
字　　数	569 000	**定　　价**	89.00 元